IMPRESSUM imprint

Träger des internationalen literaturfestivals berlin
Peter-Weiss-Stiftung für Kunst und Politik e.V.

Herausgeber
Ulrich Schreiber
Joëlle Jobin

Redaktion
Christin Dallinger
Sara Jakob
Joëlle Jobin
Marcel Regenberg

unter Mitarbeit von
Vanessa Briese
Alessandra Zoeller

Biografien
Peter Deisinger
Hanno Depner
Katrin Hesse
Christian Junge
und siehe Anhang

Fotorechte und Pressematerial
Esther Colsmann
Jonas Rinderlin

Lektorat
Joy Hawley
Claudia Jürgens
Marcel Regenberg
Hilary Stanton

Übersetzung der Biografien
Dr. Barbara von Bechtolsheim
Patrick Charles
Joy Hawley
Elizabeth Pancake

Korrektorat
Reinald Gußmann
Lindsay Munro
Elizabeth Pancake
Jürgen Reents

Gestaltung
veruschka götz | [T616] typographers berlin
mit **Sophia Stupperich**
Satz
Sophia Stupperich
Bildbearbeitung
Sophia Stupperich

Titelbilder
vorne:
Céline Robinet
[Ü:Christine Belakhdar]

hinten:
John Banville

Verlag
Vorwerk 8
www.vorwerk8.de

Druck
Druckhaus Köthen

Papier
Alster, 100g/m2

Bindung
Buchbinderei Stein+Lehmann Berlin

ISBN 978-3-940384-27-0

9. internationales literaturfestival berlin

INHALTSVERZEICHNIS content

006 vorwort

012 literaturen der welt

036 kaleidoskop

210 specials new german voices

212 specials new german poetry

Sehr geehrte Damen und Herren, liebe Leserinnen und Leser,

ich freue mich, Ihnen hiermit den Katalog des 9. ilb präsentieren zu dürfen. Als wir vor neun Jahren das Festival erstmals ausrichteten, wollten wir auch in Bezug auf die biografische Darstellung der Autorinnen und Autoren beispielhaft sein und ließen für jeden Autor eigens eine Biografie schreiben, die wir auch, damit die Vorstellung über den deutschen Sprachraum hinweg rezipiert werden kann, ins Englische übersetzten. So sind inzwischen fast eintausend Biografien entstanden, die auf unserer Website (www.literaturfestival.com) in den Monaten zwischen den Festivals aktualisiert werden, vor allem in bibliografischer Hinsicht.

Alle Autorinnen und Autoren der Hauptprogramme werden in diesem Katalog mit ausführlichen und sorgfältig recherchierten Biografien vorgestellt. Fotos und Auswahlbibliografien ergänzen dieses aktuelle Nachschlagewerk der »Literaturen der Welt« – und der Weltliteratur. Das Motto des Katalogs lautet, wie in den vergangenen drei Jahren, »Berlin Views«. Auf die Fragen »Was erwarten Sie von Berlin? Welche Erfahrungen haben Sie gemacht?« antworteten viele der eingeladenen Autoren mit einer Fülle von oftmals handschriftlichen Texten – Gedichten, Anekdoten, Kurzessays und Geschichten –, mit Skizzen, Fotografien, Collagen und kunstvollen Illustrationen, die in diesem Buch dokumentiert sind. Die geschilderten Erfahrungen reihen sich in die Berlin-Bemerkungen und Erzählungen bekannter Literaten ein.

Das Festival selbst lädt Sie zu langen Reisen in ferne Länder, andere Zeiten und seelischen Wanderungen ein. Unsere Besucher können zwölf Tagen entgegensehen, die es in sich haben werden: Über 200 hervorragende Autorinnen und Autoren aus allen Kontinenten werden in den Veranstaltungen ihre Werke vorstellen und in Workshops für Kinder und Jugendliche etwas von ihrem Wissen und ihrer Kunst vermitteln. Herausragende Schauspieler werden die Übertragungen ins Deutsche lesen, kundige Moderatoren in die Werke der Autoren einführen und im Gespräch versuchen, auch etwas von der Persönlichkeit des Gegenübers, von seinen Motiven und Ansichten zu erfahren. Dies alles wird von brillanten Dolmetschern übersetzt.

Schon der erste Tag lässt den ganzen Spannungsbogen des Festivalprogramms aufscheinen: Die indische Autorin Arundhati Roy wird mit der sie auszeichnenden Chuzpe über den Begriff der Demokratie in ihrem Land und die politischen Verwerfungen in ihrer Region reflektieren, der in Bosnien geborene Amerikaner Aleksandar Hemon wird aus seinem grandiosen Roman »Lazarus« lesen, fünf arabische Poeten werden ihre Lyrik in der ersten Poetry Night vortragen, Gesine Danckwart und Nora Amin das Ergebnis ihrer ägyptisch-deutschen Zusammenarbeit in einer Leseperformance am neuen Veranstaltungsort Collegium Hungaricum Berlin präsentieren – und Schülerinnen und Schüler werden in den Morgenstunden Werkstätten besuchen und ins Haus der Berliner Festspiele zu den ersten Lesungen stürmen.

Schwerpunkt ist in diesem Jahr die »Arabische Welt«. Die Beschäftigung mit den Literaturen und Kulturen dieser Länder hat nach dem 11. September 2001 zugenommen – deutlichster Ausdruck hiervon war vielleicht der Schwerpunkt der Frankfurter Buchmesse im Jahr 2004. Auch die Berliner Festspiele, das Wissenschaftskolleg, das Haus der Kulturen der Welt und das ilb selbst hatten immer wieder Autoren aus dieser Region eingeladen. Grundsätzlich hat sich aber an der Rezeptionslage wenig geändert: Sie werden außerhalb ihrer Herkunftsländer kaum verlegt und gelesen. Nur wenige Literatur-Stars können sich durchsetzen, deren Wahrnehmung diejenige einer jüngeren Schriftstellergeneration marginalisiert. In dem Bewusstsein, dass wir es mit sehr unterschiedlichen Literaturen des Maghreb, des Maschrek und der Arabischen Halbinsel zu tun haben, luden wir in diesem Jahr auch diejenigen ausgewiesenen Dichter und Prosaautoren ein, deren Werke noch nicht in europäische Sürachen übersetzt wurden. Vielleicht wird dieses Festival ja ein Meilenstein in der literarischen Kommunikation mit der arabischen Welt!

Das Programm »Internationale Kinder- und Jugendliteratur« stellte unsere neue Leiterin Katrin Hesse auf Anhieb mit Bravour auf die Beine und bereicherte damit das Panorama der Autorinnen und Autoren, die wir nachhaltig allen Kindern und Jugendlichen empfehlen können.

Wir danken dem Hauptstadtkulturfonds, dessen Basisfinanzierung das Festival erst ermöglicht, den uns fördernden Sponsoren, Stiftungen, Botschaften, Kulturinstitutionen und Kooperationspartnern und schließlich den uns gewogenen Hotels und Restaurants. Besonderer Dank geht an die Berliner Festspiele, die das Festival nun schon im fünften Jahr inhaltlich und organisatorisch begleiten und beherbergen, das Kino Babylon Mitte, das Collegium Hungaricum und das Maxim Gorki Theater, die erstmals ihre Räumlichkeiten in Berlin-Mitte für Veranstaltungen des ilb zur Verfügung stellen.

Ich verneige mich vor meinem Team und wünsche allen Besuchern des Festivals Freude, Entdeckungen und gute Begegnungen.

Ulrich Schreiber
Festivalleiter

Dear readers,

I am delighted to be able to present you with the catalogue of the ninth ilb. When we staged the first festival nine years ago, we wished to set an example with our presentation of our writers' biographies with an individual biographical entry for each author. Since these biographies were intended to be useful beyond the German-speaking world, English translations are given. There are, to date, nearly one thousand biographies, which are updated – in particular the bibliographies – between the festivals, and can be found on our website (www.literaturfestival.com).

All the authors in the main programme are introduced in this catalogue through extensive and carefully researched biographies with photographs and selective bibliographies to complement the updated reference work on »Literatures of the World« – and world literature. The motto of this year's catalogue, as in the previous three years, is »Berlin Views«. In answer to the questions »What do you expect of Berlin? What have you experienced here?« our authors responded with a plethora of texts, often handwritten: poems, anecdotes, short essays, stories alongside sketches, photographs, collages and well-crafted illustrations as documented in this book. The experiences described add to the collection of observations and stories on Berlin written by well-known writers.

The festival itself invites you to come on a long journey to distant countries and other eras, allowing your spirit to wander. Our visitors can look forward to twelve days when there is a great deal on offer: more than two hundred outstanding writers from across the continents will present their work through events and share their knowledge and skills with children and young people in workshops (mostly in the mornings). Exceptional actors and actresses will recite German versions and our expert hosts will introduce audiences to the works of particular authors; the audience will learn more about the authors' personalities, motives, and views in conversations and discussions. These events will be translated by top level interpreters for the understanding and enjoyment of all.

The first day already highlights the range covered by the festival programme: the Indian writer Arundhati Roy reflects with her characteristic chutzpah on the use of the term »democracy« in her home country and the political conflicts in the region: the Bosnian-born American writer Aleksandar Hemon reads from his fantastic novel »Lazarus«; five Arab poets give readings on the first Poetry Night; Gesine Danckwart and Nora Amin present the findings of their German-Egyptian collaboration in a reading at our new venue, the Collegium Hungaricum Berlin, and school pupils will attend morning workshops and storm the Haus der Berliner Festspiele for the first readings.

The focus this year is on the »Arab World«. Attention and interest in the literatures and cultures of these countries has increased since September 11th 2001 – the clearest sign of this was at the Frankfurt Book Fair in 2004. The Berliner Festspiele, the Berlin Institute for Advanced Study, the Haus der Kulturen der Welt, and the ilb itself have all sent repeated invitations to writers from the region. Yet very little has actually changed in their reception: outside their home countries they are seldom published or read. Only a few literary stars manage to break through and their perspectives marginalise those of the writers of younger generations. This year, in the knowledge that we are dealing here with very distinct regional literatures – of the Maghreb, the Mashriq, and the Arab peninsula – we have invited poets and prose writers who have not yet been translated into other languages and who are guests in Berlin for the first time. Maybe this festival will become a milestone in communication with the literature of the Arab world!

The programme for the »International Children's and Youth Literature«, which the new director Katrin Hesse has brilliantly managed this year, further enriches the panorama of writers whom we strongly recommend for all children and young people.

Our thanks go to the Capital Cultural Fund, whose basic funding makes the festival possible; the sponsors, foundations, embassies, cultural institutions, and cooperative partners in Berlin who support us; and finally the hotels and restaurants who have been so loyal to the festival. Special thanks go to the Berliner Festspiele, who are now accompanying and hosting the festival for the fifth year in organisational matters as well as in the substance of the festival, as well as to Babylon, the Collegium Hungaricum, and the Maxim Gorki Theater, which are for the first time hosting the ilb events in Berlin-Mitte.

I bow to my team and wish all festival visitors a great deal of enjoyment, many new discoveries, and enjoyable encounters.

Ulrich Schreiber
Festival Director

MONIKA GRÜTTERS
Vorstand der Stiftung Brandenburger Tor

Liebe Literaturfreundinnen und Freunde,

Berlin gilt als pulsierendes Zentrum des literarischen Lebens in Deutschland. Mit der Wiedervereinigung beider Stadthälften, die durch den Mauerfall vor zwanzig Jahren möglich wurde, hat sich die Literaturlandschaft noch einmal stark verändert und weiterentwickelt. Davon zeugen nicht nur die großen Literaturfestivals, allen voran das internationale literaturfestival berlin (ilb), sondern auch die fest im Kulturleben der Stadt verankerten Literaturhäuser, die Lesebühnen, die literarischen Salons sowie die Fülle an Büchern, die Berlin zu ihrem Thema machen. Berlin ist zugleich Lebensort vieler Literaten, alteingesessener wie zugewanderter Schriftsteller. Das internationale literaturfestival ist ein herausragender Teil dieser literarischen Vielfalt. Es verdankt sich der privaten Initiative seines heutigen Direktors Ulrich Schreiber und kann in diesem Jahr bereits zum 9. Mal weltweite Aufmerksamkeit erregen.

Das ilb nimmt als Schaufenster der zeitgenössischen internationalen Literaturszene eine markante Stellung nicht nur im Berliner Literaturleben ein, sondern es ist von besonderer kulturpolitischer Bedeutung deshalb, weil es im Gegensatz zu vielen anderen Veranstaltungen nicht nur etablierte und prominente Autoren präsentiert. Vielmehr bietet das ilb noch unbekannten Nachwuchstalenten eine Plattform, größere Aufmerksamkeit und Entwicklungsperspektiven. Das ilb erfreut die Stadt darüber hinaus mit einem einzigartigen Forum für internationale Kinder- und Jugendliteratur. Kinder, Jugendliche und Erwachsene erfahren auf spielerische Art fremde Kulturen – gerade in einer an unterschiedlichen Kulturen so reichen Stadt wie Berlin ein besonders schönes Markenzeichen des ilb.

Wenn also in diesem Jahr das ilb mit einer Rede der berühmten indischen Intellektuellen Arundhati Roy im Haus der Berliner Festspiele eröffnet wird, wenn 140 Schriftsteller aus fünfzig Ländern in die deutsche Hauptstadt kommen, wenn Lesungen, Autoren-Gespräche, politische Diskussionen und Konzerte wieder zigtausende Besucher anziehen, wenn Prosa, Lyrik, Kinder- und Jugendliteratur und Literaturverfilmungen über die Bühnen gehen, dann wird einmal mehr sichtbar, wie sehr das ilb mittlerweile ein lebendiges, polyglottes Forum von und für Literaturenthusiasten geworden ist. Dem Gedanken des Dialogs in der zusammenwachsenden Welt ist das ilb seit Anbeginn verpflichtet. Der aktive Austausch zwischen Künstlern, Intellektuellen, Vermittlern und Autoren nimmt in diesem Jahr unsere arabischen Nachbarn in den Blick. Wir vertrauen der Kraft der Literatur, eine Brücke zwischen Orient und Okzident zu bauen.

Das alles gelingt nicht ohne das Engagement vieler: Da sind die staatlichen Hilfen des Bundes, der sich seiner Fürsorgepflicht für die Sparte Literatur sehr bewusst ist. Da sind aber auch die Sponsoren und Kooperationspartner wie die Stiftung Brandenburger Tor, die das ilb seit vielen Jahren aktiv unterstützt. Wir in der Stiftung haben uns anstecken lassen vom Geist des internationalen literaturfestivals, nicht zuletzt deshalb, weil sich die Absichten beider Einrichtungen für die Literatur entsprechen: Internationalität, der Dialog mit anderen Kulturen sind gefragt, und dies vor allem über die Sprache, über die Literatur.

Die Frage nach der Rolle der Literatur im Weltgeschehen stellt das internationale literaturfestival berlin genauso wie die Stiftung Brandenburger Tor. Die Stiftung beispielsweise möchte mit dem Augenmerk auf die neuen Gesellschaften in Osteuropa über die Kultur, vor allem in den Sparten Bildende Kunst und Literatur, die Integrationsbemühungen in Europa unterstützen. Die Stiftung Brandenburger Tor, die den Namen dieses nationalen Symbols der Freiheit und Toleranz, der Einheit Deutschlands wie Berlins und der Öffnung zwischen Ost und West trägt, versucht mit ihren Programmen der Kultur in ihrer grenzüberschreitenden Kraft die Wege zu ebnen.

Die Kooperation mit dem internationalen literaturfestival ist dabei eine Bereicherung für unsere Stiftungsprogramme. Gleichzeitig bekommt das Festival zusätzlichen Halt in der Stadt. Indem wir uns gemeinsam auf die Suche nach der Literatur und auch nach ihren Schöpfern machen, setzen wir uns mit den von Natur aus eigensinnigen Künstlern auseinander und gewinnen so immer wieder neue Horizonte. Die die Welt umspannende Wirkung der Kultur und insbesondere der Literatur aus allen Sprachen kann der Motor sein für Verständigung, für das Zusammenwachsen und für ein befruchtendes Miteinander der Kulturen.

Das internationale literaturfestival berlin hat seinen Platz in der Berliner Kultur und in den Literaturen der Welt gefunden. Freuen wir uns in diesem Jahr auf die Begegnung mit internationalen Künstlern und auf den Dialog mit der arabischen Welt.

Prof. Monika Grütters
Vorstand der Stiftung »Brandenburger Tor«

MONIKA GRÜTTERS
Director of the Brandenburger Tor Foundation

Dear friends of literature,

Berlin is seen as the pulsating centre of literary life in Germany. The reunification of the two halves of the city, made possible by the fall of the Wall twenty years ago, has radically altered and advanced the literary landscape. This is evident, not only from its large-scale literature festivals, particularly the international literature festival berlin (ilb), but also from the publishers, theatres, salons and wide range of books set in the city. Berlin is also home to many, many writers, both established names and newcomers to the literary scene. The international literature festival is an outstanding feature of this literary variety. It exists thanks to the private initiative of its director, Ulrich Schreiber, and this year, for the ninth time, will once again attract attention from around the world.

The ilb, as a window on the contemporary international literary scene, has a prominent position not only in the literary life of Berlin, but within a broader cultural and political context: unlike many other events it does not limit itself to well-known established authors. The ilb offers emerging unknown talents a platform, greater attention, and the prospect of moving forward. What is more, the ilb brightens up the city with its unique forum for international fiction for children and young people. Children, young people, and adults can encounter other cultures in a playful context – this is a particularly attractive aspect of the ilb in a city like Berlin that has such a rich cultural mix.

It will be clear once again – for all fans of literature – how important the ilb has become as a lively, multi-lingual forum when the ilb opens in 2009 with a speech by the well-known Indian intellectual, Arundhati Roy, in the ›Haus der Berliner Festspiele‹, when one hundred and forty writers from fifty countries congregate in the German capital, when readings, writers' discussions, political debates and concerts once again attract thousands of visitors, when prose, poetry, literature for children and young people and film adaptations of literary works fill the stage. From the outset the ilb has been committed to dialogue in a world that is growing together. This year the active exchange between artists, intellectuals, mediators, and authors focuses on our Arab neighbours. We trust in the ability of literature to build bridges between East and West.

None of this would be possible without the engagement of many people. This includes the German state, which is well aware of its duty to promote literature. There are sponsors and co-operative partners, such as the Brandenburger Tor Foundation, which has actively supported the ilb over the years. We at the Foundation have got caught up in the spirit of the international literature festival, not least because the intentions of both institutions in regards to literature are converging: promoting international culture, the dialogue between cultures – this is really necessary, and especially through language and literature.

The question of the role of literature in world affairs is raised both by the international literature festival and the Brandenburger Tor Foundation. The latter, for instance, with its eye on the new societies in Eastern Europe, would like to assist the effort towards European integration via culture, especially in the visual arts and literature. The Brandenburger Tor Foundation, which bears the name of the national symbol of freedom and tolerance, the unity of both Germany and Berlin, and the opening up of East and West, aims through its programme to help open up paths for cross-border cultural forces.

Working with the international literature festival enriches our Foundation's agenda. At the same time the festival is increasingly gaining support in the city. By joining forces in the quest for literature and its originators, we are, of course, dealing with naturally idiosyncratic artists, which means the ongoing discovery of new horizons. The world-wide effects of culture, in partiuclar through the literatures of all languages, provides a basis for understanding, mutual growth, and the fertile convergence of different cultures.

The international literature festival has established itself in the Berlin cultural scene and in world literature. We can look forward to this year's encounter with international artists and to the dialogue with the Arab world.

Prof. Monika Grütters
Director of the »Brandenburger Tor« Foundation

ARUNDHATI ROY

Der Gott der kleinen Dinge
Karl Blessing Verlag
München, 1997
[Ü: Anette Grube]
Die Politik der Macht
btb Verlag
München, 2002
[Ü: Helmut Dierlamm, Matthias Fienbork, Ilse Lange-Henckel, Ursel Schäfer, Wolfram Ströle, Reinhard Tiffert]
An Ordinary Person's Guide to Empire
South End Press
Cambridge, 2004
Wahrheit und Macht. Arundhati Roy im Gespräch mit David Barsamian
btb Verlag
München, 2004
[Ü: Andrea Brandl]
The Shape of the Beast. Conversations with Arundhati Roy
Penguin
New Delhi, 2008
Listening to Grasshoppers. Field Notes On Democracy
Hamish Hamilton
London, 2009

Arundhati Roy wurde 1959 in Shillong im Nordosten Indiens geboren und wuchs mit ihrer Mutter und ihrem Bruder im südindischen Kerala auf. Mit 16 Jahren zog sie nach Delhi. Dort studierte sie Architektur, arbeitete als Schauspielerin, Film-Designerin und Drehbuchautorin.
International bekannt wurde sie durch ihr in vierzig Sprachen übersetztes Romandebüt »The God of Small Things« (1997; dt. »Der Gott der kleinen Dinge«, 1997), das weltweit zu einem Bestseller avancierte und mit dem renommierten Man Booker Prize for Fiction ausgezeichnet wurde. In lyrischer und bildhafter Sprache, geprägt von einer eindringlichen Rhythmik, schildert der semibiografische Roman das Schicksal einer indischen Familie in Ayemenem, dem Heimatort der Autorin. Im Mittelpunkt stehen die Zwillinge Rahel und Estha, deren Mutter durch ihre Liebe zu einem »Unberührbaren« gegen das rigide Kastensystem verstößt. Mithilfe von Rückblenden und Zeitsprüngen werden unterschiedliche temporale Ebenen etabliert, auf denen die virtuose Konstruktion des Werkes beruht.
Seit den indischen Atomversuchen von 1998 konzentriert sich Roy auf ihre politische Arbeit. Sie veröffentlichte die Bücher »The Algebra of Infinite Justice« (2002, Ü: Die Algebra grenzenloser Gerechtigkeit), »An Ordinary Person's Guide to Empire« (2004, Ü: Das Empire – Leitfaden für gewöhnliche Leute) und den Interviewband »The Shape of the Beast« (2008; Ü: Die Gestalt der Bestie).
Als Autorin und Aktivistin engagiert sich Roy in Indien für Proteste u. a. gegen die atomare Aufrüstung, die Privatisierung der Energieversorgung, den Hindu-Nationalismus und gegen die umstrittenen Narmada-Staudämme im Bundesstaat Gujarat, ein gigantisches Projekt mit verheerenden humanitären und ökologischen Folgen. Auf internationaler Ebene spricht sich die Globalisierungskritikerin vehement gegen die westliche Militär- und Wirtschaftspolitik und gegen die Manipulierung der Medien aus.
Scharf kritisierte sie sowohl den Irakkrieg als auch den von der Bush-Regierung geführten sogenannten »Krieg gegen den Terrorismus«. Ende September 2001 schrieb sie in der »Frankfurter Allgemeinen Zeitung«, sie halte Bin Laden für den »dunklen Doppelgänger des amerikanischen Präsidenten«, und erklärte, die verbrecherische Außenpolitik der USA sei entscheidend mitverantwortlich für die Terroranschläge. In dem Artikel »Krieg ist Frieden« (»Der Spiegel«, Oktober 2001) bezeichnete sie die US-amerikanische Bombardierung Afghanistans als »nur einen weiteren terroristischen Akt«. Unter dem Deckmantel von Begriffen wie »Freiheit« und »Gerechtigkeit« werde ein grausamer Krieg geführt, unter dem vor allem die Zivilbevölkerung zu leiden habe. Die USA setze die Gewaltspirale auf diese Weise ungebrochen fort und schüre die Wut in den betroffenen Regionen.
Vor zwei Jahren kündigte die Autorin einen neuen Roman an, doch ihre politische Arbeit lässt ihr kaum Zeit dafür. Vor Kurzem erschien ihr neuer Essayband »Listening to Grasshoppers: Field Notes On Democracy« (Ü: Den Grashüpfern zuhören: Feldnotizen über Demokratie). Sie lebt in Neu-Delhi.

Arundhati Roy was born in Shillong in northern India in 1959 and she and her brother were raised by their mother in Kerala in southern India. At the age of sixteen she moved to Delhi where she studied architecture and worked as an actress, designer for film and screenwriter.
She achieved international recognition with her first novel, »The God of Small Things« (1997), which has been translated into forty languages, topped best-seller lists worldwide and won the prestigious Man Booker Prize for Fiction. In vivid, poetic language characterized by striking rhythm, the semi-autobiographical novel depicts the fate of an Indian family in Ayemenem, the author's home town. The story centres around the twins Rahel and Estha, whose mother violates the rigid caste system by loving an »untouchable«. Through flashbacks and timeshifts, several temporal layers are established which form the basis of the work's skilful construction.
Since India's nuclear tests in 1998, Roy has focused on political work and her writing includes the books: »The Algebra of Infinite Justice« (2002) and »An Ordinary Person's Guide to Empire« (2004). She recently published a collection of interviews titled »The Shape of the Beast« (2008).
As an author and activist, Roy is involved with political issues in India such as the fights against nuclear armament, the privatization of energy, Hindu nationalism and the controversial Narmada Dam Project in the Indian state of Gujarat, a gigantic project with devastating human and environmental consequences. On an international level, Roy is a strong critic of corporate globalization, western military actions and economic policy and the manipulation of the corporate media.
She sharply criticized both the War in Iraq and the Bush administration's so-called »War on Terror«. At the end of September 2001, she wrote an article that appeared in the »Frankfurter Allgemeinen Zeitung« in which she calls Bin Laden »the American President's dark doppelgänger« and explains that US criminal foreign policies played an undeniable role in the Terrorist attacks. In the article »Brutality Smeared in Peanut Butter« (»The Guardian«, October 2001), she describes the US bombing of Afghanistan as »yet another act of terror against the people of the world«. Cloaked in terms like freedom and justice, a brutal war is being waged, one in which civilians will suffer most. Thus, the USA continues the unbroken cycle of violence and fuels hatred in the regions affected.
The author announced that she was starting work on a new novel two years ago, but her political work has allowed her little time for fiction. Her most recent collection of essays, »Listening to Grasshoppers: Field Notes On Democracy« is to be published in September 2009. She lives in New Delhi.

AYDAR GAYNULLIN

Aydar Gaynullin wurde 1981 in Moskau geboren. Bereits im Alter von acht Jahren nahm er an der legendären Musikschule N21 bei T. Kruptschanskaja Akkordeonunterricht. 1992 erhielt er ein Stipendium der Internationalen Wohltätigkeitsstiftung »Neue Namen«. Er wurde mit dreizehn Jahren Preisträger des russischen Kulturfonds und der internationalen Vereinigung der Stiftung »Neue Namen«, was ihm einen Eintrag in das »Goldene Buch« des Präsidenten einbrachte. Von 1996 bis 2000 studierte er Akkordeon am Schnittke-Musikkolleg Moskau und anschließend bei Friedrich Lips an der Russischen Musikakademie Gnessin, wo er bei E.V. Starodubrowskaja ein Gesangsstudium aufnahm. 2003 wurde Gaynullin zum Ehrenmitglied des Konservatoriums in Kaunas (Litauen) gewählt. Er ist Stipendiat der Stiftungen von Mstislaw Rostropowitsch und Friedrich Lips sowie der »Russischen Interpretationskunst«. 2005 begann er ein Studium an der Hochschule für Musik »Hanns Eisler« in Berlin.
Gaynullin trat u.a. mit dem Sinfonieorchester Luxemburg, dem Orchester der Belgrader Philharmonie und dem staatlichen Akademischen Kammerorchester Russlands sowie als Solokünstler auf zahlreichen Festivals und Konzerten in Europa, Asien und den USA auf. Er komponierte Musik für Theater und Film und ist Herausgeber einer CD- und DVD-Reihe. Seine Musik zu dem russischen Film »Euphoria« wurde 2006 auf dem Film-Festival in Venedig mit dem »Kleinen Goldenen Löwen« und ein Jahr später mit dem russischen »NIKA« in der Kategorie »Beste Filmmusik« ausgezeichnet. Der Musiker und Sänger gewann außerdem zahlreiche russische und internationale Musikwettbewerbe, darunter den Moskauer Bajan-Wettbewerb, den Internationalen Akkordeon-Wettbewerb Klingenthal, den Internationalen Lanciano Akkordeon-Wettbewerb sowie den Internationalen Coupe-Mondiale-Wettbewerb in London.

Aydar Gaynullin was born in Moscow in 1981. At the age of eight he was accepted by the legendary music school N21, where he took accordion lessons with T. Kruptchanskaya. In 1992 he received a grant from the international charitable foundation »New Names«. He was awarded a prize by the Russian Cultural Fund and the international association of the »New Names« Foundation, which earned him an entry in the president's »Golden Book«. He studied accordion at the Schnittke Music College, Moscow, and subsequently studied with Friedrich Lips at the Gnessin State Music College, where he began his vocal studies with E.V. Starodubrovskaya. In 2003 he was made an honorary member of the Kauna Conservatory, Lithuania. He holds a grant from the Mstislav Rostropovich and Friedrich Lips Foundations as well as from the »Russian Art of Interpretation« Foundation. In 2005 he began studying at the Academy of Music »Hanns Eisler« in Berlin.
Gaynullin has performed with the Luxemburg Symphony Orchestra, the Belgrade Philharmonic Orchestra and the Russian National Academic Chamber Orchestra, as well as performing as a solo artist at numerous festivals and concerts in Europe, Asia and the USA. He has composed music for theatre and film, and edited a CD and DVD series. His music for the Russian film »Euphoria« was awarded the »Small Golden Lion« at the 2006 Venice Film Festival, and one year later the Russian »NIKA« for »Best Film Score«. In addition, the musician and singer has won numerous Russian and international music competitions, including the Moscow Bajan Competition, the International Accordion Competition Klingenthal, the International Lanciano Accordion Competition and the International Coupe Mondiale Competition in London.

LITERATUREN DER WELT

012.013
literatures
of the world

abbas beydoun | libanon
raja alem
yussef bazzi

thomás eloy martínez | argentinien
andrés neuman

katarina frostenson | schweden
göran sonnevi
marie darrieussecq

alberto manguel | kanada/frankreich
aleksandar hemon
leila sebbar

boualem sansal | algerien
maïssa bey
yvon le men

yoko tawada | japan
christine montalbetti
joy harjo

ilija trojanow | bulgarien/deutschland
youssouf amine elalamy
erasmus schöfer

raja alem
yussef bazzi
maïssa bey
marie darrieussecq
youssouf amine elalamy
joy harjo
aleksandar hemon
yvon le men
christine montalbetti
andrés neuman
erasmus schöfer
leila sebbar
göran sonnevi

RAJA ALEM

Thuqub fi dh-dhahr
al-Adab
Beirut, 1987
Tariq al-Harir
al-Markaz ath-Thaqafi
al-Arabi
Beirut, 1995
Khatim
al-Markaz ath-Thaqafi
al-Arabi
Beirut, 2001
Fatma
Syracuse University Press
New York, 2003
[Ü: Raja Alem und
Tom McDonough]
Sitr
al-Markaz ath-Thaqafi
al-Arabi
Beirut, 2005
My Thousand & One Nights: A Novel of Mecca
Syracuse University Press
New York, 2007
[Ü: Raja Alem und
Tom McDonough]

Raja Alem wurde 1970 in Mekka geboren und studierte englische Literatur an der Universität von Jeddah. In ihren ersten literarischen Arbeiten wählte sie die Form der freien Prosa und beschäftigte sich zudem mit Aufführungspraxis und Stoffen des antiken Dramas.
Nach dem Erscheinen ihres Romans »Tariq al-Harir« (1995; Ü: Seidenstraße) gewann sie zunehmend an Popularität. Ihr Schreibstil ist komplex und hermetisch gehalten. Sie bedient sich einer ausgefeilten, klassisch arabischen Sprache, die wie bei sufischen Texten regelrecht dekodiert werden muss. Die Autorin schöpft aus dem riesigen Fundus von Märchen, Symbolen, Sagen und Mythen des Hijaz, einer geschichtsträchtigen Landschaft im Nordwesten Saudi-Arabiens, die Jahrtausende als Durchgangsgebiet für Karawanen diente und zur Geburtsstätte des Islams wurde. Außerdem greift Raja Alem auf das vorislamische und heidnische Erbe zurück.
Mit ihren Romanen »Khatim« (2001) und »Sitr« (2005; Ü: Verhüllung) begann für Alem eine neue Schaffensphase. Ihre Sprache und ihr Stil wurden zugänglicher. Die gleichnamige Hauptfigur in »Khatim« ist weder als Frau noch als Mann eindeutig charakterisiert. In Mekka zum Ende der osmanischen Herrschaft geboren, durchbricht diese junge, das ultimative Wesen symbolisierende Figur, die fundamentale Grenze zwischen der weiblichen und männlichen Welt. Unter dem Gefühl der Verfremdung leidend, entdeckt sie zugleich die implizite Dualität des menschlichen Körpers.
Raja Alem wurden mehrere nationale und internationale Auszeichnungen verliehen, u.a. erhielt sie für ihren ersten Roman »Arba'a sifr« (1991; Ü: Vier null) den Ibn-Tufail-Preis des Spanisch-Arabischen Kulturzentrums in Madrid, den Al-Yamamah-Preis in Riad und den Arabischen Preis für Kreativität. 2008 erhielt sie den Khalda-Saed-Preis für Kreativität vom Cultural Club in Paris. Zwei ihrer Bücher wurden in englischer Übersetzung veröffentlicht und ihr Roman »Khatim« wurde 2007 ins Spanische übersetzt.
Sie ist Mitglied des PEN International in London, des Al Yamamah Institute of Journalism und des Hauses der Fotografie in Jeddah. Zusätzlich betätigt sie sich als Kuratorin der Al Mansouria Foundation für Kunst und Kultur in Paris. Raja Alem lebt in Jeddah und Paris.

Raja Alem was born in Mecca in 1970. She graduated with a bachelor's degree in English literature from the Univerity of Jeddah. For her first literary works she chose free prose forms and devoted herself to ancient dramas.
She became known to a wider audience following the publication of her novel »Tariq al-Harir« (Beirut 1995; t: Silk Road). Her style is complex and hermetic. She writes in a refined, classical Arabic, which needs to be practically »decoded«, as with Sufi texts. The author draws on the history, symbols, sagas and myths of the Hejaz, the north-western province of Saudi Arabia. It is a historically-charged landscape that served for centuries as a transit area for caravans and became the birthplace of Islam. Alem also covers the pre-Islamic and pagan heritage of the area.
The novels »Khatim« (Beirut, 2001) and »Sitr« (Beirut, 2005; t: Veiling) signalled the beginning of a new phase in Alem's literary career, marking a shift in her language and style towards greater accessibility. The identically named character Khatim is of indeterminate gender, born in Mecca towards the end of the Ottoman Empire. This young character, representing the ultimate being, breaks down the fundamental barrier between male and female worlds, suffering from a sense of alienation, and, at the same time, discovering the human body's inherent duality.
Raja Alem has won local and international prizes, for example her first novel »Arba'a sifr« (1991; t: Four zero) was awarded the Ibn Tufail Prize of the Spanish-Arabic Cultural Centre in Madrid. This was followed by the Al-Yamamah Prize in Riyadh and the UNESCO »Prize for The Arabic Creative achievements« in 2007. In 2008 she won the Khalda Saed Prize for Creativity, awarded by the Cultural Club in Paris. Two of her books have been published in English and her novel »Khatim« was translated into Spanish in 2007.
She is a member of the Pen International London, the Al-Yamamah Institute for Journalism and of the house of photographers in Jeddah. Additionally, she is a trustee of the Al Mansouria Foundation for Art and Culture in Paris. Raja Alem divides her time between Jeddah and Paris.

Never saw Berlin, but, somewhere, I expect Berlin to have a celestial dome, with Hermann Hesse' river running on its wall, an animal river reflected in our holy book of Qur'an, which runs in Paradise after crossing Doomsday, its water is the souls of every living being, vitally flowing where death can't reach...
I almost dreamt of Berlin dome,
On its transparent walls plays Bach's »The Goldberg Variations«... written for the insomniac Prince of Coethen.
Berlin's dome flows with the secret of Einstein's relativity: once tuned to the universal Symphony, the rigid body would fall.
Thus Berlin heaved & threw its wall, the artificial barrier between human and human, marring the perfection of the holy whole.

Au dixième anniversaire de la chute du mur de Berlin, je me suis longtemps promené dans Potsdamer-Platz où se construit un centre de verre, de pierre, de fer et où certaines tours ressemblent aux cheminées d'un immense paquebot qui s'embarquerait à toutes lumières vers le XXIe siècle désormais commencé. J'ai été ébloui et, en même temps, j'ai eu froid.

Yvon Le Men, Besoin de poème, début 2006

Am zehnten Jahrestag des Falls der Berliner Mauer ging ich lange am Potsdamer Platz spazieren, wo ein Viertel ganz aus Glas, Stein und Stahl entstand und wo einige Hochhäuser Schornsteinen eines riesigen Dampfers gleichen, der aussieht, als steuerte er hell erleuchtet auf das mittlerweile begonnene 21. Jahrhundert zu. Ich war begeistert, doch gleichzeitig spürte ich Kälte.

Yvon Le Men, Poesieverlangen, Anfang 2006

Aus dem Französischen von Christine Belakhdar

YUSSEF BAZZI

Yussef Bazzi wurde 1966 in der libanesischen Hauptstadt Beirut geboren. Sein Leben ist wie das seiner ganzen Generation zutiefst durch den libanesischen Bürgerkrieg geprägt worden, der im April 1975 ausbrach und sich bis 1990 in immer wieder neuen Konstellationen und in unterschiedlich starker Intensität hinzog. Als Teenager schloss er sich einer der Milizen an. 1986 floh er nach Afrika. Er arbeitete als Journalist in Kuweit und Abu Dhabi und ist heute beim Feuilleton der libanesischen Tageszeitung »al-Mustaqbal« tätig.
Yussef Bazzi hat bislang vier Gedichtbände veröffentlicht. Sein erstes Prosawerk »Nazara alaya Yassir Arafat wa-btasama« (2005; dt. »Yassir Arafat sah mich an und lächelte«, 2009) bietet einen radikal subjektiven Blick auf den Alltag eines zwischen 1981 und 1986 am libanesischen Bürgerkrieg beteiligten jugendlichen Kämpfers. Stilistisch knapp und zurückhaltend, wirkt der Text fast protokollarisch. Es gibt weder ausführliche Beschreibungen, die die Szenerie plastisch werden lassen, noch Hintergrundinformationen zum Verlauf des Krieges, seinen Ursachen und den Zielen der an ihm beteiligten Parteien. Auch die Brutalität und die Gewalt werden nicht in Szene gesetzt oder erzählerisch ausgestaltet, sondern vielmehr nüchtern benannt. Existenzielle Fragen werden mit einer geradezu aufreizenden Beiläufigkeit erwähnt. So entsteht der Eindruck einer auf den ersten Blick paradox erscheinenden Einheit von Lakonie und Pathos. Der Text will offensichtlich nichts begründen oder erklären: Man erfährt als Leser nicht – oder höchstens zufällig –, wer wann warum gegen wen kämpft. Mit diesen stilistischen Mitteln und dadurch, dass der Roman durchgehend in der ersten Person Singular und im Präsens erzählt ist, setzt der Autor mit seinem Text den Leser der Unmittelbarkeit der Kampfhandlungen aus. Diesem geht bald, ganz wie dem Protagonisten, auf beunruhigende Weise der Überblick über die Geschehnisse verloren.
Yussef Bazzi lebt in Beirut.

Al-muraqqat
Riad al-Rayyis
London/Beirut, 1989
Raghabat kawi-ya ka-asnanina
Dar Al-jadid
Beirut, 1993
Tahta l-mitraqa
Riad al-Rayyis
London/Beirut, 1997
Bi-la maghfira
Riad al-Rayyis
Beirut, 2004
Yassir Arafat sah mich an und lächelte
Diaphanes
Berlin, 2009
[Ü: Nermin Sharkawi]

Yussef Bazzi was born in 1966 in the Lebanese capital, Beirut. Like many of his generation, his life was marked by the Lebanese Civil War, which broke out in April, 1975 and continued in differing constellations and with varying levels of intensity until 1990. As a teenager he joined one of the fighting militia groups. In 1986 he fled to Africa. He worked as a journalist in Kuwait and Abu Dhabi, and today works for the culture section of the Lebanese daily paper »al-Mustaqbal«.
Yussef Bazzi has published four collections of poems. His first prose work »Nazara alaya Yassir Arafat wa-btasama« (2005, t: Yassir Arafat Looked At Me And Smiled) offers a radically subjective look at the daily life of a young fighter in the Lebanese Civil War between 1981 and 1986. Stylistically terse and restrained, the text reads almost like a report. There are no descriptive passages that make the setting real to the reader, no background details on the war, its progress, origins, and the goals of the parties involved. Neither does the narrative make effective use of brutality and violence, which are instead treated in a sober manner. Existential questions are handled with an almost aggravating nonchalance. At first glance, this gives rise to a paradoxical union of pathos and the laconic. The text apparently strives neither to explain nor understand: the reader never learns – or if so, only by coincidence – who is fighting whom, where, when, and why. These stylistic techniques and the fact that the novel is written entirely in the first person in the present tense allows the text to convey a sense of the immediacy of combat to the reader. Disturbingly, the latter, like the protagonist, soon loses his grasp on events. Yussef Bazzi lives in Beirut.

MAÏSSA BEY

Maïssa Bey, mit bürgerlichem Namen Samia Benameur, wurde 1950 in der Nähe von Algier geboren. Sie studierte Romanistik und arbeitete als Pädagogin. Im Zuge der blutigen Auseinandersetzungen, die ihr Land während des sogenannten schwarzen Jahrzehnts (1992–2002) erschütterten, brach sie ihr Schweigen und begann unter dem Namen ihrer Großmutter zu schreiben. Maïssa Bey, die sich selbst als »Araberin von Geburt, Kultur und Sprache. Und Muslimin. Tief geprägt von der muslimischen Kultur und Tradition« bezeichnet, wählt die Literatur, um mehr zu sein als eine stumme, passive Zeugin im Angesicht einer Zeitgeschichte, deren Gewaltsamkeit all ihre Sinne herausfordert.
Ihr erster Roman, »Au commencement était la mer« (2003; Ü: Am Anfang war das Meer), der die tragische Geschichte einer jungen Algerierin erzählt, die für schuldig befunden wird, in einer von fundamentalistischer Gewalt zersetzten Gesellschaft ihre Träume leben zu wollen, stieß in Frankreich auf positive Kritik. Im Mittelpunkt ihrer Novellensammlung »Sous le jasmin la nuit« (2004; Ü: Unter dem Jasmin die Nacht) stehen an den Rand der Gesellschaft gedrängte und bedrängte Frauen. Sie zeigt mit dem Finger auf die Widersprüche der muslimischen, männlich dominierten Gesellschaft, geht auf die »non dits« ein, rückt den gedachten, aber nicht geäußerten Worten zu Leibe.
Beleuchtet die Autorin in ihrem Roman »Bleu, Blanc, Vert« (2005; Ü: Blau, Weiss, Grün) den Konflikt der algerischen Nachkriegsgeneration zwischen Tradition und Moderne, so stellt sie in ihrem für die Bühne adaptierten Roman »Entendez-vous dans les montagnes« (Ü: Hört ihr in den Bergen) die Frage nach Schuld und Verantwortung. Angesichts der in Algerien und in Frankreich nach wie vor nicht vollständig aufgearbeiteten Geschichte und der Verweigerungshaltung Algeriens gegenüber seinem kulturellen, sprachlichen und historischen Reichtum, behandelt Maïssa Bey in »Pierre Sang Papier ou Cendre« in 25 Bildern 132 Jahre algerischer Geschichte, in der sich »Madame Lafrance« auf »ihrer« Erde niederlässt, um ihre Kultur bei den Barbaren zu verbreiten, hinter sich eine durch Napalm verbrannte Erde zurücklassend. Der Titel ist dem 1942 von Paul Eluard während der Naziherrschaft in Frankreich geschriebenen Gedicht »Freiheit« entnommen.
Maïssa Bey erhielt zahlreiche Preise in Frankreich und Algerien sowie den LiBeraturpreis für ihren Roman »Surtout ne te retourne pas« (2008; Ü: Stein, Blut oder Asche). In deutscher Übersetzung liegt bislang nur die Erzählung »Bewältigung des Tages« vor.
Derzeit arbeitet die Autorin an einem Roman, der die jüngste Geschichte Algeriens behandelt. Maïssa Bey lebt und arbeitet in Sidi Bel Abbes, Algerien.

Sous le jasmin la nuit
Eds de l'Aube
La Tour d'Aigues, 2004
Surtout ne te retourne pas
Eds de l'Aube
La Tour d'Aigues / Barzakh
Algier, 2005
Bleu Blanc Vert
Eds de l'Aube / Barzakh
2005
Pierre Sang Papier ou Cendre
Eds de l'Aube / Barzakh
2008
L'une et l'autre
Eds de l'Aube / Barzakh
2009
Bewältigung des Tages
ApoDion Verlag
Schöngeist Heft 21
Berlin, 2009
[Ü: Christine Belakhdar]

Maïssa Bey (real name Samia Benameur) was born near Algiers in 1950. She studied Romance Studies and worked as a teacher up to the 1990s. In response to the bloody conflicts which shook her country during the so-called Black Decade (1992-2002) she broke her silence and began writing using her grandmother's name as a pseudonym. Maïssa Bey – who describes herself as »an Arabic woman by birth, culture, and language. And a Muslim. Profoundly shaped by Muslim culture and tradition« – chose literature in order to become more than a passive, mute witness to events whose violent nature challenges all her senses.
Her first novel »Au commencement était la mer« (1996), the tragic story of a young Algerian girl who is found guilty of trying to follow her dreams in a society dominated by fundamentalist violence, met with immediate acclaim in France. At the heart of her collection of novellas »Sous le jasmin la nuit«, are disenfranchised and voiceless women. She points her finger at the contradictions of male-dominated Muslim society, touches on the ›non-dits‹, and confronts those words which are thought but never spoken.
While her novel »Bleu, Blanc, Vert« tackles the conflicts of the Algerian post-war generation (1962-92) with tradition and modernity, the novel »Entendez-vous dans les montagnes«, also adapted for the stage, deals with issues of guilt and responsibility. In light of the still unresolved Algerian and French past and rejection of Algeria in its cultural, linguistic and historical wealth, Maïssa Bey covers one hundred and thirty-two years of Algerian history in twenty-five images in »Pierre Sang Papier ou Cendre« (2008), in which Madame LaFrance, tall and dressed in unstained white linen, descends to ›her‹ Earth in order to share her light and culture with the barbarians only to leave napalm-scorched earth in her wake. The original title is borrowed from Paul Eluard's poem »Freedom«, written in 1942 under the Nazi occupation of France.
Maïssa Bey has been awarded numerous prizes in France and in Algeria, as well as the LiBeratur Prize for her novel »Surtout ne te retourne pas« (2005). Her story »Overcoming the Day« has been published in German.
The author is currently working on a novel about Algeria's recent past. Maïssa Bey lives and works in Sidi Bel Abbes, Algeria.

Dans Berlin, il y a Libre…

aus dem Französischen von Leopold Federmair

MAÏSSA BEY

In Berlin gibt es…

Ich erinnere mich an ein Foto: Eine schwarzgekleidete Frau irrt durch die Straßen von Berlin, die nach dem Krieg in Schutt und Asche lagen. Staub und Rauchwolken. Schwarzweiß.

Ich erinnere mich an einen Kommentar aus einem Dokumentarfilm über den Fall Berlins. Es hieß, dass eine rote Fahne auf dem Reichstag gehisst wurde. Aber es war noch alles schwarzweiß.

Ich erinnere mich an die Angst, die mich, die Jugendliche, überkommen hatte, als ich aus der Cinemathek kam, aus dem Film von Fritz Lang « M – eine Stadt sucht einen Mörder »; ich musste die düsteren und vernebelten Straßen Berlins verlassen, um den Straßen und der Nacht von Algier zu trotzen. Ich entsinne mich an diese Hand, auf der mit weißer Kreide ein M gezeichnet war, eine Hand, die auf eine Schulter gelegt wurde, aber auch an jene Melodie, die der Mörder pfiff, und die lange in meinen Ohren nachhallte. Erst sehr viel später erfuhr ich, dass es die Melodie aus Peer Gynt von Grieg war.

Ich erinnere mich an eine Tante mit langgezogenen Lidern und geschwungenen Augenbrauen, die bis zu den Schläfen reichten und sorgfältig gezupft waren. In der Familie sagte man, dass sie der Deutschen Greta Garbo ähnelte. Ein Schwarz-Weiß-Gesicht. Erst später erfuhr ich, dass Greta Schwedin war.

Ich erinnere mich auch an den Film „Eine auswärtige Affäre" und an Marlene Dietrich. An ihre tiefe, unnachahmliche Stimme und ihren Blick hinter dem Rauch ihrer Zigarette. Schwarzer Engel. Leidenschaft.

Ich war elf und erinnere mich an Erzählungen über Familien, die von einer mitten in der Nacht gewachsenen Mauer getrennt wurden, an Hände, die sich an Stacheldraht klammerten, an die am Fuße der Mauer gefundenen und von Kugeln durchlöcherten Körper. In Algerien herrschte Krieg.

Ich erinnere mich auch an eine durchwachte Nacht, überall Lichter, Gesänge und Freudenrufe, die Nacht, in der diese Mauer unter dem Drängen eines wütenden, zu lange in Schranken gehaltenen Sturmes zusammenbrach. Sag mir, sollten Schande und Hass doch nicht so unzerstörbare Baustoffe sein, wie es jene glauben, die daraus Mauern errichten?

Ich erinnere mich an dieses Bild aus den Fernsehnachrichten: Rostropowitch, am 10. November 1989, auf einem Stuhl an eine Mauer voller Graffitis gelehnt. Er spielte Bachsuiten auf dem Cello, umringt von einer plötzlich schweigsam gewordenen Menge. Ein junger Mann vor ihm weinte.

Und dann erinnere ich mich an den Tag, an dem ich Berlin unter der kalten Märzsonne entdeckt habe. Farbenfrohe Straßen und lichtüberflutete Passagen. Gesichter und Lachen. Eine andere Zeit. Ein anderes Gesicht von Berlin. Jenes, das ich so mochte, als ich es wirklich gesehen habe.

Maïssa Bey, Juli 2009

MARIE DARRIEUSSECQ

Es gibt keinen Fahrzeug-Verwahrungsplatz in Berlin. Seit dem Fall der Mauer ist die Stadt so weitläufig, dass die Behörden sich damit begnügen, ein falsch geparktes Auto in ein anderes Viertel zu schaffen. Will man dessen Standort erfahren, muss man die entsprechende Strafe zahlen. Manche ziehen es vor, wochenlang nach ihrem Auto zu suchen, wobei sie die bekannte Spiraltechnik anwenden: Man nimmt zuerst immer die erste Straße rechts, dann die erste links und so weiter, auf diese Weise verlässt man langsam den Ausgangspunkt und erreicht die Peripherie.
Ich weiß nicht, ob diese Geschichte wahr ist. Für mich ist sie eine Metapher für alles, was mit Verlust zu tun hat: in der Mitte das fehlende Objekt und danach ein ganzes Leben der Suche, spiralförmig, bis man endlich versteht, dass man sich im Exil befindet.

Ein bisschen trivialer das folgende Anagramm:

Bier
Europa
Ruinen
Literatur
Irrlicht
Nihilismus

***Il n'y a pas de fourrière, à Berlin. La ville est tellement vaste, depuis la Chute du Mur, que les autorités se contentent de tracter la voiture dans un autre quartier. Pour connaître son emplacement, il faut payer l'amende. Certains préfèrent passer des semaines à chercher, selon la technique bien connue de la spirale: on prend toutes les premières rues à droite, puis la première à gauche, et ainsi de suite, on s'excentre lentement de son point d'origine. ***

J'ignore si cette histoire est vraie, mais elle est pour moi la métaphore de tout ce qui touche à la perte: au centre, l'objet manquant, et ensuite, toute une vie à chercher, en spirale, jusqu'à comprendre qu'on est en exil.

plus trivialement, un anagramme :

BIERE
EUROPE
RAVAGE
LITTERATURE
INCONNU
NIHILISME

Aus dem Französischen von Leopold Federmair

MARIE DARRIEUSSECQ

Marie Darrieussecq wurde 1969 im französischen Bayonne geboren. Sie studierte Literaturwissenschaft u.a. an der Ecole Normale Supérieure und der Sorbonne Nouvelle in Paris und erlangte 1997 die Doktorwürde in Französischer Literatur. Schon im Kindesalter begann sie zu schreiben, während ihrer Promotion veröffentlichte sie ihren ersten Roman »Truismes« (1996; dt. »Schweinerei«, 1997), mit dem sie international Aufsehen bei Kritikern und Publikum erregte. Nach dem sensationellen Erfolg ihres Debüts gab Darrieussecq ihre Lehrtätigkeit an der Université Lille auf und widmet sich seither ganz dem Schreiben.
»Truismes« erzählt in einem inneren Monolog von der skurrilen Verwandlung der Protagonistin, einer jungen Frau, in eine Sau. Fast gleichmütig naiv berichtet sie von ersten körperlichen Veränderungen – es wachsen ihr Zitzen und ein Ringelschwänzchen –, die mit einer Abscheu vor Schinkenbroten einhergehen. Als die Metamorphose vollzogen ist, steht Paris politisch, gesellschaftlich und moralisch am Abgrund, die Protagonistin flieht schließlich in den Wald. In der Kritik erfuhr der Roman die unterschiedlichsten Deutungen von der politischen Parabel über die Gesellschaftssatire bis zum weiblichen Entwicklungsroman.
Darrieussecqs zweiter Roman »Naissance des fantômes« (1998; dt. »Gespenster sehen«, 1999) schildert in ungewöhnlichen Bildern die persönlichen Erfahrungen einer Frau, die sich auf die Suche nach ihrem spurlos verschwundenen Ehemann begibt. Der Verlust eines Familienmitglieds und die daraus resultierenden Emotionen stehen auch im Mittelpunkt des komplex konstruierten Romans »Bref séjour chez les vivants« (2001; Ü: Kurzer Aufenthalt bei den Lebenden), der in vier miteinander verwobenen Bewusstseinsströmen erzählt wird. Kurz nach der Geburt ihres ersten Kindes erschien »Le bébé« (2002; dt. »Das Baby«, 2004), in dem sich Darrieussecq humorvoll mit der Mutterschaft auseinandersetzt. Ihr siebter und jüngster Roman »Tom est mort« (2007; Ü: Tom ist tot) handelt erneut von einem Verlust und lässt den Leser in die desolate Gefühlswelt einer Mutter eintauchen, die ihren Sohn verloren hat. Zuletzt veröffentlichte die Autorin mit »Le Musée de la mer« (2008; Ü: Das Museum des Meeres) zum ersten Mal ein Theaterstück, das im Frühjahr 2009 in Reykjavik uraufgeführt wurde. 2008 legte Darrieussecq zudem »Tristes Pontiques«, eine Neuübersetzung Ovids, vor.
Marie Darrieussecq gehört zu den bedeutendsten französischen Schriftstellern ihrer Generation und wurde für zahlreiche internationale Auszeichnungen nominiert. »Truismes« wurde in Frankreich als das erfolgreichste Debüt seit den 1950er Jahren gefeiert und ist weltweit in über dreißig Ländern erschienen. Sie lebt mit ihrem Ehemann und zwei Kindern in Paris.

Schweinerei
Hanser
München, 1997
[Ü: Frank Heibert]
Gespenster sehen
Hanser
München, 1999
[Ü: Hinrich Schmidt-Henkel, Frank Heibert]
Das Baby
Hanser
München, 2004
[Ü: Frank Heibert]
Zoo
P.O.L.
Paris, 2006
Le Musée de la mer
P.O.L.
Paris, 2009

Marie Darrieussecq was born in Bayonne in 1969. She studied literature and other subjects at the Ecole Normale Supérieure and at the Sorbonne Nouvelle in Paris, and in 1997 gained a doctorate in French literature. She had already begun to write as a child, and while working on her doctorate, she published her first novel, »Truismes« (1996; Eng. »Pig Tales«, 1997), which won her international respect from critics and readers alike. Following the sensational success of her début, Darrieussecq resigned from her teaching activities at Lille University and became a full-time writer.
Through an internal monologue, »Pig Tales« describes the protagonist's bizarre transformation from a young woman into a pig. She reports her initial physical changes with imperturbable naivety – she grows teats and a curly tail – and develops a loathing for ham sandwiches. By the time her metamorphosis is complete, Paris is teetering on the brink of a political, social and moral abyss, and she flees into the forest. Critics saw in »Pig Tales« a political parable, a social satire, and a novel of female emancipation.
Darrieussecq's second novel »Naissance des fantômes« (1998; Eng. »My Phantom Husband«, 2001) uses striking imagery to describe the personal experiences of a woman seeking her vanished husband. The loss of a family member and the emotions arising from this loss are also at the heart of the complexly structured novel »Bref séjour chez les vivants« (2001; Eng. »A Brief Stay With The Living«, 2004), which is told through four intertwined stream of consciousness narratives. Shortly after the birth of her first child she published »Le bébé« (2002; t: The baby), a humorous examination of motherhood. Her seventh and most recent novel »Tom est mort« (2007; t: Tom is dead) is once again concerned with loss, and draws the reader into the desolate thoughts and feelings of a mother who has lost her son. Her first stage play, »Le Musée de la mer« (2008; t: The Museum of the Sea), had its premiere in Reykjavik early in 2009. In 2008 Darrieussecq also published »Tristes Pontiques«, a new translation of Ovid.
Marie Darrieussecq is among the major French writers of her generation and has been honoured with numerous international awards. »Truismes« was hailed as the most successful début in French literature since the 1950s and has been published in over thirty countries. The author lives with her husband and two children in Paris.

YOUSSOUF AMINE ELALAMY

Youssouf Amine Elalamy wurde 1961 im marokkanischen Larache geboren. Er promovierte im Fach Kommunikationswissenschaften und veröffentlichte im In- und Ausland zahlreiche Artikel zu Kunst, Fotografie, Mode und Werbung. 1991 ging er mit einem Fulbright-Stipendium nach New York und kehrte drei Jahre später in sein Heimatland zurück. Hier lehrt er als Professor für Stilistik, Kommunikation und Medien an der Ibn-Tofaï-Universität in Kenitra.
Das Interesse an Details und Ausdrucksformen, die Zusammensetzung von Diskursen und deren mediale Vermittlung prägen Elalamys literarisches und bildnerisches Werk. 1998 veröffentlichte er den ersten Teil seiner Tetralogie zum Thema Emigration. »Un Marocain à New York« (1998; Ü: Ein Marokkaner in New York) versammelt Eindrücke aus der Begegnung mit einer völlig fremden Kultur. »Les clandestins« (2001; dt. »Gestrandet«, 2008) erzählt nicht nur vom Schicksal von 13 Flüchtlingen, die nach dem Kentern ihres Bootes in der Straße von Gibraltar an einen Strand gespült werden, sondern entwickelt auch ihre individuellen Vorgeschichten. »Paris mon bled« (2002; Ü: Paris, mein Hinterland) gibt Einblick in die heterogene Kultur marokkanischer Einwanderer der dritten Generation in der französischen Hauptstadt. Meisterhaft zusammengefügte Mischformen disparater Elemente, unterschiedliche Erzählperspektiven, Handlungsstränge, Textstile und eine große Bildhaftigkeit kennzeichnen die Erzählweise des Autors, die sich an moderner Literatur und zunehmend an der Rap-Poetik orientiert. Es entsteht ein schillerndes Spannungsfeld zwischen Tradition und Modernität, Gewalt und Intimität, Religiosität und Profanität, arm und reich, Mann und Frau.
Elalamys letzte vier Werke sind in Marokko angesiedelt, darunter »Miniatures« (2004), ein Kaleidoskop von fünfzig lebensweltlichen Mikrokosmen. Sie bieten sich für die Überschreitung der Gattungsgrenze an und inspirierten den Autor zu Bild-Collagen, die auf mehreren Ausstellungen gezeigt wurden. Die ersten auf Darija, dem marokkanischen Dialekt des Arabischen verfassten Geschichten »Tqarqib Ennab« (2006; Ü: Klatsch) wurden auch für die Bühne adaptiert. Elalamys jüngster Roman »Nomade« (2009) wurde als urbane Installation in Marrakesch, Rotterdam und Rabat präsentiert.
Elalamy nahm als bildender Künstler und Kurator an verschiedenen internationalen Ausstellungen teil – u.a. an »Soundscape« im Berliner Haus der Kulturen der Welt und am Festival von Avignon mit einer Inszenierung von »Gestrandet«. Zu seinen Auszeichnungen gehören der Kurzgeschichtenpreis des British Council und der Prix Grand Atlas. Elalamy ist Gründungsmitglied und Generalsekretär des Marokkanischen PEN-Clubs. Er lebt in Rabat.

Un Marocain à New York
EDDIF
Casablanca, 1998
Paris mon bled
EDDIF
Casablanca, 2002
Le Journal de YAE
Ed. Hors Champ
Bordeaux, 2003
Miniatures
Ed. Hors Champ
Bordeaux, 2004
Tqarqib Ennab
Khbar Bladna
Tanger, 2006
Gestrandet
Donata Kinzelbach
Mainz, 2008
[Ü: Barbara Gantner]

Youssouf Amine Elalamy was born in Larache in Morocco in 1961. He studied communication science and published numerous articles in international journals on photography, art, fashion and advertising. In 1991 he went to New York on a Fulbright scholarship and returned to Morocco three years later, where he teaches style, communication and media as a full professor at the Ibn-Tofaï University in Kenitra.
Elalamy's literary, visual and sculptural work is marked by his interest in details, forms of expression, the composition of discourses and their media dissemination. In 1998 he published the first part of his trilogy on emigration. »Un Marocain à New York« (1998; Eng.: A Moroccan in New York, 2008) collects impressions of a confrontation with a completely different culture. »Les clandestins« (2001; t: The secretive ones) tells the stories of thirteen refugees stranded on a beach in the Straits of Gibraltar. »Paris mon bled« (2002; t: Paris, my hinterland) provides insights into the heterogeneous culture of third generation Moroccan immigrants in the French capital. The author's narratives are characterized by masterfully handled hybrids fusing disparate elements, which are guided by modern literature and, increasingly, rap poetry. Varying narrative perspectives and plot strands, prose styles, timeframes and languages are combined using powerful imagery. An enigmatic and tense area is born of various close-ups and juxtapositions – tradition and modernity, violence and intimacy, the sacred and profane, rich and poor, man and woman. The tragic and comic elements are frequently shot through with satire.
Elalamy's last four works have been set in Morocco, and include »Miniatures« (2004), a kaleidoscope of 50 »lifeworld« microcosms. These provided inspiration for cross-over works in other art media: »Miniatures« inspired the artist's own collages, which have been exhibited in several galleries. His short story collection »Tqarqib Ennab« (2006; t: Gossip) was his first book ever written in Darija (Moroccan Arabic) and was adapted for the stage. His most recent novel »Nomade« (2009; t: Nomads) was presented as an urban installation in Marrakesh, Rotterdam and Rabat. Elalamy has participated, as a visual artist and curator, in numerous international exhibitions, including »Soundscape« at the Berlin House of the Cultures of the World, and a staging of »Les clandestins« at the Avignon Festival. He has been awarded among others the British Council's Short Story Prize and the Prix Grand Atlas. Elalamy is a founding member and the current secretary general of the Moroccan PEN Club. He lives in Rabat.

Berlin ports the waters of history. and it is an ever-flowing source in Art

Berlín porta las aguas de la historia y es una fuente inagotable en el arte.

Coral Bracho

CORAL BRACHO

Visionary Berlin:

BERLIN IS A CITY BROKEN AND PUT BACK TOGETHER AGAIN. I WAS TEN YEARS OLD LIVING IN CREEK INDIAN LANDS WHEN THE WALL DIVIDING THE CITY OF BERLIN WAS ERECTED BY THOSE TAKEN OVER BY DEMONS OF FEAR. ON NOVEMBER 9/ 1989 WHEN THE WALL WAS TAKEN DOWN AND THE CITY WAS RESTORED/ I WAS A THIRTY EIGHT YEAR OLD POET QUESTIONING COLONIZATION EVEN AS I WAS LOOKING FOR ANGELS. WHEN THE WALL WAS DISMANTLED/ THE HEART OF THE CITY WAS RESTORED. WE CELEBRATED EVERYWHERE.

AND ALWAYS/ FOR ME/ THE CITY OF BERLIN IS THE CITY OF DREAM WALK ERS. IT IS THE BERLIN OF WIM WENDER S MOVIE WINGS OF DESIRE. IT IS A BERLIN OF TOUGH ANGELS WHO D RATHER BE COMPLEX HUMANS. THESE ARE THE ANGELS OF RILKE S POETRY. THESE ARE THE ANGELS OF THIS AGE IN WHICH WE ARE BREAKING/ AGAIN.

JOY HARJO

Die Autorin und Musikerin Joy Harjo wurde 1951 in Tulsa, Oklahoma, geboren und gehört dem Muskogee-Volk an. Sie besuchte die Indian School am Institute of American Indian Art in Santa Fe und studierte Kunst und Theater an der New Mexico University. Von 1979 bis 1995 unterrichtete sie u.a. am Institute of American Indian Art, an der University of Arizona, der University of New Mexico und der University of California in Los Angeles. Harjo ist Gründungsmitglied der Native Arts & Cultures Foundation. Sie schreibt die Kolumne »Comings and Goings« für die »Muscogee Nation News«.
Bereits während ihres Studiums begann Harjo Gedichte zu schreiben, die von indianischer Musik und Philosophie, aber auch von der Native-Rights-Bewegung beeinflusst waren. Sie brauche die »heilige Sprache« der Poesie, um ihre aufgewühlte innere Landschaft zu artikulieren. »Poesie half mir zu überleben«, sagt die Autorin. Mit »The Last Song« (Ü: Das letzte Lied) veröffentlichte sie 1975 den ersten ihrer sieben Gedichtbände. Zuletzt erschien die Sammlung »How We Became Human« (2002; Ü: Wie wir menschlich wurden), die neue und ausgewählte Texte aller vorherigen Bände vereint.
Die emotional dichte Lyrik Harjos wurzelt in einer tiefen, spirituell verankerten Naturverbundenheit und erforscht die komplexe Identität der Native Americans. Dabei werden Wirklichkeit und Mythen hier kontrastiert, dort fließend miteinander verwoben. Wiederkehrende Motive in Harjos sprachlich präziser und bildreicher Dichtung sind Erinnerungen, Reisen, Grenzüberschreitungen, Orientierung und Überleben. Auch Weiblichkeit, die Mutterrolle und Familie werden vom – meist weiblichen – lyrischen Ich thematisiert. Insbesondere »She Had Some Horses« (1983; Ü: Sie hatte einige Pferde) setzt sich intensiv mit dem Frausein auseinander und erzählt von Verzweiflung, Unterdrückung und Gefangensein, aber auch von Erwachen, Stärke und Liebe.
Harjos Gedichte und Prosatexte stehen in der Tradition der mündlichen Überlieferung ihres Volkes, der Lieder und des Geschichtenerzählens. Sie entfalten durch ihren eindringlichen Rhythmus eine wirklichkeitsnahe, unmittelbare Ausdruckskraft. Die Dichterin erweiterte ihr künstlerisches Schaffen in den 1980er Jahren um eine musikalische Komponente: Sie begann ihre Texte solo und mit Bands musikalisch umzusetzen und brachte drei preisgekrönte CDs heraus. International tritt sie solo und in der Formation »Joy Harjo and the Arrow Dynamics Band« auf, in der sie nicht nur singt, sondern auch Saxofon und Flöte spielt. Im Oktober 2009 erscheint ihr neues Werk »For a Girl Becoming« (Ü: Für ein werdendes Mädchen), ein Buch für Kinder und junge Erwachsene.
Joy Harjo wurde mit zahlreichen Auszeichnungen geehrt, u.a. mit dem New Mexico Governor's Award for Excellence in the Arts, dem Lifetime Achievement Award des Native Writers' Circle of the Americas und dem Lila Wallace Readers Digest Writers Award. Sie lebt in Honolulu, Hawaii und Albuquerque, New Mexico.

How We Became Human
Norton
New York, 2002
She Had Some Horses
Thunder's Mouth Press
New York, 1983
For a Girl Becoming
University of Arizona Press
Tucson, 2009
www.joyharjo.com

Author and musician Joy Harjo was born in Tulsa, Oklahoma in 1951 and is a member of the Muskogee tribal nation. She attended the Institute of American Indian Art in Santa Fe and studied art and theatre at New Mexico University. From 1979 to 1995, she taught at several institutions of higher education, including the Institute of American Indian Art, the University of Arizona, the University of New Mexico and the University of California in Los Angeles. Harjo is a founding member of the Native Arts and Cultures Foundation. She writes a column called »Comings and Goings« for the Muscogee Nation News.«
As a student, Harjo had already begun to write poems influenced by Native American music and philosophy as well as by the Native Rights Movement. She needed the »sacred language« of poetry to articulate her stormy inner landscape. »Poetry helped me survive« said the author. She published the first of her seven collections of poems, entitled »The Last Song«, in 1975. The recently published collection »How We Became Human« (2002) brings together new poems and selected poems from earlier books. Harjo's emotionally intense poetry is rooted in a deep, spiritually anchored connection with nature and explores the complexity of Native American identity. Here, reality is contrasted with myth, there, woven together with myth. Recurring motifs in the precise language and vivid imagery of Harjo's poetry are memory, journeys, the crossing of boundaries, orientation and survival. Femininity, motherhood and family are also addressed – usually through a female narrative voice. »She Had Some Horses« (1983) takes a particularly intense look at womanhood, dealing with issues of doubt, oppression and confinement alongside awakening, strength and love.
Harjo's poems and prose follow the oral tradition of her people, their songs and storytelling. Her texts develop a concrete, immediate power of expression through their insistent rhythms. Harjo expanded her artistic output in the 1980s by adding a musical component: she began to set her texts to music and has produced three award-winning CDs. She has appeared internationally both as a solo performer and with her band »Joy Harjo and the Arrow Dynamics Band«, in which she not only sings, but also plays saxophone and flute.
Joy Harjo has been awarded many prizes, including the New Mexico Governor's Award for Excellence in the Arts, the Native Writers Circle of the Americas' Lifetime Achievement Award and the Lila Wallace Reader's Digest Award. Her newest work, »For a Girl Becoming«, a book for children and young adults, will be published in October 2009. She lives in Honolulu, Hawaii and Albuquerque, New Mexico.

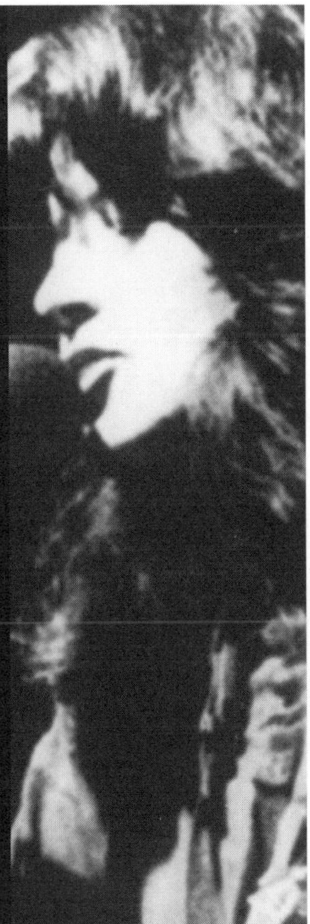

ALEKSANDAR HEMON

Aleksandar Hemon wurde 1964 in Sarajevo geboren. Nach seinem Studium der Literaturwissenschaft an der dortigen Universität arbeitete er als Journalist und veröffentlichte erste Kurzgeschichten in serbokroatischen Magazinen. Eine geplante Buchpublikation wurde – glücklicherweise, so Hemon später – vom Bosnienkrieg verhindert. Dessen Ausbruch im Jahr 1992 erlebte der Autor als Teilnehmer eines Kulturaustausches in Chicago. Auf seine unfreiwillige Exilierung reagierte er mit einem rigiden Studium der englischen Sprache. In dieser Zeit schlug er sich mit schlecht bezahlten Jobs durch – er war u.a. Fahrradkurier, Kundenwerber für Greenpeace, Buchverkäufer und Sandwich-Zubereiter. Schließlich erwarb er den Magistertitel in Literatur an der Northwestern University, Chicago. Nach nur drei Jahren publizierte er erste auf Englisch verfasste Kurzgeschichten in Magazinen wie »The New Yorker« und »Esquire«.

Hemons Texte wurden von Anfang an begeistert aufgenommen und für die meisterhafte Beherrschung der sprachlichen Mittel sowie für deren kraftvollen Einsatz gelobt. Mit überbordender Fantasie, lakonischer Ungerührtheit und tragikomischem Humor verwebt der Autor Fiktionalität und Faktualität, Zeitebenen und Erzählperspektiven sowie fragmentarische Textbausteine – Aufzählungen, Zitate, Fotografien. Sein Material schöpft Hemon häufig aus seinem Emigrantenschicksal: seiner hybriden Identität, der in weite Ferne gerückten, unwirklichen Vergangenheit des Auswanderers, der Fremdheit der neuen Heimat. Die Kurzgeschichte »Der Spionagering Sorge« aus der Sammlung »The Question of Bruno« (2000; dt. »Die Sache mit Bruno«, 2000) überlagert eine kindliche Fantasie mit der unergründlichen Wirklichkeit der Erwachsenenwelt und kontrastiert das Familienporträt aus dem Alltag des ›real existierenden Sozialismus‹ mit ausführlichen Fußnoten über das Schicksal des historischen Spions Richard Sorge. Der Protagonist von »Nowhere Man« (2002; dt. 2003), der schon in einer früheren Kurzgeschichte eingeführt wurde, strandet mit seiner Ankunft in Amerika in einem absurden Niemandsland der Selbstfindung.

Als Hemons Meisterwerk gilt »The Lazarus Project« (2008; dt. »Lazarus«, 2009). Es verschränkt die Geschichten eines ausgewanderten Schriftstellers mit der seines Rechercheobjekts: eines jüdischen Flüchtlings, der ein Pogrom überlebt, nach Amerika emigriert und hier in einer Polizeiwache – als Anarchist verdächtigt – erschossen wird. Der Roman war Finalist beim National Book Award. Hemon wurde auch mit dem John S. Zacharis First Book Award ausgezeichnet und erhielt ein Stipendium der Guggenheim Foundation sowie die »Genius Grant« der MacArthur Foundation. Er schreibt alle zwei Wochen eine Kolumne in der bosnischen Zeitung »Dani« (Ü: Tage) und veröffentlicht regelmäßig Geschichten und Essays in amerikanischen Magazinen. Eine Auswahl bereits veröffentlichter und neuer Kurzgeschichten erschien zuletzt unter dem Titel »Love and Obstacles« (2009; Ü: Liebe und Hindernisse). Hemon lebt in Chicago.

Die Sache mit Bruno
Knaus
München, 2000
[Ü: Rudolf Hermstein]
Nowhere Man
Knaus
München, 2006
[Ü: Bernhard Robben]
Lazarus
Knaus
München, 2009
[Ü: Rudolf Hermstein]
Love and Obstacles
Picador
New York, 2009
www.
aleksandarhemon.com

Aleksandar Hemon was born in Sarajevo in 1964. After studying literature at the university there, he worked as a journalist and published his first short stories in Serbo-Croatian magazines. A planned book publication was – luckily as he later said – prevented by the Bosnian War. In 1992, the author experienced the outbreak of the war from Chicago, where he was participating in a cultural exchange programme. He dealt with his forced exile through rigorous study of the English language. During this time, he eked out a living working in odd jobs – as a bike messenger, Greenpeace canvasser, bookstore salesman and sandwich-maker. He eventually acquired his Master's degree in Literature from Chicago's Northwestern University. Just three years later, his first short stories written in English were published in magazines such as »The New Yorker« and »Esquire«.

From the outset of his career, Hemon's texts have been well-received and praised for their masterly command and powerful use of linguistic devices. Through exuberant fantasy, laconic unaffectedness and black humour, the author interweaves fiction and fact, layers of time, the perspectives of different narrators and fragments – lists, citations and photographs. Hemon often draws on material from his immigrant experience: his hybrid identity, his past – suddenly distant and elusive because of his emigration – and the strangeness of his new home. The short story »The Sorge Spy Ring«, from the collection »The Question of Bruno« (2000), intermingles with the incomprehensible reality of adults and a childish fantasy and contrasts the family's life under real Socialism with elaborate footnotes concerning the history of the spy Richard Sorge. The protagonist of the novel »Nowhere Man« (2002), who also appears in one of Hemon's earlier short stories, imigrates to the USA only to end up stranded in an absurd no-man's-land of identity crisis.

»The Lazarus Project« (2008) is considered Hemon's masterwork. It blends the story of an immigrant writer with the object of his research: a Jewish refugee who survives a pogrom, comes to America and then – mistaken for an anarchist – is shot at a police station. The novel was a finalist for the National Book Award. Hemon has also received the John S. Zacharis First Book Award, a fellowship from the Guggenheim Foundation, and a »Genius Grant« from the MacArthur Foundation. He writes a bi-weekly column for the Bosnian newspaper »Dani« (Days) and regularly publishes stories and essays in American magazines. A collection of his new and previously published short stories has recently been published under the title »Love and Obstacles« (2009). Hemon lives in Chicago.

YVON LE MEN

Yvon Le Men, 1953 in Tréguir geboren, schrieb schon als Jugendlicher Gedichte. Seit Erscheinen seines ersten Buches »Vie« (Ü: Leben) im Jahr 1974 widmet sich der Autor beruflich ausschließlich dem geschriebenen und gesprochenen Wort. Verwurzelt in der Bretagne und ihrer Kultur, ist er Autor eines umfangreichen lyrischen Werks, darunter »L'échappée blanche« (1991; Ü: Der reine Durchblick) und »Le jardin des tempêtes« (2000; Ü: Der Garten der Stürme).
Der Beginn seiner Karriere war von politischen Ereignissen in der Bretagne geprägt: Jahrelang engagierte er sich bei Protesten gegen ein Kernkraftwerk in Plogoff. Der Bau konnte Anfang der 1980er Jahre tatsächlich verhindert werden.
In seinem ersten Prosaband »Le petit tailleur de short« (1996; dt. »Das erste Mal ein letztes Mal«, 1999) beschreibt der Autor das Heranwachsen an der bretonischen Küste. In knappen Episoden und poetisch dichter Sprache beschwört er Erinnerungen: »Und dann war auch noch Frühling. Die Zeit der Blumenknospen und Blusenknöpfe, die sich im Kino oder im hintersten Winkel des Schulhofs manchmal öffnen lassen. Die lange Reise der Hand, bevor sie das Mieder erreicht. Ich sehe noch das Mieder mit den zarten Brüsten in der ersten Liebesbrise, die die Kleider und Wiesen durcheinanderbringt.«
Der jüngste Roman »Si tu me quittes, je m'en vais« (2009; Ü: Wenn du mich verlässt, gehe ich) erzählt die humorvoll durchwirkte Liebesgeschichte zwischen einem 25-jährigen bretonischen Dichter und einem ehemaligen Callgirl aus Belgien. Nach dem Abflauen der ersten Leidenschaft beginnen die Konflikte zweier Menschen aus verschiedenen Ländern.
Unter dem Titel »Vingt ans« (Ü: Zwanzig Jahre) erschienen im Mai 2009 seine frühen Gedichte aus den Jahren 1971 bis 1976. In der Bretagne initiierte er mehrere internationale poetische Begegnungen und Foren. Darüber hinaus ist er als Agent der Dichtung in der ganzen Welt unterwegs. Bis vor Kurzem verfasste er für eine der meistverkauften französischen Tageszeitungen, »Ouest-France«, die wöchentliche Chronik »Le tour du monde en 80 poèmes« (Ü: Weltreise in 80 Gedichten). Mit Musikern wie Melaine Favennec, Gérard Delahaye und Patrick Ewen nahm er Schallplatten und CDs auf. An Schulen arbeitet er mit Kindern, für die er Bücher schreibt wie »Ouvrez la porte aux loups« (1994; Ü: Öffnet den Wölfen die Türen) und »Douze mois et toi« (2005; Zwölf Monate und du).
Für sein Werk erhielt Yvon Le Men zahlreiche Preise, u.a. den Prix Georges Brassens, und wurde zum »Chevalier des Arts et des Lettres« ernannt. Seine Texte sind in viele Sprachen übersetzt. Le Men lebt in Lannion in der Bretagne.

À l'entrée du jour
Flammarion
Paris, 1984
La clef de la chapelle est au café d'en face
Flammarion
Paris, 1997
Das erste Mal ein letztes Mal
Joly-Weinberg Verlag
Berlin, 1999
[Ü: Aeneas Bastian]
Le jardin des tempêtes: choix de poèmes 1971-1996
Flammarion
Paris, 2000
Besoin de poème: Lettre à mon père
Édition du Seuil
Paris, 2006
Douze mois et toi
Milan Eds
Toulouse, 2005

Yvon Le Men was born in 1953. He began writing poetry as a young man. Since the publication of his first book, »Vie« in 1974, he has devoted himself professionally to the written and spoken word. Rooted in Brittany and its culture, he is the author of a large number of poetic works (»L'échappée blanche,« 1991; »Le jardin des tempêtes«, 2000; et al.). The beginning of his career was greatly influenced by political events in Brittany: for years he was involved in protests against the nuclear power station in Plogoff. Construction of the station was indeed called off in the early 80s.
In his first prose work, »Le petit tailleur de short« (1996) the author describes his upbringing on the coast of Brittany. In brief, lyrical episodes, the author conjures up memories: »And then there was also spring. The time of flower buds and blouse buttons that sometimes open in the cinema or the farthest corners of the school yard. The hand's long journey before it reaches the bodice. I can still see the bodice and the tender breasts in love's first breeze, sending clothing and meadows into disarray.«
His latest novel, »Si tu me quittes, je m'en vais« (2009) tells the at-times humorous love story of a 25-year-old Breton poet and a former call-girl from Belgium. After their initial passion wanes, the conflicts between two people from two different countries emerge.
In May 2009, Le Men's early poems from the years 1971 to 1976 were published in the collection, »Vingt ans«. Le Men has initiated several poetry congresses and forums in Brittany. Moreover, he travels around the world as an agent of poetry. Until recently, he wrote a weekly column entitled »Around the World in 80 Poems« for France's most-read newspaper »Ouest-France«. He has made records and CDs with musicians such as Melaine Favennec, Gérard Delahaye and Patrick Ewen. He works with children in schools and has written children's books such as »Ouvrez la porte aux loups« (1994) and »Douze mois et toi« (2005).
He has been awarded numerous prizes including the »Prix Georges Brassens« and been named a »Chevalier des arts et lettres.« His work has been translated into many languages. Yvon Le Men lives in Lannion, France.

CHRISTINE MONTALBETTI

Meine einzige Begegnung mit Berlin: Ich steige aus dem Nachtzug, treffe meine Freunde auf dem Bahnsteig, und wir fahren mit dem Auto zu einem Geburtstag nach Polen. Von Berlin kenne ich nur diesen Bahnsteig, und als wir durch die Stadt fahren, fallen mir Grünflächen auf, in Bau befindliche Häuser und die Glaskuppel des Bundestags (Symbol der Transparenz, wird mir erklärt).

Mon seul passage à Berlin
train de nuit retrouve des amis sur le quai et nous prenons la voiture pour aller fêter un anniversaire en Pologne. De Berlin je ne connais que le quai de gare, et quand nous traversons la ville j'ai l'idée d'espaces verts, de bâtiments en construction, de la coupole en verre du parlement (pour la carte m'explique-t-on, de la transparence)

Christine Montalbetti

Aus dem Französischen von Christine Belakhdar

CHRISTINE MONTALBETTI

Christine Montalbetti wurde 1965 in Le Havre geboren. Sie unterrichtet Literaturtheorie an der Université Paris VIII in Vincennes-Saint Denis. Ihr akademisches Interesse an textuellen Strukturen und Elementen sowie am Spannungsverhältnis von Sprache und Wirklichkeit durchdringt auch ihre literarischen Werke – nach mehreren Prosatexten verfasste sie zuletzt ein Drama. In ihrem Œuvre steht nicht der Plot, sondern der Text selbst im Vordergrund, weswegen Montalbetti häufig in die Tradition des Nouveau roman und der Postmoderne eingeordnet wurde.
In ihrem ersten Roman »Sa fable achevée, Simon sort dans la bruine« (2001; Ü: Nachdem er seine Geschichte beendet hat, geht Simon in den Nieselregen hinaus) tritt der eher untätige Protagonist völlig hinter den mäandernden Erzählstrom zurück, dessen intelligente Eleganz die Zustimmung der Kritik hervorrief. »L'Origine de l'homme« (2002; Ü: Der Ursprung des Menschen) ist ein ironisches Spiel mit dem realistischen Roman und der Biografie von Jacques Boucher de Perthes. Als Amateur-Paläontologe revolutionierte er im 19. Jahrhundert die Wissenschaft vom Urmenschen. In Montalbettis Roman findet er die richtige Form für seine Lebensgeschichte – er ist Held und Hauptfigur zugleich. »Western« (2005) stellt das gleichnamige Genre mit seinen Konventionen in den Mittelpunkt. Der typische Westernfilm wird durch Montalbettis Erzählen in modifizierter Weise abgespielt: Momentaufnahmen, Zooms und Perspektivwechsel unterbrechen das Geschehen, das gleichwohl unbeirrt auf den Showdown eines Duells hinausläuft. Die erzählerische Stimme verdrängt jeden Dialog der Figuren und bewegt sich mit Kommentaren und Reflexionen durch die Szenerie der Gemeinplätze wie durch einen Theaterfundus, wobei sie in der direkten Ansprache an das Publikum immer wieder die eigene Fiktionalität durchbricht. Ein ähnliches Spiel mit den Erwartungen des Lesers treibt »Petits déjeuners avec quelques écrivains célèbres« (2008; Ü: Frühstücke mit einigen berühmten Schriftstellern). Titel und Inhaltsverzeichnis lassen Porträts von Autoren wie Jean-Philippe Toussaint, Tanguy Viel und Haruki Murakami erwarten. Doch Vorgeschichten und Nebenhandlungen, Kommentare, Gedanken, Erinnerungen und Gefühle der erzählenden Stimme überwuchern die Schilderungen der Begegnungen – Begegnungen, deren Wirklichkeit zweifelhaft bleibt: »Christine Montalbetti, sagt er ein drittes und letztes Mal mit einer Stimme, die mir plötzlich sanfter erschien, etwas mehr von jener Bestimmtheit gefärbt, von der er in den vorhergehenden beiden Absätzen Zeugnis abgelegt hatte, Sie wissen genau, dass wir niemals – niemals – zusammen gefrühstückt haben. Dafür hätten wir uns treffen müssen. // Was, meinen Sie, soll ich darauf antworten?«

Sa fable achevée, Simon sort dans la bruine
P.O.L.
Paris, 2001
L'Origine de l'homme
P.O.L.
Paris, 2002
Western
P.O.L.
Paris, 2005
Petits déjeuners avec quelques écrivains célèbres
P.O.L.
Paris, 2008

Christine Montalbetti was born in Le Havre in 1965. She teaches literary theory at the University of Paris (VIII) in Vincennes-Saint Denis. Her academic interest in textual structures and elements and the relationship between language and reality also permeates her literary work, which consists of several prose texts and a recent play. In her œuvre the text itself, not the plot, is the focus – as a result Montalbetti has often been classed as following the »nouveau roman« or post-modern style.
In her first novel, »Sa fable achevée, Simon sort dans la bruine« (2001; t: His Tale Concluded, Simon Walks into the Drizzle), the rather idle protagonist makes a full retreat behind the meandering narrative flow, the intelligent elegance of which earned critical approval. »L'Origin de l'homme« (2002; t: The Origin of Man) is an ironic play on the realist novel and uses the biography of Jacques Boucher de Perthes, an amateur scientist who, in the 19th century, made a revolutionary contribution to research on prehistoric man. In Montalbetti's account, his life-story finds proper form – he is hero, star and protagonist at the same time. »Western« (2005) focuses on that particular genre and its conventions. The classic Western film is modified through Montalbetti's narration: snapshots, zooms and changing perspectives interrupt events, which nevertheless culminate in a typical duel showdown. The narrative voice forces dialogues between the characters aside and, in commentaries and reflections, moves through the familiar scenery as through the prop room of a theatre. By directly addressing the audience, the narrator shatters the fictional world of the work. A similar play on the expectations of the reader is found in »Petits déjeuners avec quelques écrivains célèbres« (2008; t: Breakfast With Some Famous Writers). The title and table of contents encourage the expectation that the book will be a portrait of authors such as Jean-Philippe Toussaint, Tanguy Viel and Haruki Murakami. However in reality, the history and sub-plots of the narrative voice, his commentary, thoughts, memories and feelings overgrow the portrayal of the meetings with the authors, and indeed the reality of these meetings is in question: »Christine Montalbetti, he says for a third and last time in a voice which suddenly seemed softer to me, certainly a little more tainted with that assertiveness which he had shown in the two preceding paragraphs, you know very well that we have never, never, had breakfast together. We would have needed to meet for that to happen. // What, do you think, should I answer to that?«

ANDRÉS NEUMAN

Andrés Neuman, geboren 1977 in Buenos Aires, lebt seit seinem 14. Lebensjahr im andalusischen Granada. An der dortigen Universität studierte er spanische Philologie und lehrte lateinamerikanische Literatur. Als Autor von Romanen, Essays und Kurzgeschichten, der sich in verschiedenen literarischen Genres zu Hause fühlt, veröffentlichte er zunächst den preisgekrönten Gedichtband »Métodos de la noche« (1998; Ü: Methoden der Nacht), bevor 1999 sein viel beachtetes Romandebüt »Bariloche« erschien. Erzählt wird die Geschichte von Demetrio, einem Müllmann in Buenos Aires, der mithilfe seines nächtlichen Puzzlespiels der tristen Alltagsroutine zu entkommen sucht. Der virtuose Gebrauch von unterschiedlichen sprachlichen Varietäten des Spanischen unterstreicht den polyphonen Charakter des Werkes. »Bariloche« war Finalist des Premio Herralde und wurde von der spanischen Tageszeitung »El Mundo« zu den zehn besten Romanen des Jahres gezählt.
Auf den E-Mail-Roman »La vida en las ventanas« (2002; Ü: Das Leben in den Fenstern) folgte 2003 der von autobiografischen Elementen geprägte Roman »Una vez Argentina« (Ü: Einmal Argentinien), ebenfalls Finalist des Premio Herralde. Vor dem Hintergrund der politischen und gesellschaftlichen Ereignisse im Argentinien des 20. Jahrhunderts entfaltet der junge Erzähler Andrés die wechselvolle Geschichte seiner Vorfahren, die aus verschiedenen Teilen der Welt nach Argentinien emigrierten. Zuletzt veröffentlichte Neuman den Roman »El viajero del siglo« (2009; Ü: Der Jahrhundertreisende), der mit dem renommierten Premio Alfaguara ausgezeichnet wurde. Im Mittelpunkt steht mit dem 19. Jahrhundert die postnapoleonische Epoche europäischer Historie, die mit sprachlicher Brillanz und präzisem Blick zum Leben erweckt wird und mit welcher Neuman die große Romantradition jenes Jahrhunderts in einem sehr zeitgenössischen Stil fortführt. Somit entsteht ein literarischer und historischer Dialog, der eine Brücke schlägt zwischen der Jahrhundertwende um 1800 und dem Beginn des 21. Jahrhunderts. Schauplatz des Romans ist der fiktive Ort Wandernburgo im Nordosten Deutschlands. Der Protagonist, eigentlich auf der Durchreise, wird von dem Ort und seinen Einwohnern in einen mysteriösen Bann gezogen und verlängert seinen Aufenthalt auf unbestimmte Zeit. Vom Hay Festival wurde Neuman in die »Bogotá-39-Liste« aufgenommen und somit als einer der 39 bedeutendsten lateinamerikanischen Autoren unter 39 Jahren ausgewählt.
Der chilenische Schriftsteller Roberto Bolaño schrieb: »Die Literatur des 21. Jahrhunderts wird Neuman und einigen wenigen seiner Blutsbrüder gehören.« Derzeit schreibt Neuman als Kolumnist für die Literaturbeilagen der Tageszeitungen »Abc« in Spanien und »Clarín« in Argentinien. Er lebt in Granada.

Métodos de la noche,
Hiperión
Madrid, 1998
Bariloche
Anagrama
Barcelona, 1999
La vida en las ventanas
Espasa
Madrid, 2002
Una vez Argentina
Anagrama
Barcelona, 2003
Década (poesía 1997-2007)
Acantilado
Barcelona, 2008
El viajero del siglo
Alfaguara
Madrid, 2009

Andrés Neuman, born in Buenos Aires in 1977, has lived in the Andalusian city of Granada since the age of fourteen. He studied Spanish philology and taught Latin American literature at the university there. An author who feels at home in many genres, he published his award-winning collection of poems »Métodos de la noche« (1998; t: Methods of the night) just one year before his highly acclaimed début novel »Bariloche« (t: Bariloche) in 1999. The book tells the story of Demetrio, a garbage man in Buenos Aires who tries to escape his dismal routine with the help of nightly puzzles. The masterful use of different varieties of Spanish emphasizes the polyphonic character of the work. »Bariloche« was a finalist for the Premio Herralde and named one of the ten best books of the year by the Spanish newspaper »El Mundo«.
Neuman's e-mail novel »La vida en las ventanas« (2002; t: Life in the window) was followed in 2003 by the partly autobiographical novel »Una vez Argentina« (t: Once Argentina), which was also a finalist for the Premio Herralde. Against the backdrop of political and social events in twentieth century Argentina, the young narrator Andrés unfurls the eventful history of his forefathers, who emigrated from different parts of the world to Argentina. Most recently, Neuman has published the novel »El viajero del siglo« (2009; t: The traveller of the century), which was awarded the prestigious Premio Alfaguara. In this work, Neuman brings nineteenth century (post-Napoleonic) Europe to life with a precise eye and linguistic brilliance. It not only recreates the old 19th century world, but it also re-writes the great tradition of the 19th century novel in a very contemporary mode. Thus, the novel establishes a literary and historical dialogue between both eras bridging the beginning of the 19th century and the beginning of the 21st century. The novel is set in the fictional town of Wandernburgo in Northern Germany. The protagonist, actually just travelling through, is placed under a mysterious spell by the town and its inhabitants, prolonging his stay indefinitely. Through a vote called by the Hay Festival, Neuman was selected among the most outstanding young Latin American authors and was included on the »Bogotá-39 list«.
The Chilean writer Roberto Bolaño wrote: »twenty-first century literature will belong to Neuman and a few of his blood brothers«. Neuman has a column in the literary supplements of the daily national newspapers »Abc« (Spain) and »Clarín« (Argentina). He lives in Granada.

ERASMUS SCHÖFER

Erasmus Schöfer wurde 1931 in Altlandsberg geboren und wuchs in Berlin auf. Unterbrochen von drei Jahren als Fabrikarbeiter in Berlin und Köln, studierte er Germanistik, Sprachwissenschaft und Philosophie und promovierte 1960 über »Die Sprache Heideggers« in Bonn. Er arbeitete zunächst wissenschaftlich, wandte sich aber bereits 1962 dem literarischen Schreiben zu und lebte als freier Schriftsteller in Köln, Freiburg, München, Neuss, Paris und auf Patmos und Ithaka.
Schöfer war die Kritik an sozialen und politischen Missständen immer ein Anliegen, daher erinnert sein Werk an sozialkritische Autoren wie Upton Sinclair oder Brecht. 1970 begründete er den »Werkkreis Literatur der Arbeitswelt« mit, war mehrere Jahre dessen Vorsitzender und gab verschiedene Bände der gleichnamigen Taschenbuchreihe im Fischer Verlag heraus. Auch die Bühne zog ihn an: Er verfasste Dramen wie »Die Bürger von Weiler« (1978) und rief das Industrietheater »Der Wahre Anton« mit ins Leben. Außerdem schrieb er Hörspiele und Drehbücher für deutsche und ausländische Sender. In den 1980ern veröffentlichte er mit »Tod in Athen« (1986) seinen ersten Roman.
Schöfers Werke zeichnen sich durch die Authentizität der erzählten Ereignisse und die Verwendung unterschiedlicher, innovativer sprachlicher Mittel aus, die seinen Büchern eine ganz eigene Ästhetik verleihen und die er bis hin zu seinem Hauptwerk, der Tetralogie »Die Kinder des Sisyfos«, perfektionierte. In den Einzelbänden »Ein Frühling irrer Hoffnung« (2001), »Zwielicht« (2004), »Sonnenflucht« (2005) und »Winterdämmerung« (2008), die an Vorbilder wie Uwe Johnson und Peter Weiss denken lassen, entwirft Schöfer ein facettenreiches Bild der gesellschaftlichen und politischen Entwicklung Westdeutschlands zwischen 1968 und 1989 im Zusammenhang mit internationalen Vorgängen. So erzählt er vom Aufbruch der 68er, von Bürgerbewegungen gegen gigantomanische Technikprojekte, von Berufsverboten, Arbeiterstreiks und der Liebe im Zeitalter der Pille. Im Vordergrund stehen die eng verwobenen Lebensgeschichten eines verhinderten Geschichtslehrers und seiner Frau, eines engagierten Arbeiters und eines Journalisten. Die parallel angelegten Ich-Erzählerstränge werden montageartig ergänzt durch Protokolle, Tagebucheinträge, Briefe u.a. und verknüpft mit einer Vielzahl von Ereignissen jener Jahrzehnte und Begegnungen der Romanfiguren mit historischen Persönlichkeiten. So gelingt es Schöfer, ein überaus »realistisches und authentisches Bild dieser deutschen Jahrzehnte« (FAZ) zu zeichnen. Ilija Trojanow bezeichnete Schöfer jüngst als einen »wunderbaren Autor«.
Erasmus Schöfer wurde mit verschiedenen literarischen Ehrungen ausgezeichnet, u. a. mit dem Kurt-Magnus-Preis der ARD, Stipendien des Deutschen Literaturfonds und zuletzt mit dem Gustav-Regler-Preis. Er lebt in Köln.

Die Bürger von Weiler
Verlag der Autoren
Frankfurt/Main, 1978
Tod in Athen
Weltkreis
Dortmund, 1986
Ein Frühling irrer Hoffnung
Dittrich
Berlin, 2001
Zwielicht
Dittrich
Berlin, 2004
Sonnenflucht
Dittrich
Berlin, 2005
Winterdämmerung
Dittrich
Berlin, 2009

Erasmus Schöfer was born in Altlandsberg in 1931 and grew up in Berlin. At university he studied German, linguistics and philosophy. In 1960 he completed his doctorate on »Die Sprache Heideggers« (Heidegger's Language) at Bonn University. He initially worked in the academic field, but from 1962 onwards he dedicated himself to writing and has been a free-lance author since that time. He has lived and worked in Cologne, Freiburg, Munich, Neuss, Paris, and on the Greek islands Patmos and Ithaca.
In 1970, he co-founded the »Werkkreis Literatur der Arbeitswelt« (Literature of the World of Work), was chief editor for several years and published various volumes in the eponymous paperback book series published by Fischer. He was also attracted to the theatre – he wrote plays such as »Die Bürger von Weiler. Ein optimistisches Trauerspiel« (1978, t: The citizens of Weiler. An optimistic tragedy) and co-founded the industrial theatre »Der Wahre Anton« (t: The real Anton). In addition, he wrote various radio plays and scripts for broadcasters in Germany and abroad. He published his first novel, »Tod in Athen« (1986, t: Death in Athens) in the 1980s.
Schöfer's work is characterized by the authentic portrayal of events and the use of a variety of innovative styles which give his books a unique aesthetic. It is a technique he has perfected during his career, culminating in his major work, the cycle »Die Kinder von Sisyphos« (t: The children of Sisyphus). The works in this quartet of novels, consisting of »Ein Frühling irrer Hoffnung« (2001, t: A spring of mad hope), »Zwielicht« (2004, t: Twilight), »Sonnenflucht« (2005, t: Flight of the Sun) and »Winterdämmerung« (2008, t: Winter Dawn), echo those of authors such as Uwe Johnson and Peter Weiss. Schöfer creates a multifaceted panorama of the political and social developments in West Germany between 1969 and 1989. Without losing sight of the European dimension of his subject, he recounts events such as the protests of 1968, the people's movement against colossal technical projects, employment bans, workers' strikes and love in the pill era. The plot is constructed out of the intertwined life stories of a workers' activist, a journalist, a history enthusiast and his wife. These parallel first-person narrative strands are interspersed with montage-like reports, diary entries, letters and similar texts. Schöfer succeeds in creating an exceedingly »realistic and authentic picture of these German decades« (FAZ). Ilija Trojanow recently described Schöfer as a »wonderful author«.
Erasmus Schöfer has been awarded many literary prizes, including the ARD Kurt-Magnus Prize, scholarships awarded by the German Literature Foundation and, most recently, the Gustav-Regler Prize. The author lives in Cologne.

ERASMUS SCHÖFER

Ach Berlin – meine vor fünfzig Jahren verlorene Heimat! Der kleine, der riesige Weltraum im Kopf, angefüllt mit den Bildern der einzigen eigenartigen Jugend! Die Haue mit Rohrstock vom Volksschullehrer Heil Hitler, der Strümpfeappell vom Schüler-Schlößchen Nie wieder Stalingrad!, fasziniert von den brennenden Häusern und vom Sammeln der Granatsplitter auf Schuttbergen, auf dem Kleinmachnower Friedhof am offenen Grab der Mutter mit Siggi lachen müssen und am Wilmersdorfer Fenn der erste Zungenkuss mit Liebe. Die Rosinenbomber mit Eipulver und Maisgrieß gegen den Hunger wie die geklauten Kirschen vom VEB Früchtebau in Werder und mit dem Fahrrad durch Grunewaldchaussee zur neuen Dahlemer Universität. Auch zwei selbstgezeugten Mädchen in die kleine Berliner Welt geholfen und danach in die große ausgewandert.

Aber noch nach einem halben Jahrhundert freuen sich meine Füße und Augen am Berliner Straßenpflaster, jauchzt das Jungenherz in der ersten Reihe des Doppeldeckerbusses und die alte S-Bahn singt mir beim Fahren unsre Kinderlieder zum Willkommen.

Erasmus Schöfer

LEILA SEBBAR

Leïla Sebbar kam 1941 in Aflou (Algerien) als Tochter eines algerisch-französischen Lehrerehepaars zur Welt, ging 1961 nach Aix-en-Provence, studierte Literaturwissenschaft, arbeitete als Französischlehrerin in Paris und schrieb für diverse Zeitschriften, u.a. »Sans Frontières« und »Le Magazine littéraire«. Sie ist stark vom französischen Feminismus geprägt, lancierte die alternative Frauenzeitschrift »Histoires d'elles« (1976–1980) und verfasste mehrere Essays zu Frauenfragen. Seit ihrer Studie zum »guten Neger« in der französischen Kolonialliteratur des 18. Jahrhunderts, von Sartre in »Les Temps Modernes« publiziert, lässt das Motiv der Begegnung, der Konfrontation von Selbst- und Fremdbild sie nicht mehr los.

Bereits in ihrer ersten Erzählung, »Fatima ou Les Algériennes au square« (1981; Ü: Fatima oder Die Algerierinnen vom Platz) kristallisiert sich die Migrations- und Exilproblematik heraus, die ihr umfangreiches literarisches Œuvre dominiert. Mit der »Shérazade-Trilogie« (1982–1992) wurde sie zur Pionierin der neu entstehenden »Beur«-Literatur, der Literatur der zweiten maghrebinischen Migrantengeneration. Im Mittelpunkt: Shérazade, die junge algerische Ausreißerin, auf der Flucht aus der tristen Pariser Immigranten-Banlieue und auf der Suche nach den Konturen ihrer west-östlichen Identität. Stationen ihrer geografisch-literarischen Streifzüge sind die französische Multikulti-Szene, der legendäre Sternmarsch der »Beurs« vom Dezember 1983 nach Paris sowie Beirut und Jerusalem, Bibliotheken und Museen. Der Reportage-Charakter, der lebendige Sprachduktus, das vielstimmig Impressionistische und das Motiv der Evasion sind zentrale Momente jener »Ästhetik des Exils«, die Sebbars Romane und Erzählungen ebenso prägt wie ihre Reisenotizen und Tagebuchskizzen, die neuerdings online erscheinen (»Voyage en Algéries autour de ma chambre«, Suite 3–6, 2008/2009). Als »Kollektivautobiografie« bezeichnet sie die von ihr herausgegebenen Erzählbände, oft zu Themen franko-algerischer Kolonialgeschichte, u.a. »Une enfance algérienne« (1997; Ü: Eine algerische Kindheit), in denen es um Blick- und Perspektivwechsel in der algerisch-französischen Gedächtnisarbeit geht.

Nicht minder wichtig in Sebbars Werk sind die Motive der Sprache und Sprachlosigkeit. In ihrem jüngsten Roman, »Mon Cher fils « (2009; Ü: Mein lieber Sohn), in dem ein gealterter Emigrant nach Algier zurückkehrt und einer jungen öffentlichen Schreiberin täglich Briefe an den verlorenen Sohn diktiert, thematisiert sie die Kommunikationsarmut innerhalb maghrebinischer Migrantenfamilien. Für ihren Roman »Le silence des rives« (1993; Ü: Das Schweigen der Ufer), erhielt sie den Prix Kateb Yacine. Sie lebt seit 1963 in Paris.

Shérazade, 17 ans, brune, frisée, les yeux verts
Stock,
Paris, 1982
Das verbotene Kleid
Altberliner Verlag
Berlin, 1996
Je ne parle pas la langue de mon père
Julliard
Paris, 2003
L'arabe comme un chant secret
Bleu autour
Paris, 2007
Shérazade à Julien
Les Cahiers bleus
Paris, 2008
Mon cher fils
Elyzad
Tunis, 2009
www. clicnet.swarthmore. edu/leila_sebbar/

Leila Sebbar, the daughter of Algerian-French teachers, was born in Aflou in south-west Algeria in 1941. In 1961 she went to Aix-en-Provence, where she studied literature. She worked as a French teacher in Paris and wrote for various magazines, including »Sans Frontières«, »La Quinzaine littéraire«, and »Le Magazine littéraire«. Strongly influenced by French feminism, she launched the women's magazine »Histoires d'elles« (1976-80), writing reportages and essays on women's issues. Since the publication of her study on »the good Negro« in eighteenth century French Colonial literature by Sartre in »Les Temps Modernes«, the theme of encounter and confrontation between self-image and the perceptions of others has haunted her work.

In her first story »Fatima ou Les Algériennes au square« (1981; t: Fatima, or the Algerian Women in the Square), the theme of immigrant and exile, which would come to dominate her voluminous work, is already established. Her »Shérazade Trilogy« (1982-92) made her the pioneer of the new »Beur« literature, that of the second generation of Mahgreb immigrants. At the centre of the story is Shérazade, a young Algerian runaway who flees the desolate Parisian immigrant suburbs in search of her western-eastern identity. Stops on her way include the French multicultural scene, the »Beurs« protest march on Paris in 1983 which led to the founding of the »SOS Racism« movement, Beirut, Jerusalem, libraries and museums. The book's reportage-like quality, its vivid and authentic language, choral impressionism and the theme of evasion are central aspects of the »aesthetics of exile« which characterise Sebbar's work, including her travel notes and diary sketches, which have recently become available online (»Voyage en Algéries autour de ma chambre«, Suite 3-6, 2008/2009). She describes her collections as »Collective autobiographies«. These deal with themes from Franco-Algerian colonial history and include »Une enfance algérienne« (1997; t: An Algerian Childhood), »Mon père« (2007; t: My Father), and »Ma mère« (2008; t: My Mother), which is about shifts of position and perspective in the work that examines Franco-Algerian memory.

No less central in Sebbar's work are the themes of language and voicelessness. Her most recent novel »Mon cher fils« (2009; t: My Dear Son), in which an old immigrant returns to Algiers and dictates long daily letters for a lost son to a young female scribe, deals with the theme of communicative poverty within Maghreb migrant families.

Leila Sebbar won the Prix Kateb Yacine in 1993 for her novel »Le silence des rives« (t: The Silence of the Riverbanks). She has lived in Paris since 1963.

GÖRAN SONNEVI

EIN GEDICHT AUS
DAS BRENNENDE HAUS:

IN BERLIN-WESTKREUZ
HÖRTE ICH VON DER S-BAHN HER
EINEN SELTSAMEN, HYMNISCHEN
GESANG, JUNGE STIMMEN, GROSSE

KRAFT, GROSSE ROHEIT, OHNE
WORTE   ER SCHWOLL AN, EBBTE AB
STIEG VON DEN BAHNSTEIGEN, ALLES
DURCHDRINGEND   DANN STIEGEN

DIE RUFE AUF   SIEG HEIL! SIEG HEIL!
UND ICH SPÜRTE DIE SPANNUNG
IN DEN WAGGONS, WÄHREND ICH MICH

UMSAH   UNTERWEGS NACH WANNSEE
WO DIE SONNE STAND, WEISS, KALT
ÜBER DEM WALD, DEM SEE, DER VILLA

AUS DEM SCHWEDISCHEN VON KLAUS-JÜRGEN LIEDTKE

GÖRAN SONNEVI

Göran Sonnevi wurde 1939 im schwedischen Lund geboren und wuchs in Halmstad auf. Die Beschäftigung mit Literatur löste frühe Interessen für Chemie, Mathematik und Musik ab. Er studierte Literaturgeschichte, Philosophie, Kunst- und Religionsgeschichte an der Universität von Lund. Beim Lyrikwettbewerb des Literaturmagazins »Bonnier« wurde er mit dem zweiten Preis ausgezeichnet. Im Alter von 20 Jahren begann er mit der Übersetzung von Lyrik, u. a. den »Cantos« von Ezra Pound sowie Werken von Celan, Mandelstam und Enzensberger. Nach einer weiteren Ausbildung zum Bibliothekar erhielt Sonnevi ein Stipendium des schwedischen Schriftstellerverbandes und begann als freier Autor zu arbeiten. Bekanntheit erlangte er 1965 mit seinem dritten Gedichtband »ingrepp-modeller« (Ü: eingriffe-modelle), insbesondere mit dem darin enthaltenen Gedicht »Om kriget i Vietnam« (Ü: Über den Krieg in Vietnam), das ihn als »Lyriker der neuen Linken« etablierte. Politik ist bis heute eine Konstante im themenreichen Werk von Sonnevi, das auch die Natur, persönliche Erfahrungen, Reflexionen über metaphysische Fragen und Sprache sowie Naturwissenschaften und Mathematik behandelt. Mit seinen rund 20 Werken, die in 20 Sprachen übersetzt wurden, gehört Sonnevi zu den wichtigsten skandinavischen Lyrikern.
Der zuletzt auf Deutsch erschienene Auswahlband »Das brennende Haus« (2009) versammelt Gedichte aus den Bänden »Trädet« (1991; Ü: Der Baum), »Mozarts tredje hjärna« (1996; Ü: Mozarts drittes Gehirn), »Klangernas bok« (1998; Ü: Das Buch der Klänge) und »Oceanen« (2005; Ü: Der Ozean). Im liedhaften Sprachfluss, der auf gewohnte Metren verzichtet und stattdessen mit Zäsuren sowie mit stockenden und flüssigen Silben und Phrasen arbeitet, entstehen zeitgenössische Variationen über den Zustand der Welt und die Stellung des Individuums dazu. Nie nehmen die Worte das Format eines Panoramas an: Die Unzulänglichkeit der Sprache und die Unübersichtlichkeit aller Zusammenhänge ist selbst ein häufig wiederkehrendes Motiv; dieser Ausweglosigkeit wird immer wieder die Hoffnung auf Liebe entgegengestellt – wie im Motto von »Der Ozean»: »Jedes Wort / existiert nur / in Liebe.«
Zu den zahlreichen Auszeichnungen des Dichters gehören der Carl-Emil-Englund-Preis, ein Gustaf-Fröding-Stipendium, ein lebenslanges Stipendium der schwedischen Regierung, der Literaturpreis des Schwedischen »Dagbladet«, der Gerard-Bonnier-Preis, der Nordische Preis der Schwedischen Akademie und der Literaturpreis des Nordischen Rates. Dessen Jury begründete die Verleihung mit den Worten: »Sonnevi verfasst Lyrik mit einer intensiven Notwendigkeit, in ständigem Dialog mit sozialen und politischen Ereignissen und der Beschäftigung mit persönlichen Fragen von Schuld und Verantwortung.« Der Autor lebt in Järfälla bei Stockholm.

Trädet
Albert Bonniers förlag
Stockholm, 1991
Mozarts tredje hjärna
Albert Bonniers förlag
Stockholm, 1996
Klangernas bok
Albert Bonniers förlag
Stockholm, 1998
Oceanen
Albert Bonniers förlag
Stockholm, 2005
Das brennende Haus
Hanser
München, 2009
[Ü: Klaus-Jürgen Liedtke]

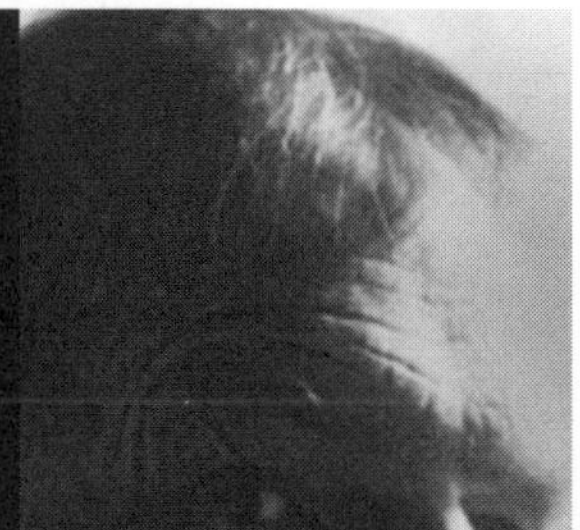

Göran Sonnevi was born in Lund, Sweden in 1939 and grew up in Halmstad. His preoccupation with literature displaced his earlier interests in chemistry, mathematics and music. He studied literary history, philosophy, art history and history of religion at the University of Lund. At this time he was awarded second place in a poetry competition run by the Bonnier literary magazine. At the age of twenty he began to translate poetry, including Ezra Pound's »Cantos« and various works by Celan, Mandelstam and Enzensberger. After training to be a librarian, Sonnevi was awarded a grant by the Swedish Authors' Association and began to work as a free-lance author. In 1965 he achieved recognition with his third collection of poetry »ingrepp-modeller« (t: intervention-models), in particular with the poem »Om kriget i Vietnam« (t: On the War in Vietnam), which established him as »poet of the new left«. Politics is a constant theme in Sonnevi's work, which encompasses topics as diverse as nature, personal experience, reflections on metaphysical questions and language, science and mathematics. With approximately 20 works which have been translated into as many languages, Sonnevi is considered one of the most important Scandinavian poets.
»Das brennende Haus« (2009; t: The Burning House) is an anthology recently published in German containing poems from the volumes »Trädet« (1991; t: The Tree), »Mozarts tredje hjärna« (1996; t: Mozart's Third Brain), »Klangernas bok« (1998; t: The Book of Sounds) and »Oceanen« (2005; t: The Ocean). The song-like flow of language steers clear of common poetic metres and instead incorporates caesuras and a combination of halting and flowing syllables and phrases. A contemporary linguistic medley emerges, engaging with the state of the world and the individual's place in it. The words never take on the format of a panorama: the insufficiency of language and the complexity of all possible associations is itself a recurring motif whose inevitable failure is continuously offset by the hope for love. This can be seen in the motto from »The Ocean«: »Every word / only exists / in love.«
Amongst the many awards received by the poet are the Carl Emil Englund Prize, a Gustaf Fröding Grant, a lifelong bursary by the Swedish government, the literature prize awarded by the Swedish »Dagbladet«, the Gerard Bonnier Prize, the Nordic Prize of the Swedish Academy and the Nordic Council's literature prize. The Nordic Council's jury justified their choice as follows: »Sonnevi writes poetry from an intense necessity, in constant dialogue with social and political events as well as dealing with personal issues like guilt and responsibility.« The author currently lives in Järfälla, near Stockholm.

kaleidoscope

KALEIDOSKOP

monica ali
kjell askildsen
john banville
sebastian barry
wolf biermann
coral bracho
hans christoph buch
amir hassan cheheltan
vincenzo consolo
philippe djian
mathias enard
gerhard falkner
aris fioretos
paolo giordano
nadine gordimer
robert gray
michael greenberg
andrew sean greer
norbert gstrein
katharina hacker
alban nikolai herbst
judith hermann
thomas hettche
susan howe
nora iuga
sayed kashua
otto de kat
jonas hassen khemiri
helmut krausser
hanif kureishi
wojciech kuczok
luis leante
siegfried lenz
robert littell
monika maron
dorota masłowska
colum mccann
pankaj mishra
péter nádas
emmanuelle pagano
tim parks
atiq rahimi
ilma rakusa
pablo ramos
isaac rosa
kamila shamsie
edward st aubyn
george szirtes
colm tóibín
binyavanga wainaina
eliot weinberger
john wray
david wroblewski
feridun zaimoglu

MONICA ALI

Monica Ali wurde 1967 als Tochter einer englischen Mutter und eines bengalischen Vaters in Dhaka im heutigen Bangladesch geboren. Als dort 1971 der Bürgerkrieg ausbrach, zog die Familie nach England. Ali wuchs in Bolton bei Manchester auf und studierte Philosophie, Politikwissenschaft und Wirtschaft in Oxford. Danach war sie in den Bereichen Öffentlichkeitsarbeit und Marketing tätig. Nach der Geburt ihres zweiten Kindes begann sie mit der Arbeit an ihrem ersten Roman »Brick Lane« (2003; dt. 2004), für den Ali noch vor seiner Veröffentlichung vom Literaturmagazin »Granta« in die Liste der 20 besten jungen britischen Romanciers aufgenommen wurde. Er begeisterte Kritiker und Leser gleichermaßen, wurde zum internationalen Bestseller und liegt inzwischen in mehr als 20 Übersetzungen vor.

»Brick Lane« schildert die Entwicklung der Muslimin Nazneen, die im Alter von 19 Jahren aus dem ländlichen Bangladesch nach London kommt, um eine arrangierte Ehe mit einem doppelt so alten Landsmann einzugehen. Im Gegensatz zu ihrer rebellischen jüngeren Schwester, mit der sie in intensivem Briefkontakt steht, hält Nazneen es zunächst für zwecklos, gegen ihr Schicksal anzukämpfen, und fügt sich in die Rolle der servilen Ehefrau und Mutter. Im Laufe des Romans entwickelt die Protagonistin sich jedoch zu einer unabhängigen Frau. Sie lernt von ihren Töchtern Englisch, findet Arbeit in einer Textilfabrik und verliebt sich in einen politischen Aktivisten. Als ihr desillusionierter Ehemann schließlich nach Bangladesch zurückkehren will, entscheidet sie sich für ein selbstständiges Leben in England – ohne ihren Ehemann und auch ohne ihren Liebhaber.

Den Schauplatz ihres Erzählbandes »Alentejo blue« (2006; dt. 2006) verlegte Ali nach Portugal: Aus der Perspektive verschiedener Charaktere beschreibt die Autorin das Leben im malerischen Dorf Mamarrosa und erzählt episodenartig von den Plänen, Träumen und Ängsten der alten und jungen Dorfbewohner, Touristen und Zugezogenen, die hier zusammentreffen.

Zu ihrem neuesten Roman »In the kitchen« bemerkte »Entertainment Weekly«: »Faszinierend! Wenigen Autoren gelingt es heutzutage wie Ali, ihre Figuren so bis auf die Seele auszuziehen.« Oprah Winfreys Zeitschrift »O« nannte Gabriel Lightfoot »einen äußerst sympathischen, leidenschaftlichen, scheinheiligen, eingebildeten, menschlichen Protagonisten«, sein Abstieg in den Wahnsinn sei »erschreckend vertraut, einzigartig und ernsthaft« dargestellt. Im Sommer 2009 erscheint der Roman unter dem Titel »Hotel Imperial« auf Deutsch.

Ali wurde mit dem Debütpreis der British Book Awards und dem WH Smith People's Choice Book Award geehrt. Sie war für den Guardian first book award, den Man Booker Prize und den Orwell Prize nominiert. Sie lebt mit ihrem Mann und ihren beiden Kindern in London.

Brick Lane
Droemer Knaur
München, 2004
[Ü: Anette von Grube]
Alentejo blue
Droemer Knaur
München, 2006
[Ü: Anette von Grube]
Hotel Imperial
Droemer Knaur
München, 2009
[Ü: Anette von Grube]

Monica Ali was born in 1967 to an English mother and a Bengali father in Dhaka in what is now Bangladesh. When the Civil War broke out there in 1971 the family moved to England. Ali grew up in Bolton, near Manchester, and studied Philosophy, Politics, and Economics at Oxford. After completing her studies she worked in publishing and marketing. Following the birth of her second child she began work on her first novel »Brick Lane« (2003). This book led to the literature magazine »Granta« placing her in its list of the »20 best young British novelists«. The novel was met with great acclaim by critics and readers alike, becoming an international bestseller that has since been translated into over twenty languages.

»Brick Lane« depicts the development of the Muslim woman Nazneen, who at the age of 19 comes from rural Bangladesh to London to enter into an arranged marriage with a man twice her age. Unlike her rebellious younger sister, with whom she maintains regular contact through letters, Nazneen initially thinks it futile to resist her fate, and launches herself into the servile role of wife and mother. Over the course of the novel, however, she grows into an independent woman. She learns English from her daughters, finds work in a textile factory, and falls in love with a political activist. When her disillusioned husband finally decides he wants to move back to Bangladesh, she instead opts for an independent life in England – without her husband, and also without her lover.

The setting of Ali's second novel »Alentejo Blue« (2006) is Portugal, and describes life in the picturesque village of Mamarrosa as seen from the perspectives of various different characters. The plans, dreams, and fears of the villagers both young and old and the tourists and expatriates who congregate there are recounted in a series of episodes. Ali was honoured with the Newcomer of the Year Prize of the British Book Awards, as well as the WH Smith People's Choice Award. She was nominated for the Guardian First Book Award, the Man Booker Prize, and the George Orwell Prize for political writing. Her most recent novel »In the kitchen« was described by Entertainment Weekly as »mesmerizing. Few writers these days can strip characters to their very souls like Ali does.« Oprah Winfrey's magazine O said of the main character that he is »wildly sympathetic, obsessed, hypocritical, delusional, human, Gabriel Lightfoot is an unforgettable protagonist, his descent into lunacy frighteningly recognizable, individual, profound.« The novel will be published in German this summer under the title »Hotel Imperial«. The author lives with her husband and two children in London.

KJELL ASKILDSEN

Kjell Askildsen wurde 1929 im südnorwegischen Mandal, 45 km westlich von Kristiansand, geboren. Mit 24 Jahren veröffentlichte er die Kurzgeschichtensammlung »Heretter følger jeg deg helt hjem« (1953; Ü: Von nun an begleite ich dich nach Hause), die wegen der Behandlung von Tabuthemen der damaligen Zeit sehr kontrovers aufgenommen wurde. Die Osloer Presse war begeistert, aber Bibliotheken verweigerten die Aufnahme des Buchs in ihre Bestände. Askildsens Vater, ein Kirchenmann und Regionalpolitiker in Mandal, verbrannte es in aller Öffentlichkeit. Dadurch ließ sich Askildsen jedoch nicht von dem Wunsch abbringen, Schriftsteller zu werden.
Nach seinem Debüt verfasste er zunächst mehrere Romane. Meist nimmt er in diesen die Perspektive eines Ich-Erzählers ein, der in einem existenzialistisch angehauchten Monolog – ganz in der Tradition von Albert Camus' »Der Fremde« oder Jean-Paul Sartres »Der Ekel« – lakonisch seinen Alltag Revue passieren lässt. Insbesondere der karge Sprachstil in kurzen, fast abgehackten Sätzen, der vieles eher indirekt erahnen lässt, als es direkt auszusprechen, wird im Laufe der Jahre immer mehr zum Markenzeichen des Autors. In insgesamt sechs Romanen perfektionierte er diese Technik.
Ab 1982 wandte er dem Roman dann den Rücken zu, alle weiteren von ihm erschienenen Bücher sind Sammelbände von Kurzgeschichten. Mit diesen gelang Askildsen der Durchbruch als Schriftsteller. Heute zählt er zu den erfolgreichsten modernen Autoren Norwegens und gilt als Skandinaviens Meister der Kurzgeschichte. Bereits für seinen Band »F's siste nedtegnelser til almenheten« (1983; Ü: F.s letzte Nachrichten an die Öffentlichkeit) wurde er mit dem norwegischen Kritikerpreis ausgezeichnet. Eine Jury der Zeitung »Dagbladet« erklärte das Buch 2006 sogar zum besten in Norwegen geschriebenen Prosaband der letzten 25 Jahre. Auch seine danach erschienenen Sammelbände wurden hoch gelobt und häufig mit Preisen geehrt.
Zuletzt veröffentlichte er das Buch »Alt som for« (2005; dt. »Ein schöner Ort«, 2009) mit Kurzgeschichten, die zwischen 1966 und 1999 entstanden. Die Protagonisten in dieser Sammlung sind fast ausnahmslos Misanthropen, was sich in bedrückenden Dialogen und einer kühlen Atmosphäre niederschlägt. Dabei geht es inhaltlich immer um Existenzielles – nach harmlosen Anfängen tun sich ungeahnte Abgründe auf. In Askildsens minimalistischen Sätzen und seiner sehr klaren Sprache wird der Leser dennoch nicht verzweifelt zurückgelassen, dazu blitzt in der vielschichtigen Komposition der Einzelerzählungen zu sehr die Ironie hervor.
Er wurde u.a. mit dem Brage-Ehrenpreis und 2009 mit dem Nordiska pris der Schwedischen Akademie ausgezeichnet. Askildsen lebt und arbeitet in Norwegen.

Heretter følger jeg deg helt hjem
Aschehoug
Oslo, 1953
Eine Chance für Johan
Verlag Neues Leben
Berlin, 1980
[Ü: Udo Birkholz]
Eine weite, leere Landschaft: Erzählungen
Butt
Kiel, 1991
[Ü: Alken Bruns und Wolfgang Butt]
Ein schöner Ort
Luchterhand
München, 2009
[Ü: Hinrich Schmidt-Henkel]

Kjell Askildsen was born in 1929 in Mandal, forty-five kilometres west of Kristiansand in southern Norway. At the age of twenty-four, he published his first collection of short stories »Heretter følger jeg deg helt hjem« (1953; t: From now on I'll walk you all the way home), which was seen as quite controversial at the time because of its taboo content. The Oslo media were impressed, but libraries refused to include the book in their collections. Askildsen's father, a church man and regional politician, publicly burned the book. Nevertheless, Askildsen was not shaken from his desire to become a writer.
After his short story début, he then only wrote novels. In these texts, he usually wrote from the perspective of a first-person narrator with an existentialist bent, recounting his every day life through laconic monologue – very much in the tradition of Albert Camus' »The Stranger« or Jean-Paul Sartre's »Nausea«. His sparse writing style, almost choppy sentences, and tendency to imply rather than explain things overtly have become trademarks of the author, a technique he perfected over the course of six novels. From 1982 onwards he turned his back on novel writing; all the books he has published since have been short story collections. It was at this point that Askildsen made his breakthrough as an author. Today he is counted as one of Norway's most successful modern authors and is considered Scandinavia's master of the short story. As early as 1983, his collection »F's siste nedtegnelser til almenheten« (t: Thomas F's last notes to the public) was awarded the Norwegian Critic's Prize for Literature. In 2006, a jury from the newspaper Dagbladet called the book the best Norwegian work of prose for twenty-five years. His later collections have also been highly acclaimed and honoured with prizes. He recently published »Alt som for« (2005; t: Everything as before), which contains short stories from the years 1966 to 1999. Almost without exception, the protagonists of these stories are misanthropes who find expression in dismal dialogues and exist in a cold atmosphere. In terms of plot, the stories are always about the existential – things begin harmlessly enough, but then open up into unforeseen chasms. Despite this, Askildsen's minimalist sentences and clear language never leave the reader in confusion – there is too much irony shining through the multi-layered compositions for that. The author has been awarded the Norwegian Critic's Prize twice, the Brage Honorary Prize, and the 2009 Swedish Academy's Nordic Prize as well as other honours. Askildsen lives and works in Norway.

JOHN BANVILLE

Das Buch der Beweise
Kiepenheuer & Witsch
Köln, 1991
[Ü: Dorle Merkel]
Doktor Kopernikus
Fischer
Frankfurt/Main, 1999
[Ü: Bernhard Robben]
Geister
Kiepenheuer & Witsch
Köln, 2000
[Ü: Christa Schuenke]
Die See
Kiepenheuer & Witsch
Köln, 2006
[Ü: Christa Schuenke]
Der silberne Schwan (Pseudonym: Benjamin Black)
Kiepenheuer & Witsch
Köln, 2009
[Ü: Christa Schuenke]

John Banville wurde 1945 im irischen Wexford geboren. Er besuchte dort eine katholische Schule und das St. Peter's College, bevor er als Büroangestellter für Aer Lingus in Dublin zu arbeiten begann. Ausgiebig nutzte er die Gelegenheit, durch diese Tätigkeit bei einer Fluggesellschaft viele Reisen zu unternehmen. 1968 und 1969 lebte er in den USA, nach seiner Rückkehr arbeitete er als Journalist bei der »Irish Press« in Dublin. Daneben verfasste er Kurzgeschichten und erste Romane, die in den 1970er Jahren erschienen. Abgesehen von seinem Wirken als Schriftsteller machte er sich in den Folgejahren insbesondere als Literaturkritiker einen Namen. Von 1988 bis 1999 leitete er den Literaturteil der »Irish Times«. Seither arbeitet er als freier Autor und Kritiker.
Der Durchbruch als Literat gelang Banville mit seinem dritten Roman »Doctor Copernicus« (1976; dt. »Doktor Kopernikus«, 1999), einem Porträt des Astronomen, für das er mit dem James Tait Black Memorial Prize ausgezeichnet wurde. Es leitete eine Reihe von Büchern ein, in denen sich der Autor mit dem Leben und Wirken von Wissenschaftlern und wissenschaftlichen Ideen auseinandersetzt, darunter ein Porträt Johannes Keplers (»Kepler« 1981; dt. 1997), ein Band über Isaac Newton (»The Newton Letter«, 1982; dt. »Newtons Brief« 2002) und ein Roman unter dem Titel »Mefisto« (1986), der Goethes »Faust« und die Zahlenwelt eines Mathematikers verarbeitet. Bereits in diesen Büchern scheint Banvilles Vorliebe für Charaktere durch, die düstere Geheimnisse mit sich herumtragen. Besonders deutlich wird dies in seiner Romantrilogie »The Book of Evidence« (1989; dt. »Das Buch der Beweise«, 1991), »Ghosts« (1993; dt. »Geister«, 2000) und »Athena« (1995; dt. 1996) über den aus der Ich-Perspektive erzählenden Mörder Freddie Montgomery, einen Schurken von Nabokovschen Dimensionen. Überhaupt steht Vladimir Nabokov für die Werke Banvilles ebenso Pate wie für die beiden wichtigsten Persönlichkeiten der irischen Literatur, Samuel Beckett und James Joyce.
Seinen größten internationalen Erfolg hatte Banville bislang mit dem Roman »The Sea« (2005; dt. »Die See« 2006), in dem ein älterer Kunsthistoriker nach dem Krebstod seiner Frau in ein Haus am Meer zurückkehrt, wo er die Ferien seiner Kindheit verbrachte. Die Kritik feierte den Autoren für sein Werk als »großen Stilisten« und lobte ihn »für seine wortgewaltigen Meditationen« (»Die Zeit«). Seit einigen Jahren schreibt er unter dem Pseudonym Benjamin Black auch Kriminalromane.
John Banville wurde mit diversen Literaturpreisen geehrt, darunter mit einem Man Booker Prize und der Auszeichnung »Novel of the Year« des Irish Book Award. Er ist Fellow der Royal Society of Literature. Der Autor lebt und arbeitet in Dublin.

John Banville was born in Wexford, Ireland, in 1945. He attended catholic school and St. Peter's College before starting to work for Aer Lingus in Dublin. Working for an airline allowed him to travel easily and frequently, of which he took full advantage. He lived in the USA from 1968 to 1969 and, after returning to Ireland, worked as a journalist for the »Irish Press« in Dublin. During that time, he wrote short stories and his first novels, which were published in the 1970s. In the years that followed, apart from his own writing, he made a name for himself as a literary critic. From 1988 to 1999, he was literary editor of the section on books in the »Irish Times«. Since leaving this position, he has been working as a freelance author and book reviewer.
Banville achieved his literary breakthrough with his third novel »Doctor Copernicus« (1976), a portrait of the astronomer. He was awarded the James Tait Black Memorial Prize for the novel, which was the first in a series of books on the subject of scientists and scientific ideas. These include a portrait of Johannes Kepler (»Kepler« 1981), a book about Sir Isaac Newton (»The Newton Letter«, 1982) and a novel entitled »Mefisto« (1986), a neo-Faustian work set in a mathematician's world of numbers. In these works, one can already see Banville's predilection for characters who carry their own dark secrets. This becomes particularly evident in his trilogy »The Book of Evidence« (1989), »Ghosts« (1993) and »Athena« (1995), told from the perspective of narrator and murderer, Freddie Montgomery, a scoundrel of Nabokovian dimensions. In general, Vladimir Nabokov is major source of inspiration in Banville's work, as are the Irish literary greats, Samuel Beckett and James Joyce.
His greatest international success to date has been the novel »The Sea« (2005), in which an older art historian returns to a house on the sea where he spent his holidays as a child after his wife died of cancer. Critics responded by hailing Banville as a »great stylist« and praising him »for his powerfully eloquent meditations« (»Die Zeit«). For several years, he has been writing mystery novels under the pseudonym, Benjamin Black. John Banville has been awarded many literary prizes, including the Man Booker Prize and the Irish Book Award's »Novel of the Year« prize. He is a fellow of the Royal Society of Literature. The author lives and works in Dublin.

SEBASTIAN BARRY

Sebastian Barry wurde 1955 in Dublin geboren. Als Sohn der Schauspielerin Joan O'Hara wuchs er in London und der irischen Hauptstadt auf, besuchte dort die Catholic University School und studierte später am Trinity College Englisch und Latein. Nach dem Studium lebte er zunächst mehrere Jahre im europäischen Ausland, bevor er 1984 als literarischer Ehrenstipendiat einen Ruf an die University of Iowa erhielt. Ein Jahr später kehrte er in seine Heimat Irland zurück und machte sich dort einen Namen als Dichter, Dramatiker und Romancier.
In Barrys Werken verknüpft sich ein umfassendes politisches und historisches Interesse mit autobiografischen Elementen: Immer wieder greift der Autor auf seine Familiengeschichte sowie auf persönliche Erfahrungen und Erinnerungen zurück, um spezifische Aspekte der irischen Geschichte auszuleuchten, die vergessen wurden oder in der offiziellen Geschichtsschreibung übergangen werden.
In seinem bekanntesten Drama, »The Steward of Christendom« (1995), das mit mehreren Preisen ausgezeichnet und an der Brooklyn Academy of Music (BAM) aufgeführt wurde, steht mit Thomas Dunne der Urgroßvater Barrys im Mittelpunkt. Dieser musste als Leiter der britischen Dublin Metropolitan Police den Unabhängigkeitskampf Irlands erleben und erleiden. Auch rückt Barry häufig Außenseiterfiguren ins Zentrum seiner Werke: So erzählt sein erstes Theaterstück, »Boss Grady's Boys« (1988), die Geschichte zweier älterer, unverheirateter Brüder, die eine abseits gelegene Farm gemeinsam bewirtschaften.
Seinen letzten großen Erfolg feierte der Autor mit dem Roman »The Secret Scripture« (2008; dt. »Ein verborgenes Leben«, 2009), der Geschichte einer fast hundertjährigen Dame, die seit mehreren Dekaden in einer abgelegenen psychiatrischen Anstalt untergebracht ist und ihr Leben in einem Notizbuch aufzeichnet. Parallel dazu führt ihr Therapeut ebenfalls ein Notizbuch über sie, weil er sie möglicherweise aus der Klinik entlassen muss. Die beiden kunstvoll verwobenen Erzählebenen, die den Handlungsbogen bis in die Zeit kurz nach der irischen Revolution spannen, entwerfen eine alternative Geschichte Irlands, die metaphorisch in der Anstalt verwahrt wird.
Dieses Buch Barrys stand auf der Shortlist des renommierten Man Booker Prize for Fiction. Außerdem wurden dem Autor dafür 2008 der Costa Book of the Year Award und der Hughes & Hughes Irish Novel of the Year Award verliehen. Das Werk wurde in 27 Sprachen übersetzt. Sebastian Barry lebt in der irischen Grafschaft Wicklow mit seiner Frau und drei Kindern.

The Engine of Owl-Light
Carcanet Press
Manchester, 1987
Boss Grady's Boys
Raven Arts Press
Dublin, 1989
The Steward of Christendom
Methuen Drama with
Royal Court Theatre
London, 1995
Die Zeitläufte des Eneas McNulty
S. Fischer
Frankfurt/Main, 1999
[Ü: Esther Kinsky]
Ein verborgenes Leben
Steidl
Göttingen, 2009
[Ü: Hans-Christian Oeser]

Sebastian Barry was born in Dublin in 1955. Son of Abbey theatre actress Joan O'Hara, he was raised in London and the Irish capital, attended Catholic University School there and later studied English and Latin at Trinity College. After completing his studies, he spent several years living abroad in Europe before becoming an Honorary Fellow in Writing at Iowa University in 1984. One year later, he returned to his native Ireland and made a name for himself there as a poet, playwright and novelist.
In Barry's works, a broad interest in politics and history is intertwined with autobiographical elements. Time and again, the author delves into his family history as well as his personal experiences and memories in order to shed light on specific aspects of Irish culture which have been forgotten or ignored in the official version of history.
For example, his best-known drama, »The Steward of Christendom« (1995), which has received numerous awards and been performed at the Brooklyn Academy of Music (BAM), turns the spotlight on Barry's great-grandfather, Thomas Dunne. He suffers through Ireland's struggle for independence as a senior officer of the Dublin Metropolitan Police who is loyal to the British crown. It is not uncommon for Barry to use outsiders as central figures in his works. His first play, »Boss Grady's Boys« (1988), tells the story of two older, unmarried brothers who run a remote country farm together.
The author's latest major success is the novel »The Secret Scripture« (2008), the story of a nearly 100-year-old woman who has been tucked away in a secluded psychiatric institute for several decades and is recording her life story in a notebook. At the same time, her therapist is creating a notebook of his own about her as he may have to discharge her from the clinic. The two artfully interwoven narratives, which are set in the period leading up to the Irish civil war, create an alternative version of Irish history that is metaphorically detained within the institute.
The book was short-listed for the prestigious Man Booker Prize for Fiction. Additionally, the author was awarded the 2008 Costa Book of the Year Award and the Hughes & Hughes Irish Novel of the Year Award for the work. It is being translated into 27 languages. Sebastian Barry lives in County Wicklow, Ireland with his wife and three children.

THE KLED FOR BERLIN

TAKE THAT KLED MIT TO BERLIN
AND BRING IT IN THE HAUS
DENN IT IS VERY COLD OUTSIDE
FOR FISCH AND BIRD AND MAUS
THEN PICK ME UP UND DON T BE SHY
EAT MY FISCH UND FISH MY FLY
AND SHOW ME HOW TO DIE

FOR EVERY, EVERY, EVERY MANN
WILL LOVE YOU AS HE KANN

I WILL TAKE YOU IN THAT HAUS
WHILE YOU WEAR THAT KLED
AND I WILL MAKE YOU VERY FROH
TO PUT MY DING INSIDE
SO IN YOUR KLED YOU FEEL THE SILK
OF OUTER BLUE AND INNER MILK
AND ALL THE HAUS WILL SING A SONG
OF JOY AND CUM AND GET ALONG

FOR EVERY, EVERY, EVERY MANN
WILL LOVE YOU AS HE KANN

WOLF BIERMANN

Wolf Biermann wurde 1936 in Hamburg geboren. Der Vater, als Kommunist in Haft, wurde 1943 als Jude in Auschwitz ermordet. 1953 übersiedelte Biermann in die DDR. Er studierte an der Humboldt-Universität Mathematik und Philosophie und war von 1957 bis 1959 Regieassistent am Brechttheater »Berliner Ensemble«. Seine künstlerische Entwicklung wurde stark von seinem Vorbild und Mentor, dem Komponisten Hanns Eisler, geprägt. Seit 1960 verfasste Biermann erste Lieder und Gedichte. 1965 wurde ein totales Auftritts- und Publikationsverbot über ihn verhängt sowie eine Reisesperre nach Ost und West. Biermann wurde der radikalste Kritiker der Parteidiktatur in der DDR und veröffentlichte seine Werke in Westdeutschland.
Als ihm 1976 eine Tournee durch die Bundesrepublik genehmigt wurde, war das erste Konzert in Köln der Vorwand, ihn wegen »Staatsfeindlichkeit«– gegen alle Rechtsnormen – nicht mehr in die DDR einreisen zu lassen. Die Ausbürgerung des kritischen Sängers löste eine ungeahnt große Protestbewegung in Ost und West aus und markiert für viele Menschen den Anfang vom Ende des SED-Regimes. Wolf Biermann kehrte in seine Geburtsstadt Hamburg zurück. Seitdem gab er ständig Konzerte und veröffentlichte seine Werke in vielen Ländern der Welt. Im November 1989 erzwangen ostdeutsche Bürgerrechtler ein erstes Biermann-Konzert in Leipzig. 1990 gehörte der Künstler zu den Besetzern der Ostberliner Stasi-Zentrale Normannenstraße, die die weitere Vernichtung der Akten des Staatssicherheitsdienstes verhinderten.
Seit dem Zusammenbruch der DDR veröffentlichte Biermann neben seiner poetischen Produktion eine Serie politisch-literarischer Essays, womit er sich wirkungsvoll in aktuelle politische Auseinandersetzungen einmischte, wie die Debatten um den Kosovokrieg 1999 und den Irakkrieg 2003. Im Frühjahr 2006 wechselte er mit seinem literarischen Werk von Kiepenheuer & Witsch zum Hamburger Verlag Hoffmann und Campe. Im Herbst desselben Jahres erschien dort der Gedichtband »Heimat. Neue Gedichte« sowie ein gleichnamiges Hörbuch. 2008 folgte die Sammlung mit Berlin-Gedichten »Berlin, du deutsche deutsche Frau«.
Wolf Biermann wurde ausgezeichnet mit Literaturpreisen, die nach Theodor Fontane, Jacques Offenbach, Friedrich Hölderlin, Eduard Mörike, Georg Büchner, Heinrich Heine und Joachim Ringelnatz (2006) benannt sind. Im März 2007 wurde er zum Ehrenbürger der Stadt Berlin ernannt. 2008 erhielt er die Ehrendoktorwürde der Humboldt-Universität Berlin.

Die Drahtharfe
Wagenbach
Berlin, 1965
Alle Gedichte
Kiepenheuer & Witsch
Köln, 1995
Das ist die feinste Liebeskunst
Kiepenheuer & Witsch
Köln, 2004
Heimat. Neue Gedichte
[CD]
Hoffmann & Campe
Hamburg, 2006
Berlin du deutsche deutsche Frau
Hoffmann & Campe
Hamburg, 2008
www.wolf-biermann.de

Wolf Biermann was born in Hamburg in 1936. His father, imprisoned for his communist convictions, was killed in Auschwitz in 1943 as a Jew. In 1953, Biermann left West Germany for the GDR. He studied mathematics and philosophy at Humboldt University and from 1957 to 1959 worked as assistant director at Brecht's theatre, the »Berliner Ensemble«. His artistic development was heavily influenced by his role model and mentor, the composer Hanns Eisler. Biermann has been writing songs and poems since 1960. In November 1965, he was banned from performing in public in the GDR, publishing his work and travelling to both Western and Eastern countries. Biermann was the most radical critic of the Socialist Unity Party's dictatorship in the GDR and continued to publish his work in West Germany.
In 1976, during an authorised tour of Germany, his first concert in Cologne was used – illegally – to brand him an »enemy of the state,« strip him of his citizenship, and prohibit his return to East Germany. The expatriation of the dissident singer triggered widespread, unprecedented protests in East and West and, for many, marked the beginning of the end of the ruling regime.
Wolf Biermann returned to Hamburg, the city of his birth, and continued to give concerts and publish his work in many countries around the world. In November 1989, against the wishes of the authorities, East German civil rights activists fought for and made it possible for him to perform in Leipzig. In 1990 he was among the occupiers of the East Berlin headquarters of the secret police in Normannenstraße and helped prevent further destruction of Stasi files.
Ever since the collapse of the GDR Biermann has published, alongside his poetry, a series of political-literary essays with which he effectively intervenes in current political debates, such as those about the War in Kosovo in 1999 and the Iraq War in 2003.
He regularly tours in Germany and abroad. In early 2006 Wolf Biermann switched from Kiepenheuer & Witsch to to the Hamburg publishing house Hoffmann und Campe, who published a new collection of his poems in the sutumn of 2006 entitled, »Heimat. Neue Gedichte« (t: Homeland. New Poems) as well as an audio book, under the same title. In 2008, a new collection followed: »Berlin, du deutsche deutsche Frau« (t: Berlin, you German German Lady).
Wolf Biermann has been awarded literary prizes linked to names such as Theodor Fontane, Jacques Offenbach, Friedrich Hölderlin, Eduard Mörike, Georg Büchner, Heinrich Heine and Joachim Ringelnatz (2006). In March 2007, the city of Berlin named him an honorary citizen. In 2008, Humboldt University in Berlin awarded him an honorary doctorate.

CORAL BRACHO

Coral Bracho wurde 1951 in Mexiko-Stadt geboren. Brachos lyrisches Werk, das der argentinische Dichter Néstor Perlongher der »neobarocken Poesie Lateinamerikas« zuordnet, gilt als Meilenstein der mexikanischen Dichtung. Ihr charakteristischer Stil ist bereits in dem Debütband »Peces de piel fugaz« (1977; Ü: Fische mit flüchtiger Haut) ausgeprägt. Der Reichtum an Bildern aus dem Naturreich, an Allegorien, erotischen und Augenblicksempfindungen in einer verschlungenen Syntax verweist auch auf eine metaphysische Ebene. Der ekstatische Erzählfluss und das Netz von Assoziationen erzeugen geradezu einen Sprachstrudel, sie deuten eine umfassende, quasi mystische Einheit der Dinge und Geschehnisse an, eine Spiegelung des Kleinen im Großen und umgekehrt, und so auch ein neues Verständnis der Welt.

Für ihren zweiten Gedichtband »El ser que va a morir« (1982; Ü: Das Wesen, das sterben wird) wurde Bracho mit dem »Premio Nacional de Poesía de Aguascalientes« ausgezeichnet. Einer Auswahl aus ihren ersten drei Gedichtbänden unter dem Titel »Huellas de luz« (1994; Ü: Spuren aus Licht) folgte das hoch gelobte »La voluntad del ámbar« (1998; Ü: Der Willen des Bernsteins).

»Wenn Dichtung eine soziale Funktion hat, so besteht sie keinesfalls darin, Sicht-, Denk- oder Kommunikationsweisen durchzusetzen, sondern vielmehr Gefühls- und Kommunikationskanäle zu öffnen, Möglichkeiten der Artikulation des Denkens und Ausdrucksmuster für seelische Regungen zu finden und neue Perspektiven, um unser Dasein in der Welt neu zu entwerfen«, konstatierte Coral Bracho bei der Verleihung des »Premio Xavier Villaurrutia« für die Sammlung »Ese espacio, ese jardín« (2003; Ü: Dieser Raum, dieser Garten).

Anhand einer zentralen Allegorie beschäftigt sich auch der letzte Gedichtband »Cuarto de hotel« (2007; Ü: Hotelzimmer) mit einer Suche nach Sinn und Orientierung. Brachos Werke erschienen in Zeitungen und Anthologien, in Ländern Lateinamerikas und in Spanien, Frankreich, Italien, Finnland, Kanada, Japan und den USA. Die Autorin verfasste außerdem zwei Bände mit Gedichten für Kinder. Sie gehört der Kulturstiftung »Sistema Nacional de Creadores de Arte« an und war Stipendiatin der Guggenheim Foundation. Bracho lebt in Mexiko-Stadt.

Huellas de luz
Ediciones Era
Mexico, 1994
La voluntad del ámbar
Ediciones Era
México, 1998
Ese espacio, ese jardín
Ediciones Era
México, 2003
Cuarto de hotel
Ediciones Era
Mexico, 2007
Firefly Under the Tongue: Selected Poems
New Directions
New York, 2008
[Ü: Forrest Gander]

Coral Bracho was born in Mexico City in 1951. Bracho's poetic work is considered to be a cornerstone of Mexican poetry. Her characteristic style, labelled by the Argentinian poet Néstor Perlongher »Latin American Neo-Baroque poetry«, is already well developed in her first collection »Peces de piel fugaz« (1977; t: »Fish with Fugacious Skin«, partly published in the anthology »Firefly Under the Tongue«, New Directions, N.Y. 2008, translated by poet Forrest Gander). In the poems intricate syntax strings together a plethora of images to portray the richness of nature, fleeting sensations and erotic invocations, with references at once to the text itself and to a metaphysical dimension. The rapturous flow of speech and labyrinth of associations create a feeling of dizziness, suggesting the extensive, quasi-mystical unity of the world, objects and occurrences. The small is reflected in the large, the large in the small, and new experiences of understanding are developed. This rich tapestry of language also progresses through tranquil reposes of cryptic and allegorical images and descriptive sentences.

Bracho was awarded the »Premio Nacional de Poesía Aguascalientes« for her second collection of poems »El ser que va a morir« (1982; t: The Being that is going to die). Her first three volumes were reissued several times and collected in »Huellas de luz« (1994; t: Tracks of Light), which was followed by the highly commended »La voluntad del ámbar« (1998; t: The disposition of amber).

»If poetry has a social function, without a doubt it in no way consists of asserting perceptions, mindsets or methods of communication. It is much more a means of opening channels for emotion and communication, creating possibilities for articulating thoughts and patterns of emotional expression and perspectives in order to reconsider our existence in this world«, Coral Bracho commented when awarded the »Premio Xavier Villaurrutia« for her collection »Ese espacio, ese jardín« (2003; t: That space, that garden).

The last volume of poems »Cuarto de hotel« (2007; t: Hotel room) evokes an existential search and orientation by means of a pivotal allegory. Several of her books have been translated, and Bracho's poems appear within and beyond Latin America in newspapers, anthologies and collections of literature, for example in Spain, France, Italy, Finland, Canada, Japan and the USA. The author has also written two collections of poems for children. She is a member of the Arts Council »Sistema Nacional de Creadores de Arte« and was a stipendiary of the Guggenheim Foundation. Bracho lives in Mexico City.

HANS CHRISTOPH BUCH

Hans Christoph Buch, geboren 1944 in Wetzlar, wuchs in Wiesbaden, Marseille und Kopenhagen auf. Nachdem er als 19-Jähriger vor der Gruppe 47 gelesen hatte, erhielt er ein Stipendium des Literarischen Colloquiums Berlin. Er studierte an der Freien und an der Technischen Universität Berlin Germanistik und Slawistik und promovierte 1972 bei Walter Höllerer. Anschließend arbeitete er als Lektor des Rowohlt Verlags und war Mitbegründer und Herausgeber von dessen »Literaturmagazin«. Lehraufträge führten ihn in den 1970er Jahren an die Universitäten von Bremen und Essen, später ging er als Gastdozent nach Kalifornien, New York und Texas und unternahm Vortrags- und Lesereisen durch Westafrika und Südamerika.
Als Romancier, Essayist und Reporter verbindet Buch Literatur und Politik. Nach frühen Sammlungen von Kurzgeschichten (1966) und literaturtheoretischen Essays (1972) veröffentlichte er 1984 seinen Debütroman »Die Hochzeit von Port-au-Prince«, den ersten Band seiner »Haiti-Trilogie«. Darin ergänzen sich detaillierte Schilderungen und literatur- und kulturhistorische Verweise. Die Lebensbilder von Buchs Großvater, der nach Haiti auswanderte und dort eine Einheimische heiratete, sowie anderer Einwanderer ergeben ein umfassendes Porträt der von Gewalt und Diktatur geprägten Karibikinsel. In den 1990er Jahren schrieb Buch als Kriegsberichterstatter, überwiegend aus Afrika, für »Die Zeit«, »Die Welt« u.a. In seinen Reportagen über Krisenregionen und Kriegsschauplätze in »Die neue Weltunordnung« (1996) oder »Blut im Schuh« (2001) sowie in seinen Reisereportagen in »Standort Bananenrepublik« (2004) erweist sich Buch als scharfer und unnachsichtiger Beobachter, der lieber Ambivalenzen und Widersprüche verdeutlicht, als sich an der »sozialromantischen Glorifizierung der Dritten Welt« zu beteiligen, wie er es in dem Roman »Kain und Abel in Afrika« (2001) formulierte.
In der Erzählung »Tod in Habana« (2007) wird der von Todessehnsucht beschleunigte Niedergang des Protagonisten in Anlehnung an Thomas Manns »Tod in Venedig« und analog zum physischen und moralischen Verfall Kubas und seines politischen Systems geschildert. Mit »Das rollende R der Revolution« (2008) lieferte der Autor einen gleichermaßen subjektiven wie differenzierten Einblick in die sozialen und politischen Strukturen lateinamerikanischer Länder. Sein jüngster Roman »Sansibar Blues oder: Wie ich Livingstone fand« (2008) beleuchtet die kolonialgeschichtliche Verbindung zwischen der Insel im Indischen Ozean und Deutschland.
Buch ist auch als Herausgeber, Übersetzer, Moderator literarischer und politischer Gespräche sowie Kommentator des Zeitgeschehens tätig. 2008 machte er in einem offenen Brief an Bundespräsident Horst Köhler auf nachgewiesene Verbrechen des Militärherrschers von Ruanda, Paul Kagame, aufmerksam. Der Autor ist Officier de l'Ordre des Arts et des Lettres. 2004 wurde ihm der Preis der Frankfurter Anthologie verliehen. Er lebt in Berlin und bei Gorleben im Landkreis Lüchow-Dannenberg und betreibt eine Homepage unter www.hans-christoph-buch.de.

Die Hochzeit von Port-au-Prince
Suhrkamp
Frankfurt/Main, 1984
Kain und Abel in Afrika
Volk & Welt
Berlin, 2001
Blut im Schuh – Schlächter und Voyeure an den Fronten des Weltbürgerkriegs
Eichborn
Frankfurt/Main, 2001
Standort Bananenrepublik: Streifzüge durch die postkoloniale Welt
Zu Klampen
Springe, 2004
Das rollende R der Revolution: Lateinamerikanische Litanei
Zu Klampen
Springe, 2008
Sansibar Blues, oder: Wie ich Livingstone fand
Eichborn
Frankfurt/Main, 2008
www.hans-christoph-buch.de

Hans Christoph Buch was born in Wetzlar in 1944. He grew up in Wiesbaden, Marseilles and Copenhagen. After giving a reading to Group 47 when he was nineteen, he was given a grant to attend the Literary Colloquium in Berlin. He studied German language and literature and Slavonic philology at the Free and Technical Universities of Berlin and in 1972 received his PhD, supervised by Walter Höllerer. He went on to work as a reader for the publisher Rowohlt and became co-founder and editor of their magazine »Literaturmagazin«. Buch taught at the Universities of Bremen and Essen in the seventies and was a guest professor in California, New York and Texas. He traveled to West Africa and South America to give lectures and readings.
As a novelist, essayist and reporter, Buch fuses literature and politics. Short story collections (1966) and literary essays (1972) were followed by the first novel, »Die Hochzeit von Port-au-Prince« (1984; Eng. »The Wedding at Port-au-Prince«, 1986), the first volume of his »Haiti Trilogy«. Here, first-hand, detailed descriptions and references to literary and cultural history complement one another. The biographies of Buch's grandfather, who immigrated and married a native, and other immigrants present a full portrait of a Caribbean island afflicted by violence and dictatorship.
In the nineties Buch worked as a war correspondent, mainly in Africa, for several newspapers including »Die Zeit« and »Die Welt«. Collections of his reportages on certain hotspots and war zones as well as travelogues reveal Buch to be a sharp and harsh observer who chooses to highlight ambivalences and grievances rather than participate in the »social romantic glorification of the Third World«, as he put it in his novel »Kain und Abel in Afrika« (2001; t: Cain and Abel in Africa).
In his novel »Tod in Habana« (2007; t: Death in Havana), the downfall of the death-driven protagonist is an allusion to Thomas Mann's »Death in Venice« and an analogy for the city's physical and moral decline and the country's disastrous political situation. Most recently, with »Das rollende R der Revolution« (2008; t: The rolling R of revolution), the author gives us a glimpse, at once subjective and sophisticated, into the social and political structures of certain Latin American countries. Buch's most recent novel »Sansibar Blues oder: Wie ich Livingstone fand« (2008; t: Zanzibar blues or: how I found Livingstone) sheds light on the history of colonial ties between the Indian Ocean island and Germany.
Buch also works as an editor, translator and host of literary and political discussions, and is active in the press as a versatile commentator on current affairs. In 2008 he published an open letter to the President of Germany, Horst Köhler, drawing attention to the blatant crimes committed by the military ruler of Rwanda, Paul Kagame. The author is an Officier de l'Ordre des Arts et des Lettres. In 2004 he was awarded the Prize of the Frankfurt Anthology. He lives in Berlin and near Gorleben in the Lüchow-Dannenberg district. Hans Christoph Buch online: www.hans-christoph-buch.de.

AMIR HASSAN CHEHELTAN

Amir Hassan Cheheltan wurde 1956 in Teheran geboren. Bereits während seines Studiums der Elektrotechnik an der dortigen Universität machte er sich mit seinem zweiten Erzählband einen Namen als Schriftsteller. Wenige Monate später, nach der Islamischen Revolution, ging er zum Abschluss seines Studiums nach Großbritannien. Während des Iran-Irak-Krieges, in den er nach seiner Rückkehr einberufen worden war, verfasste er seinen ersten Roman, »Rouse-ye Qāsem« (Die Klage um Qassem, 1983/2002). Das Buch durfte erst 19 Jahre später erscheinen.
Ein Stipendium des internationalen Schriftstellerparlaments ermöglichte ihm 1999 die Flucht vor einer Welle der Gewalt gegen Intellektuelle im Iran.
Cheheltan veröffentlichte bislang neben einem Drehbuch sieben Romane und fünf Erzählbände, die in beständiger Auseinandersetzung mit den Zensurbehörden verschiedene Verbote und Neuerscheinungen erlebten. In seinen Werken thematisiert er das alltägliche Leben und Überleben im Iran vor dem Hintergrund der wechselhaften Landesgeschichte und dem Zusammenspiel von Religion, Staat und Moderne. Der Roman »Tehran, schahr-e bi-āsemān« (Ü: Teheran, Stadt ohne Himmel, 2001) erzählt die Geschichte vom Aufstieg des brutalen Handlangers eines Bordellbesitzers zum Kaufmann, der die Islamische Revolution unterstützt und am Schwarzhandel verdient. Protagonist in »Sepidedam-e irāni« (Ü: Iranische Morgenröte, 2005) ist ein iranischer Kommunist, der in die Sowjetunion emigriert. Gegen den Willen des Autors (der gegen die Zensur seiner Werke protestierte) wurde dieser Roman für den Staatlichen Buchpreis nominiert.
Cheheltans vorletzter Roman, »Achlāgh-e mardom-e chiābān-e enghelāb« (dt. »Teheran. Revolutionsstraße«, 2009) ist sein erstes in deutscher Sprache erschienenes Werk. Protagonist ist ein zwielichtiger Hymenoplastiker. Der Riss zwischen Tradition und Moderne, der den Iran durchzieht, geht auch durch seine Klinik, in der mit chirurgischen Mitteln die Spuren vorehelichen Geschlechtsverkehrs beseitigt werden, um einem überkommenen Ehrbegriff Genüge zu tun.
Die Verwerfungen der iranischen Gesellschaft in ihrem spannungsgeladenen Verhältnis zum Westen thematisiert Cheheltan auch in Artikeln, die seit 2004 in der »Frankfurter Allgemeinen Zeitung« erscheinen: humorvoll-ironische bis bittere Schilderungen wie auch kenntnisreiche Analysen, die weder mit Kritik am eigenen Land noch am Westen sparen.
Cheheltan war bis 2004 Chefredakteur der Online-Literaturzeitschrift »Sokhan« und bis 2005 Juror des Sadegh-Hedayat-Literaturpreises für Kurzgeschichten. Er leitet den Literatur-Workshop des Kulturzentrums Karnameh in Teheran, wo er mit seiner Familie lebt. Der Autor weilt zurzeit als Gast des Berliner Künstlerprogramms des DAAD in Berlin.

Mehrgiāh
negah
Teheran, 1998
Tehran, schahr-e bi-āsemān
negah
Teheran, 2001
Sā'at-e pandsch barā-ye mordan dir ast
negah Verlag
Teheran, 2002
Kātl mantaghe-ye mamnu'e
negah
Teheran, 2004
Sepidedam-e irāni
negah
Teheran, 2005
Teheran. Revolutionsstraße
Roman
P. Kirchheim
München, 2009
[Ü: Susanne Baghestani]
www.cheheltan.com

Amir Hassan Cheheltan was born in Tehran in 1956. While studying electrical engineering at the local university, he was already making a name for himself with his second collection of short stories. A few months later, after the Islamic Revolution, he travelled to Britain to complete his studies there. During the war between Iran and Iraq, for which he was conscripted after his return, he wrote his first novel, entitled »Rouse-ye Q sem« (1983/2002; t: The Mourning of Qassem). The book was only allowed to be published in 2002, nineteen years after it was completed. After being awarded a grant by the International Parliament of Writers he managed to flee Iran in 1999 to avoid the wave of violence against intellectuals taking place in the country. To date Cheheltan has published seven novels and five volumes of short stories, in addition to a screenplay, which have all undergone a number of restrictions and re-publications due to censorship. In his works, the issues of everyday life and survival in Iran are central themes, against the background of the country's unsettled history and the interaction of religion, state and modernisation. The novel »Tehran, schahr-e bi-āsemān« (2001; t: Tehran, City without a Sky) tells the story of the rise of a violent man who works for a brothel-owner to a business man who supports the Islamic Revolution and makes money on the black market. The protagonist in »Sepidedam-e irāni« (2005; t: Iranian Dawn) is an Iranian Communist who emigrates to the Soviet Union. Against the author's wishes, as he was protesting against the censorship of his works, this novel was nominated for the National Book Award. Cheheltan's most recent novel, »Achlāgh-e mardom-e chiābān-e enghelāb« (2009; t: Customs of the People of Revolution Street), is his first major publication in German. The protagonist is an ambivalent plastic surgeon, specialising in hymen repair. The cleft between tradition and modernity evident throughout Iran also affects his clinic, where operations are carried out to eliminate traces of premarital sexual intercourse in order to satisfy the traditional sense of honour still present in society.
Cheheltan also examines Iranian society's concealed developments and tense relationship to the West in articles which have been published since 2004 in the »Frankfurter Allgemeine Zeitung«. In his humorous and bitterly ironic representations of the conflict and knowledgeable analyses he is not afraid either to criticise his own country or the West. Cheheltan was editor-in-chief of the online literature magazine »Sokhan« until 2004 and judge of the Sadegh Hedayat Literature Award for Short Stories until 2005. He supervises the literature workshop of the Karnameh Culture Centre in Tehran, where he lives with his family. He is currently staying in Berlin as a guest of the DAAD Artists-in-Berlin Program.

VON BERLIN NACH BERLIN

AMIR HASSAN CHEHELTAN

aus dem Persischen von Susanne Baghestani

In meiner Kindheit war Berlin mit dem Namen einer lärmenden Gasse verbunden; einer schmalen, langen Gasse, erfüllt vom Geschrei der Händler, die die Qualität und die günstigen Preise ihrer Waren lauthals anpriesen. In den meisten Geschäften wurde Kleidung feilgeboten, manche von ihnen besaßen große Schaufenster voller großer Puppen, die man in hübsche neue Kleider gehüllt hatte. In dieser Gasse, in der die Menge unablässig hin und her strömte, konnte ich mich nicht frei bewegen. Meine Mutter, die mein Handgelenk fest umklammert hielt, nahm mich nur zu Geschäften mit, die ihren Ansprüchen genügten.

Sämtliche Läden waren auf der einen Seite der Gasse aneinandergereiht, die gegenüberliegende Seite bestand aus einer hohen Backsteinmauer, über deren Rand die Wipfel von Tannen und Platanen lugten, auf deren Ästen graue Spatzen herumhüpften. Später erfuhr ich, dass diese hohe Backsteinmauer die Deutsche Botschaft in Teheran nach Süden hin begrenzte.

Bei meinem ersten Kurzbesuch in Berlin im Jahr 1999 ergab sich keine Gelegenheit zu einem Stadtbummel. Ich erreichte Berlin gegen Mittag, las nachmittags im Haus der Kulturen der Welt aus meinen Erzählungen und verließ die Stadt am folgenden Morgen. Vor zwei Jahren kam ich erneut nach Berlin, diesmal zu einem zweiwöchigen Aufenthalt. Als ich am ersten Nachmittag über die breite, lebhafte Kantstraße spazierte, überkam mich plötzlich ein eigenartiges Gefühl, das ich selten empfunden hatte: Freiheit! Während der folgenden zwei Wochen blieb es bestehen. Die breiten Boulevards und die weitläufigen Ausflugsorte und Parkanlagen verstärkten diese Empfindung; als würden sämtliche Luftmoleküle Ruhe und Sicherheit verströmen.

Vielleicht wurde dieses überwältigende Gefühl aber auch durch die unerfüllte Sehnsucht hervorgerufen, frei in einer Gasse umherzuwandern, die man nach dieser Stadt benannt hatte: einer Gasse mit bunten, hell erleuchteten Schaufenstern voller Puppen mit hübschen neuen Kleidern, die mich an Körpergröße weit überragten.

VINCENZO CONSOLO

Das Lächeln des unbekannten Matrosen
Insel
Frankfurt/Main, 1984
[Ü: Arianna Giachi]
Die Wunde im April
Suhrkamp
Frankfurt/Main, 1990
[Ü: Bettina Kienlechner und Ulrich Hartmann]
Bei Nacht, von Haus zu Haus
Folio
Wien, 2003
[Ü: Maria E. Brunner]
Retablo
Folio
Wien, 2005
[Ü: Maria E. Brunner]
Palermo. Der Schmerz
Folio
Wien, 2008
[Ü: Maria E. Brunner]

Vincenzo Consolo wurde 1933 im sizilianischen Sant'Agata di Militello in der Nähe von Messina geboren. Mit dreißig Jahren veröffentlichte er seinen ersten Roman und wurde damit sogleich bekannt. Neben Romanen hat er auch Erzählungen, Gedichte und Reiseberichte verfasst. Heute zählt Consolo zu den bedeutendsten italienischen Schriftstellern.

In seinem literarischen Debüt »La ferita dell'aprile« (1963; dt. »Die Wunde im April«, 1990) lieferte der Autor eine poetische Nacherzählung von Erlebnissen in seiner Jugend an der Nordküste Siziliens. Mit »Il sorriso dell'ignoto marinaio« (1975; dt. »Das Lächeln des unbekannten Matrosen«, 1984) gelang ihm der endgültige Durchbruch als Schriftsteller. Im Zentrum steht die Epoche der Unabhängigkeitskriege Italiens im 19. Jahrhundert. Eine kontinuierlich-lineare Handlung wird dabei aufgegeben zugunsten einer fragmentierten, polyphonen Erzählweise, die der Komplexität des Themas besser gerecht wird. Solcherlei sprachlich-stilistische Anpassungen an den Erzählgegenstand finden sich auch bei den nachfolgenden Büchern des Autors – sei es in »Retablo« (1987; dt. 2005), einer Parabel über die Liebe vor dem Hintergrund Siziliens im 18. Jahrhundert, sei es in dem poetischen Roman »Nottetempo, casa per casa« (1992; dt. »Bei Nacht, von Haus zu Haus«, 2003) über die sizilianischen 1920er Jahre und den aufkommenden Faschismus. Mit dem Leitmotiv der Melancholie legt der Autor hier menschliche Abgründe offen, wobei sprachlich ständig die »Grenzen zum Lyrischen« berührt werden (»Süddeutsche Zeitung«). In seinem jüngsten Roman »Lo spasimo di Palermo« (1998; dt. »Palermo. Der Schmerz«, 2008) erzählt Vincenzo Consolo vielstimmig und andeutungsreich von Sizilien seit den 1960er Jahren, von Mafiamorden, schuldhafter persönlicher Verstrickung, von Werteverlust und vom Niedergang politischer Eliten im Italien der Nachkriegszeit. Dabei gelingt es dem großen Stilisten und Moralisten zugleich, sich »vor der kulturellen und literarischen Vielfalt des Mittelmeerraumes« (»Frankfurter Allgemeine Zeitung«) zu verbeugen.

Vincenzo Consolo wurde mit einer Vielzahl von italienischen Literaturpreisen ausgezeichnet, darunter dem Premio Grinzane Cavour und dem renommierten Premio Strega. 1994 wurde er mit dem Premio Internazionale Unione Latina ausgezeichnet. Außerdem erhielt er die Ehrendoktorwürde der Universität Palermo und die der Universität Rom »Tor Vergata«. Im Jahr 2006 hat die Universität von Toronto den Aufsatz »Reading and Writing the Mediterranean. Essays by Vincenzo Consolo« herausgegeben. 2007 sind dann in der Presses Sorbonne Nouvelle die Ergebnisse der Tagung mit dem Titel: »Vincenzo Consolo, Ethique et Écriture« veröffentlicht worden. Der Autor lebt in Mailand und Sizilien.

Vincenzo Consolo was born in Sant'Agata di Militello, near Messina, Sicily, in 1933. At the age of thirty, he published his first novel and achieved recognition as an author. In addition to novels, he has also written short stories, poems and travelogues. Today, Consolo is one of the most well-known writers in Italy.

In his first novel, »La ferita dell'aprile« (1963; t: The wound of April) the author gives a poetic account of the events of his youth on Sicily's Northern coast. The work met with critical acclaim in Italy and the author's great linguistic and stylistic talents also became known here in Germany. He made a breakthrough as a popular author with his next novel »Il sorriso dell'ignoto marinaio« (1975; t: »Smile of the Unknown Mariner«, 1994). This was the first of a series of historical novels which shed light on various periods in Sicilian history. The plot is constructed around Italy's nineteenth century war for independence. A continuous, linear narrative is discarded in favour of a fragmented, polyphonic mode more suitable to the complexities of the subject. Consolo's way of adapting his language and style to his subject is also found in subsequent works – the parable »Retablo« (1987; t: Retablo), an allegorical love story set in eighteenth century Sicily, and in the poetic novel »Nottetempo, casa per casa« (1992; t: At night, from house to house) concerning 1920s Sicily and the rise of fascism. Using the leitmotif of melancholy, the author reveals the depths of the human psyche. In the process his language continually pushes the »limits of poetry« (»Süddeutsche Zeitung«). In his latest novel, »Lo spasimo di Palermo« (1998; t: The pain of Palermo), the writer adopts multiple voices to evoke Sicily's history from the 1960s onward. He tells a story of Mafia murders, criminal entanglements, financial loss and the downfall of Italy's post-war political elite. At the same time, the great stylist and moralist manages to bow »before the cultural and literary diversity of the Mediterranean« (»FAZ«).

Vincenzo Consolo has received many literary prizes in Italy, including the Premio Grinzane Cavour and the prestigious Premio Strega. He has also been given an honorary doctorate by the University of Palermo. In 1994, he was awarded the Premio Internazionale Unione Latina. Additionally, he has received honorary doctorates from the University of Palermo and the University of Rome Tor Vergata. In 2006, the University of Toronto published the volume »Reading and Writing the Mediterranean. Essays by Vincenzo Consolo.« The Sorbonne Nouvelle Press published the results of the conference titled »Vincenzo Consolo, Ethique et Écriture« in 2007. The author lives in Milan and Sicily.

PHILIPPE DJIAN

Philippe Djian wurde 1949 in Paris geboren und wuchs dort auf. Bereits als Jugendlicher jobbte er bei dem Verlag Gallimard, der heute seine Bücher verlegt. Er studierte Literaturwissenschaft und besuchte eine Journalistenschule, brach aber beides nach ein paar Monaten ab. Danach schlug er sich mit diversen Jobs durchs Leben, arbeitete für die Librairie française am Rockefeller Center in New York, schrieb als Journalist Reportagen über Kolumbien und versuchte sich als Buchhändler in Frankreich. Währenddessen ging Djian schriftstellerischen Ambitionen nach: Mit 22 Jahren veröffentlichte er sein erstes Buch, den Erzählband »50 contre 1« (1981; dt. »100 zu 1: Frühe Stories«, 2008): Zwölf Kurzgeschichten, die er während seiner Arbeit auf einer Mautstelle der Autobahn Paris-Nantes tippte. Unverkennbar sind bereits in diesen frühen Stories die Vorbilder aus der modernen amerikanischen Literatur, denen Djian in seinen Werken nacheifert: Die Schriftsteller der Beat Generation, aber auch Henry Miller und J.D. Salinger inspirierten ihn zu einem temporeichen Schreibstil, kombiniert mit einer präzisen Einfachheit in der Sprache. Inhaltlich schildert er meist Alltagssituationen, untermalt von kurzen Exkursen ins Fantastische und, häufiger noch, ins Pornografische. Mit seinem dritten Roman, »37,2° le matin« (1985; dt. »Betty Blue: 37,2° am Morgen«, 1986), wurde der Autor über Nacht berühmt. Das Buch wurde in den 1980ern als Kultbuch gehandelt. Es ist die rasante Geschichte einer »amour fou« zwischen dem verhinderten Schriftsteller Zorg und der jungen, verführerischen Betty, die ihr jähes Ende mit der Ermordung der psychisch labilen Frau durch ihren Liebhaber findet.
In Djians frühen Werken sind die Hauptpersonen stets eher jugendliche, entwurzelte Charaktere, die ein Leben von der Hand in den Mund führen. Das ändert sich erst mit seinem siebten Roman, »Lent Dehors« (1991; dt. »Pas de Deux«, 1994), wo das Paar, dessen kriselnde Ehe im Mittelpunkt des Geschehens steht, ein bürgerlich-gesetztes Leben führt und erste körperliche Gebrechen den Alltag überschatten. Zugleich führt Djian hier erstmals eine zweite zeitliche Erzählebene ein und verlegt einen Gutteil der Handlung dreißig Jahre in die Vergangenheit. Auch dieses Buch kann sich in Tempo und Duktus mit den Frühwerken messen, die Charaktere erscheinen plastischer und gewinnen an Tiefe. In seinem neusten Projekt, einer »Soap« in Romanform mit insgesamt sechs Folgen, »Doggy Bag« (2009), erzählt Djian die Geschichte der beiden Brüder Marc und David, die in jungen Jahren dieselbe Frau liebten. Damals konnte die sich jedoch zwischen den beiden nicht entscheiden und seilte sich heimlich aus der Stadt ab. Genau 20 Jahre später kehrt sie zurück und bringt das Leben der Brüder und ihrer Familien gehörig durcheinander.
Zwei der Werke Philippe Djians (»Blau wie die Hölle«; »Betty Blue: 37,2° am Morgen«) wurden erfolgreich verfilmt. Seit einiger Zeit lebt und arbeitet er wieder in Paris.

Betty Blue: 37,2° am Morgen
Diogenes
Zürich, 1986
[Ü: Michael Mosblech]
Pas de deux
Diogenes
Zürich, 1996
[Ü: Michael Mosblech]
Schwarze Tage, weiße Nächte
Diogenes
Zürich, 2002
[Ü: Ulrich Wittmann]
Die Frühreifen
Diogenes
Zürich, 2006
[Ü: Michael Mosblech]
Doggy Bag
(6 Bände) Diogenes
Zürich, 2009
[Ü: Ulrich Wittmann]

Philippe Djian was born in Paris in 1949 and grew up there. As a young man he worked for Gallimard Publishing House, which now publishes his books. He studied literature and attended journalism school but quit both after a few months. Afterward, he eked out a living working odd jobs. He worked at the Librarie de France at Rockefeller Center in New York, earned money as a journalist in Columbia and tried his hand at selling books in France. Alongside these and various other occupations, Djian followed his writerly ambitions: he published his first book at the age of 22, a collection of 12 short stories titled »50 contre 1« (1981; t: 50 to 1), which he penned while working as a toll booth operator on the Paris-Nantes freeway. Even in these early stories, it is impossible to overlook the influence of modern American literature on Djian's work: the writers of the beat generation, but also Henry Miller and J.D. Salinger, inspired Djian's fast-paced writing style and precise, simple prose. In terms of content, Djian usually depicts situations from everyday life but makes excursions into the fantastic or, more often, the pornographic. The author's third novel, »37.2° le matin« (1985; Eng. »Betty Blue«, 1998), turned him into a sensation overnight. The book achieved quite a cult following in the 1980s. It is the rapid, racy story of an »amour fou« between a handicapped writer named Zorg and young, seductive Betty. The destructive relationship comes to an abrupt end when the emotionally unstable woman is murdered by her lover.
The protagonists of Djian's early works are almost always young, uprooted characters living from hand to mouth. That changes in his seventh novel, »Lent Dehors« (1991; t: Slow Outside), which centres around a couple in a troubled marriage whose straight, bourgeois life is overshadowed by their physical afflictions. This is also the first time Djian has weaved a second storyline into his work; a good portion of the novel is set 30 years in the past. The book matches his earlier work in terms of tempo and flow, but the characters appear more three-dimensional and profound. In his latest project, »Doggy Bag« (2009), a »soap opera« in novel form with a total of six episodes, Djian tells the story of Marc and David, two brothers who fell in love with same woman when they were young. At the time, the woman couldn't decide between them and secretly left the city. Exactly twenty years later, she returns and throws the lives of the two brothers and their families into chaos. A pastoral romance in the style of a road movie.
Two of Djian's works (»Blue Hell« and »Betty Blue«) have been successfully adapted for film. He is once again living and writing in Paris.

MATHIAS ENARD

Mathias Enard, 1972 im französischen Niort geboren, begann ein Studium der zeitgenössischen Kunst und studierte dann Arabisch und Persisch. Ab 1992 studierte er in Teheran, Ägypten, Venedig, Damaskus und verbrachte dann zwei Jahre als Französischlehrer in einem syrischen Dorf. Heute unterrichtet Mathias Enard Arabisch an der Universitat de Barcelona.
Bereits 1990 veröffentlichte er zwei Gedichtsammlungen, die von Thomas Marin illustriert wurden: »Travail de nuit« (Ü: Nachtarbeit), und »Parfois entre nous la mer« (Ü: Manchmal zwischen uns das Meer). Sein erster Roman erschien 2003, »La perfection du tir« (Ü: Die Perfektion des Schießens), die Geschichte eines Snipers in einer vom Bürgerkrieg heimgesuchten Stadt. 2005 folgte »Remonter l´Orénoque« (Ü: Am Orinoko).
2005 verbrachte Mathias Enard ein Jahr in Rom als Stipendiat der Villa Medici. 2007 erschien der burleske Essay über den Terrorismus, »Bréviaire des artificiers« (Ü: Das Stundengebet des Sprengmeisters).
Im Rahmen der »rentrée littéraire« 2008 veröffentlichte Actes Sud seinen Roman »Zone«, der von den Kritikern einstimmig begrüßt wurde. Ein geheimnisvoller Reisender steigt in den Zug von Mailand nach Rom. Francis Servain Mirkovic erinnert sich in dieser Nacht an alle Schattenakteure, Agitatoren und Terroristen, Geldgeber oder Mittelsmänner, Waffenhändler und Kriegsverbrecher auf der Flucht, denen er während der 15 Jahre Agententätigkeit in seiner Zone – zuerst Algerien und dann schrittweise der gesamte Nahe Osten – begegnet ist. Die französische Kulturzeitschrift »Télérama« schrieb: »Abgesehen von ein paar Kommata keine Interpunktion: ein einziger Satz durchzieht den Roman, endlos, von Wut getragen, von mörderischem Wahnsinn und von ungeahntem Verlangen nach Auferstehung besessen.«
Mathias Enard schreibt für verschiedene Kulturzeitschriften und ist engagiertes Mitglied der Redaktion der Zeitschrift »Inculte«.
Er erhielt für »La perfection du tir« den Prix des cinq continents de la Francophonie und den Prix Edmée de La Rochefoucault. Für »Zone« wurden ihm zahlreiche Auszeichnungen verliehen, u.a. der Prix du Livre Inter 2009 und der Prix Décembre. Außerdem ist er der erste französische Preisträger des deutsch-französischen Literaturpreises Candide. Mathias Enard lebt in Barcelona.

Travail du Nuit
Frank Bordas
Paris, 1990
Parfois entre nous la mer
Editions du Zinc
Paris, 1990
La Perfection du tir
Actes Sud
Arles, 2003
Remonter l'Orénoque
Actes Sud
Arles, 2005
Bréviarie des artificiers
Verticales
Paris, 2007
Zone
Actes Sud
Arles, 2008

Mathias Enard, born in Niort, France in 1972, initially studied contemporary art before subsequently going on to study Arabic and Persian. From 1992 onwards, he studied in Tehran, Egypt, Venice and Damascus. He also spent two years teaching French in a small town in Syria. Today, Mathias Enard teaches Arabic at the University of Barcelona.
In 1990, he published two collections of poems with illustrations by Thomas Marin: »Travail de nuit« (t: Night work), published by »Frank Bordas« and »Parfois entre nous la mer« (Sometimes between us the sea) by »Editions du Zinc«. His first novel appeared in 2003: «La perfection du tir« (The perfection of the shot, «Actes Sud«), the story of a sniper in a city devastated by civil war. In 2005, the novel »Remonter l´Orénoque« (On the Orinoco, Actes Sud) followed. In 2005, Mathias Enard spent one year as a guest artist at the Villa Medici in Rome. In 2007, his humorous essay on terrorism, »Bréviaire des artificiers« (The blaster's prayer book), was published by »Verticales«.
As part of the 2008 »rentrée littéraire«, »Actes Sud« published his novel »Zone«, which was widely acclaimed by critics. A mysterious passenger gets onto a train on its journey from Milan to Rome. That night, Francis Servain Mirkovic thinks back over all the shadow figures, agitators and terrorists, financial backers or middlemen, weapons dealers and war criminals on the run that he has encountered in his fifteen years operating as an agent in his zone; this was at first Algeria and then expanded gradually to include the whole Middle East. The French culture magazine Télérama commented: »Apart from a few commas, there is no punctuation: a single sentence plunges through the novel, endless, carried by fury, possessed by murderous frenzy and an unimaginable longing for resurrection.«
Mathias Enard writes for various cultural magazines and is an active member of the editorial staff of the magazine »Inculte«.
He won the Prix des Cinq Continents de la Francophonie and the Prix Edmée de la Rochefoucault for »La perfection du tir« (The perfection of the shot). He has been awarded many prizes for »Zone«, including the Livre Inter 2009 and the Prix Décembre.
Mathias Enard is the first French winner of the Candide. The author lives in Barcelona.

GERHARD FALKNER

Gerhard Falkner wurde 1951 in Schwabach geboren. Sein Debütband »So beginnen am Körper die Tage« (1981) erregte großes Aufsehen. Mit unzeitgemäßen, formbewussten Gedichten, die von der Korrespondenz zwischen unmittelbarer und reflektierter Aktualität und klassischer Moderne leben, polarisierte der Autor sein Publikum. Im folgenden Band »Der Atem unter der Erde« (1984) wurde die für ihn von Anfang an typische Adaption einer zeitgenössischen Wahrnehmung durch eine klassische Sprachauffassung fortgeführt. Gleichsam als Gegenbewegung zu der in diesen Jahren gängigen Lyrik der Neuen Subjektivität nehmen Formen- und Anspielungsreichtum noch zu; Pathos und Ironie durchdringen sich und knüpfen damit an den ersten Band an. In »Wemut« (1989), seinem bis dahin wichtigsten Gedichtband, den er gleichzeitig als seinen letzten ankündigte, emanzipierte er sich mehr und mehr vom Leitbild des eigenen und einzigen Tons und der geschlossenen Form und schuf neue Ansätze sowohl des Langgedichts als auch der dichterischen Konzeptionen überhaupt. Anschließend lebte er längere Zeit in Mexiko und den USA, wo er unter anderem die Anthologie »AmLit. Neue Literatur aus den USA« (1992) vorbereitete.
In Fragmenten und Reflexionen, die 1993 unter dem Titel »Über den Unwert des Gedichts« veröffentlicht wurden, attackierte Falkner nicht nur die geringe Wertschätzung von Lyrik, er unternahm vor allem mit den Mitteln des postmodernen Mischtextes den Versuch einer Positionsbestimmung der Poesie in der postindustriellen Gesellschaft.
Der poetologische Aufsatz »Die Jammergestalt des Poeten«, der auch in dem von Joachim Sartorius herausgegebenen Band »Minima poetica« (1999) erschien, ist eine Philippika gegen den Literaturbetrieb, dem Falkner zwischen 1984 bis 1996 zumindest in Deutschland vollständig entsagte.
1996 erschien, mit einem Dutzend neuer Gedichte im ersten Teil, der Auswahlband »X-te Person Einzahl«, mit dem Falkner seinen 1984 in »Wemut« erklärten Vorsatz brach. Daneben veröffentlichte er u.a. das Langgedicht »Gegensprechstadt – ground zero« sowie »Hölderlin Reparatur«, für das er den Peter-Huchel-Preis erhielt (2009). In ihrer Begründung würdigte die Jury Falkners »Möglichkeiten sublimen Sprechens in einer Zeit beschädigter Sprachwelten«.
In seiner Novelle »Bruno« (2008), die es auf die Bestenliste der »Zeit«-Redaktion schaffte, verbindet der Autor die scheiternden Selbstfindungsversuche eines Schriftstellers mit der bizarren Geschichte um den aus den Medien bekannten »Problembär«. Für dieses Buch erhielt er den Kranichsteiner Literaturpreis 2008 und wird im November dieses Jahres mit dem August-Graf-von-Platen-Literaturpreis ausgezeichnet. Der Autor lebt in Berlin und Weigendorf, Bayern.

So beginnen am Körper die Tage
Luchterhand
Darmstadt, 1981
Wemut
Luchterhand
Frankfurt/Main, 1989
Über den Unwert des Gedichts
Aufbar
Berlin, 1993
X-te Person Einzahl
Suhrkamp
Frankfurt/Main, 1996
Gegensprechstadt – ground zero
Kookbooks
Idstein, 2005
Bruno
Berlin Verlag
Berlin, 2008

Gerhard Falkner was born in Schwabach, near Nuremberg, in 1951. He worked as a bookseller in London and Nuremberg and published his early poems in magazines and art books. His first collection of poetry »so beginnen am körper die tage« (1981; t: in this way the days begin on the body) was surprisingly different to mainstream poetry in the 1980s, its formal expression vibrating with the correspondance between powerfully captured timeliness and classic modernity. In his subsequent collections »der atem unter der erde« (1984; t: the breath beneath the ground) and »wemut« (1989; t: melancholy) this dialogue with tradition develops steadily into a confrontation with the contemporary world, which he portrays as jarring, thoroughly exploited and linguistically flat. As if in resistance to this, he uses an abundance of forms and allusions in his work. He interfuses pathos and irony as a reaction to finding nothing to admire but banality, which he deals with – in an act of heroism – by producing art. Falkner announced »wemut« to be his last poetic work. Subsequently, he lived for a year in the USA and Mexico.
In fragments and reflections which were published in 1993 entitled »Über den Unwert des Gedichts« (t: On Poetry's Lack of Value), Falkner polemically bemoans the lack of poetic appreciation. The lyrical essay »Die Jammergestalt des Poeten« (t: The Poet as Miserable Figure), which was also published in Joachim Sartorius' »Minima Poetica« (1999), is a tirade against the »literature business,« in which admittedly Falkner himself is also imprisoned. Nineteen years after its first appearance, his earliest volume of poetry was republished in a second edition, proving the timelessness of his verse. By this time Falkner had broken his resolution and continued to write poetry. He published, amongst others, »X-te Person Einzahl« (t: Xth Person Singular), »Gegensprechstadt – ground zero« (t: Counter Speaking City – ground zero) and »Hölderlin Reparatur« (2008; t: Hölderlin Repair). At the centre of a dense net of references stands the Romantic »poet of poets,« bringing the significance of poetry into focus and attacking alongside modern impositions. In 2009 Falkner was awarded the Peter Huchel Prize for the collection. Giving their reasons, the jury praised the author's »possibilities of sublime writing in a time of a damaged linguistic sphere«.
In his short novel »Bruno« (2008), Falkner combines an author's failed search for self-identity with the bizarre story of the »nuisance bear« made famous in the German and international media. Falkner has also published two dramas and an opera libretto. He translates American poetry and detective fiction and has published anthologies on contemporary American literature and new Hungarian poetry. In addition to scholarships which have enabled him to travel to Rome, Amsterdam and San Francisco amongst other places, he has also been awarded numerous prizes, such as the August-Graf-von-Platen Literature Prize 2009, the Bavarian State Prize for Literature, the Schiller Prize and the Kranichstein Literature Prize. The author lives in Berlin and in Weigendorf, Bavaria.

ARIS FIORETOS

Delandets bok.
Prosapoesie
Nurstedt
Stockholm, 1991
Die Seelensucherin
DuMont
Köln, 2000
[Ü: Paul Berf]
Stockholm Noir
Norstedt
Stockholm, 2000
[Ü: Paul Berf]
Die Wahrheit über
Sascha Knisch
DuMont
Köln, 2003
[Ü: Paul Berf]
Mein schwarzer Schädel
DAAD
Berlin, 2003
[Ü: Paul Berf]
Das Maß eines Fußes
Carl Hanser Verlag
München, 2008
[Ü: Paul Berf]
www.arisfioretos.com

Aris Fioretos wurde 1960 als Sohn griechisch-österreichischer Eltern in Göteborg, Schweden, geboren. Er studierte Vergleichende Literaturwissenschaften in Stockholm, Paris und Yale. Der habilitierte Literaturwissenschaftler publizierte Essays und wissenschaftliche Arbeiten – zu Hölderlin, Benjamin und Celan – und übersetzte u.a. Paul Auster, Friedrich Hölderlin und Vladimir Nabokov ins Schwedische. 1997 war er Gast des DAAD-Künstlerprogramms in Berlin, 2001 Berlin Prize Fellow an der American Academy in Berlin. Für seine Arbeiten erhielt er zahlreiche Preise, u.a. von der Schwedischen Akademie.
Seit seinem Debüt mit »Delandets bok« (1991; Ü: Das Buch des Teilens) veröffentlichte Fioretos mehrere Bände mit Kurzprosa. Auf Deutsch erschien zuletzt der Auswahlband »Das Maß eines Fußes« (2008) – elegante und anregende Texte auf der Grenze zwischen Fiktion und Essay. Sein Romandebüt »Stockholm Noir« (2000) wurde mehrfach ausgezeichnet. Die deutsche Übersetzung, die unter dem Titel »Die Seelensucherin« im selben Jahr erschien, wurde von der Kritik begeistert aufgenommen.
Virtuos vernetzt Fioretos hier nicht nur verschiedene Erzählebenen, sondern auch reale Wissenschaftsgeschichte mit fiktiven Schicksalen. Auf verschlungenen Pfaden begleitet der Leser eine junge Berlinerin auf ihrer dreitägigen Suche nach dem Vater durch das winterliche Stockholm des Jahres 1925 und erfährt dabei, wie ihr Schicksal mit dem eines selbsternannten schwedischen »Seelenbiologen« verknüpft ist, der davon überzeugt ist, den Sitz der Seele im menschlichen Gehirn ausmachen zu können. Fioretos gelingt es auf suggestive Weise, die Atmosphäre der zwanziger Jahre einzufangen, wobei sich am Ende jedes Detail mit kunstvoller Selbstverständlichkeit als unverzichtbar für das Romanganze erweist. Auch sein zweiter Roman, »Sanningen om Sasha Knisch« (2002; dt. »Die Wahrheit über Sascha Knisch«, 2003), nimmt seinen Ausgang im Berlin der zwanziger Jahre und bedient sich historischer Fakten, um verschiedene Erzählmuster zu verbinden: Was als Liebesgeschichte zweier Menschen beginnt, schlägt mit dem Tod der Geliebten in einen Krimi um, bei dem die rettende Wahrheit sich darin verbirgt, was nicht geschehen ist. Vor dem Hintergrund einer Verschwörung im Wissenschaftsmilieu erzählt Fioretos von den Verkleidungen und Verlockungen des Sexuellen und formuliert eine ebenso scharfsinnige wie komische Liebeserklärung an die Kraft der Einbildung. Hubert Winkels befand nach der Lektüre, Fioretos erreiche mit seinem Schreiben das, was höchste Aufgabe der Literatur sei, nämlich »mit poetischen Mitteln Erkenntnis zu zeugen«.
Im Herbst 2009 erscheint Fioretos' neuer Roman, »Den siste greken« (dt. Der letzte Grieche, 2010). Aris Fioretos war u.a. Botschaftsrat für Kultur an der schwedischen Botschaft in Berlin. Er lebt und arbeitet in Stockholm und Berlin.

Aris Fioretos was born in 1960 in Göteborg, Sweden, to Greek and Austrian parents. He studied comparative literature at the University of Stockholm, the École des Hautes Études in Paris and Yale University. He has published essays and scholarly works on Hölderlin, Benjamin, and Celan, and translated a number of writers, including Paul Auster, Friedrich Hölderlin and Vladimir Nabokov, into Swedish. In 1997, he was a writer-in-residence at the artists' programme of the German Academic Exchange Service in Berlin and in 2001, a Berlin Prize Fellow at the American Academy in Berlin. He has received numerous prizes, including the Swedish Academy's Karl Ragnar Gierow Prize (1994).
Since his début, »Delandets bok« (1991; t: Sharing book), Fioretos has published several collections of short prose. A volume of selected works »Das Maß eines Fußes« (2008; t: The measure of a foot) has recently been published in German, containing elegant and provocative texts that blur the line between fiction and essay. His first novel, »Stockholm Noir«, was published in 2000 and received several prizes. The German translation, which was published in the same year under the title »Die Seelensucherin« (t: The soul searcher), met with enthusiastic critical acclaim.
Fioretos not only brilliantly links various narrative levels, but also makes connections between fictive destinies and the actual history of science. The reader accompanies a young Berliner along tortuous routes on a three-day search for her father to Stockholm in the winter of 1925, gradually learning how her destiny is mixed up with that of a self-styled Swedish »soul biologist«, who is convinced that he can establish the exact position of the soul in the human brain. Fioretos captures the 1920s atmosphere in an evocative way. At the end, every detail, with its elaborate implications, proves itself indispensible to the novel as a whole. His second novel, entitled »Sanningen om Sasha Knisch« (2002; Eng. »The Truth about Sasha Knisch«, 2006), also takes Berlin of the 1920s as its point of departure, using historical facts to weave together various types of narrative. What starts out as a love story about two people turns, with the death of one of them, into a thriller in which the saving truth is concealed within what did not happen. Against the backdrop of a scientific conspiracy, Fioretos describes the at once illicit and seductive nature of sexuality, offering a declaration of love to the powers of imagination that is both astute and comical. Reviewing »Stockholm Noir«, critic Hubert Winkels found that Fioretos achieved the highest aim of literature, namely »to generate insight using poetry as a means«. The author has been cultural attaché at the Swedish Embassy in Berlin. He currently lives and works in Berlin and Stockholm.

ARIS FIORETOS

NACHMITTAGS, BERLIN

GÄNSEHAUT

ICH LEGE MICH UNWEIT EINER TANKSTELLE INS **GRAS,**
ES KÖNNTE IN DER PRENZLAUERALLEE SEIN. POLLEN UND **BENZIN**
IN DER LUFT, FERNER EIN GERÄUSCH WIE VON EINERSPULMASCHINE. ALS ICH DIE BAUM-
KRONE UBER MIR SEHE, IST DAS **GEHIRN** BEINAHE
LEER. ÜBER DIE UNTERARME

LAUFEN AMEISEN, DIE GÄNSEHAUT SPIELEN. **KIRSCHBOMBE** UNVERMITTELT
BEFINDE ICH MICH IN DICHTEM LAUBWERK,
MITTEN IN EINER EXPLOSION VON ROSA UND WEISSEN **BLUTEN**. NICHTS ALS
ZERSTREUUNG, DENKE ICH,
WELCH EIN **GLUCK.**
„SCHWEIGE NUR LANGE, WENN DU DIE SITUATION VERGIFTEN WILLST"
ICH SCHLAFE EIN. MIR TRÄUMT, WALTER SERNER WÄRE DREI JAHRE ALT UND KÄME MICH
BESUCHEN. ICH BUCKE MICH, UM IHN ZU UMARMEN, ICH KUSSE SEINE WANGEN,
ICH SAGE, ER SEI EIN BRAVER **BERLINER**, EIN KLUGER, KLEINER FLANEUR. ER
ANTWORTET NICHT, STEHT MIT HÄNGENDEN ARMEN, BEWEGT SICH KAUM. ZULETZT LASSE
ICH IHN LOS. ER SCHARRT MIT DEM FUSS, IN EINEN LACKSCHUH GEHULLT.

SCHAM

PLÖTZLICH
IST DIE **SONNE** ZU STARK. SCHWINDELIG SUCHE ICH **SCHATTEN,** OHNE
IHN ZU FINDEN. VERFOLGT VON LICHT SCHÄME ICH MICH, DIE WELT IN SOLCH
PRACHTVOLLER UNORDNUNG ERBLICKT ZU HABEN. „IST SIE ERSCHUTTERUNG?", HÖRE
ICH MICH FRAGEN.
„UND BIST DU EINE **WAAGE?"**

AUF DER SUCHE

VERSCHWITZT WANDERE ICH DURCH DIE STEINERNE FREITAGSSTADT,
AUF DER SUCHE NACH SCHUTZ.
HINTER EINEM GEBUSCH IM TIERGARTEN,
DAS VON ENTEN GEHUTET WIRD, FINDE ICH EINEN **MAULWURFHUGEL.** FEIN,
KLEIN, EIN BRAUNER **VULKAN.**

17. IV. 2009.

SAYED KASHUA

ינאש סעפ לכ"
ןילרבב רקבמ
יל קשחתמ
לעמ ץופקל
המוחה

"סילשורי ברעמל חרזמ ןיב הדירפמש המוחה לעמ ץופקל יל קשחתמ ןילרבב רקבמ ינאש סעפ לכ".

ןיב הדירפמש
ברעמל חרזמ
סילשורי."

»Jedes Mal, wenn ich Berlin besuche, habe ich Lust, über die Mauer zu springen, die Ost- und West-Jerusalem trennt.«

Aus dem Hebräischen von Katharina Hacker

PAOLO GIORDANO

Paolo Giordano wurde 1982 in Turin als Sohn eines Frauenarztes und einer Englischlehrerin geboren. Dort besuchte er das Gymnasium »Gino Segré« und machte an der Universität einen Abschluss in Physik. Während der Vorbereitung auf die anliegenden Prüfungen entdeckte er mit 22 Jahren das Schreiben für sich als Hobby. Zunächst verfasste er einige Kurzgeschichten, die sich thematisch zumeist mit der Kindheit auseinandersetzten.
Im vergangenen Jahr veröffentlichte er seinen ersten Roman, »La solitudine dei numeri primi« (2008; dt. »Die Einsamkeit der Primzahlen«, 2009) – und damit gelang ihm auf Anhieb ein sensationeller Durchbruch als Schriftsteller. Das Werk war das meistverkaufte Buch Italiens im Erscheinungsjahr. Im Kern handelt es sich um einen Coming-of-Age-Roman und eine Liebesgeschichte. Beide Protagonisten sind von einem singulären Ereignis in ihrer Kindheit geprägt, das sie zu Außenseitern macht: Alice wird mit sechs Jahren aus Angst vor ihrem kontrollsüchtigen Vater in einen Skiunfall getrieben. Davon körperlich gezeichnet, hinkt sie zeitlebens und hadert mit sich und ihrem Schicksal. Mattia hingegen verliert seine geistig behinderte Zwillingsschwester, als er sie in ihrer Hilfsbedürftigkeit nur ein einziges Mal für wenige Stunden vernachlässigt. Er lässt sie in einem Park zurück, um ohne sie zu einer Geburtstagsfeier zu gehen. Um seine Schuldgefühle zu kompensieren, flüchtet er sich in die Welt der Zahlen und Formeln. Beide Figuren werden durch diese tragischen Kindheitserlebnisse zu Eigenbrötlern, ihre Einsamkeit bietet ihnen gleichsam Schutz vor der Gesellschaft und sich selbst. Als Jugendliche auf dem Gymnasium lernen sie einander kennen und fühlen sich zueinander hingezogen – doch wie zwei Zwillingsprimzahlen (zum Beispiel 11 und 13) stehen sie zwar ganz nahe beieinander, aber es gibt immer etwas Trennendes zwischen ihnen. In poetisch-klarer Sprache, die nüchtern daherkommt und doch zugleich mitreißend wirkt, verfolgt Giordano die Lebenswege der beiden von der Kindheit bis ins Erwachsenenalter. Dabei findet er immer wieder eindrückliche Bilder dafür, wie die Dramen unserer Kindheit in uns fortwirken.
Vorbilder des Autors sind amerikanische und englische Schriftsteller wie David Foster Wallace und Ian McEwan, der – nach Giordanos eigener Aussage – mit seinem Werk über Kindheit, Verlust und Quantenphysik, »The Child in Time« (1987; dt. »Ein Kind zur Zeit«, 1988), bei der Auseinandersetzung des Autors mit dem Thema Kindheit Pate stand.
Für seinen Debütroman wurde Paolo Giordano mit dem Premio Strega ausgezeichnet, dem renommiertesten Literaturpreis Italiens. Doch der Erfolg seines Erstlings ließ ihn sich keineswegs von seiner naturwissenschaftlichen Laufbahn verabschieden: Derzeit arbeitet er an seiner Doktorarbeit über Teilchenphysik. Er lebt in Turin.

Die Einsamkeit der Primzahlen
Blessing
München, 2009
[Ü: Bruno Genzler]

Paolo Giordano was born in Turin in 1982 as the son of a gynaecologist and an English teacher. He attended the »Gino Segré« school there and graduated from university in physics. While studying for his final exams, he discovered his interest in writing as a hobby. At first he wrote short stories, which were mostly thematically concerned with childhood.
Last year he published his first novel, »La solitudine dei numeri primi« (2008; English edition to be published in 2009: The Solitude of Prime Numbers), which immediately brought him a sensational breakthrough as an author. The novel was the best-selling book in Italy in the year of its publication. At its heart, this coming-of-age story is a love story between two tragic protagonists. Both are marked by childhood experiences which make them outsiders: Alice is driven by fear of her tyrannical father to a skiing accident which leaves her with a serious leg injury. Physically branded by this, she has a permanent limp and struggles both with herself and her fate. Mattia, on the other hand, lost his mentally handicapped twin sister after having been careless for the first time, when looking after her for a few hours – he leaves her alone in a park in order to attend a birthday party without her.
To deal with his guilt he takes refuge in the world of numbers and formulae. Both characters become loners due to these experiences, and their loneliness offers them protection both from society and themselves. They get to know each other at school and are drawn to each other's loneliness – like two prime numbers (11 and 13, for example) they are close to each other. Yet, something always stands between them. In clear, poetic prose, both sober and stirring, Giordano charts their paths through life from school days into adulthood. On his way he again and again finds striking images of how our childhood dramas live on inside us. The author's idols are English and American writers like David Foster Wallace and Ian McEwan, who, in Giordano's own words, provided inspiration for his own treatment of the theme of childhood in the novel »The Child in Time« (1987), which deals with childhood, loss and quantum physics.
Paolo Giordano was awarded the Premio Strega Prize for his début novel, the most renowned Italian literary prize. The success of his novel has by no means distracted him from his scientific career: he is currently working on his doctorate in particle physics. He lives in Turin.

NADINE GORDIMER

Nadine Gordimer wurde 1923 in einer kleinen Goldgräberstadt in Südafrika geboren. Ihre Eltern waren jüdische Immigranten, die Mutter stammte aus England, der Vater aus Lettland. Sie hat vierzehn Romane und elf Bände mit Kurzgeschichten veröffentlicht, zuletzt 2007 die Erzählungen »Beethoven Was One-Sixteenth Black« (dt. »Beethoven war ein Sechzehntel schwarz«, 2008). Als sie fünfzehn Jahre alt war, erschien ihr erster Band mit Kurzgeschichten, 1953 folgte der Debütroman »The Lying Days«, der unter dem Titel »Entzauberung« (1956) auch auf Deutsch publiziert wurde.
Als vehemente Gegnerin des Rassismus war sie bereits beim African National Congress aktiv, als dieser noch im Untergrund wirkte. 1990 wurde sie dann Mitglied dieser Freiheitsbewegung, die in Südafrika die Apartheid abschaffte und die Demokratie aufbaute. Zu Zeiten der Apartheid wurden zwei ihrer Romane verboten. In den 1970er Jahren führte das Verbot von »Burger's Daughter« (dt. »Burgers Tochter«, 1981) zu weltweiten Protesten vieler prominenter Autoren, zu denen auch Heinrich Böll gehörte. 1996 drehte sie mit ihrem Sohn, dem Filmemacher Hugo Cassirer, den vergleichenden Dokumentarfilm »Berlin and Johannesburg: The Wall and the Colour Bar«.
Zu der von ihr initiierten und herausgegebenen Anthologie »Telling Tales« (2004) haben Autoren wie Günter Grass, Susan Sontag und José Saramago beigetragen. Alle Erlöse aus dem Verkauf kommen der HIV- und AIDS-Prävention zugute. Diese Anthologie wurde in sechzehn Sprachen übersetzt.
Nadine Gordimers Gesamtwerk wurde 1991 mit dem Literaturnobelpreis ausgezeichnet. Als ihr Motto für zeitgenössische Schriftsteller zitiert sie gern Albert Camus: »In dem Augenblick, in dem ich nur noch ein Autor sein werde, werde ich aufhören zu schreiben.«

Entzauberung
Fischer
Frankfurt/Main, 1959
[Ü: Wolfgang von Einsiedel]
Der Besitzer
Claassen
Düsseldorf, 1977
[Ü: Victoria Wocker]
Burgers Tochter
Fischer
Frankfurt/Main, 1981
[Ü: Margaret Carroux]
Fang an zu leben
Berlin Verlag
Berlin, 2006
[Ü: Malte Friedrich]
Beethoven war ein Sechszehntel schwarz
Berlin Verlag
Berlin, 2008
[Ü: Malte Friedrich]

Nadine Gordimer was born in 1923 in a small gold-mining town in South Africa. Her parents were Jewish immigrants, her mother from England and her father from Latvia. She is the author of fourteen novels and eleven short story collections, of which the latest is »Beethoven was One-Sixteenth Black«. Her first short story was published when she was fifteen. Her first novel, »The Lying Days« in 1953, has also been translated into German.
A vigorous opponent of racism, she was active with the African National Congress when it was operating underground and became a member of this liberation movement, which defeated apartheid and established democracy in South Africa. During the apartheid regime, two of her novels were banned. The banning in the 1970s of »Burger's Daughter« brought worldwide protest from many prominent writers, including Heinrich Böll. In 1996, in collaboration with her son Hugo Cassirer, she made the documentary film, »Berlin And Johannesburg: The Wall and The Colour Bar«.
Recently her initiative was to compile and edit a collection of stories, »Telling Tales«, all royalties from which go to benefit organisations that are fighting HIV/AIDS. Günter Grass, Susan Sontag, José Saramago are among those of her fellow writers who contributed their work without payment. The anthology has been translated into sixteen languages to date.
Nadine Gordimer was awarded the Nobel Prize for Literature in 1991. As a credo for contemporary writers she likes to quote the declaration of the great Albert Camus: »The moment when I am nothing more than a writer, I shall cease to write.«

ROBERT GRAY

Der Lyriker Robert Gray wurde 1945 im australischen Port Macquarie geboren und wuchs an der Küste von New South Wales auf. Nach der Diagnose eines letalen Herzfehlers, die sich später als falsch erwies, brach er die Schule ab. Er wurde Journalist und begann Gedichte zu schreiben. 1963 ging Gray nach Sydney, wo er als Werbetexter, Einkäufer im Buchhandel sowie Lehrer für kreatives Schreiben arbeitete und Neuerscheinungen für den Rundfunksender »ABC« und die Tageszeitung »Sydney Morning Herald« rezensierte.
Nach seinem Debüt »Introspect, Retrospect« (1970; Ü: Introspektion, rückblickend) machte er vor allem mit »Creekwater Journal« (1974; Ü: Creekwater-Tagebuch) auf sich aufmerksam. Stipendien und Dozenturen an diversen Universitäten des Landes und an der Tokioter Meiji-Universität würdigten und unterstützten seine weiteren – ausschließlich lyrischen – Arbeiten wie »Grass Script« (1979; Ü: Gras-Schrift), »The Skylight« (1984; Ü: Das Dachfenster), »Piano« (1988) und »Certain Things« (1993; Ü: Bestimmte Dinge).
Gray gilt als herausragender Landschaftsdichter und bedeutendster australischer Lyriker neben Les Murray. Er sieht sich in der Tradition von Edward Thomas, D. H. Lawrence und William Carlos Williams und ist ein unnachgiebiger Realist in dem Sinne, dass nichts im Geist sei, was nicht zuerst in den Sinnen war. Grays Gedichte beeindrucken durch genaue Bilder der unablässigen Verwandlung des Lebens, durch rhythmische Eigenständigkeit und präzise Wiedergabe seelischer Zustände, ohne je in Sentimentalität oder Pathos abzugleiten. Sein Bekenntnis zur Bildhaftigkeit findet im Band »Lineations« (1996; Ü: Linierungen), der Gray über den englischsprachigen Raum hinaus bekannt machte, seinen deutlichsten Niederschlag. Er beinhaltet eine Zusammenstellung von Gedichten und Zeichnungen, in denen Gray sich einen offenen und geradezu »naiven« Blick auf profane wie abgründige Dinge bewahrt. 2007 erschien unter dem Titel »Schwindendes Licht« eine Auswahl seiner Gedichte in der deutschen Übersetzung von Joachim Sartorius.
Der Anspruch seiner Dichtung, Gegensätze zu einen, weist taoistische und buddhistische Bezüge auf. Nach sechs Jahren Arbeit am Manuskript veröffentlichte Gray 2008 die Autobiografie »The Land I Came Through Last« (Ü: Das Land, durch das ich zuletzt kam), in deren Fokus vor allem seine Eltern stehen, aber auch befreundete Schriftsteller-Größen wie Les Murray und Patrick White. Der Autor trat auch als Herausgeber von Lyrikanthologien und der Tagebücher des Malers John Olsen hervor. Sein Werk wurde mit den wichtigen australischen Literaturpreisen ausgezeichnet, u. a. mit dem New South Wales Premier's Literary Award, dem Victorian Premier's Literary Award, dem Patrick White Award, dem Adelaide Festival of Arts Award, dem Grace Leven Prize for Poetry, dem The Age Poetry Book of the Year Award und dem C. J. Dennis Prize for Poetry. Der Autor lebt in Sydney.

Introspect, Retrospect
Lyre-Bird Writers
Sydney, 1970
Piano
Angus & Robertson
North Ryde, 1988
Lineations
Duffy & Snellgrove
Potts Point, 1996
New Selected Poems
Duffy & Snellgrove
Potts Point, 1998
The Land I Came Through Last
Giramondo
Artarmon, 2008

The poet Robert Gray was born in Port Macquarie, Australia, in 1945 and grew up on the coast of New South Wales. Due to the diagnosis of a life-threatening heart condition, which turned out to be mistaken, he stopped going to school. He became a journalist and began writing poems. In 1963 Gray went to Sydney, where he worked as a copywriter, a buyer for bookshops, a teacher for creative writing and reviewer of new publications for the radio broadcaster ABC and the daily newspaper »Sydney Morning Herald«.
Following his poetic début with »Introspect, Retrospect« (1970) he became known for »Creekwater Journal« (1974). Grants and teaching posts at various universities in Australia and at Tokyo's Meiji University both encouraged and enabled him to complete further works – exclusively poetry – including »Grass Script« (1979), »The Skylight« (1984), »Piano« (1988) and »Certain Things« (1993).
Gray is regarded as an outstanding landscape poet and, alongside Les Murray, is one of the most significant Australian poets. He sees himself in the tradition of Edward Thomas, D.H. Lawrence and William Carlos Williams and is an unflinching realist, in the sense of the philosophical concept that there is nothing in the mind except what was first in the senses. His poems impress through precise images of life's incessant changes, rhythmic independence and an accurate portrayal of mental states – all without slipping into sentimentality or pathos. His commitment to graphic quality is clear in the volume »Lineations« (1996), which made Gray well-known outside the English-speaking world. Here he adheres to a configuration of poems and drawings in which he maintains an open and almost naïve perspective – even towards the most profane and horrid things. His poetry's claim to unify contrasts shows Taoist and Buddhist influences.
After six years' work on the manuscript, Gray published the autobiography »The Land I Came Through Last« (2008), which focuses largely on his parents but also on prominent authors and close friends such as Les Murray and Patrick White. The author has also edited various poetry anthologies and the painter John Olsen's journals. In 2006 he published a collection of Joachim Sartorius' poems in translation. Gray's work has been awarded all of the most important Australian literary prizes, including the New South Wales Premier's Poetry Award, the Victorian Premier's Award for Poetry, the Patrick White Award, the Adelaide Festival of the Arts Award, the Grace Leven Poetry Prize, the Age Poetry Book of the Year Award and the C.J. Dennis Prize for Poetry. The poet lives in Sydney.

Joseph Roth at night
in the steam baths at Admiral Palace.
George Grosz's pie-eyed cruisers.
A scientist in a wheelchair.
Old women who won't look at you
and young women who will.
City of nihilism and repentance.
The most open city in Europe.
City whose psyche is at war w/ itself.

Michael Greenberg

Joseph Roth at night
in the steam baths at the Admiral Palace.
George Grosz's pie-eyed cruisers.
A scientist in a wheelchair.
Old women who won't look at you
And young women who will.
City of nihilism, of repentance.
The most open city in Europe.
~~City whose psyche is at war with itself.~~
Michael Greenberg

MICHAEL GREENBERG

Michael Greenberg wurde 1952 in New York geboren. Im Alter von 16 Jahren brach er die Schule ab und reiste nach Argentinien, wo er als Reporter über den Terror der Militärdiktatur gegen die Opposition berichtete. Heute ist er Herausgeber der »Boston Review« und arbeitet seit 2003 als Kolumnist für »The Times Literary Supplement« in London. Seine Essays, Prosastücke, Kritiken und Reiseberichte erschienen in Zeitungen und Magazinen wie »The New York Review of Books« oder »The Village Voice«. Greenberg schreibt auch Drehbücher und war an Filmprojekten mit Robert Frank, Rudy Wurlitzer, Sergio Castilla und David Atkins beteiligt. Er lebt mit seiner Frau und seinem Sohn in New York.
Seit der Veröffentlichung von »Hurry Down Sunshine« (2008; dt. »Der Tag, an dem meine Tochter verrückt wurde«, 2009), das der Neurologe und Schriftsteller Oliver Sacks in den Rang eines Klassikers erhoben hat, ist Greenberg auch bei einem breiteren Publikum bekannt. In der autobiografischen Erzählung beschreibt er, wie seine 15-Jährige Tochter Sally im Sommer 1996 mit einer Psychose in die Psychiatrie eingeliefert wird. Er begleitet sie bei der Therapie und protokolliert die Entwicklung der Krankheit, die eigene Hilflosigkeit und die Auswirkungen auf seine Ehe und auf Freunde und Kollegen. Die nüchterne Genauigkeit seines Berichts, geschrieben in schlichter, schonungsloser Prosa und mit sparsamen Dialogen, kontrastiert spannungsvoll mit dem assoziativen, metaphernreichen Stil einzelner Beschreibungen, die von der lyrisch anmutenden Sprache der kranken Sally inspiriert sind. In ihrer Unsentimentalität zeichnet die »wahre Geschichte« nicht nur ein bewegendes Schicksal nach, sondern vermittelt auch eine Faszination für die Krankheit der Psychose. Nach eigener Aussage wollte Greenberg eine literarische Lücke schließen, da die Literatur der Geisteskrankheit – auf die er sich im Laufe des Romans auch mehrfach bezieht – die Sicht der Patienten vor die Sicht der Angehörigen stellt.
In seinem aktuellsten Werk, »Beg, Borrow, Steal: A writer's life« (2009; Ü: Schwarzer Anzug, einmal getragen $ 45), fügt Greenberg vom eigenen Leben und Erleben inspirierte Geschichten, die er zwischen 2003 und 2009 in seiner Kolumne in »The Times Literary Supplement« veröffentlichte, zu einer Autobiografie zusammen. Das Bruchstückhafte der anekdotischen Kurzgeschichten, die vielen sonderbaren Charaktere, die das Buch bevölkern, und das wirbelnde Großstadtleben New Yorks verleihen dem Werk eine lebhafte, pulsierende Atmosphäre. Greenberg verknüpft die Fragmente aus seinem Leben mit politisch-gesellschaftlichen Ereignissen und fügt sie so in die Geschichte des 20. und frühen 21. Jahrhunderts ein.

Der Tag, an dem meine Tochter verrückt wurde
Hoffmann und Campe
Hamburg, 2009
[Ü: Hans-Christian Oeser]
Beg, Borrow, Steal: A writer's life
Other Press
New York, 2009
www.michaelgreenberg.org

Michael Greenberg was born in New York in 1952. He dropped out of school at the age of 16 and travelled to Argentina where he worked as a reporter during the »Dirty War.« He is a contributing editor at the »Boston Review« and has been a columnist for the »Times Literary Supplement« in London since 2003. His essays, fiction, criticism and travel pieces have been published in such varied newspapers and magazines as »The New York Review of Books,« »O,« »The Oprah Magazine« and »The Village Voice.« Greenberg is also a screenwriter and has worked on film projects with Robert Frank, Rudy Wurlitzer, Sergio Castilla and David Atkins.
Since the publication of »Hurry Down Sunshine« (2008), which was praised as a »classic of its kind« by neurologist and writer Oliver Sacks, Greenberg has become known to a wider audience. In this memoir, Greenberg describes his fifteen-year-old daughter Sally's psychotic attack and the subsequent psychiatric treatment she received during the summer of 1996. He accompanies her to therapy and recounts the development of her illness from its onset to its eventual resolution and her reasonably normal life thereafter. He also writes about his own feelings of helplessness and the effects her condition has had on his marriage and environment. The sober accuracy of his report, conveyed through stark, unsparing prose and restrained dialogue, offers an intense contrast to the associative, metaphorical style and seemingly-poetic language of Sally's mania. With its lack of sentimentality, the novel not only records the workings of fate, but also evokes a fascination for the workings of psychosis. According to Greenberg himself, he wanted to fill a gap in the literature of madness – which he refers to several times over the course of the novel – by bringing the perspective of the patient's loved ones into the foreground.
In his latest work, »Beg, Borrow, Steal: A writer's life« (2009), Greenberg creates an autobiography out of pieces published in his bi-weekly column for the »Times Literary Supplement« between 2003 and 2009. The installments of anecdotal short stories, the many peculiar characters who populate them, and the dizzy life in the New York metropolis give the book a lively, pulsating atmosphere. Greenberg makes connections between fragments of his own life and political and social events; in this way he integrates his stories into the larger history of the late twentieth and early twenty-first centuries.
Michael Greenberg lives in New York with his wife and son.

ANDREW SEAN GREER

Andrew Sean Greer wurde 1970 in Washington D.C. geboren. Nach dem Bachelor-Abschluss an der Brown University in Creative Writing arbeitete er als Chauffeur, Theatertechniker und Fernsehkomparse in New York. An der Universität von Montana erwarb er den Masters-Titel und ließ sich schließlich in San Francisco nieder. Erste Arbeiten veröffentlichte er in »Esquire«, »The Paris Review« und »The New Yorker«. Für die Kurzgeschichte »Ploughshares« (Ü: Pflugscharen) wurde er 1996 von Richard Ford mit dem »Cohen Award« ausgezeichnet. Sie erschien auch in Greers erster Kurzgeschichtensammlung, die 2000 veröffentlicht wurde.

Ein Jahr später machte der Autor mit seinem ersten Roman, »The Path of Minor Planets« (dt. »Die Nacht des Lichts«, 2003), auf sich aufmerksam. Greer erzählt darin die Geschichte einer Gruppe von Astronomen, die sich von 1965 bis 1989 alle sechs Jahre treffen, um einen von ihnen entdeckten Kometen zu beobachten. In diesem Handlungsrahmen entfaltet der Autor das zentrale Thema seines bisherigen Werkes: die Zeit als Schauplatz und Spielplatz der Liebe zwischen Menschen, die auf ihre Weise alle Außenseiter sind. Einfühlsam stellt Greer die Beobachtungen und Reflexionen der verschiedenen Hauptfiguren dar, die zueinander getrieben werden und sich wieder abstoßen, ohne ihre Gefühle kontrollieren zu können.

Als 2004 der zweite Roman »The Confessions of Max Tivoli« (dt. »Die erstaunliche Geschichte des Max Tivoli«, 2005) erschien, überschlug sich die Kritik geradezu. John Updike beschrieb den Roman als »bezaubernd in seinem parfümierten, dandyhaften Stil der Ernüchterung, den Proust und Nabokov groß gemacht haben«. Greer erzählt von einer unmöglichen Liebe um die Jahrhundertwende. Der Protagonist kommt mit dem Körper eines siebzigjährigen Greises auf die Welt, der nun immer jünger wird. Der Roman eröffnet frische Perspektiven auf das alte Thema der Liebe und die Rolle der Zeit und lässt dabei Kafkas parabelhafte Gestalten ebenso anklingen wie Grass' Schelmenfigur Oskar Matzerath und Nabokovs armseligen Lüstling Humbert Humbert. Der Roman wurde inzwischen in mehr als 25 Sprachen übersetzt.

In seinem neuen Roman »The Story of a Marriage« (2008; dt. »Geschichte einer Ehe« 009) erzählt Greer die »Geschichte einer Ehe« vor dem Hintergrund der 1950er Jahre. Der Alltag an der Ostküste ist bestimmt vom Koreakrieg und den Folgen des Zweiten Weltkriegs. Aus Sicht der Frau, die sich hingebungsvoll um ihren Mann und Sohn kümmert, entsteht das komplexe Porträt einer Beziehung, die heftige Risse bekommt, als die Vergangenheit in Gestalt eines alten Freundes in die mühsam aufrechterhaltene Familienidylle bricht und deren Zukunft infrage stellt.

Zu Greers Auszeichnungen gehören der California Book Award, der Young Lions Award der New York Public Library und Stipendien des National Endowments for the Arts und der New York Public Library. Der Autor lebt in San Francisco.

How it was for me
Picador
New York, 2000
Die Nacht des Lichts
S. Fischer
Frankfurt/Main, 2003
[Ü: Uda Strätling]
Die erstaunliche Geschichte des Max Tivoli
S. Fischer
Frankfurt/Main, 2005
[Ü: Uda Strätling]
Geschichte einer Ehe
S. Fischer
Frankfurt/Main, 2009
[Ü: Uda Strätling]
www.andrewgreer.com

Andrew Sean Greer was born in Washington, D.C. in 1970. After receiving his B.A. in Creative Writing at Brown University he worked as a chauffeur, theatre technician and television extra in New York. He then earned a Master's from the University of Montana and went to live in San Francisco. He began to publish his work in »Esquire«, »The Paris Review« and »The New Yorker«. In 1996 he was awarded the Cohen Award from Richard Ford for his short story »Ploughshares«. The story is also found in his first collection, which appeared in 2000. One year later Greer achieved acclaim for his first novel, »The Path of Minor Planets«. The »San Francisco Chronicle« listed the book as one of the five most important literary events of the year. It is the story of a group of astronomers who, from 1965 to 1989, met every six years to observe a comet discovered by one of them. This narrative frame was been used by the author to explore the central theme in his work up until now: time as both the playground and stage for the bonds between humans who in their own way are all outsiders. The observations and reflections of the various characters are represented in confident, powerful sentences, which describe how these characters drift towards one another and are later repelled, without ever being able to join together. Meticulous, inventive and insightful, Greer shapes impressions into a melancholic, almost age-wise picture, and in the end shows the importance of living in the present, and the potential of every given moment. When his second novel »The Confessions of Max Tivoli« came out in 2004, it virtually turned critics upside down. In one review, John Updike wrote that the novel is »enchanting, in the perfumed, dandified style of disenchantment brought to grandeur by Proust and Nabokov.« In fact, Greer adapted the language of his story, which takes place at the turn of the century, and tells in an antiquated fashion the tale of a truly impossible love. Time has dealt the protagonist a bad card: he is born into the world in the body of a seventy-year-old man, who becomes ever younger. Therefore the fulfilment of love in his life is a failure; however it envelops his entire existence. The novel opens fresh perspectives onto the old theme of love and the role of time, and is reminiscent of Vonnegut's science fiction as well as Kafka's parabolic figures, Grass's picaresque Oskar Matzerath and Nabokov's pathetic sensualist Humbert. The novel has appeared in over twenty-two countries. His most recent novel, »The Story of a Marriage« (2008) is set against the backdrop of the 1950s. Everyday life on the east coast is dominated the Korean War and the after-effects of WWII. Told from the perspective of a devoted wife and mother, a complex portrait of a marriage emerges. Severe cracks in the relationship appear when the past, in the form of an old friend, breaks the painstakingly maintained family idyll and calls the future into question. Greer's awards include the California Book Award, the New York Public Library's Young Lions Award and fellowships from the National Endowment for the Arts and the New York Public Library. The author lives in San Francisco.

NORBERT GSTREIN

Norbert Gstrein wurde 1961 in Mils, Tirol, geboren und lebt zurzeit in Hamburg. Seine Romane und Erzählungen werden allgemein für ihre formale Brillanz bewundert, in der die Konstruktion der Wirklichkeit dtransparent wird. Feine Beobachtungen und präzise gezeichnete Details fügen sich in ausbalancierten Satzperioden zu Beschreibungen, die sich im Spiel mit der Chronologie und der Perspektive des Erzählers mehr und mehr als Interpretationen erweisen. Alle Darstellungsformen der Sprache scheinen an die existenzielle Dimension der Wirklichkeit nicht heranreichen zu können. Dieses notwendige, doch redliche Scheitern wendet Gstrein häufig gegen die vorschnelle, verständnisvolle Einverleibung von Realität an.

In seinem Roman »Die englischen Jahre« (1999) besucht eine Frau die ehemaligen Partnerinnen ihres Exmannes, eines jüdischen Emigranten, der als bedeutender Schriftsteller gilt. Bei den Gesprächen stellt sich heraus, dass der vermeintliche Jude gegen Kriegsende eine falsche Identität angenommen hat. Diese Tatsache wird nun zum Anlass für den Roman, und sie verweist damit weniger auf die Enthüllung einer Wahrheit als vielmehr auf die Geschichte ihrer Auffindung und literarischen Bearbeitung.

Wie leicht Fiktionalität für Faktizität genommen wird, zeigt sich auch in der Kritik an Gstreins Roman »Das Handwerk des Tötens« (2003). Während der Autor die Ermordung eines Reporters im Kosovokrieg zum Anlass für die Hinterfragung aller Kriegsberichterstattung nimmt, störten sich Kritiker am Bezug zu realen Vorbildern und deren angeblicher Wertung. Gstrein reagierte darauf mit dem Essay »Wem gehört eine Geschichte?« (2004).

Sein jüngster Roman »Die Winter im Süden« (2008) erzählt von einem kroatischen Faschisten, der nach dem Zweiten Weltkrieg nach Argentinien auswandert und seine Familie zurücklässt. Seine Tochter wird zwischen dem Bewusstsein seiner Schuld und dem selbstgerechten Antifaschismus ihres Mannes aufgerieben, nicht erst als der Vater 1990 zurückkehrt, um sich für das unabhängige Kroatien einzusetzen.

Norbert Gstreins Romane wurden in mehr als ein Dutzend Sprachen übersetzt und mit zahlreichen Preisen ausgezeichnet, darunter dem Alfred-Döblin-Preis, dem Literaturpreis der Konrad-Adenauer-Stiftung und dem Uwe-Johnson-Preis.

Einer. Erzählung
Suhrkamp
Frankfurt/Main, 1988
Die englischen Jahre
Suhrkamp
Frankfurt/Main, 1999
Das Handwerk des Tötens
Suhrkamp
Frankfurt/Main, 2003
Wem gehört eine Geschichte?
Suhrkamp
Frankfurt/Main, 2004
Die Winter im Süden
Hanser
München, 2008

Norbert Gstrein was born in Mils near Imst, South Tirol in 1961 and now lives in Hamburg. His novels and stories have met with universal acclaim for their formal brilliance in which the design of reality becomes transparent. Close observation and precisely drawn details merge in complex yet well-balanced sentences to provide descriptions which, in an interplay with chronology and narrative perspective, increasingly become a matter of interpretation. The modes of expression available to language all seem to fall short of the existential dimensions of reality. Gstrein often makes use of a necessary yet honest failure to oppose a premature and sympathetic assimilation of reality.

In his novel »Die englischen Jahre« (1999; t: The English Years) a writer's ex-wife visits the former girlfriends of a Jewish immigrant who was considered a great author. In their conversations it becomes clear that the apparent Jew had adopted a fake identity towards the end of the war. This fact provides the motive for the novel, which is less to do with the uncovering of a concealed truth than with the story of its discovery and adaptation as literature.

The ease with which fiction can be mistaken for fact is clear from the critical response to Gstrein's novel »Das Handwerk des Tötens« (2003; t: The Craft of Killing). While the author makes use of a journalist's murder to question war reporting, many critics were disturbed by the connections to real people and the assertions supposedly made about them. Gstrein gave his response in the essay »Wem gehört eine Geschichte?« (2004; t: To whom does a story belong?).

His latest novel »Die Winter im Süden« (2008; t: Winters in the South) is about a Croatian fascist who emigrates to Argentina after World War II, leaving his family behind. His daughter is crushed between the knowledge of her father's guilt and her husband's self-righteous anti-fascism, even before her father returns to campaign for Croatian independence in 1990.

Norbert Gstrein's novels have been translated into more than a dozen languages and awarded many prizes, including the Alfred Döblin Prize, the Literature Prize of the Konrad Adenauer Foundation and the Uwe Johnson Prize.

KATHARINA HACKER

Tel Aviv
Suhrkamp
Frankfurt/Main, 1997
Morpheus oder Der Schnabelschuh
Suhrkamp
Frankfurt/Main, 1998
Der Bademeister
Suhrkamp
Frankfurt/Main, 2000
Eine Art Liebe
Suhrkamp
Frankfurt/Main, 2003
Die Habenichtse
Suhrkamp
Frankfurt/Main, 2006
Alix, Anton und die anderen
Suhrkamp
Frankfurt/Main, 2009

Katharina Hacker wurde 1967 in Frankfurt/M. geboren. Sie studierte aus Interesse für moderne jüdische Denker wie Gershom Scholem und Theodor W. Adorno Judaistik, daneben Philosophie und Geschichte. Ihr Studium an der Albert-Ludwigs-Universität in Freiburg setzte sie 1990 an der Hebräischen Universität in Jerusalem fort und blieb sechs Jahre in Israel, wo sie Deutsch unterrichtete und an der School for Cultural Studies in Tel Aviv lehrte. Eine hier begonnene Beschreibung der Stadt in Prosaskizzen, »Tel Aviv« (1997), wurde ihr literarisches Debüt. Es erschien ein Jahr, nachdem sich Hacker als freie Schriftstellerin und Übersetzerin aus dem Hebräischen in Berlin niedergelassen hatte. Nach zwei weiteren kürzeren Erzählbänden und zwei Romanen wurde Hacker mit »Die Habenichtse« (2006) auch einer breiten Öffentlichkeit bekannt, als ihr der Deutsche Buchpreis verliehen wurde. Der Roman erzählt von einem jung verheirateten Paar, das frei von finanziellen Sorgen ein laues, unbefriedigendes Leben führt und entscheidungsschwach darin verharrt. Während sich beide von der abstrakten Gefährdung des islamistischen Terrorismus nach dem 11. September bedroht fühlen und sich gleichzeitig in persönliche Obsessionen verstricken, stehen sie dem Elend ihrer Nachbarn, einer sozial schwachen Familie, in ungeschickter Hilflosigkeit gegenüber. Erst als ihre eigenen Lebensumstände sich dramatisch zuspitzen, scheint die Neuordnung des gemeinsamen Lebens möglich.
Hackers sorgfältig gewählte Sprache baut in dem distanziert geschilderten Handlungsverlauf eine mit Angst vor dräuenden Katastrophen und großen Gefühlen gesättigte Spannung auf, die unvermindert anhält. »In einer flirrenden, atmosphärisch dichten Sprache führt Katharina Hacker ihre Helden durch Geschichtsräume und in Problemfelder der unmittelbarsten Gegenwart«, kommentierte die Jury des Deutschen Buchpreises ihre Entscheidung. Die Auseinandersetzung mit Geschichte und deren Aktualisierung in der gegenwärtigen Lebenswirklichkeit zieht sich durch das gesamte Werk der Autorin. Die Erzählungen »Morpheus oder Der Schnabelschuh« (1998) zeigen mythische Figuren der griechischen Antike in zeitgenössischer Umgebung. Der Roman »Der Bademeister« (2000) zeichnet in einem fulminanten Monolog eine Persönlichkeit, die in den zwei deutschen Diktaturen allmählich erstarrt und schließlich zerbricht. Eine von Saul Friedländers Erinnerungen inspirierte Geschichte entwickelt Hacker in »Eine Art Liebe« (2003). Der Roman erzählt von einer unverbrüchlichen, doch von Schuldgefühlen beladenen Freundschaft zwischen einem Juden, der den Holocaust im Versteck einer französischen Klosterschule überlebte, und seinem Mitschüler. 2007 erschien die Prosagedicht-Sammlung »Überlandleitung«. Ihr neuer Roman »Alix, Anton und die anderen«, der im Oktober 2009 erscheint, spielt in Berlin.
Hacker war 2005 Stadtschreiberin in Bergen-Enkheim und erhielt neben dem Deutschen Buchpreis 2006 auch den d.lit-Literaturpreis. Die Mutter einer kleinen Tochter lebt in Berlin.

Katharina Hacker was born in Frankfurt am Main in 1967. Her interest in modern Jewish thinkers such as Gershom Scholem and Theodor W. Adorno led her to study Judaism, philosophy and history. She studied at the University of Freiburg and continued at the Hebrew University in Jerusalem. She spent six years in Israel, as a tutor in German and teaching at the School for Cultural Studies in Tel Aviv. Her first literary work was »Tel Aviv« (1997), a description of the city in prose sketches which she started writing there. It was published one year after Hacker moved back to Berlin, establishing herself as a freelance writer and translator from Hebrew.
After two further collections of short stories and two novels, Hacker reached a larger audience with the publication of »Die Habenichtse« (2006; t: The have-nots), which won the German Book Prize. The novel tells of a young married couple that lead a tepid, dissatisfying life despite being free of financial concerns. While they both feel threatened by the abstract danger of Islamic terrorism after 9/11 and at the same time become enmeshed in their own personal obsessions, they are not able, out of their own inept helplessness, to deal with the misery of their neighbours, a socially weak family. Not until their actual living conditions spiral into disaster does the new order of a life together seem possible.
As the plot unfolds from a certain authoritative distance, Hacker's meticulously chosen language builds up a tension saturated with fear of threatening catastrophes and overwhelming feelings which is maintained, unabated, throughout the narrative. The jury of the German Book Prize commented: »In frenetic, atmospherically dense language Katharina Hacker leads her heroes through the spaces of history and the main problem areas of the immediate present.« The presentation of history and a contemporary update pervade the author's work. The stories in »Morpheus oder Der Schnabelschuh« (1998; t: Morpheus or the beaked shoe) depict mythical figures from Greek antiquity in contemporary surroundings. The novel »Der Bademeister« (2000; t: The pool attendant) depicts, using explosive monologue, a character who lives under two dictatorships and gradually becomes numb before finally cracking. In »Eine Art Liebe« (2003; t: A kind of love) Hacker develops a story inspired by Saul Friedländer's memories. The novel tells of an unbreakable friendship burdened by feelings of guilt between a Jew who survived the Holocaust by hiding in a French convent and a fellow student. Hacker's most recent publication was the collection of prose poems »Überlandleitung« (2007; t: Land line). Her novel »Alix, Anton und die anderen« (t: Alix, Anton and the others) will be released this summer. The author was writer in residence in Bergen-Enkheim in 2005. In 2006, she was awarded the d.lit Literature Prize. The mother of a daughter lives in Berlin.

JAKOB HEIN

Berlin – Perle an der Spree!

Wie viele Saiten klingen in meinem Körper, wenn ich Deinen Namen höre!

Du bist das Venedig des Nordens, das Tampere des Südens, das Ulan-Bator des Westens und das Wisconsin des Ostens!

Stimmt es etwa nicht, dass jeder Berliner ein Gedicht ist, das sich nicht reimt? Es stimmt nicht? – Oh!

Hier in Berlin, wo die Berliner nicht Berliner heißen, wie in Wien die Wiener nicht Wiener sondern Frankfurter, da heißen die Berliner bestimmt Krakauer.

Nicht werde ich ruhen, bis ich mein Haupt einst in Dir niederlegen kann.

Du – Berlin!

Jakob Hein

Jakob Hein, geboren 1971 in Leipzig. Lebt seit 1972 mit seiner Familie in Berlin

ALBAN NIKOLAI HERBST

Alban Nikolai Herbst wurde als Alexander von Ribbentrop 1955 in der Nähe von Köln geboren. Der Enkel des deutschen Außenministers Joachim von Ribbentrop wuchs in Traunstein, Braunschweig und Bremen auf. In der Hansestadt machte er eine Lehre zum Anwaltsgehilfen und holte auf dem Abendgymnasium sein Abitur nach, um damit in Frankfurt am Main Philosophie, Geschichte und Sozialwissenschaften zu studieren. Seit 1981 erscheinen seine Werke unter seinem literarischen Pseudonym, das Freunde für ihn entwarfen. Ab 1987 war er als Aktien- und Devisen-Broker in Frankfurt angestellt und handelte von dort aus an Börsen in den USA. Diese Tätigkeit legte er jedoch mit Erscheinen seines opulenten Romanwerks »Wolpertinger oder das Blau« (1993) nieder und arbeitet seither als freier Schriftsteller.
In diesem Buch, seinem dritten Roman, entwirft der Autor auf über 1.000 Seiten ein surreales Gipfeltreffen in einem Hotel, bei dem sich gewöhnliche Personen, Wissenschaftler und Politiker mit mythischen Gestalten, Märchenfiguren und Fabelwesen ein Stelldichein geben, um über die Weltherrschaft zu befinden. Auf drei Zeitebenen wechselt der Autor von grotesken zu alltäglichen Situationen und verknüpft dabei eine große Bandbreite an Themen aus der Geistesgeschichte. Mit dem fantastisch anmutenden Werk machte sich Herbst einen Namen als Literat der Postmoderne.
Die epische »Anderswelt«-Trilogie verknüpft in den Bänden »Thetis. Anderswelt« (1998), »Buenos Aires. Anderswelt« (2001) und »Argo. Anderswelt« (noch nicht erschienen) fantastische Elemente mit der realen Welt, und zwar vor einem der Science-Fiction entlehnten Weltuntergangsszenario. Des Fabulierens nicht müde, führt Herbst auch hier die Geschichte menschlichen Denkens in diverse Richtungen und verknüpft in oft absurden Situationen Bekanntes mit weniger Bekanntem.
Inspiration für sein Schreiben findet Herbst u.a. bei dem kubanischen Schriftsteller José Lezama Lima (1910–1976) und seiner Assoziativität oder in dem kryptischen Experimentalroman »Ulysses« von James Joyce, aber auch in den Science-Fiction-Büchern von William Gibson. Diese Vorbilder dienen Herbst jedoch keineswegs als Blaupause, er sucht einen eigenen Weg und flirtet dabei gern auch mit Medien jenseits des Buches. So verfasste er Theaterstücke und Beiträge für den Hörfunk. Insbesondere aber das Internet hat es ihm in den letzten Jahren angetan. Seit 2003 betreibt er seinen literarischen Blog »Die Dschungel. Anderswelt« (http://albannikolaiherbst.twoday.net/), in dem er über seinen Alltag und die Arbeit als Autor schreibt sowie privates Bildmaterial veröffentlicht.
Alban Nikolai Herbst erhielt neben anderen Auszeichnungen den Phantastik-Preis der Stadt Wetzlar. Er lebt und arbeitet in Berlin.

Wolpertinger oder das Blau
Dielmann
Frankfurt/Main, 1993
Die Orgelpfeifen von Flandern
Dielmann
Frankfurt/Main, 1993
Thetis, Anderswelt
Rowohlt
Reinbek, 1998
Buenos Aires, Anderswelt
Berlin Verlag
Berlin, 2001
Meere: ein Roman – drei Fassungen
Mare
Hamburg, 2009
www.albannikolaiherbst.de

Alban Nikolai Herbst was born Alexander von Ribbentrop near Cologne in 1955. Grandson of the German Foreign Minister Joachim von Ribbentrop, he grew up in Traunstein, Braunschweig and Bremen. In Bremen he studied to be a legal assistant and went to night school to finish his high school leaving certificate. He then went on to study philosophy, history and social sciences in Frankfurt am Main. His nom de plume was chosen for him by friends. His work has been published using this name since 1981. From 1987 to 1992, he was employed as a stock and foreign exchange broker in Frankfurt trading on the US stock exchanges. He changed his career after the publication of his opulent third novel »Wolpertinger oder das Blau« (1993, t: Wolpertinger or the blue) turning to professional writing.
In the 1000 plus pages that make up the book, the author portrays a surreal summit conference at a hotel. At the conference, every day people, scientists and politicians introduce themselves as mythical beings, fairy tale and fable characters who meet to discuss world supremacy. On three chronological levels, the author shifts from the grotesque to the pedestrian, linking a wide spectrum of themes from intellectual history. This work of fantasy established Herbst's reputation in postmodern literature.
We are still waiting for the final instalment of the epic »Anderswelt« (Otherworld) trilogy, »Argo. Anderswelt«. The first two parts, »Thetis. Anderswelt« (1998) and »Buenos Aires. Anderswelt« (2001), bring together elements of fantasy with the real world, but as a whole remain within an apocalyptic science-fiction scenario. Herbst, the tireless storyteller, leads us once again in various directions through the history of human thought, joining what is well-known with things that are more obscure and this often in absurd situations.
Influences on Herbst's writing include the associative imagery in the work of the Cuban writer, José Lezama Lima, (1910-1976) James Joyce's cryptic experimental novel »Ulysses« and William Gibson's science-fiction. These models in no way serve as blueprints for Herbst; he is a writer who searches for his own path and, in doing so, also flirts with forms of media outside literature. He has written plays for stage and radio. He has been especially influenced by the internet in recent years. Since 2003, he has been writing a literary blog called »Die Dschungel. Anderswelt« (The Jungle. Otherworld; http://albannikolaiherbst.twoday.net/), where he shares his every day experiences and photos as well as his professional life. Alban Nickolai Herbst's awards include the Fantasy Prize of the city of Wetzlar. He lives and works in Berlin.

die wiederentdeckung berlins.
novemberregen.

ALBAN NIKOLAI HERBST

klitsch an den steigen. gruben, kräne.
himmelweit die wolkenschwere.
wannen voller bau. zementmisch latten drahtskelette,
pfützen, riesig, neben schlamm, worin
die zukunft und der wille wühlen, es zu werden.
umgegrabnes preußen aufgespannter regenschirme
bei architektisch gespreizten kastanien,
die ihre blätter an den winter verlieren:
ein jeder baut am frühjahr herum, das nicht kommt;
auch wer nur sitzt, wer nur schaut, sein becherchen
vor sich und hinter sich die ruinen von kindheit,
auferstanden für den rückbau; blicke,
porös an schrägen ebenen irrend, rutschen auf glas aus
und klatschen grau in die spree, die um inseln nicht fließt,
weil sie inseln nicht sind, sondern stockt an den schleusen
metropoler provinz, darin gekleckse von catchup wurst ohne pelle
wie alter männer schwänze erstickt, die ein schlaffes erbarmen
in scheiben geschnitten und mit billigem curry bestäubt hat.
darüber, am renovierten bodemuseum, rattern die bahnen,
unter denen und fädenpissenden plastemarkisen sich
allerletzte bücher verhökern, wellige, inkontinente.
jedes elend will bleiben. was werden wird, ging.
eingerüstet ins denkmal ein reiter. futur ii der entkernte palast.
rostende löwen meditieren wie sphingen nach osten:
in ihrer rechten pranke kalten coffee to go.
müde der ölfilm wie sie, die unentwegt den regen
sich aus den klammen mähnen schütteln als aus den
klammen krägen wir und den schals und unsren schweren mänteln.
so, wem sein fuß etwas wert ist, trägt auf der seele gamaschen
aus traum und linder trauer unter den linden dahin.

(aus: der engel ordnungen, gedichte, dielmann ffm 2009)

Emmanuelle
Pagano 5/06/09

JUDITH HERMANN

Judith Hermann wurde 1970 in Berlin geboren. Hier studierte sie Germanistik, arbeitete als Kellnerin und Schauspielerin. Nach dem Besuch einer Journalistenschule absolvierte sie in New York bei den deutschsprachigen Zeitungen »New Yorker Staatszeitung« und »Aufbau« ein Praktikum. 1997 erhielt sie von der Akademie der Künste ein Arbeitsstipendium. Im Alfred-Döblin-Haus in Wewelsfleth schrieb sie innerhalb von wenigen Monaten die neun Erzählungen, die 1998 in dem Band »Sommerhaus, später« veröffentlicht wurden. Kritik und Publikum reagierten gleichermaßen begeistert und bestätigten die von Marcel Reich-Ranicki im »Literarischen Quartett« verkündete Einschätzung: »Wir haben eine neue Autorin bekommen, eine hervorragende Autorin. Ihr Erfolg wird groß sein.«
Hermanns Erzählungen stehen in der Tradition von Anton Tschechow sowie Raymond Carver und geben dabei dem Lebensgefühl der heute etwa Vierzigjährigen einen unverwechselbaren Ausdruck. Stimmungsreich, detailliert und doch lakonisch schildert die Autorin Alltagsszenen, die sich beiläufig zu einer Handlung entwickeln. Wie in der Titelgeschichte des Erzählbandes geht es oft um vage Liebesbeziehungen, die aus Unverbindlichkeit und Unentschlossenheit keine Erfüllung finden. Romantisches Ungenügen wird mit einprägsamen Bildern und Sätzen kombiniert, ohne dass sich die untergründige Spannung je in Pathos entladen würde. »Judith Hermanns Sprache«, so Michael Naumann, »ist sparsam, voller Pausen, verschwiegen fast – so, wie ihre Protagonisten es meistens vorziehen, sprachlos zu handeln. Bisweilen verkörpern sie schattenhafte Erinnerungen an längst vergessene Leidenschaften, ein andermal tatenlose auf ein zukünftiges Glück, das niemals kommen wird.«
2003 legte sie ihren zweiten Erzählband, »Nichts als Gespenster«, vor. Seitdem ist sie eine der wenigen Künstlerpersönlichkeiten, die sich auch nach dem Ende des Trends um junge deutsche Literatur und sogenannte »Fräuleinwunder« ihr Ansehen bei Kritik und Lesern bewahrt haben. Ihr »unverwechselbarer, traumwandlerischer, schwebender, süchtig machender« Duktus – wie in Rezensionen geurteilt wurde – blieb auch in diesen sieben neuen Geschichten erhalten. Sie variieren den einmal angeschlagenen Ton vor dem Hintergrund internationaler Schauplätze: In Karlsbad etwa wird eine alte Liebesbeziehung sanft zu Grabe getragen, in Amerika findet ein Paar eher zufällig wieder zueinander, in Venedig merkt eine junge Frau bei der Begegnung mit ihren Eltern, dass sie inzwischen wohl doch erwachsen geworden ist. 2007 kam die erfolgreiche und preisgekrönte Verfilmung des Bestsellers in die Kinos.
Zwei Jahre später legte die Autorin in »Alice« fünf »atmosphärisch ebenso bezwingende wie stilistisch meisterhafte Geschichten vom Sterben und von der Erfahrung des Verlustes« vor – wie die Jury des Friedrich-Hölderlin-Preises urteilte. Zu Hermanns weiteren Preisen gehören der Literaturförderpreis der Stadt Bremen, der Hugo-Ball-Förderpreis und der renommierte Kleist-Preis. Judith Hermann ist Mutter eines Sohnes und lebt in Berlin.

Sommerhaus, später
Fischer
Frankfurt/Main, 2000
Nichts als Gespenster
Fischer
Frankfurt/Main, 2003
Alice
Fischer
Frankfurt/Main, 2009

Judith Hermann was born in Berlin in 1970. Here she studied German Language and Literature and worked as a waitress and actress. After training to be a journalist, she completed an internship in New York at the German-speaking newspapers »New Yorker Staatszeitung« and »Aufbau«. In 1997 she was awarded a stipend by the Academy of Art. At the Alfred Döblin House in Wewelsfleth, she wrote nine stories in the space of a few months which were published in the volume »Sommerhaus, später« (Eng. »Summerhouse, later«, 2001) in 1998. Both critics and the public were enthusiastic about the publication and confirmed the appraisal by Marcel Reich-Ranicki on the TV show »Literarisches Quartett« (t: Literary Quartett): »Here we have a new author, an outstanding author. Her success will be great.«
Hermann's stories are considered in the tradition of Anton Chekhov and Raymond Carver and distinctively express the attitude towards life of her generation. Rich in atmosphere, detailed and somehow also laconic, the author portrays scenes of everyday life which casually develop into a plot. As in the title story, she often deals with intangible relationships, which through lack of commitment and indecision do not find fulfilment. A romantic feeling of insufficiency is combined with memorable and beautiful images and sentences, without the underlying tension developing into pathos. According to Michael Naumann, »Judith Hermann's language is sparing, full of pauses, almost silent – acting without speaking, as most of her protagonists prefer to do. Occasionally they embody shadowy memories of long forgotten passions, at other times waiting motionlessly for a future happiness that will never come.«
In 2003 Hermann brought out her second volume of stories, »Nichts als Gespenster« (Eng. »Nothing but Ghosts«, 2005). Since then she has become one of the few artists who has retained her reputation and support from critics and readers after it was popular to support literature by German youths, especially girls. Her style, judged as »distinctive, instinctive, undetermined, addictive« by reviews, is also present in these seven new stories. They continue her tone, yet are presented against an international background: in Karlsbad an old relationship is quietly laid to rest, in America a couple find each other again rather by chance, and in Venice, during a meeting with her parents, a young woman notices that she has suddenly entered adulthood. In 2007 the bestseller was successfully released as a film and awarded numerous accolades.
Two years later in »Alice«, the author presents five stories pronounced by the jury of the Friedrich Hölderlin Prize as »not only atmospheric and compelling but also stylistically masterful stories of death and the experience of loss«. Amongst Hermann's other awards are the city of Bremen's Literature Prize, the Hugo-Ball Prize and the renowned Kleist Prize. Judith Hermann has a son and lives in Berlin.

THOMAS HETTCHE

Thomas Hettche wurde 1964 in Treis bei Gießen geboren. In Frankfurt/Main studierte er Philosophie und Germanistik. Bereits während des Studiums veröffentlichte er seinen ersten Roman, der ihm eine Einladung zum Wettbewerb um den Ingeborg-Bachmann-Preis nach Klagenfurt einbrachte. Zwischen 1995 und 1999 zählte er selbst zu den Juroren der Auszeichnung. 1999 schloss er seine Promotion ab, eine medienhistorische Arbeit über Venedig. Neben seinem wissenschaftlichen und literarischen Wirken veröffentlichte er auch journalistische Arbeiten und Essays in der »Frankfurter Allgemeinen Zeitung« und der »Neuen Zürcher Zeitung«. Seit 2002 übernahm er Lehraufträge an wissenschaftlichen Institutionen, seit 2005 gibt er die Edition Spycher heraus.
So vielfältig seine Tätigkeitsfelder, so vielfältig auch sein literarisches Schaffen. Sein Romandebüt, »Ludwig muß sterben« (1989), ist ein Versuch über das Verhältnis von Wirklichem und Fantasiertem: Ein aus der Psychiatrie beurlaubter Ich-Erzähler verbringt ein Wochenende in der Wohnung seines todkranken Bruders, der sich gerade in Venedig aufhält. Dort gibt er sich ein unfreiwilliges Stelldichein mit dem Tod, der in weiblicher Gestalt einem Anatomieatlas entstiegen ist, und dessen Gehilfen, einem Mediziner aus der Renaissance. Die Kritik nahm dieses erste Buch sehr wohlwollend auf, es wurden Vergleiche zu E.T.A. Hoffmann und Samuel Beckett gezogen. Der darauf folgende experimentelle Band »Inkubation« (1992) positionierte den Autor endgültig in der Avantgarde des Erzählens. 2000 gab Hettche gemeinsam mit der Schriftstellerin Jana Hensel die Online-Anthologie »NULL« heraus, zu der sie 35 junge Literaten einluden, ein Jahr lang mitzuschreiben – eines der ersten deutschen Literaturprojekte im Internet. Hettches Kriminalroman »Der Fall Arbogast« (2001) nach einem Justizirrtum in der deutschen Nachkriegszeit wurde zum Bestseller und erschien in zehn Sprachen. Ebenso erfolgreich war schließlich sein existenzialistisch angehauchter Thriller »Woraus wir gemacht sind« (2006), in dem der Autor neben dem spannungsgeladenen Plot eine Suche nach Amerika, seinen Stereotypen und seinem Verhältnis zu Europa präsentiert.
Thomas Hettche erhielt diverse Stipendien und literarische Auszeichnungen, u.a. den Robert-Walser-Preis und den Rom-Preis der Villa Massimo. 2006 kam er mit »Woraus wir gemacht sind« ins Finale um den Deutschen Buchpreis. Der Autor lebt in Berlin und in Erschmatt in der Schweiz.

Ludwig muß sterben
Dumont
Frankfurt/Main, 1989
Inkubation
Suhrkamp
Frankfurt/Main, 1992
Nox
List. Tb Verlag
Frankfurt/Main, 1995
Der Fall Arbogast
Dumont
Köln, 2001
Woraus wir gemacht sind
Kiepenheuer & Witsch
Köln, 2006
Fahrtenbuch 1993-2007
Kiepenheuer & Witsch
Köln, 2007
www.hettche.de

Thomas Hettche was born in Treis, near Giessen, Germany, in 1964. He studied philosophy and German in Frankfurt. While still a student, he published his first novel, earning himself an invitation to compete for the Ingeborg Bachmann Prize in Klagenfurt. Later, he became a member of the jury for the said prize from 1995 to 1999. In 1999, he completed his doctorate with a dissertation on Venetian media and history. In addition to his academic and literary activities, he has also written articles for the »Frankfurter Allgemeine Zeitung« and the »Neuen Zürcher Zeitung«. Since 2002, he has been teaching at various higher education institutions and, since 2005, he has worked as chief publisher for Edition Spycher.
His literary output is no less wide-ranging than his professional activities. His début novel, »Ludwig muß sterben« (1989; t: Ludwig must die) examines the relationship between reality and fantasy: a narrator recently released from a psychiatric institution spends a weekend in the apartment of his terminally ill brother who is in Venice at the time. While there, he has an involuntary encounter with death, which has taken the form of a woman straight out of an anatomy book, and her assistant, a Renaissance doctor. Critics praised the work, comparing it to works by E.T.A. Hoffmann and Samuel Beckett. The subsequent experimental piece »Inkubation« (1992; t: Incubation) earned the author a place within the literary avant-garde. In 2000, Hettche collaborated with Jana Hensel to publish the online anthology »NULL« (t: null), which invites thirty-five young writers to submit contributions for one year's time – one of the first German literary projects on the internet. Hettche's next work, the true crime story »Der Fall Arbogast« (2001; Eng. »The Arbogast Case«, 2003), based on a miscarriage of justice in post-war Germany, became a bestseller and has been translated into ten languages. His slightly existentialist thriller »Woraus wir gemacht sind« (2006; »What we are made of«, 2008) was equally successful. Alongside a plot that is full of suspense, the author presents a search for the true America, for its stereotypes and its relationship to Europe.
Thomas Hettche has received many fellowships and literary awards, including the Robert Walser Prize and the Rome Prize from Villa Massimo. In 2006, he was short-listed for the German Book Prize with »What we are made of«. The author lives in Berlin and Erschmatt, Switzerland.

SUSAN HOWE

Susan Howe wurde 1937 in Boston, Massachusetts, geboren und wuchs im nahen Cambridge auf. Nach dem Schulbesuch ging sie nach Irland, woher ihre Mutter stammte, und lernte den Theaterbetrieb am Dubliner Gate Theatre kennen. 1961 machte sie ihren Abschluss in Malerei an der heimischen Boston Museum School of Fine Arts und ließ sich anschließend in New York nieder. Hier bewegte sie sich in den Kreisen der Künstler-Avantgarde und begann ihre Gemälde mit Wortlisten zu kombinieren. 1974 erschien ihr erster Gedichtband, »Hinge Picture« (Ü: Klappbild). Er beinhaltet experimentelle, stark formalisierte Wort- und Zitatcollagen mit biblischen, mythischen und märchenhaften Anklängen. Wie die meisten ihrer mehr als zwanzig Gedichtbände wurde er Jahre später in revidierter Fassung als Teil einer Sammlung neu aufgelegt. Die Prosafragmente von »Frame Structures« (Ü: Rahmenstrukturen), die das Vorwort des gleichnamigen Sammelbandes von 1996 bilden, verschränken autobiografische Kurzaufnahmen, Familien- und Landesgeschichte miteinander. Beide Werke zeigen auf verschiedene Weise Howes unverwechselbare Poetik als eine Art lyrische Geschichtsschreibung. Deren Ziel besteht nicht im Vermitteln einer historischen Wahrheit, sondern in der Annährung an das uneinholbare Phänomen der Vergangenheit. Die gebrochene, formal stark beschränkte Rede fängt gleichsam Echos der Geschichte auf, ohne sie zu einem homogenen Ganzen zu fügen.
Paradigmatisch ist das Bild des beinahe unleserlichen Manuskripts, das Howe in dem Gedichtband »Pierce-Arrow« (1999; Ü: Durchstech-Pfeil) benutzt. Die in das Buch integrierten Fotografien vom vernachlässigten Nachlass des Semiotikers und Philosophen Charles S. Peirce zeigen das Chaos seiner Gedanken über eine Ordnung der Sprache. In den Gedichten – in der Seitenmitte angeordnete Textblöcke – klingt die Arbeitsweise des Wissenschaftlers neben Details aus seiner Biografie an. Überraschende Querverweise öffnen die Texte zu Wissenschaftsgeschichte, Literatur und Mythos. Das Ungesagte ist ein essenzieller Bestandteil dieser lyrischen Sprache, wie auch Abstände und Lücken zwischen Worten und Textblöcken ein unverzichtbares Element des Schriftbildes ausmachen.
Howe veröffentlichte auch zwei viel beachtete literaturtheoretische Werke. »My Emily Dickinson« (1985) beschäftigt sich mit einer Dichterin, die großen Einfluss auf ihr eigenes Werk hatte. »The Birth-mark« (1993; Ü: Das Muttermal), eine Dekonstruktion des Wildnis-Begriffs in der amerikanischen Literaturgeschichte, wurde vom »Times Literary Supplement« zum International Book of the Year gekürt. Zu Howes weiteren Auszeichnungen gehören zwei American Book Awards der Before Columbus Foundation und ein Stipendium der Guggenheim Foundation. 1999 wurde die Dichterin in die American Academy of Arts and Sciences gewählt, ein Jahr später wurde sie Kanzlerin der Academy of American Poets. Howe lehrte von 1991 bis 2008 an der University at Buffalo, New York. Sie lebt in Guilford, Connecticut.

The Birth Mark
Wesleyan University Press
Middletown, 1993
Frame Structures: Early Poems 1974–1979
New Directions
Publishing Corporation
New York, 1996
Pierce-Arrow
New Directions
Publishing Corporation
New York, 1999
The Midnight
New Directions
Publishing Corporation
New York, 2003
Souls of the Labadie Tract
New Directions
Publishing Corporation
New York, 2007

Susan Howe was born in Boston, Massachusetts in 1937 and grew up in nearby Cambridge. After completing her school education she travelled to Ireland, her mother's native country, and worked as an assistant and played minor parts at the Dublin Gate Theatre. In 1961 she studied painting at the Boston Museum School of Fine Arts and eventually settled in New York. Here she moved within the circles of avant-garde artists and began to combine her paintings with lists of words.
Her first volume of poetry »Hinge Picture« was published in 1974. It contained experimental and extremely formalized collages of words and quotations which alluded to biblical, mythical and magical references. As with most of her twenty-plus volumes, it was revised and republished years later as part of a collection. The fragments of prose in »Frame Structures«, which is used as a preface to one of these collections and also gave it its name, blend together autobiographical snapshots and historical aspects of her family and country. In different ways both works show Howe's distinctive poetics – a kind of lyrical exploration of history. The aim is not to communicate historical truth, but rather to approach the elusive phenomenon of the past. The fragmented speech, confined by its formality, absorbs echoes of history without making them conform to a homogenous whole.
In this respect, the image of an almost illegible manuscript used by Howe in the volume of poetry »Pierce-Arrow« (1999) is paradigmatic. In the book, photos of the neglected estate of the logician and philosopher Charles S. Peirce are integrated, his ordering of language showing the chaos of his thoughts. Howe's poems, organised into blocks of text in the centre of the page, echo Peirce's way of working alongside details from his biography. Surprising cross-references open the text up to aspects of scientific history, literature and myth. The unsaid is an essential component of this lyrical language just as distances and gaps between words and text blocks are a vital element of the overall image of the poetry.
Howe has also published two widely acclaimed works on literary theory. »My Emily Dickinson« (1985) engages with one of the most important influences of the poet. »The Birth-mark« (1993), a deconstruction of »wilderness« in American literary history, was chosen as the International Book of the Year by the »Times Literary Supplement«. Howe has been given many other awards, among which are two American Book Awards from the Before Columbus Foundation and a grant from the Guggenheim Foundation. In 1999 the poet was elected as a member of the American Academy of Arts and Sciences, and a year later she became Chancellor of the Academy of American Poets. Howe taught English at different universities until 2008, the most recent being the University of Buffalo, New York. She currently lives in Guilford, Connecticut.

NORA IUGA

Nora Iuga wurde 1931 in Bukarest geboren. Aus einer Künstlerfamilie stammend, wuchs sie u.a. in Deutschland, Belgien und den Niederlanden auf – wohin ihre Eltern auf einer zweijährigen Tournee gingen – sowie im siebenbürgischen Sibiu und in der rumänischen Hauptstadt. Nach ihrem Germanistikstudium arbeitete sie als Deutschlehrerin, Bibliografin, Redakteurin bei der deutschsprachigen Tageszeitung »Neuer Weg« und bei der Zeitschrift »Volk und Kultur«, als Lektorin sowie als Übersetzerin und Leiterin der Sektion für Poesie des Schriftstellerverbands.

Sie geriet immer wieder mit den kommunistischen Autoritäten ihres Landes in Konflikt, etablierte sich aber – und über die Revolution von 1989 hinaus – als bedeutende Stimme der rumänischen Lyrik. Dichtern verschiedener Generationen gilt sie als Referenzpunkt. Ihr vielfältiges Werk zeigt den Einfluss der Gruppe der »Oniriker«, der sie anfänglich nahestand und die den Surrealismus in der rumänischen Literatur auf eine neue Art fortsetzte. Ihre reimlosen Verse kreisen in unterschiedlichen lyrischen Formen um Körperlichkeit, Sehnsüchte und Begehren und verbinden Melancholie mit Lebensgenuss. »Ich kann nicht in einem einzigen Gefühl bleiben längere Zeit«, gestand Iuga in einem Interview, »denn es wird mir schrecklich langweilig, vor allem im Schmerz oder in Melancholie oder, weiß ich, in Schwermut. Das ist ein Wort, ich muss immer darüber lachen, es ist so deutsch, ich weiß nicht wie, es bringt mich immer zum Lachen.«

Nach dem Erscheinen ihres zweiten Gedichtbands »Captivitatea cercului« (1970; Ü: Gefangen im Kreis) wurde Iuga mit einem Publikationsverbot belegt. Erst acht Jahre später konnte ihr dritter Gedichtband erscheinen, dem bis heute neun weitere folgten. Seit den 1980er Jahren übersetzt Iuga auch aus dem Deutschen, insbesondere zeitgenössische Autoren wie Grass, Jelinek, Bernhard, Pastior, Schädlich und Herta Müller. 1993 wurde Iugas erster von bislang vier Romanen, »S punul lui Leopold Bloom« (Ü: Die Seife des Leopold Bloom), veröffentlicht. Auf Deutsch erschien nach der Übersetzung ihres Gedichtbandes »Autobuzul cu coco a i« (2000; dt. »Der Autobus mit den Buckligen«, 2003) zuletzt die Auswahl »Gefährliche Launen« (2007). 2001 publizierte sie auf Rumänisch ihr Berlin-Tagebuch »Fasanenstrasse 23. O vară la Berlin« (Ü: Fasanenstraße 23. Ein Sommer in Berlin). Iuga wurde u.a. mit Preisen des Schriftstellerverbandes, der Zeitschrift »Cuvîntul« (Das Wort) und der Städte Slobozia, Satu-Mare und Călăraşi ausgezeichnet und 2007 für die Vermittlung deutscher Kultur mit dem Friedrich-Gundolf-Preis geehrt. Sie war u.a. Stipendiatin der Akademie Schloss Solitude, der Zuger Kulturstiftung Landis & Gyr und von Writer-in-Residence im Müllerhaus Lenzburg, Schweiz. Iuga lebt in Bukarest und derzeit als Gast des Berliner Künstlerprogramms des DAAD in Berlin.

Captivitatea cercului
Cartea Românească
Bucureşti, 1970
Inima ca un pumn de boxeur
Cartea Românească
Bucureşti, 1982
Săpunul lui Leopold Bloom
Cartea Românească
Bucureşti, 1993
Der Autobus mit den Buckligen
Akad. Schloss Solitude
Stuttgart, 2003
[Ü: Ernest Wichner]
Gefährliche Launen
Klett-Cotta
Stuttgart, 2007
[Ü: Ernest Wichner]

Nora Iuga was born in Bucharest in 1931. She comes from a family of artists and grew up in several countries, including Germany, Belgium and the Netherlands, where her parents went on tour for two years, and in the Transylvanian city of Sibiu and in Bucharest. After completing her studies in German language and literature, she worked as a German teacher, bibliographer in the National Library, editorial journalist for the German language newspaper »Neuer Weg« (New Way) and the magazine »Volk und Kultur« (Nation and Culture), editor for the national academic and encyclopaedia publishing house and as a translator and director of the poetry section of the Writers' Association. Her poems reflect her irony and quick wit, bringing her repeatedly into conflict with the Communist authorities in Romania. Nevertheless, over the years, beyond the 1989 revolution she increasingly established her reputation as a significant figure in Romanian poetry. Poets of different generations regard her as a leading influence on Romanian literature. Her diverse output shows the influence of the Oniric group, whose aim it was to pursue Surrealism in a new way in Romanian literature. Restlessly switching between a wide variety of situations, her unrhymed verse spirals through poetic forms addressing physicality, longing and desire, and making connections between melancholy and love of life through clear, fresh imagery. »I can't stay with a single feeling for a very long time«, Iuga admitted in an interview, »because I get terribly bored, especially when in pain or in a state of melancholy or, I don't know, when dejected – »Schwermut» is a word I always have to laugh at, it's so German, I don't know why, but it always makes me laugh.« Following the publication of her second collection of poems, »Captivitatea cercului«, (1970; t: Caught in the circle), Iuga was banned from publishing her work. The publication of her third collection of poems was allowed eight years later, and since then nine collections have followed. Iuga has also translated from German, in particular works by contemporary writers such as Grass, Jelinek, Bernhard, Pastior, Schädlich and Herta Müller. 1993 saw the publication of the first of Iuga's four novels, »Săpunul lui Leopold Bloom« (t: The soap of Leopold Bloom). Following the German translation of her collection of poems »Autobuzul cu cocoşaţi« (2002; t: The bus with the hunchbacks), a collection of selected poems was translated into German in 2007 to admiration and acclaim. In 2001, she published her Berlin diary »Fasanenstrasse 23. O vara la Berlin« (t: Fasanenstraße 23. A Summer in Berlin) in Romanian. In Romania, Iuga has been distinguished with five awards by the Writers' Association, two by the magazine »Cuvîntul« (The Word) and awards from the cities of Slobozia, Satu-Mare and Călăraşi. She was honoured with the Friedrich Gundolf Award for the promotion of German literature. Other awards include a grant from the Akademie Schloss Solitude, the Zuger Kulturstiftung Landis & Gyr and a position as Writer-in-Residence at the Müllerhaus Lenzburg, Switzerland. Iuga lives in Bucharest and is currently a guest of the DAAD Artists-in-Berlin Program in Berlin.

BERLIN
ist eine riesige Schule,
die alle Fächer
umfaßt...

statistik Berlin Brandenburg

Bevölkerung, Haushalte und Familien in Berlin 2009

Ausgewählte Ergebnisse des Mikrozensus

leider
gibt es hier
mehr Professoren
– man kann
Professoren wann-
immer mit Licht
ersetzen –
als Fächer!

Anteil der Einpersonenhaushalte an allen Privathaushalten des Bezirks ...

01 Mitte ¬ 55,7 %
02 Friedrichshain-Kreuzberg ¬ 66,6 %
03 Pankow ¬ 58,9 %
04 Charlottenburg-Wilmersdorf ¬ 59,4 %
05 Spandau ¬ 45,1 %
06 Steglitz-Zehlendorf ¬ 49,3 %
07 Tempelhof-Schöneberg ¬ 51,5 %
08 Neukölln ¬ 52,7 %
09 Treptow-Köpenick ¬ 43,1 %
10 Marzahn-Hellersdorf ¬ 41,1 %
11 Lichtenberg ¬ 49,1 %
12 Reinickendorf ¬ 46,8 %

Nora Iuga

SAYED KASHUA

Sayed Kashua wurde 1975 in Tira in Israel geboren. Ab dem 15. Lebensjahr besuchte er als einer der wenigen arabischen Studenten das Internat der Israelischen Akademie für Kunst und Wissenschaft in Jerusalem. Er absolvierte ein Studium der Philosophie und Soziologie an der Hebräischen Universität in Jerusalem, war als Journalist beim israelischen Magazin »kol ha-ir« angestellt und schreibt gegenwärtig eine satirische Kolumne für die israelische Tageszeitung »Ha'aretz«.
2002 veröffentlichte er auf Hebräisch seinen ersten Roman »Ar avim roqedim« (dt. »Tanzende Araber«, 2002), der mit deutlich autobiografischen Zügen Jugend und Adoleszenz eines begabten israelischen Arabers thematisiert. In tragikomischer Tonlage wird der letztlich scheiternde Versuch einer sprachlichen, sozialen und kulturellen Integration in die Mehrheitsgesellschaft geschildert. Der Protagonist schwankt zwischen Überanpassung und Selbstbehauptung. Damit entlarvt und kritisiert er Stereotypen, Selbst- und Fremdwahrnehmung der arabischen wie der jüdischen Israelis. Diese Vorgehensweise brachte dem Autor von jüdischer Seite Kritik und von arabischer Seite den Vorwurf des Verrats ein.
Der 2005 veröffentlichte Reportageroman »Way-yehi boqer « (dt. »Da ward es Morgen«, 2005) präsentiert einen ähnlichen zwischen den Identitäten angesiedelten Helden. Ein israelischer Araber verliert seinen Job als Redakteur und kehrt mit seiner Familie aus Tel Aviv in seinen Heimatort Tira zurück. Bei seinem Versuch, sich wieder ins Dorfleben zu integrieren, enthüllen sich ihm die Doppelmoral und Verlogenheit der Gesellschaft, die Herrschaft der Clans, Nepotismus und Korruption. Als die israelische Armee das Dorf abriegelt, brechen Chaos und Gesetzlosigkeit aus. Man kämpft um Nahrungsmittel und Wasser, rivalisierende Drogengangs marodieren und palästinensische Schwarzarbeiter werden umstandslos den Israelis ausgeliefert. Schließlich soll das Dorf an die Palästinenser abgetreten werden, damit die Bewohner die Autonomieregierung beim Aufbau eines demokratischen Palästina unterstützen.
Kashua schrieb außerdem das Drehbuch für die preisgekrönte Fernsehserie »Avoda Aravit« (Ü: Arabische Arbeit, was im Hebräischen ein prejorativer Ausdruck für schlechte Arbeit oder »Pfusch« ist). Die zentralen Figuren sind der israelische Araber und Redakteur Amjad, seine Frau Buschra und ihre pfiffige Tochter. Komisch, satirisch, teils auch sarkastisch schildern die Episoden die Versuche Amjads, sich in die aschkenasische Elite Israels zu integrieren. Kontrapunktisch durchbrechen Frau und Tochter seine Überanpassung. Trotz der Zweisprachigkeit und schlechter Sendezeiten erreichte »Avoda Aravit« beachtliche Einschaltquoten im kommerziellen israelischen Fernsehen. Sayed Kashua lebt in Jerusalem.

Tanzende Araber
Berlin Verlag
Berlin, 2002
[Ü: Mirjam Pressler]
Da ward es Morgen
Berlin Verlag
Berlin, 2005
[Ü: Mirjam Pressler]

Sayed Kashua was born in Tira, Israel, in 1975. From the age of fifteen he attended the Israeli Academy for Arts and Sciences in Jerusalem, one of a very small number of Arab students. He graduated in philosophy and sociology from the Hebrew University in Jerusalem, worked as a journalist for the Israeli magazine »kol ha-ir« and now writes a satirical column for the Israeli newspaper »Ha'aretz«.
His first novel »Ar avim roqedim« (t: Dancing Arabs) was published in Hebrew in 2002 and, clearly based on autobiographical material, deals with the adolescence of a gifted Arab-Israeli. One final, doomed attempt at linguistic, social, and cultural integration into society's mainstream is portrayed in a tragicomic tone. The adolescent hero shifts between over-assimilation and the need to prove himself. In this process he reveals and criticises stereotypes and the perceptions of self and others of Arab and Jewish Israelis alike. This approach led both to Arab commentators making accusations of betrayal and unjustified criticisms on the part of Jewish readers. The reportage-style novel »Way-yehi boqer« (2005; t: And It Became Morning), published in 2005, also depicts a hero who is cut adrift between identities. The narrator, an Arab-Israeli, loses his job as an editor and leaves Tel Aviv with his family, returning to his hometown, Tira. While trying to become re-assimilated into village life he becomes aware of society's hypocrisy and deceit, the dominance of the clans, nepotism and corruption. Shortly after his return, the Israeli army cuts the village off from the outside world. Chaos and anarchy break out in the wake of the siege. The villagers fight over food and water, rival drug gangs pillage and loot, and illegal Palestinian labourers are handed over to the Israelis without question. Finally, the village is set to be integrated into the Palestinian territory and the villagers are expected to support the Palestinian authorities in setting up a democratic Palestine.
Kashua wrote the scripts for the 2007-2008 television series »Avoda Aravit« (t: Arab Work; which is, in Hebrew, a pejorative term that implies laziness and lax work ethics). The central characters are Amjad, an Arab-Israeli editor, his wife Buschra and their sharp-witted daughter. The series is comic, satirical and, at times, even sarcastic, showing Amjad's attempts to become integrated into Israel's Ashkenazi elite. His wife and daughter in turn interrupt his over-assimilation. Constant shiftes between the characters' identities call stereotypes on both sides into question. Despite the (subtitled) bilingual script and disadvantageous broadcasting times, »Avoda Aravit« has achieved remarkably high ratings on commercial television in Israel. Sayed Kashua lives in Jerusalem.

OTTO DE KAT

Otto de Kat wurde 1946 unter dem bürgerlichen Namen Jan Geurt Gaarlandt in Rotterdam geboren. Er studierte Theologie und Niederländische Literatur an der Universität von Leiden und arbeitete anschließend als Literaturkritiker für die Zeitungen »De Volkskrant« und »Vrij Nederland« sowie als Verleger. 1986 gründete er den Verlag Balans, bei dem Sachbücher aus den Bereichen Politik, Geschichte, Psychologie und Religion sowie Biografien und Memoiren erscheinen.
22 Jahre nach seinem literarischen Debüt mit dem Gedichtband »Het ironisch handvest« (1976; Ü: Die ironische Charta) veröffentlichte er unter dem Pseudonym Otto de Kat seinen ersten Roman, »Man in de verte« (1998; dt. »Mann in der Ferne«, 2003). Auf knapp hundert Seiten entsteht das Porträt eines Einzelgängers, der sein Leben lang unterwegs war und immer mehr in der Vergangenheit ankommt. Im Mittelpunkt seines verzweigten Erinnerungsnetzes, das de Kat filmartig aus Sequenzen in New York, Zürich, Budapest, Den Haag, Cambridge und Tel Aviv montiert, steht der Vater – eine distanzierte, kraftvolle und liebenswerte Figur, auf die der Sohn mit Passivität und Wehmut reagiert. Um kostbare Augenblicke in der Gegenwart des Vaters herum zeigt sich das unerfüllte Leben eines Mannes, der den Verlust des besten Freundes und einer Liebe erfährt und die Gelegenheit einer neuen Liebe verstreichen lässt. Mit intensiven Bildern und klarem, lakonischem Erzählduktus – einer »schwebenden Poetik des Unterwegsseins«, wie sie der Kritiker Christoph Schröder nannte – schafft de Kat eine hypnotisierende, schmerzlich schöne Atmosphäre nostalgischer Unruhe.
Auch die nächsten beiden Werke de Kats variieren die Uneinholbarkeit der Vergangenheit. Der mit dem Halewijn-Literaturpreis ausgezeichnete Roman »De inscheper« (2004; dt. »Sehnsucht nach Kapstadt«, 2006) erzählt von einem Mann, der ständig zu neuen Ufern aufbricht. Doch seine Suche nach einem eigenen Leben bleibt eine Flucht vor seiner als unerträglich eng empfundenen Herkunft. Er gelangt nach Südafrika und in den Fernen Osten, wo er in Niederländisch-Indien in japanische Kriegsgefangenschaft gerät und in Nagasaki den Atombombenabwurf überlebt – während das wahre Leben immer bei den anderen zu sein scheint, die ihn verlassen oder die er verlässt.
De Kats dritter Roman, »Julia« (2008), spielt erneut zur Zeit des Zweiten Weltkriegs. Der musische Sohn eines Fabrikbesitzers soll in Lübeck das Arbeitsleben kennenlernen, bevor er das Werk des Vaters übernimmt. Er verliebt sich in eine Frau, die er nach den Novemberpogromen in unsicherer Lage zurücklässt, als er auf ihren Rat hin nach Holland heimkehrt. Das Leben, das er damit aufgibt, überschattet und zerstört seine ganze spätere Existenz. »Julia« erscheint 2010 auch in Deutschland. De Kats Werke wurden außerdem ins Französische und Englische übertragen. Der Autor gab kürzlich die Leitung seines Verlages ab. Er lebt in Amsterdam.

Het ironisch handvest
Van Oorschot
Amsterdam, 1976
Mann in der Ferne
Suhrkamp
Frankfurt/Main, 2003
[Ü: Andreas Ecke]
Sehnsucht nach Kapstadt
Suhrkamp
Frankfurt/Main, 2006
[Ü: Andreas Ecke]
Julia
Van Oorschot
Amsterdam, 2008

Otto de Kat was born under the name Jan Geurt Gaarlandt in Rotterdam in 1946. He studied theology and Dutch literature at the University of Leiden. Subsequently, he worked as a literary critic for the newspapers »de Volkskrant« and »Vrij Nederland« and as a publisher. In 1986, he founded Balans publishing company, which produces non-fiction books on politics, history, psychology and religion as well as biographies and memoirs.
Twenty-two years after he made his literary début with the poetry collection »Het ironisch handvest« (1976; t: The ironic charter), he published his first novel, »Man in de verte« (1998; Eng. »The Figure in the Distance«, 2002) under the pseudonym Otto de Kat. Out of just under one hundred pages, the portrait of a solitary rambler emerges, a man who has spent his whole life on the move but can never seem to escape his past. De Kat presents the protagonist's memories in a form reminiscent of cinematic montage, with sequences in New York, Zurich, Budapest, The Hague, Cambridge, and Tel Aviv. In the centre of this convoluted web stands the protagonist's father, a distant, powerful and amiable figure who inspires passivity and melancholy in his son. Set against precious moments in the father's presence, an unfulfilled life is revealed in which the son endures the loss of his best friend and lets the opportunity for a great love pass by. With intense imagery and clear, laconic prose – the »suspended poetics of the journey,« as critic Christoph Schröder once described it – de Kat creates a hypnotising, painfully beautiful atmosphere of nostalgic restlessness.
De Kat's next two works also deal with the past and its being out of reach. »De inscheper« (2004; Eng. »Man on the Move«, 2009), which was awarded the Halewijn Literature Prize, tells the story of a man always breaking for new shores. Yet his search for a new life is merely an escape from his old one, which he found unbearably restrictive. His travels take him to South Africa and the Far East, where he lands in a Japanese labour camp and to Nagasaki, where he survives the atomic bomb attack – all the while real life seems to happen to other people, who abandon him or whom he abandons.
De Kat's third novel, »Julia« (2008), is also set during World War Two. The artistic son of a factory owner is supposed to go to Lübeck and learn the ways of the working world before he takes over his father's factory. He falls in love with a woman there but, after the November 1938 pogroms, abandons her to face her uncertain fate alone, following her advice and returning to Holland. From that point on, his entire existence is overshadowed and disturbed by the life he left behind. »Julia« will be published in Germany in 2010. De Kat's works have been translated into French and English as well. Recently, the author resigned the leadership of his publishing company. He lives in Amsterdam.

JONAS HASSEN KHEMIRI

Jonas Hassen Khemiri wurde 1978 in Stockholm geboren. Der Sohn eines tunesischen Vaters und einer schwedischen Mutter wuchs mit drei Sprachen auf: neben Schwedisch auch Arabisch und Französisch. Er studierte Wirtschaftswissenschaften und Literaturwissenschaft in Stockholm. Ein Studienaufenthalt führte ihn nach Paris und ein Praktikum bei den Vereinten Nationen nach New York. 2003 veröffentlichte er seinen ersten Roman »Ett öga rött« (dt. »Das Kamel ohne Höcker«, 2006), der mit dem Borås Tidnings debutantpris ausgezeichnet wurde und 2004 das meistverkaufte Taschenbuch des Landes war. 2007 kam die Verfilmung von Daniel Wallentin in die Kinos.

»Das Kamel ohne Höcker« beschreibt die Identitätssuche eines Jugendlichen, der sich seiner nordafrikanischen Herkunft wegen in Schweden nicht willkommen fühlt und sich in der Rolle des Außenseiters einrichtet. In seinem Tagebuch erzählt er in einer Zwittersprache von seinen Selbstbehauptungsversuchen. Obwohl er des Schwedischen mächtig ist, imitiert er den drastischen und ungelenken Jargon der Migranten, erweitert ihn jedoch um Wortschöpfungen und innovative Satzstellungen.

Auf diese Weise kultiviert er seine hybride Identität – während er jedes Zeichen von Assimilierung als »Schwedisierung« verunglimpft und seine arabischen Wurzeln romantisiert. Das Buch mache »Innenräume sichtbar«, so Barbara Wahlster im Deutschlandradio, »die im Gerede über Parallelgesellschaften oder Machotum muslimischer Jugendlicher einfach untergehen, indem es den schwierigen und verrückten, manchmal verzweifelten und komischen Versuch, einen eigenen Platz in der Welt zu finden, ernst nimmt«.

Khemiris zweiter Roman »Montecore, en unik tiger« (2006; dt. »Montecore, ein Tiger auf zwei Beinen«, 2007) kontrastiert ebenfalls das unreife Ideal einer homogenen Identität mit einer Realität der zahlreichen Facetten von Anpassung und Außenseitertum, Selbstverleugnung und Selbstbewusstsein, Mut und Unsicherheit. In der Korrespondenz zwischen dem Sohn eines ausgewanderten Nordafrikaners und dessen Freund entsteht ein komplexes, kontrastreiches Bild des Vaters – während im Dialog die Jugendsprache des Sohnes auf eine blumige Mischung aus Schwedisch, Arabisch und Französisch trifft, derer sich der Freund bedient.

Im Auftrag des Stockholmer Stadttheaters verfasste Khemiri das Stück »Invasion!« Darin zeigen sich humorvoll wie auch drastisch die Beiläufigkeit, mit der Fremdheit konstruiert und perpetuiert wird, sowie die Schwierigkeit, über diese Grenze hinweg zu kommunizieren. 2006 uraufgeführt, war das Stück zwei Spielzeiten lang ausverkauft und wurde auch in Frankreich, Großbritannien, Norwegen und Deutschland gespielt. 2008 erschien es unter dem gleichnamigen Titel zusammen mit einem weiteren Drama, Kurzgeschichten und Kommentaren. Khemiris Werke wurden in neun Sprachen übersetzt. Zu seinen Auszeichnungen gehören der P. O. Enquist Pris, der Roman- sowie der Kurzgeschichtenpreis des schwedischen Radios sowie ein Stipendiatsaufenthalt am Royal Court in London. Der Autor lebt zurzeit als Gast des Berliner Künstlerprogramms des DAAD in Berlin.

Montecore,
ein Tiger auf zwei Beinen
Piper
München, 2007
[Ü: Susanne Dahmann]
Das Kamel ohne Höcker
Piper
München, 2007
[Ü: Susanne Dahmann]
www.khemiri.se

Jonas Hassen Khemiri was born in Stockholm in 1978. The son of a Tunisian father and Swedish mother grew up speaking three languages; Swedish, Arabic and French. He studied International Economics and Literature in Stockholm.

He travelled to Paris on a study visit and New York for an internship at the UN. His first novel »Ett öga rött« (t: »One Eye Red«, 2007) was published in 2003. This work was awarded the Borås Tidnings Prize for Best Literary Début and became the best selling paperback in the country in 2004. The film adaptation, directed by Daniel Wallentin, was released in 2007.

»Ett öga rött« describes a teenager's search for identity. He feels unwelcome in Sweden due to his North-African heritage and establishes himself as an outsider. In his diary he writes – in a hybrid language – about his attempts at self-assertion. Although he has a good command of Swedish, he imitates the radical and awkward slang used by migrants but expands it through innovative vocabulary and word order. He thus creates his own hybrid identity, whilst disparaging all signs of assimilation as »Swedishisation« and romanticising his Arab roots. According to Barbara Wahlster at Deutschlandradio, the book makes the »inner realms visible ... as the sometimes difficult and nonsensical, sometimes desperate and comical search to find one's own place in the world is taken seriously, something which is easily lost in idle talk about parallel societies or the masculinity of Muslim youths.«

Khemiri's second novel »Montecore – a unique tiger« (2006) positions the traditional ideal of homogenous identity against a reality that consists of numerous facets of living as conformist and outsider, of self-denial and self-assurance, courage and uncertainty. A complex and contrasting image of a North-African immigrant is developed through the correspondence between his son and his friend – whilst in this dialogue the youth slang and the correct Swedish of the son come up against the flowery mix of Swedish, Arabic and French used by the friend.

At the request of the Stockholm City Theatre Khemiri wrote the play »Invasion!«. The arbitrariness with which foreignness is construed and perpetuated is shown both humorously and dramatically, alongside a portrayal of the difficulties of communicating across this barrier. Following its premiere in 2006, the play was sold out for two seasons and subsequently staged in France, Britain, Norway and Germany. In 2008 it was published under the same title alongside a further play, short stories and commentaries.

Khemiri's works have been translated into nine languages. The awards he has received include the P.O. Enquist Prize, Swedish Radio's Prize for Best Novel and for Best Short Story, in addition to a residency at Royal Court in London. Currently the author lives in Berlin as a guest of the DAAD Artists-in-Berlin Program.

HELMUT KRAUSSER

Helmut Krausser wurde 1964 in Esslingen geboren und wuchs in München auf. Nach dem Abitur arbeitete er u.a. als Nachtwächter, Zeitungswerber und Journalist, lebte ein halbes Jahr auf der Straße und studierte mehrere Semester Archäologie, Theaterwissenschaft und Kunstgeschichte. Zudem sang er in der Rockband »Genie und Handwerk«. Als Sprecher einer experimentellen Kultursendung im Bayerischen Rundfunk konnte er eigene Texte präsentieren, die später in dem Erzählband »Spielgeld« (1990) veröffentlicht wurden: Porträts antibürgerlicher Bildungsbürger mit pathologischen Zügen, deren Wahn auf die Wirklichkeit übergreift. Zu dieser Spezies gehört auch der Held von Kraussers »Hagen-Trinker-Romantrilogie«, deren letzter Teil, »Fette Welt« (1992), mit Jürgen Vogel verfilmt wurde. Frühe Bekanntheit brachte Krausser auch sein opulentes Werk »Melodien« (1993), die Beschreibung einer fanatischen Suche nach jahrhundertealten Zaubersprüchen in Musikform.

Mit zahlreichen weiteren Romanen und Erzählungen, mit Lyrikbänden, Theater- und Hörstücken sowie einem Tagebuch-Projekt und einem Libretto hat sich Krausser seither einen festen Platz in der deutschen Literatur der Gegenwart erobert. In gewisser Regelmäßigkeit polarisiert er die Feuilletons mit seinen Texten, die sich in die Tradition der deutschen Romantik und kraftvoller Schriftstellerpersönlichkeiten wie Knut Hamsun, Ernst Jünger und Charles Bukowski stellen lassen. Mit wilder Freude mischen sich darin Pathos und Ironie, Klischee und Nuance, Slapstick und Horror, Zartheit und Vulgarität. Feine bis derbe Spiele mit der Sprache sowie Alltagsjargon brechen beständig den glatt polierten Erzählfluss auf. Die vieldeutige, komplexe und oft bildungsgesättigte Handlung ist immer unterhaltsam und spannend. Die Erzählweise nähert sich von Fall zu Fall dem Sujet und Genre an – wobei Liebe, Tod und Wahn die konstanten Themen bilden. Das monumentale Buch »Thanatos« (1996) erzählt von einem sonderbaren Romantikforscher und Fälscher, der nach seiner Entlassung zu Tante und Onkel zieht, deren Sohn ermordet und seine Stelle einzunehmen beginnt. Komplementär dazu schildert »Eros« (2006) eine obsessive Liebe. Fünfzig Jahre lang begleitet ein adliger Industrieller die Frau seines Lebens über eine Armee von Mittelsmännern und bleibt dabei unerkannt im Hintergrund, während sie zur Terroristin wird und untertaucht. »Lederfresse« (1993), das erste von Kraussers Theaterstücken, zählt zu den meistgespielten zeitgenössischen deutschen Bühnenwerken. Die Tagebücher »Mai« (1992) bis »April« (2004) widmen sich jeweils einem Monat des Schriftstellerlebens. 2009 veröffentlichte Krausser schließlich »Einsamkeit und Sex und Mitleid«, eine furiose Farce über Paarbeziehungen. Im selben Jahr erschien eine Auswahl aus seinen bislang drei Gedichtbänden unter dem Titel »Auf weißen Wüsten«.

Zu Kraussers Auszeichnungen gehören der Tukan-Preis und der für das beste europäische Hörspiel. Der Autor war Stipendiat der Villa Massimo in Rom und Poetikdozent an der Ludwig-Maximilians-Universität in München. Er lebt in Potsdam.

Spielgeld
Kirchheim
München, 1990
Melodien oder Nachträge zum quecksilbernen Zeitalter
List
München, 1993
Lederfresse
Fischer
Frankfurt am Main, 2003
Thanatos
Luchterhand
München, 1996
Eros
DuMont
Köln, 2006
Einsamkeit und Sex und Mitleid
Jumbo Neue Medien
Hamburg, 2009

Helmut Krausser was born in 1964 in Esslingen and grew up in Munich. After finishing his A-levels, he worked in various jobs – as a night watchman, newspaper salesman and journalist, lived on the street for six months and studied several terms of archaeology, theatre studies, and art history. Additionally, he sang in the rock band, »Genie und Handwerk« (Genius and Craft). As the host of an experimental culture programme for Bavarian radio, he was able to present his own texts, which were later published in the collection, »Spielgeld« (1990; t: Play money). The texts portray anti-establishment intellectuals with pathological tendencies for whom delusion and reality merge. We encounter this peculiar breed again in the hero of Krausser's »Hagen Trinker Trilogy«, the last instalment of which, »Fette Welt« (1992; t: Fat world) was made into a film starring Jürgen Vogel. Krausser achieved early fame through »Melodien« (1993; t: Melodies), an voluminous work describing a fanatical quest for centuries-old musical spells.

Through numerous further novels and narratives, as well as poetry collections, dramas and radio scripts, Krausser has established himself as a significant figure in contemporary German literature. He regularly polarises critics, placing himself in the tradition of German romanticism and among such powerful literary figures as Knut Hamsun, Ernst Jünger and Charles Bukowski. His works happily mix pathos and irony, cliché and nuance, slapstick and horror, tenderness and vulgarity. Word plays, both high-minded and vulgar, as well as everyday slang consistently break through the well-polished surface of his texts. His complex, enigmatic and often allusive writing never fails to entertain and enthrall. His way of telling a story varies according to subject and genre – although love, death and delusion are constant themes. The monumental novel »Thanatos« (1996) tells the story of a researcher into Romanticism and forger of handwriting, who moves in with his aunt and uncle after being dismissed from his job, kills their son and begins to take his place. A complementary work, »Eros« (2006) portrays obsessive love. For fifty years, an aristocratic industrialist follows and protects the love of his life using an army of middlemen, never revealing his presence, as she becomes a terrorist and later goes into hiding. »Lederfresse« (1993; Eng. »Leatherface«, 1996), the first of Krausser's plays, counts among Germany's most often performed contemporary dramas. The diaries »Tagebücher Mai 1992 bis April 2004« (t: Diaries May 1992 to April 2004) each record one month in the author's life in those years. In 2009, Krausser published »Einsamkeit und Sex und Mitleid« (t: Solitude and Sex and Sympathy), a furious farce on relationships. In the same year, a selection of poems from his three collections was published entitled »Auf weißen Wüsten« (t: On white deserts). Krausser's awards include the Tukan Prize and the Prix Italia for the best European radio play. He has been a fellow at Villa Massimo in Rome and taught poetry at Ludwig Maximilian University in Munich. He lives in Potsdam.

WOJCIECH KUCZOK

Wojciech Kuczok wurde 1972 im polnischen Chorzów geboren. Er studierte an der Schlesischen Universität im nahen Katowice und arbeitete für die Wochenzeitung »Tygodnik Powszechny« sowie für die Monatsschriften »Res Publica Nowa« und »Kino«. Zudem schrieb er Lyrik und Prosastücke.
Sein Erzählband »Opowieści słychane« (1999; Ü: Erhörte Erzählungen) wurde für den wichtigsten polnischen Literaturpreis NIKE nominiert. Diese Auszeichnung erhielt er vier Jahre später für seinen ersten Roman, »Gnój« (2003; dt. »Dreckskerl«, 2007). In Polen wurde das Werk über 100.000 Mal verkauft und provozierte teilweise entrüstete Reaktionen. Die drastische Schilderung der oberschlesischen Familie K. zeigt einen trostlosen Teufelskreis aus Engstirnigkeit, Freudlosigkeit und Brutalität auf. Im ersten Teil, »Damals«, zeichnet der Autor eine Art Vorgeschichte aus einer unbestimmten Erzählerperspektive, bevor im Teil »Dann« ein Ich-Erzähler sichtbar wird: Er berichtet von seiner Kindheit als einer einzigen Demütigung – insbesondere durch den prügelnden Vater, den »alten K.«. Im letzten Teil, »Danach«, ist der Protagonist zerstört und nur noch zu einer Rachefantasie fähig, in der das Haus mit den verhassten Familienmitgliedern von Jauche überschwemmt wird und zusammenstürzt.
In konzisen Beschreibungen, eindrücklichen Bildern und stimmigen Dialogen entwirft Kuczok Episoden, die Ernst und Witz, Spott und Melancholie, Tragik und Komik, Distanz und Einfühlung, Deutlichkeit und Vieldeutigkeit miteinander verbinden. Der Autor gilt als herausragender Stilist und besticht auch durch den feinen musikalischen Textaufbau. Sein Werk wird oft in die Nähe von Witold Gombrowicz gerückt. Realistische Schilderungen übersteigern sich ins Groteske, Surreale und eröffnen den Raum für beißende existenzielle Kritik.
An der Verfilmung des Romans beteiligte sich Kuczok als Drehbuchautor. Eine halbe Million Zuschauer in Polen sahen den Film »Pręgi« (Striemen), der mit dem Hauptpreis des Polnischen Filmfestivals Gdynia ausgezeichnet und als bester ausländischer Film für den Oscar nominiert wurde.
Kuczoks Erzählband »Widmokrąg« (2004; dt. »Im Kreis der Gespenster«, 2006) skizziert in fünf Erzählungen und vier als »Interludien« bezeichneten Kürzestgeschichten die unheimlichen Seiten der Liebe. Deutliche Kritik an Bigotterie und Nationalismus in seinem Heimatland übte der Autor im Essay »Bemerkungen über den katholischen Nationalismus«, der 2007 in der Zeitschrift »Sprache im technischen Zeitalter« erschien. Zuletzt veröffentlichte er »To piekielne kino« (2006; dt. »Höllisches Kino«, 2008), eine Sammlung von 15 Aufsätzen über Skandalfilme von Regisseuren wie Pasolini, Haneke, von Trier und Greenaway. Darin verteidigt Kuczok die gezeigten Grenzüberschreitungen und Tabubrüche in den Bereichen Tod, Sexualität und Gewalt mit einer deutlichen Kritik an der Seichtheit des »Popkinos«. Kuczok lebt in Krakow und Chorzów. Er lebt zurzeit als Gast des Berliner Künstlerprogramms des DAAD in Berlin.

Opowieści słychane
Zielona Sowa
Kraków, 1999
Im Kreis der Gespenster
Suhrkamp
Frankfurt/Main, 2006
[Ü: Friedrich Griese]
Dreckskerl
Suhrkamp
Frankfurt/Main, 2007
[Ü: Gabriele Leupold, Dorota Stroinska]
Höllisches Kino
Suhrkamp
Frankfurt/Main, 2008
[Ü: Gabriele Leupold, Dorota Stroinska]
Senność
W.A.B.
Warschau, 2008
Moje projekcje. Lęki i pragnienia widza kinowego
W.A.B.
Warschau, 2009

Wojciech Kuczok was born in the Polish city of Chorzów in 1972. He studied at the University of Silesia in nearby Katowice and worked for the weekly newspaper »Tygodnik Powszechny« and the monthly publications »Res Publica Nowa« and »Kino«. He also wrote poetry and prose. His collection of stories »Opowieści slychane« (1999; t: Heard-of stories) was nominated for the most prestigious Polish literature prize, »Nike«. He was awarded this accolade four years later for his first novel »Gnój« (2003; Eng. »Muck«, 2007), which sold over 100,000 copies in Poland and provoked outrage in some readers. The drastic depiction of family K. from Upper Silesia highlights a bleak vicious circle of bigotry, joylessness and brutality. In the first section, the author recounts a prequel in an undefined narrative voice, after which a first person narrator becomes apparent in the following section. He describes his childhood solely in terms of humiliation, particularly because of his father, »old K.«, who often beats him. In the final section the protagonist feels utterly destroyed and tells of his fantasy of revenge, in which the house is flooded with slurry and collapses with the hated family members inside.
Through concise descriptions, impressive images and coherent dialogue, Kuczok creates episodes which combine seriousness and humour, mockery and melancholy, tragedy and comedy, distance and empathy, explicitness and ambiguity. The author is considered an outstanding stylist and captivates the reader with subtle and musical text construction. His novel is often compared to the works of Witold Gombrowicz. Realistic portrayals traverse into the grotesque and surreal and establish scope for biting, existential critique.
Kuczok wrote the screenplay for the film adaptation of the novel. Half a million people in Poland went to see »Pręgi« (t: Striae), which was awarded first prize at the Polish Film Festival in Gdynia and nominated for an Oscar for Best Foreign Film. Kuczok's story collection entitled »Widmokrąg« (2004; t: In the sphere of ghosts) was translated into German in 2006. The sinister side of love is presented in five short stories and four even shorter stories described as »interludes«. The author exercised a lucid critique of bigotry and nationalism in his native country in the essay »Observations on Catholic Nationalism«, which was published in the newspaper »Sprache im technischen Zeitalter« in 2007. Most recently he published »To piekielne kino« (2006; t: Hellish Cinema), a collection of fifteen essays about scandalous films by directors such as Pasolini, Haneke, von Trier and Greenaway. Kuczok defends the transgression of boundaries and breaking of taboos in the areas of death, sexuality and violence with an articulate cultural critique of the shallowness of »Popcinema«. The author lives in Krakow and Chorzów. Presently he lives in Berlin as a guest of the DAAD Artists-in-Berlin Program.

Berlin

Ich sitze in den Bars des Hotels Adlon, des Restaurants Horcher, des Hotels Kessel. Ich gehe durch die Fasanenstrasse, nehme die U-Bahn nach Dahlem, wo man vor nicht allzu langer Zeit noch Martin Niemöller hören konnte, suche im Keller von Freddie und Lally Horstmann am Steinplatz Schutz vor den Bombenangriffen. Ich lese die Tagebücher von Ulrich von Hassell, von Missie Wassiltschikow, die letzte Briefe Helmuth James von Moltke, die Autobiographie von Ruth Andreas-Friedrich, die hinterlassenen Papiere Ludwig Becks, die Biographie Hans Osters, die Erinnerungen Christabel Bielenbergs, die Erzählungen Adam von Trotts. Sie alle wohnen hier und begegnen sich ab und zu; es gibt noch Gerechte in dieser Stadt, die immer noch Berlin heisst und nicht Gomorrha.

Es ist Juni 1941. Die Sonne strahlt über Berlin. Ich bin da. Und schreibe.

Otto de Kat, juni 2009

HANIF KUREISHI

Hanif Kureishi wurde 1954 im Londoner Vorort Bromley geboren. Als Sohn einer Engländerin und eines pakistanischen Einwanderers wuchs er in einem kulturellen Zwischenraum auf, in dem auch einige Helden seiner Geschichten angesiedelt sind. Kureishi begann schon als Teenager Romane zu schreiben, war aber nach Abschluss seines Philosophiestudiums zunächst als Dramatiker am Royal Court Theatre in London und als Drehbuchautor erfolgreich.
International bekannt wurde Kureishi 1985 durch sein für den Oscar nominiertes Drehbuch für Stephen Frears Film »My Beautiful Laundrette« (dt. »Mein wunderbarer Waschsalon«, 1991 bei Droemer Knaur). Der Film erzählt die Geschichte eines jungen, erfolgshungrigen Pakistaners, der mit seinem weißen Freund einen Waschsalon eröffnet – im Großbritannien Margaret Thatchers eine ebenso unerhörte wie erfolgreiche Kampfansage an Rassenhass und Homophobie.
»The Buddha of Suburbia« (1990; dt. »Der Buddha aus der Vorstadt«, 1990), Kureishis erster Roman, erhielt in Großbritannien den renommierten Whitbread Book Award. Er schildert satirisch das Erwachsenwerden des bisexuellen »Englishman« Karim Amir zwischen Yoga und Punk im London der wilden 1970er Jahre. Dabei ist es vor allem der scharfe Blick für die schillernden, in ihrer Banalität zuweilen absurden Facetten des modernen Lebens, der die Geschichten Kureishis auszeichnet. Den späteren Werken ist der melancholische Ton des einstigen Rebellen gemeinsam, der zunehmend auch über die Schwierigkeiten des Älterwerdens nachdenkt, u.a. in der Prosasammlung »The Body« (2002; dt. »In fremder Haut«, 2003): Erzählt wird die – fast schon mörderische – Geschichte eines alternden Schriftstellers, der sein Gehirn in den Körper eines Jünglings versetzen lässt und darüber seine Identität verliert. Oder in seinem jüngsten Roman »Something to Tell You« (2008; dt. »Das sag ich dir«, 2008) in dem ein britisch-pakistanischer Psychoanalytiker in die Midlife-Crisis gerät. »The Word and the Bomb« (2005; Ü: Die Welt und die Bombe) ist eine Sammlung alter und neuer Stücke und Essays zum Konfliktpotenzial zwischen europäischen Werten und islamischem Fundamentalismus.
Immer wieder zieht es den Schriftsteller, der 1991 bei »London Kills Me« (dt. »London schafft alle«) selbst Regie führte, auch zur Leinwand. »Intimacy«, ein Film des Franzosen Patrice Chéreau nach Geschichten Kureishis, gewann den Goldenen Bären bei den Berliner Filmfestspielen 2001. Der Film »The Mother« (2003), der auf seinem gleichnamigen Theaterstück basiert, wurde im Rahmen der »Quinzaine des Réalisateurs« in Cannes gezeigt. 2009 wurde Kureishi in die Wettbewerbsjury der 62. Internationalen Filmfestspiele von Cannes berufen.
Hanif Kureishi lebt in London.

Mein wunderbarer Waschsalon
Droemer Knaur
München, 1991
[Ü: Dinka Mrkowatschki]
Das schwarze Album
Droemer Knaur
München, 1997
[Ü: Bernhard Robben]
Der Buddha aus der Vorstadt
Droemer Knaur
München, 2001
[Ü: Bernhard Robben]
In fremder Haut
Kindler
Berlin, 2003
[Ü: Leonie von Reppert-Bismarck, Thomas Rütten]
The Mother
Faber and Faber
London, 2003
Das sag ich dir
S. Fischer
Frankfurt/M, 2008
[Ü: Henning Ahrens]
www.hanifkureishi.com

Hanif Kureishi was born in the London suburb of Bromley, United Kingdom, in 1954. His mother was English, his father a Pakistani immigrant. He grew up belonging to no fixed cultural group, as is also the case for some of the heroes in his stories. Kureishi had already started to write novels as a teenager, but after graduating with a degree in philosophy, his initial success came as a dramatist at the Royal Court Theatre in London and as a scriptwriter.
It was, however, his Oscar-nominated script for Stephan Frears' film »My Beautiful Laundrette« that brought him international recognition. The film tells the story of a young Pakistani, who, hungry for success, opens a lucrative laundrette with a white partner – a venture that, in Margaret Thatcher's Britain, is as unheard of as it is successful, a declaration of war against racial hatred and homophobia. Kureishi's first novel »The Buddha of Suburbia« (1990) was awarded the renowned UK Whitbread Award in 1990. The novel is a satirical description of how the bisexual »Englishman« Karim Amir grows up between yoga and punk in London in the wild 70's. His second novel »The Black Album« (1995) again focuses on a young Pakistani who is drawn into the conflict between pop culture and Islamic fundamentalism – a subject that is still topical. Kureishi's stories are in particular characterised by his keen eye for everything that is enigmatic in modern life, including details that are at times absurd in their banality. The writer continues to be drawn to the big screen and he has even directed a film – the 1991 »London Kills Me«. »Intimacy«, a film by the French director Patrice Chéreau, is based on a short novel and stories by Kureishi and won the Golden Bear at the Berlin Film Festival in 2001. His film »The Mother« – for which he also wrote the script – is based on his eponymous play. It was shown as part of Directors' Fortnight at the Film Festival in Cannes in 2003. He was a member, in 2009, of the feature film jury for the 62nd international Cannes film festival.
Common to his later works is the melancholy tone of former rebels as they increasingly reflect on the difficulties of growing older, an issue that is again explored in his most recent collection of prose. »The Body« (2002) tells the somewhat macabre story of an ageing writer who ends up losing his identity after having his brain transplanted into the body of a young man. »The Word and the Bomb« (2005) is a collection of old and new pieces that deal with the conflict between European values and Islamic fundamentalism. In his latest novel, »Something to tell you« (2008) a British-Pakistani psychoanalyst faces a mid-life crisis. Hanif Kureishi lives in London.

LUIS LEANTE

Luis Leante wurde 1963 in Caravaca de la Cruz westlich der spanischen Stadt Murcia geboren. In Murcia studierte er Klassische Philologie. Bereits 1983 veröffentlichte er sein erstes Buch und ist seither immer wieder als Schriftsteller in Erscheinung getreten. Dabei verfasste er so verschiedene Werke wie Erzählungen und Romane, Theaterstücke und Gedichte oder auch Drehbücher für Kinofilme. Daneben hat er seine akademische Laufbahn als Altphilologe ebenfalls weiterverfolgt und ist mittlerweile Professor für Latein.
Mit seinem Debütwerk »Camino del jueves rojo« (1983; Ü: Der Weg des roten Donnerstags), einer Novelle über seinen Heimatort Caravaca in den Wirren nach dem spanischen Bürgerkrieg, gelang Leante bereits ein erster Achtungserfolg. Das Buch wurde mit dem Premio Albacara de Novela Corta ausgezeichnet. Danach verfasste er zunächst weitere Novellen und Kurzgeschichten, die in den Sammelbänden »El último viaje de Efraín y otros relatos« (1987; Ü: Ephraims letzte Reise und andere Geschichten) und »El criador de canarios« (1996; Ü: Der Kanarienvogelzüchter) erschienen und die Themen wie die Vereinsamung des modernen Menschen oder die Angst vor dem Tod behandeln. Mit seinem ersten Roman »Paisaje con río y Baracoa de fondo« (1997; Ü: Landschaft mit Fluss und Baracoa im Hintergrund), der Geschichte eines kubanischen Malers, der nach Jahren im Exil zur Stätte seiner Kindheit zurückkehrt, greift der Autor den Existenzialismus erneut auf und verknüpft ihn mit einem Magischen Realismus ähnlich dem von Miguel Ángel Asturias oder Salman Rushdie. Der Maler nimmt den stark veränderten Heimatort so wahr, als wäre er noch (oder wieder) das Kind, das hier aufwuchs. In weiteren Werken des Autors geht die thematische Bandbreite von Historischem aus der Zeit Julius Cäsars, dem späten Mittelalter oder der spanischen Nachkriegszeit bis hin zu Humoristischem und Liebesgeschichten. Der internationale Durchbruch gelang Leante mit seinem Roman »Mira si yo te querré« (2007; dt. »Liebst du mich«, 2009). In einer Liebesgeschichte entführt der Autor den Leser in die Kolonie Spanisch-Sahara der Franco-Ära und in das danach von Marokko besetzte Gebiet. Das historisch fundierte Werk, das gekonnt zwischen verschiedenen Zeit- und Erzählebenen hin und her springt, erinnert in Machart und Thema an Michael Ondaatjes »Der englische Patient«. Dennoch ist Leante eine eigene, atmosphärisch dicht erzählte Geschichte gelungen, die ein vergessenes Kapitel der spanischen Geschichte ans Licht bringt.
Der Autor erhielt eine Vielzahl spanischer Literaturauszeichnungen, darunter den renommierten Premio Alfaguara de Novela und den Premio Mandarache. Luis Leante lebt und arbeitet in Alicante.

Camino del jueves rojo
Instituto Municipal de Cultura
Caravaca, 1983
El último viaje de Efraín y otros relatos
Editora Regional de Murcia
Murcia, 1987
Paisaje con río y Baracoa de fondo
Editorial Aguaclara
Alicante, 1997
Academia Europa
Editorial Prames
Zaragoza, 2003
Liebst Du mich
S. Fischer
Frankfurt am Main, 2009
[Ü: Lisa Grüneisen]
La Luna roja
Edition Alfaguara
Madrid, 2009

Luis Leante was born in Caravaca de la Cruz, west of the Spanish city Murcia, in 1963. He studied classical philology in Murcia. He published his first book in 1983 and has been a professional writer ever since. As such, he has written works in many different genres, including short stories, novels, plays, poems and even screenplays. In addition, he has continued his academic career and is now a professor of Latin.
He was able to achieve critical acclaim with his début work, »Camino del jueves rojo« (1983; t: The path of red Thursday), a novella about the turmoil in his home town Caravaca after the Spanish Civil War. The book was awarded the Premio Albacara de Novela Corta. He then continued writing novellas and short stories, published in the collections »El último viaje de Efraín y otros relatos« (1987; t: Ephraim's last trip and other stories) and »El criador de canarios« (1996; t: The canary breeder). In terms of style, these are usually existentialist narratives that deal with themes such as the isolation of modern human beings and the fear of death. In his first full-length novel, »Paisaje con río y Baracoa de Fondo« (1997; t: Landscape with river and Baracoa in the background), the author tackles existentialism once again, but links it to magical realism in the manner of Miguel Ángel Asturias or Salman Rushdie. It is the story of a Cuban painter who, after years in exile, returns to the home town of his childhood. Rather than perceiving the bleak changes that have taken place, he sees everything as if he is still (or once again) the child who grew up there long ago. The author's further works cover a wide spectrum of themes, from the historical – the reign of Julius Caesar, the late Middle Ages, or post-war Spain – to the humorous, even love stories. He achieved his international breakthrough with the novel »Mira si yo te querré« (2007; Engl. »See How Much I Love You«, 2009). In this love story, the author takes the reader off to the Franco-era Spanish Sahara and the area then occupied by Morocco. This dense, historical novel, which springs back and forth between timelines and narrators, is reminiscent of Michael Ondaatje's »The English Patient« both in terms of form and content. Yet Leante's novel is wholly his own – an extremely atmospheric tale of an often neglected period in Spanish history.
The author has received many Spanish literary prizes. Recent awards include the prestigious Premio Alfaguara de Novela and the Premio Mandarache. Luis Leante lives and works in Alicante.

SIEGFRIED LENZ

Siegfried Lenz wurde 1926 in der Kleinstadt Lyck in den Masuren geboren. Nach dem Notabitur zog ihn 1943 die Marine ein. Vor Ende des Krieges desertierte Lenz in Dänemark, geriet in britische Kriegsgefangenschaft, kam aber noch 1945 wieder auf freien Fuß und begann Philosophie, Anglistik und Germanistik in Hamburg zu studieren. Als sich ihm 1948 die Chance bot, bei der Zeitung »Die Welt« ein Volontariat zu beginnen, brach er sein Studium ab. Vom Honorar seines ersten Romans, »Es waren Habichte in der Luft« (1951) machte er eine Reise auf einem Bananendampfer nach Kenia. Nach seiner Rückkehr nach Hamburg fasste er den Entschluss, als freier Schriftsteller zu leben.
Ab 1952 war er regelmäßig Teilnehmer bei den Treffen der »Gruppe 47«, wo er andere bedeutende Autoren wie Günter Grass und Ingeborg Bachmann kennenlernte. Gemeinsam mit Grass engagierte sich Lenz für die SPD und die Ostpolitik Willy Brandts, die ihm auch wegen seiner Herkunft wichtig war. Die Verbundenheit zu den Masuren verarbeitete Lenz literarisch u.a. in dem Erzählband »So zärtlich war Suleyken« (1955) und dem Roman »Heimatmuseum« (1978).
Lenz selbst hat einmal gesagt: »Schreiben ist für mich die beste Möglichkeit, um Personen, Handlungen und Konflikte verstehen zu lernen.« So greift er zumeist in klassisch-realistischer Erzählweise zeitgeschichtliche Themen auf, ähnlich wie Ernest Hemingway. Sein bekanntester Roman »Deutschstunde« (1968) handelt von einem Jugendlichen, der sich gegen seinen obrigkeitshörigen Vater auflehnt und wirft einen kritischen Blick auf die Themen Pflichterfüllung und Verantwortung im restaurativen Nachkriegsdeutschland. Ein weiterer großer Erfolg war Lenz' Erzählung »Feuerschiff« (1960), eine Parabel über gewaltfreien Widerstand und Verantwortung.
Machten ihn seine früheren Werke zu einem »Schilderer Deutschlands in seiner Zerrissenheit, auf dem Wege, sich selbst wiederzufinden« (Fritz J. Raddatz, »DIE ZEIT«), widmet er sich in den letzten Jahren häufig eher menschlich-psychologischen Themen. So handelt seine Novelle »Schweigeminute« (2008) von einem Schüler, der sich auf einer Gedenkfeier für seine verunglückte Lehrerin an die innig-verbotene Liebe zwischen ihr und ihm erinnert. Und in dem Theaterstück »Die Versuchsperson« (2009) geht der Autor auf amüsante Weise der Frage nach, ob Bücher die Welt oder nicht wenigstens die Menschen verändern.
Siegfried Lenz zählt zu den bedeutendsten deutschsprachigen Erzählern der Gegenwart. Er wurde mit zahlreichen Preisen geehrt, u. a. mit dem Friedenspreis des Deutschen Buchhandels, dem Goethepreis der Stadt Frankfurt und zuletzt dem Lew-Kopelew-Preis für Frieden und Menschenrechte.

Es waren Habichte in der Luft
Hoffmann und Campe
Hamburg, 1951
Das Feuerschiff: Erzählungen
Hoffmann und Campe
Hamburg, 1960
Deutschstunde
Hoffmann und Campe
Hamburg, 1968
Heimatmuseum
Hoffmann und Campe
Hamburg, 1978
Schweigeminute
Hoffmann und Campe
Hamburg, 2008
Die Versuchsperson
Hoffmann und Campe
Hamburg, 2009
www.siegfried-lenz.de

Siegfried Lenz was born in Lyck, a small town in Masuria, in 1926. After leaving high school early under special wartime arrangements, he joined the navy in 1943. Before the end of the war, Lenz defected to Denmark. He was held by the British as a prisoner of war for a short time and later returned on his own to Germany. The same year, he began studying philosophy, English and German at the University of Hamburg. When he was offered the opportunity to do a traineeship at the newspaper »Die Welt« 1948, he abandoned his studies. He worked on the paper's editorial staff as an arts and features editor until the successful publication of his first novel »Es waren Habichte in der Luft« (1951, t: There were goshawks in the air) allowed him to leave.
From 1952 onwards, he regularly attended the literary meetings of the »Gruppe 47« (Group 47), where he met other prominent authors such as Günter Grass and Ingeborg Bachmann. Alongside Grass, Siegfried Lenz became involved with Germany's Social Democratic Party (SPD) and Willy Brandt's »Ostpolitik«, with which he found resonance owing to his background. Lenz has dealt with his ties to his childhood in Masuria in several literary works, such as the short story collection »So zärtlich war Suleyken« (1955; t: So tender was Suleyken) and the novel »Heimatmuseum« (1978; Engl. »The Heritage«, 1981).
Lenz himself said, »For me, writing is the best opportunity to learn to understand people, actions and conflicts.« For that reason, he usually makes use of a classic, realistic writing style to explore modern historical themes, much as does Hemingway. His most well-known novel, »Deutschstunde« (1968; Eng. »The German Lesson«, 1971), is the wartime and post-war story of a young German man who rebels against his dutiful father. In the best-seller, the author turns a critical eye on the themes of duty and responsibility in post-war Germany.
In addition to novels and short stories, the author has also written dramas and radio plays. While he functioned, in his early works, as a »portraitist of Germany in its brokenness, on its way to finding itself again« (Fritz J. Radatz, DIE ZEIT), his later works are more often devoted to psychological themes. In his novella, »Schweigeminute« (2008; t: Minute of silence), a student attending a memorial service for his former teacher recollects their deep, forbidden love affair. He has been awarded many prizes, including the Peace Prize of the German Book Trade, the Goethe Prize of the City of Frankfurt and, recently, the Lew Kopelew Prize for Peace and Human Rights.

ROBERT LITTELL

Robert Littell wurde 1935 in Brooklyn, New York, geboren. Der Nachfahre jüdisch-litauischer Einwanderer studierte an der Alfred University im Westen des Bundesstaates New York. Nach seinem Abschluss 1956 war er vier Jahre lang bei der U.S. Navy, wo er als Funker, U-Boot-Abwehroffizier und Schiffsnavigator auf einem Zerstörer diente. Später arbeitete er als Redakteur der Zeitschrift »Newsweek« speziell für osteuropäische und sowjetische Angelegenheiten. 1970 hängte Littell den Journalistenberuf an den Nagel, zog nach Frankreich und begann seine Erfahrungen des Kalten Krieges als Romanautor in literarischer Form aufzuarbeiten.
Bereits mit seinem ersten Roman, »The Defection of A. J. Lewinter« (1973; dt. »Moskau hin und zurück«, 1974, auch unter dem Titel »Der Springer«, 1986), einem Spionagethriller par excellence, der die Klischees des Kalten Krieges mit einer gehörigen Portion Ironie auf den Kopf stellt, gelang dem Autor der Durchbruch. Er erhielt dafür den Golden Dagger Award, den renommiertesten Krimipreis Großbritanniens. Seither werden seine Werke mit denen anderer Thrillerautoren der Oberklasse wie John Le Carré oder Len Deighton verglichen. Nach dem Erfolg seines Debüts schrieb Littell abwechselnd Spionagethriller über den Kalten Krieg und erkundete andere Genres, zum Beispiel mit »Mother Russia« (1978; dt. »Mütterchen Russland«, 1988), einer in Moskau spielenden Liebesgeschichte, und »The Visiting Professor« (1993; dt. »Der Gastprofessor«, 1995, auch unter dem Titel »Zufallscode«, 2007) über einen Chaostheoretiker aus Russland, der dem sowjetischen Chaos entflieht, nur um ein unbehagliches Exil im amerikanischen Chaos zu finden. Seinen bisher größten internationalen Erfolg hatte er mit dem tausendseitigen Roman »Die Company« (2002), einer akribisch recherchierten und detailreichen Spionagesaga, die der Geschichte des CIA von seiner Gründung in den späten 1940er Jahren bis zum Niedergang der Sowjetunion nachgeht. In seinem neuesten Buch »Das Stalin-Epigramm« (2009) erzählt der Schriftsteller die wahre Geschichte des Dichters Ossip Mandelstam, der es wagte, 1934 den Kreml-Herrscher Josef Stalin in einem 16-Zeilen-Epigramm zu beleidigen, das ihn u.a. »Mörder und Bauerntöter« nannte. »Es ist eine brillante Arbeit, immer gut zu lesen, manchmal komisch und oft herzzerreißend. Es gibt viele Bücher über Stalins Terrorregime, aber es kann nicht viele geben, die seine Wahrheiten eindringlicher und schmerzhafter zum Leben erwecken«, schreibt dazu die »Washington Post«.
Robert Littell wurde mit verschiedenen Preisen ausgezeichnet. Zuletzt wurden ihm der Los Angeles Times Book Prize und der Deutsche Krimipreis verliehen. Er lebt im Südwesten von Frankreich im Département Dordogne.

Moskau hin und zurück
Zsolnay
Wien, Hamburg, 1974
[Ü: Henry Jelinek]
Mütterchen Russland
Goldmann
München,1988
[Ü: Edda Petri-Bean]
Sein oder Nichtsein
Goldmann
München, 1987
[Ü: Edda Petry-Bean]
Die Company: die weltumspannende, faszinierende Saga über die CIA
Scherz
Bern, München, Wien, 2002
[Ü: Ulrike Wasel und Klaus Timmerman]
Das Stalin-Epigramm
Arche
Hamburg, Zürich, 2009
[Ü: Werner Löcher-Lawrence]

Robert Littell was born in Brooklyn, New York in 1935. The grandson of Jewish-Lithuanian immigrants, he studied at Alfred University in western New York State. After graduating in 1956 he spent four years in the U.S. Navy, serving on a destroyer as communications and anti-submarine warfare officer and ship's navigator. He later became a journalist and worked for many years as an editor at »Newsweek«, specializing in Soviet and East European affairs. In 1970 Littell abandoned journalism, moved to France and began to process his Cold War experiences in literary form. He has been a novelist ever since.
The author's breakthrough came with his first published novel, »The Defection of A. J. Lewinter« (1973), an entertaining spy thriller which plays with Cold War clichés, ironically inverting them. The novel won the Golden Dagger Prize, the U.K.'s most prestigious award for crime fiction. Since then his works have often been compared to those of the greatest thriller writers, such as John LeCarré and Len Deighton. Following the success of his début novel, Littell more or less alternated between writing Cold War espionage thrillers and exploring other genres, as with »Mother Russia« (1978), a love story set in Moscow, and »The Visiting Professor« (1993) about a Russian expert on chaos theory who flees the Soviet chaos only to find an uncomfortable exile in American chaos. Littell's abiding interest has been the Cold War, and he achieved his greatest success with the thousand-page novel »The Company« (2002), a meticulously researched and detailed espionage saga that traces the history of the CIA from its creation in the late 1940s until the implosion of the Soviet Union in the early 1990s. His latest novel, »The Stalin Epigram« (2009) leaves the spy thriller behind, telling the real life story of Osip Mandelstam, a poet who, in 1934, dared to insult the »Kremlin Mountaineer«, Josef Stalin, in a courageous sixteen-line epigram that called him, among other things, a »murderer and peasant-slayer«. »The Washington Post« commented: »This is a brilliant work, always readable, sometimes funny and often heartbreaking. There are a lot of books about Stalin's reign of terror, but there can't be many which bring the truths so insistently and painfully to light«.
Robert Littell has been awarded many prizes, most recently the Los Angeles Times Book Prize and the German Prize for Crime Fiction. He lives in the Dordogne area in the south-west of France.

MONIKA MARON

Monika Maron wurde 1941 in Berlin geboren. Sie wuchs dort zunächst bei ihrer Mutter Hella Iglarz auf. Nach der Übersiedlung in den Ostteil der Stadt und der Heirat ihrer Mutter mit Karl Maron zog sie in den Haushalt ihres Stiefvaters, der 1955 bis 1963 Innenminister der DDR war. Nach dem Abitur arbeitete sie ein Jahr lang als Fräserin in einem Industriebetrieb. Nachdem sie zwei Jahre lang als Regieassistentin beim DDR-Fernsehen gearbeitet hatte, studierte sie Theaterwissenschaft und Kunstgeschichte. Später war sie als Journalistin tätig, nach dem Tod ihres Stiefvaters ab 1976 schließlich als freie Schriftstellerin in Ostberlin. 1988 verließ sie die DDR und siedelte nach Hamburg über, um 1993 an die Spree zurückzukehren.
Mit ihrem Debütroman »Flugasche« (1981), der in der DDR nicht erscheinen durfte, wurde ihr in der Bundesrepublik große Aufmerksamkeit zuteil. Sie machte damals als eine der Ersten die Umweltverschmutzung zum Leitthema eines belletristischen Werks und prangerte die Umweltsünden der DDR im Braunkohletagebau an. Zugleich verarbeitete sie in dem Buch ihre Erfahrungen im Journalismus und lässt durch die Hauptperson Josefa, die als Reporterin im Auftrag ihrer Redaktion der Stadt Bitterfeld und dem dortigen Kohlekraftwerk einen Besuch abstattet, Kritik am »perfekten System der Nivellierung« der Realität verlautbaren.
Ihr zweiter Roman, »Die Überläuferin« (1986), ebenfalls in der DDR verboten, verhalf ihr zum endgültigen Durchbruch als Schriftstellerin. Dieses Werk und ihr ein wenig später im »Zeit-Magazin« veröffentlichter deutsch-deutscher Briefwechsel mit dem Schriftstellerkollegen Joseph von Westphalen machte sie für den sozialistischen deutschen Staat untragbar, sodass ihr 1988 die Ausreise in die Bundesrepublik gestattet wurde. Auch nach dem Mauerfall setzte sie sich künstlerisch mit Aspekten der deutschen Geschichte und ihrer eigenen Biografie auseinander – etwa in dem Roman »Stille Zeile sechs« (1991) oder der Familiengeschichte »Pawels Briefe« (1999) über ihren unter den Nationalsozialisten ermordeten Großvater. Generell geht es Maron in ihren Werken um das Verstehen des Individuums in seinem sozialen Umfeld und seinem historischen Kontext. So auch in ihren letzten Romanen »Animal triste« (1995), »Endmoränen« (2002) und dem sehr unterhaltsam daherkommenden »Ach Glück« (2007), in denen sie sich mit verschiedenen Aspekten des Älterwerdens befasst.
Doch auch ihr Debüt hat Maron nicht aus den Augen verloren: Zuletzt veröffentlichte sie unter dem Titel »Bitterfelder Bogen« (2009) einen Bericht über die als »Solar Valley« erfolgreich wiederauferstandene Region und wider einen in Resignation versinkenden Osten der Republik.
Die Autorin wurde u.a. mit dem Kleist-Preis, dem Friedrich-Hölderlin-Preis und dem Nationalpreis der Deutschen Nationalstiftung ausgezeichnet. Monika Maron lebt und arbeitet in Berlin.

Flugasche
S. Fischer
Frankfurt/Main, 1981
Die Überläuferin
S. Fischer
Frankfurt/Main, 1986
Stille Zeile sechs
S. Fischer
Frankfurt/Main, 1991
Pawels Briefe
S. Fischer
Frankfurt/Main, 1999
Ach Glück
S. Fischer
Frankfurt/Main, 2007
Bitterfelder Bogen
S. Fischer
Frankfurt am Main, 2009

Monika Maron was born in Berlin in 1941. She was brought up by her mother, Hella Iglarz. After her mother got married and moved to East Berlin, she moved to the home of her step-father, Karl Maron, who was GDR Minister of Internal Affairs from 1955 to 1963. Between high school and university, she spent a year working as a hairstylist. After working two years as a director's assistant at GDR-TV, she studied drama and art history. She then worked as a journalist in East Berlin and, after the death of her step-father in 1976, eventually became a professional writer. In 1988, she left the GDR and moved to Hamburg, returning to the Spree in 1993.
She became well-known in West Germany after her first novel »Flugasche« (1981; t: »Flight of Ashes«, 1986) was published. Its publication was banned in East Germany. At the time, she was one of the first writers to make pollution a major theme in a work of fiction by denouncing environmental offences committed at East Germany's open-cast brown coal mines. Maron's experience as a journalist also came into play in the novel; the protagonist Josefa is a reporter sent by her editors to write a story on the city of Bitterfeld and its coal mine. Josefa's visit allows Maron to voice criticism of the GDR's »perfect system of leveling«.
With her second novel, »Die Überläuferin« (1986; t: »The Defector«, 1988), also banned in East Germany, Maron finally achieved her real breakthrough as an author. This work, combined with the Germany-to-Germany correspondence between Maron and the writer Joseph von Westphalen that was published soon afterwards in »Zeit-Magazin«, made her presence intolerable to the East German socialist state. As a result she was granted permission to leave for West Germany in 1988. After the fall of the Berlin Wall, Maron continued to grapple artistically both with themes from German history and her own life story – for example in the novel »Stille Zeile sechs« (1991; t: »Silent Close No. 6«) or in the family saga »Pawels Briefe« (1999; t:. »Pavel's Letters«, 2003), about her grandfather's murder during the Nazi regime. In her work, Maron frequently deals with the individual within social environments and historical contexts. This remains the case in her later novels, »Animal triste« (1995; t: »Animal Triste«, 2000), »Endmoränen« (2002; t: End moraines) and its highly entertaining sequel »Ach Glück« (2007; t: Oh, happiness), in which the author addresses various aspects of the ageing process.
Maron has not forgotten her origins; she recently published a report entitled »Bitterfelder Bogen« (2009; t: Bitterfeld bend) about the region's revival, successfully renamed ›Solar Valley‹, emerging from the sense of sinking resignation that she documented almost twenty-five years ago. The author's many awards include the Kleist Prize, the Friedrich Hölderlin Literature Prize and the Deutschen Nationalstiftung's National Prize. Monika Maron lives and works in Berlin.

DOROTA MASŁOWSKA

Dorota Masłowska wurde 1983 in Wejherowo in Polen geboren. Während der Vorbereitungen auf das Abitur schrieb sie innerhalb eines Monats ihren ersten Roman, »Wojna polsko-ruska pod flag bialoczerwon « (2002; dt. »Schneeweiß und Russenrot«, 2004), einen Bestseller, der in über zwanzig Sprachen übersetzt wurde. Die Kritik lobte die Verve und innovative Sprachgebung des Romans, der von konservativer Seite auf erbitterte Ablehnung stieß. Er erzählt von einem halbstarken Macho, der von seiner Freundin verlassen wird und sich in Aggression, Drogen und schnellen Sex flüchtet. Aus seiner Perspektive entsteht ein krasses Bild der polnischen Unterschicht, in dem sich von Emotionen getriebene Vorurteile und Stereotype – wirre nationalistische Ideologie und Zerrbilder der Unterhaltungsindustrie – ins Groteske steigern. Drastische Ausdrücke und eine derbe Umgangssprache vermitteln ein Höchstmaß an Authentizität, die mit viel Ambivalenz und Ironie gepaart wird. Die forcierte Härte und Coolness des Protagonisten lassen ihn lächerlich erscheinen, sind aber zugleich erschreckend und enthüllen neben Verletzlichkeit auch Unmenschlichkeit. Die Fiktionalität des Textes zeigt sich deutlich in der Wahl einer Romanfigur, die den Namen der Autorin trägt und sich durch ihre Allwissenheit außerhalb der inneren Logik der Handlung positioniert. Auch in ihrem zweiten Roman, einem ironischen Echo auf den Starrummel, dem sich die Autorin nach ihrer ersten Buchveröffentlichung ausgesetzt sah, spielt sie erneut selbst eine Rolle. »Paw Królowej« (2005; dt. »Die Reiherkönigin«, 2007) zeigt die zynischen Mechanismen der Kulturindustrie auf in einem knapp zweihundert Seiten langen Rap – Anklänge und Binnenreime treiben den fulminanten Wortstrom an. Ein abgehalfterter Popstar sinnt auf Rache an seinem Manager, der ihm einen Imagewechsel verpassen und nebenbei einen neuen Star produzieren will. Dafür benötigt er eine Texterin und findet sie in MC Dorota, der Erzählerin des Rap, in der sich auch die Buchautorin Masłowska widerspiegelt. Gegen Ende des Buches soll sie für das Projekt gewonnen werden: »Ich sag Ihnen gleich, für Sie ist das die Chance, wieder einen Hit zu landen, Ihr erstes Buch war populär, aber mal ehrlich, eine Berühmtheit sind Sie nicht mehr, null Angebote, miserable Quote... Sie stehen für Authentizität, für das harte Pflaster, die Raufaser im Plattenbau, so jemand eignet sich tipp-topp zur Produktion von HipHop.« Masłowska verfasste auch zwei Theaterstücke, die ebenfalls die postsozialistische Verunsicherung und deren Kompensierung in Polen thematisieren. »Dwoje biednych Rumunów mówi cych po polsku« (dt. »Zwei arme polnisch sprechende Rumänen«) wurde in Toulouse, Chicago, Sydney, Wien, London, Braunschweig und Berlin aufgeführt. Zudem schrieb sie Kritiken sowie Kolumnen und meldete sich gelegentlich im Feuilleton zu Wort – z.B. mit einer Würdigung des verstorbenen Papstes oder einer Stellungnahme zu einem umstrittenen Fall einer abgelehnten Abtreibung in Polen. Zur ihren Auszeichnungen gehören der Polityka-Preis, der Deutsche Jugendbuchpreis und der renommierte Nike-Preis. Sie lebt in Warschau und zurzeit als Gast des Berliner Künstlerprogramms des DAAD in Berlin.

Schneeweiß und Russenrot
Kiepenheuer & Witsch
Köln, 2004
[Ü: Olaf Kühl]
Die Reiherkönigin
Kiepenheuer & Witsch
Köln, 2007
[Ü: Olaf Kühl]

Dorota Masłowska was born in Wejherowo, northern Poland, in 1983. While she was preparing to take her final high school exams, she wrote her first novel, »Wojna polsko-ruska pod flag bialoczerwon« (2002; Eng. »Snow White and Russian Red«, 2005), within a month. It became a best-seller and was translated into some twenty languages. Critics praised the relentless spirit and innovative language in the novel. However it also met with bitter rejection from more conservative readers. The book tells the story of a yobbish youth who is left by his girlfriend and turns to violence, drugs and empty sex. From his perspective a stark picture of the Polish underclass emerges, highlighting prejudices and stereotypes – mindless nationalistic ideology and distorted images of the entertainment industry – which are driven by his emotions and escalate into the grotesque. Language that mimics speech patters as well as dramatic forms of expression lend the text authenticity, which is often paired with ambivalence or irony. The protagonist's forced callousness and coolness is at the same time ludicrous and alarming and reveals his vunerability as well as his barbarity. The fictional nature of the text is shown clearly through the appearance of a character with the same name as the author, who is given an omniscient position outside the internal logic of the story. The author plays a role again in her second novel, an ironic take on the hype surrounding celebrity, which she herself experienced after her first book was published. »Paw Królowej« (2005; t: The Queen's Peacock/Puke) presents the cynical mechanisms of the culture industry in a rap of just under two-hundred pages, consisting of echoes and internal rhymes which feed the intense flow of words. A has-been popstar is seeking revenge on his manager, who wants to alter the popstar's image and make him into a new star. He needs a lyricist to achieve this and finds one in MC Dorota, the narrator of the rap and reflection of the author Masłowska. Towards the end of the book she is persuaded to take part in the project: »I'll tell you now, this is your chance for another hit, your first book was popular, but I'll be honest, you're not famous anymore, no offers, miserable ratings. You stand for authenticity, for the real thing, Eastern Europe's prefab culture, someone like you is perfect for producing hip-hop.« Masłowska has also written two plays which deal with the uncertainty of the changing identity of post-Socialist Poland. »Dwoje biednych Rununów mówi cych po polsku« (2006; Eng. »A Couple of poor, Polish-speaking Romanians«, 2008) has been performed in Toulouse, Chicago, Sydney, London, Vienna, Braunschweig and Berlin. In addition she has written reviews and columns and contributed to newspaper supplements, for example an appraisal of the late Pope and a comment on a controversial case of the denial of an abortion in Poland. Her awards include the Polityka Prize, the German Award for Youth Literature and the renowned Nike Award. She lives in Warsaw and is currently a guest of the DAAD Artists-in-Berlin Program in Berlin.

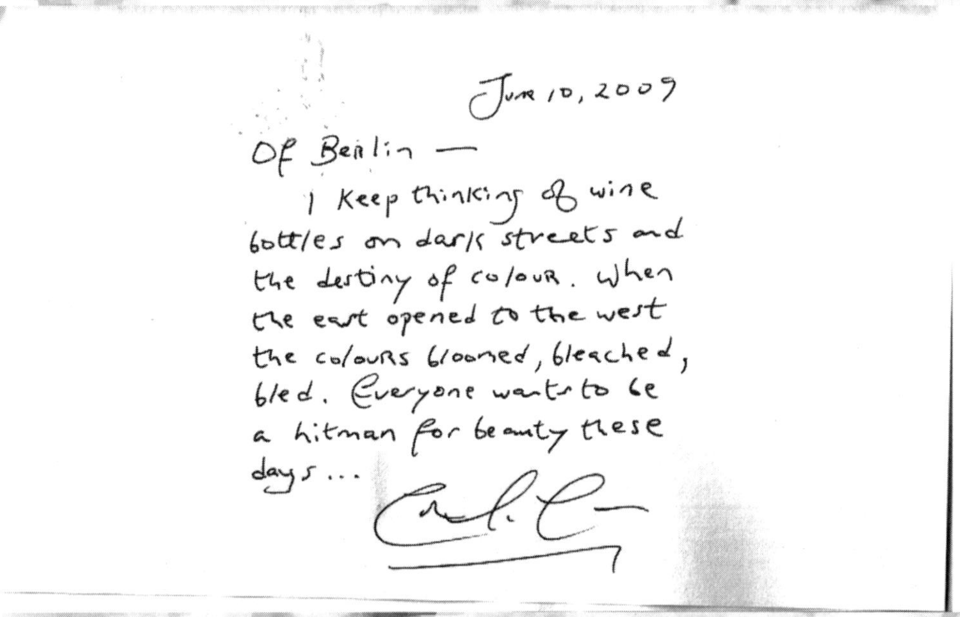

June 10, 2009

Of Berlin —

I keep thinking of wine bottles on dark streets and the destiny of colour. When the east opened to the west the colours bloomed, bleached, bled. Everyone wants to be a hitman for beauty these days...

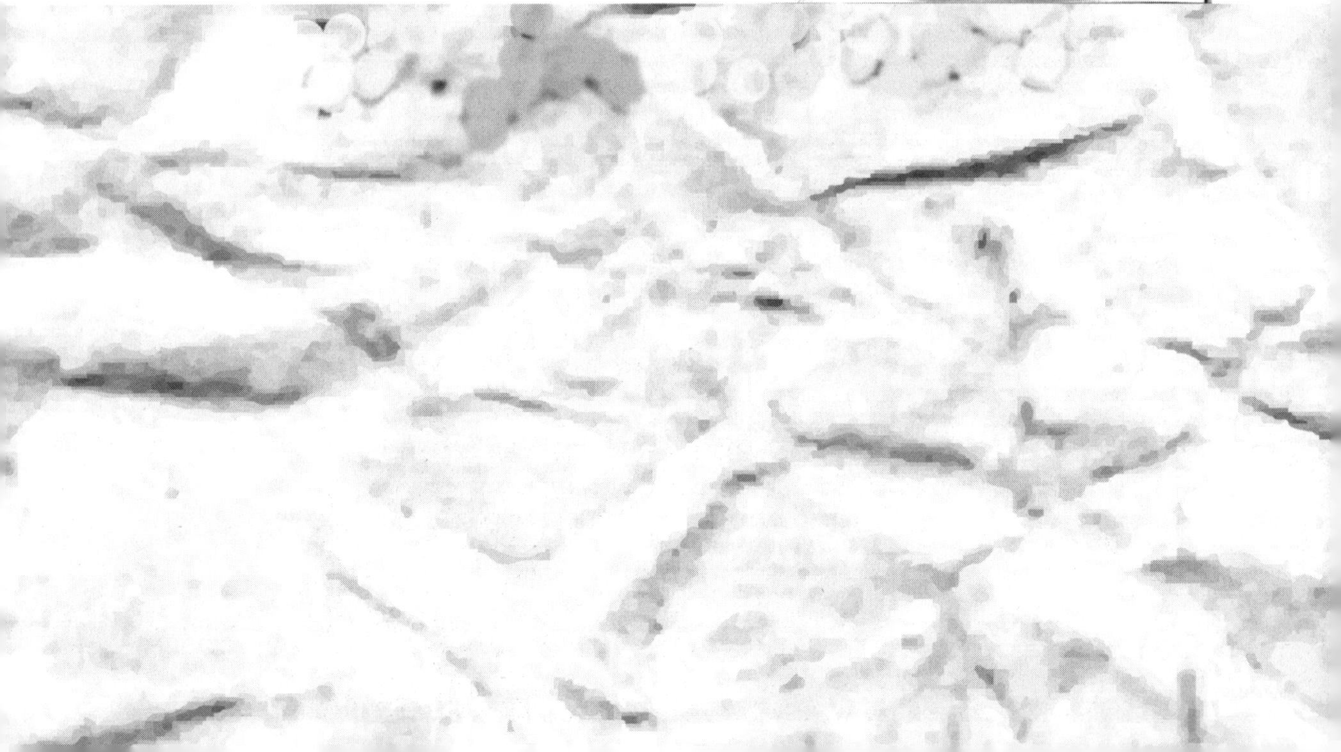

Colum McCann wurde 1965 in einem Vorort von Dublin geboren. Wie sein Vater wurde er Journalist. Nach einem Aufenthalt in New York, wo er als Reporter arbeitete, war er in Dublin für verschiedene Zeitungen tätig. 1986 ging er wieder in die USA und unternahm dort eine zweijährige Fahrradtour durch vierzig amerikanische Staaten, während der er u.a. als Taxifahrer, Anstreicher, Mechaniker, Barmann sowie als Sozialarbeiter mit straffälligen Jugendlichen arbeitete. Anschließend studierte er an der University of Texas Englisch und Geschichte. Nach seiner Heirat mit einer Amerikanerin ging er mit ihr nach Japan, wo er sein preisgekröntes erstes literarisches Werk, die Kurzgeschichtensammlung »Fishing the Sloe-Black River« (1994; dt. »Fischen im tiefschwarzen Fluss«, 1998) vollendete und den Roman »Songdogs« (1995; dt. »Der Gesang der Kojoten«, 1996) begann. Schließlich ließ er sich in New York nieder. Als Journalist veröffentlichte er in Zeitungen wie »The New Yorker«, »Esquire«, »GQ«, »The New York Times«, »The Irish Times«, »The Guardian«, »Le Figaro«, »Le Monde«, »La Repubblica« und »Die Zeit«.
McCann ist ein Geschichtensammler. In der Vielfalt der Lebenswelten, die er schnörkellos und mit souveräner Empathie darstellt, richtet er sein Augenmerk vor allem auf Nebenfiguren und erzählt aus der ungewohnten Perspektive der Übersehenen und Unbedeutenden. Im Bestseller »The Side of Brightness« (1998; dt. »Der Himmel unter der Stadt«, 1998) ist die Geschichte New Yorks und Amerikas der beiläufige Hintergrund für das Schicksal eines schwarzen Hochgerüstbauers, der später als Obdachloser in einem Tunnel unter dem East River lebt. Die Roman-Biografie »Dancer« (2003; dt. »Der Tänzer«, 2003) wurde ebenfalls zum Bestseller und beleuchtet die Ballett-Ikone Rudolf Nurejew aus Sicht seiner Wegbegleiter. Auch die Handlung von »Zoli« (2006; dt. 2007) orientiert sich an einer historischen Persönlichkeit: der Roma-Dichterin Bronisława Wajs, die mit der Verschriftlichung ihrer Lieder aus der eigenen Tradition ausbrach und dafür von ihrer Sippe verstoßen wurde. Wie in seinen anderen Werken lässt McCann auch hier trotz aller Widrigkeiten, die seine Protagonistin erlebt, einen versöhnlichen Ton anklingen. »Ich glaube nicht, dass die Welt ein besonders wundervoller Ort ist, aber ich glaube an Erlösung. Es gibt diese Momente, in denen die Welt eines wird und wir zu Hause sind.«
McCanns jüngster Roman gilt als sein Meisterwerk. »Let the Great World Spin« (2009; dt. »Die große Welt«, 2009) verwebt vor dem Hintergrund eines Drahtseilaktes zwischen den Türmen des World Trade Center im Jahr 1974 ganz verschiedenartige Lebensläufe und arrangiert damit eine Prélude der Zeitenwende des 11. September.
Der Autor wurde mit zahlreichen Preisen geehrt, darunter dem Hennessy Award, dem Rooney Prize, dem Pushcart Prize und dem Irish Novel of the Year Award. Er verfasst Drehbücher, häufig unter Verwendung seiner eigenen Werke als Vorlagen. Die Filmadaption der Kurzgeschichte »Everything in This Country Must« (2000; dt. »Wie alles in diesem Land«, 2001) wurde für einen Oscar nominiert. McCann unterrichtet am MFA-Programm des Hunter College in New York, wo er auch lebt.

COLUM McCANN

Fischen im tiefschwarzen Fluss
Rowohlt Verlag
Reinbek .1998
[Ü: Matthias Müller]
Der Gesang der Kojoten
Rowohlt Verlag
Reinbek, 1996
[Ü: Matthias Müller]
Der Himmel unter der Stadt
Rowohlt Verlag
Reinbek, 1998
[Ü: Matthias Müller]
Zoli
Rowohlt Verlag
Reinbek, 2007
[Ü: Dirk van Gusteren]
Die große Welt
Rowohl Verlag
Reinbek, 2009
[Ü: Dirk van Gusteren]
www.colummccann.com

Colum McCann was born in suburban Dublin in 1965. Following in his father's footsteps, he too became a journalist. After a period working as a reporter in New York, he moved back to Dublin and wrote for different newspapers. In 1986 he returned to the USA and began a two-year-long bicycle trip through 40 of the American states, earning money as a taxi driver, painter, mechanic, bartender and social worker helping delinquent youths. Subsequently he studied English and History at the University of Texas. He married an American and travelled with her to Japan, where he completed his first literary work, the prize-winning collection of short stories »Fishing the Sloe-Black River« (1994) and began work on the novel »Songdogs« (1995). He eventually settled in New York. His journalistic work has been published in such prestigious newspapers and magazines as »The New Yorker«, »Esquire«, »GQ«, »The New York Times«, »The Irish Times«, »The Guardian«, »Le Figaro«, »Le Monde«, »Die Zeit«, and »La Repubblica«.
McCann is a collector of stories. He portrays diverse worlds without unnecessary frills and with self-assured empathy, focussing his attention on minor characters and narrating from the perspective of the overlooked and unimportant. In his bestseller »The Side of Brightness« (1998), the history of New York and America is the background for the fate and fortune of an African-American skyscraper construction worker who later becomes homeless and lives in a tunnel under the East River. The biographical novel »Dancer« (2003) also became a bestseller and portrays the ballet icon Rudolf Nurejew from the perspective of some of his companions. The plot of »Zoli« (2006) is also based on a historical character: the Polish-Romani poet Bronisława Wajs. Wajs was literate, unusual for Romani people at the time – her writing was frowned upon by her family and eventually led to her being cast out from the Roma world. The portrayal of the adversity experienced by the protagonist has a forgiving tone, a characteristic of a number of McCann's works. »I don't believe the world's a particularly beautiful place, but I do believe in redemption. There are those moments when the world comes together and we are home«.
McCann's newest novel is said to be his magnum opus. »Let the Great World Spin« (2009) is set against the background of the factual event of 1974 when Philippe Petit walked a tightrope between the towers of the World Trade Centre. In the streets below, a web of very different, but ordinary lives is woven to create a prelude to the events of September 11th.
The author has been awarded with many prizes, notably the Hennessy Award, the Rooney Prize, the Pushcart Prize and the Irish Novel of the Year Award. He also writes screenplays, often using his novels as starting-points. The film adaptation of the short story »Everything in This Country Must« (2000) was nominated for an Oscar. McCann teaches at the MFA program at Hunter College in New York, where he currently lives.

PANKAJ MISHRA

Butter Chicken in Ludhiana
Penguin Books Australia
Camberwell, 1995
Benares oder Eine Erziehung des Herzens
Blessig
München, 2001
[Ü: Barbara Schaden]
Unterwegs zum Buddha
Blessig
München, 2005
[Ü: Brabara Schaden]
Temptations of the West
Straus and Giroux
Farrar, 2006

Pankaj Mishra, 1969 im nordindischen Jhansi geboren, wuchs in Uttar Pradesh auf. Nach einem Handelsstudium an der Universität von Allahabad graduierte der Hindi-Muttersprachler an der Jawaharlal-Nehru-Universität in Delhi im Fach Englische Literatur. Anschließend ließ er sich in Mashobra nieder, einer Kleinstadt an den Ausläufern des Himalaja. Hier widmete er sich der Lektüre und schrieb Artikel und Rezensionen für Zeitungen wie »The Indian Review of Books«, »The India Magazine« und »the pioneer«. Außerdem arbeitete er als Cheflektor für Harper Colins. Eine seiner Leistungen für die literarische Welt bestand in der Vermittlung von Arundhati Roys Roman »Der Gott der kleinen Dinge« an einen englischen Literaturagenten. Bekannt machte ihn sein Debüt »Butter Chicken in Ludhiana« (1995; Ü: Butterhühnchen in Ludhiana), ein Reisebericht über das kleinstädtische Indien. Der autobiografische Essay »Edmund Wilson in Benares«, der 1998 in »The New York Review of Books« erschien, markierte den Beginn einer regen Tätigkeit als politischer Kommentator und Buchrezensent für internationale englischsprachige Zeitungen und Magazine wie »The Times Literary Supplement«, »The New York Times«, »The Guardian« und »New Statesman«.
Die Verwerfungen der Globalisierung und die unauflösbare gegenseitige Beeinflussung von Ost und West stehen im Zentrum von Mishras Werk, das sich vieler Genres bedient und diese mitunter vermengt. Oft ist es die Beschäftigung mit westlicher Kultur oder Literatur, die Einsichten in den Osten ermöglicht – wie der Bildungsweg des Autors selbst zeigt, den er mit anderen autobiografischen Elementen in seine Werke einfließen lässt. Die Schilderung eigener Erfahrungen geben ein buntes und komplexes Bild des süd- und zentralasiatischen Raumes ab, das einfache Konzepte, Feind- und Zerrbilder – sei es des Westens, des Ostens oder der Moderne – wirkungsvoll unterminiert. Darin zeigt sich ein aufklärerischer, sozialkritischer Impetus. Mishras Romandebüt »The Romantics« (1999; dt. »Die Romantischen«, 2008; davor »Benares oder Eine Erziehung des Herzens«, 2001) erzählt von einem jungen, seiner selbst unsicheren indischen Intellektuellen und dessen Reifeprozess, der von der Bekanntschaft mit einer Gruppe westlicher Selbstfindungstouristen ausgelöst wird. Die Schilderung von Buddhas Leben und Werk in »An End to Suffering« (2004; dt. »Unterwegs zum Buddha«, 2005) beruht zum Teil auf der Lektüre des muslimischen Autors von Schriften westlicher Intellektueller wie Nietzsche und Claude Lévi-Strauss über Buddha.
Nach »Temptations of the West« (2006; Ü: Westliche Versuchungen), einem Reisebericht über die Folgen des Modernisierungsdrucks in Kaschmir und Nordindien, Pakistan, Afghanistan, Tibet und Nepal, arbeitet Mishra derzeit an seinem zweiten Roman. Der Autor unterrichtete wiederholt als Gastprofessor am englischen Wellesley College sowie als Gastdozent an der Fakultät für Englische Literatur am University College London und in den USA. Er war Stipendiat der New York Public Library und Schreibdozent am Cullmen Center for Scholars and Writers. Mishra lebt in London und Mashobra.

Pankaj Mishra was born in Jhansi in Northern India in 1969 and grew up in Uttar Pradesh, with Hindi as his mother tongue. After studying commerce at the University of Allahabad, he graduated in English Literature from the Jawaharlal Nehru University. Subsequently he moved to Mashobra, a small town in the foothills of the Himalayas. Here he devoted himself to reading and writing articles and reviews for newspapers such as »The Indian Review of Books«, »The India Magazine« and »the pioneer«. He also worked briefly as the chief editor of Harper Collins. One of his achievements was to recognize the potential of Arundhati Roy's novel »The God of Small Things« and recommend it to a British agent. He became known for his début work »Butter Chicken in Ludhiana« (1995), an account of a journey through provincial India. His autobiographical essay »Edmund Wilson in Benares«, published in »The New York Review of Books« in 1998, marked the beginning of an active role as a political commentator and literary critic for international English language newspapers and magazines, including the »Times Literary Supplement«, the »New York Times«, the »Guardian« and the »The Financial Times«.
The small-scale consequences of globalisation and the inextricably linked influences of East and West are central themes in Mishra's works, which make use of and at times combine a number of different genres. Often the treatment of Western culture and literature creates an understanding of the East – as shown by the author's own education, which alongside other autobiographical elements is reflected in his works. In depicting his own experiences, he creates a complex picture of Asia, undermining simplistic ideas, stereotypes and distorted images, whether of the West, the East or of modernity in general. This demonstrates his drive to observe and criticize society. Mishra's first novel, »The Romantics« (1999), tells the story of a young, unsure Indian intellectual's development towards maturity as triggered by meeting a group of Western tourists on a voyage of self-discovery. The portrayal of the Buddha's life and work in »An End to Suffering« (2004) is partly based on the author's experiences while reading about this inspirational figure in the writings of western intellectuals such as Nietzsche and Claude Levi-Strauss.
Since the publication of »Temptations of the West« (2006) – a travelogue on the consequences of the pressures of modernisation in Kashmir, Northern India, Pakistan, Afganistan, Tibet and Nepal – Mishra has been working on his second novel. He has taught at Wellesley College and was a visiting fellow at University College, London. He has also been a fellow at the Cullmen Center for Scholars and Writers, New York Public Library. Mishra lives in London and Mashobra.

NORBERT GSTREIN

ISAAC ROSA

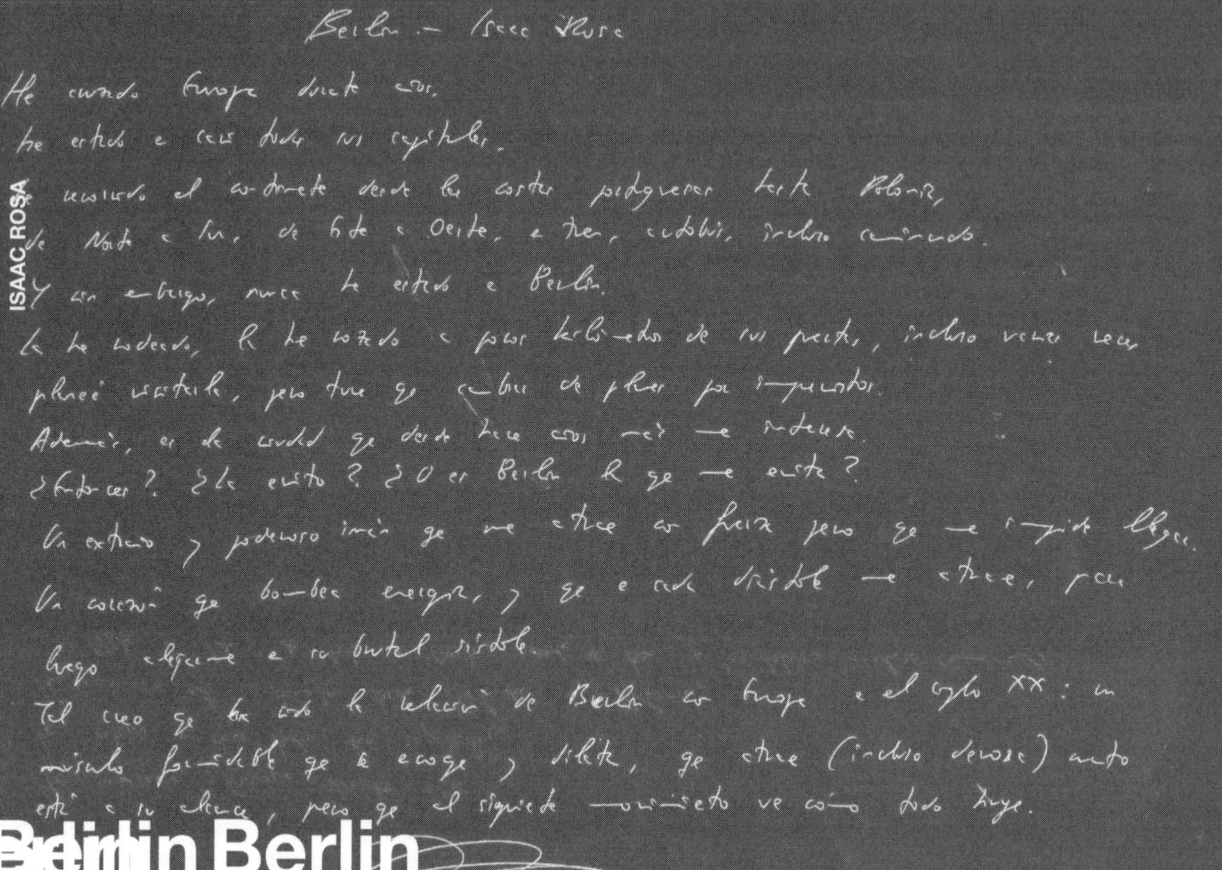

Berlin Berlin

I've crossed Europe for years.
I've been in most capital cities.
I've travelled the whole continent,
from Portuguese coasts to Poland,
North-South, East-West, by train, bus or even walking.

But I've never been in Berlin.

I've circled it,
I've almost touched it, a few kilometres from its gates,
I even planned to visit it – but I had to change my plans at the last minute.
Moreover, it's the most interesting city for me in years.
What's the matter, then?
Do I avoid Berlin?
Or is perhaps Berlin the one that avoids me?
It's like a strange and powerful magnet that attracts me by force,
but also impedes me from reaching it.
It's like a heart pumping energy:
with every diastole it attracts me,
but it later pushes me away with its brutal systole.
I think that's been the relation between
Berlin and Europe during the 20th century:
like a formidable muscle that shrinks and dilates,
it attracts [and even devours] everything within its reach,
but with the next movement, everything flees.

Aus dem Spanischen von Isaac Rosa

PÉTER NÁDAS

Péter Nádas, geboren 1942 in Budapest, verlor bereits als Jugendlicher seine Eltern: Die Mutter starb 1953 an Krebs, der Vater, ein Altkommunist, Widerstandskämpfer und Fachmann für Nachrichtentechnik, beging 1958 Selbstmord. Die Chemie-Ausbildung brach Nádas ab, um als Fotograf zu arbeiten. 1961 erschienen erste Aufnahmen in dem Frauenmagazin »Nök Lapja«. 1965 veröffentlichte er seine erste Erzählung, »Die Bibel«, die Geschichte eines Jungen aus der Stalin-Ära, der ein Dienstmädchen sadistisch quält. Mitte der 1960er Jahre begann Nádas auch als Journalist bei der Tageszeitung »Pest Megyei Hirlap« zu arbeiten, doch geriet er zunehmend in Konflikt mit der offiziellen Berichterstattung. 1968 zog er als freier Schriftsteller aufs Land.
Das Erscheinen seines ersten Romans »Egy családregény vége« (Ü: Ende eines Familienromans) verhinderte die Zensur über mehrere Jahre, bis er 1977 schließlich herauskam. Er handelt vom Sohn eines ungarischen Geheimdienstoffiziers, der nach dem Tod der Mutter bei den Großeltern aufwächst. Im stalinistisch geprägten Unterdrückerstaat bekommt sein Weltbild Risse. Einen Gegenentwurf bietet der Großvater, der dem Jungen von jüdisch-biblischen Mythen erzählt. Nádas erzählt nicht chronologisch aus der Perspektive eines Kindes, sondern zeigt eine private Tragödie unter kollektivpsychologischem Druck.
Im Weiteren schrieb Nádas Theater- und Prosastücke. 1986 erschien nach elf Jahren Arbeit das mehr als tausend Seiten umfassende Werk »Emlékiratok könyve« (Ü: Buch der Erinnerung). Es begründete seinen internationalen Ruf als Schriftsteller. Kritiker feierten es als »Epochenroman«, als »Meilenstein der europäischen Prosa« und verglichen es mit Werken von Marcel Proust und Robert Musil. In einer komplexen Struktur aus wechselnden Zeitebenen und Perspektiven wird das Gefühlsleben eines Intellektuellen in der Auseinandersetzung mit einem menschenverachtenden System geschildert. In Vorbereitung ist die deutsche Übersetzung seines Buches »Parallelgeschichten« (2005), an dem er 18 Jahre arbeitete. Es erzählt die Geschichte einer ungarischen und einer deutschen Familie im 20. Jahrhundert.
Nach wie vor ist Nádas auch als Fotograf tätig. So illustriert er seine Bücher mit Fotos, z.B. die auf Deutsch unter dem Titel »Spurensicherung« (2007) zusammengefassten Texte über eine Verhör- und Folterstätte der ungarischen Staatssicherheit. Nádas, der 1981 als Gast des Berliner Künstlerprogramms des DAAD ein Jahr in Berlin lebte, erhielt u.a. den Österreichischen Staatspreis für Europäische Literatur (1991) und den Leipziger Buchpreis zur Europäischen Verständigung (1995). Er lebt in Budapest und Gombosszeg.

Spurensicherung
Berlin Verlag
Berlin, 2007
[Ü: Akos Doma und Ruth Futaky]
Buch der Erinnerung
Rowohlt Verlag
Reinbek, 1994
[Ü: Hildegard Grosche]
Der eigene Tod
Steidl,
Göttingen, 2002
[Ü: Heinz Eisterer]
Ende eines Familenromans
Rowohlt Verlag
Reinbek, 1993
[Ü: Hildegard Grosche]

Péter Nádas, born in Budapest in 1942, lost both of his parents within the space of a few years. His mother died of cancer in 1953, and his father, a communist, resistance fighter and telecommunications engineer, committed suicide in 1958. After leaving school, Nádas began to study in chemistry but then left the course to become a photographer.
In 1961, he began publishing his pictures in the women's magazine »Nök Lapja«. In 1965, he published the story »Die Bibel« (t: The bible) in a magazine. Set in the Stalinist era, it is the story of a young man who sadistically torments a servant girl. In the mid sixties, Nádas began working as a journalist for the daily newspaper »Pest Megyei Hirlap«, but his reports increasingly ran foul of the totalitarian régime's official news agency. In 1968, he resigned from his position at the newspaper and moved to the country to work as a freelance writer. The publication of his first novel, »Egy családregény vége« (Engl. »The End of a Family Story«, 2000) was delayed for several years by censors, until the book finally appeared 1977. It tells the story of a boy, son of a Hungarian secret police officer, who is being raised by his grandparents after his mother's death. Living under Stalin's oppressive regime, cracks begin to form in his world view. His story-telling grandfather offers an alternative, allowing the boy to become absorbed in Jewish-biblical myth.
In 1986, after eleven years' work, he published the sweeping novel, more than one thousand pages long, »Emlékiratok könyve« (Eng. »A Book of Memories«, 2008), which brought him international recognition. Critics hailed the book as era-defining, as »a milestone in European prose« and compared it with the works of Marcel Proust and Robert Musil. In a complex structure containing shifts both of chronology and perspective. The novel is a portrayal of the conflict between an intellectual man's emotional life and the dehumanizing system in which he lives.
Nádas is still active as a photographer and illustrates some of his books photographically. One such book, published in German as »Spurensicherung« (2007; t: Securing evidence), consists of a collage of texts concerning the interrogation and torture machine of the Hungarian state security service. His book, which Nádas spent eighteen years writing, is now being translated into German and is to be published as »Parallelgeschichten.« It tells the story of a Hungarian family and a German family in the twentieth century. Nádas, who spent a year living in Germany as a guest of the DAAD Artists-in-Berlin Program, won the Austrian State Prize for European Literature (1991), the Leipzig Book Award for European Understanding (1995) and many other awards. The author lives in Budapest and Gombosszeg.

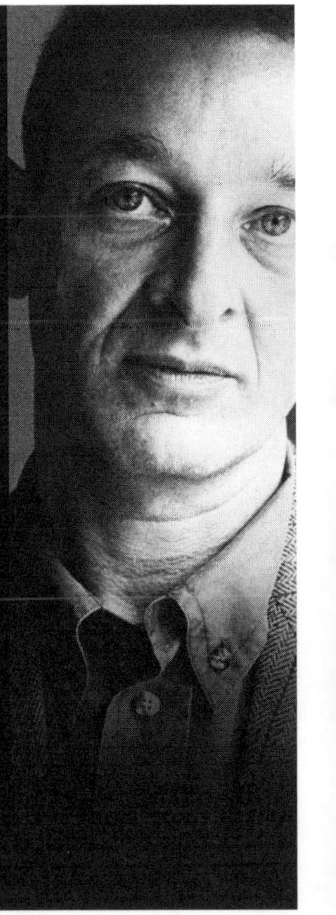

EMMANUELLE PAGANO

Emmanuelle Pagano wurde 1969 im südfranzösischen Departement Aveyron geboren. Sie studierte Filmwissenschaft und Multimedia in Montpellier und graduierte in Bildender Kunst. Neben ihrer wissenschaftlichen Arbeit – sie veröffentlichte Aufsätze über Filme von Guibert und Pasolini und forschte über das »Kino der Narben« – begann sie schriftstellerisch tätig zu werden. Ihre frühe Erzählung »Pour être chez moi« (Ü: Um bei mir zu sein) erschien 2002 unter dem Pseudonym Emma Schaak, das Romandebüt »Pas devant les gens« (2004; Ü: Nicht vor den Leuten) wird bald neu aufgelegt.
Für das nachfolgende Werk wurde Pagano mit dem Prix TSR ausgezeichnet. »Le Tiroir à Cheveux« (2005; dt. »Die Haarschublade«, 2009) wurde ins Spanische übersetzt und erscheint in Kürze in deutscher Sprache. Der Roman erzählt von der engen Bindung zwischen einer alleinerziehenden Friseuse und ihrem behinderten Sohn. Intimität und Distanziertheit kreuzen sich in Paganos Prosa, die vom Zusammenspiel zwischen starken Landschaftsbildern und dem Bewusstseinsstrom der Erzähler lebt. Im Mittelpunkt des nüchternen, klaren und lakonischen Erzählflusses steht immer der Körper als Problem: seine Verletzbarkeit, Deformierbarkeit, Veränderlichkeit, Fruchtbarkeit, Genussfähigkeit wie auch seine soziale Rolle. Der Roman »Les Adolescents troglodytes« (2007; dt. »Der Tag war blau«, 2008) schildert sechs Tage im Leben einer Schulbusfahrerin, die nach einer Geschlechtsumwandlung dorthin zurückkehrt, wo sie als Junge aufwuchs. Vor- und Rückblenden zeichnen im Wechselspiel mit eindrücklichen Naturbeschreibungen ein schwieriges Schicksal ohne jede Beschönigung und dennoch mit einer versöhnlichen Note. Die Verfilmung wurde mit dem Prix Rhône-Alpes ausgezeichnet. Der Roman »Les mains gamines« (2008; Ü: Die lausbubenhaften Hände) kreist um die traumatische Erfahrung sexueller Gewalt unter Schulkindern. Das Opfer ist eine inzwischen erwachsene Frau, die einen Weg sucht, das Erlebte zu überwinden, während vier Frauen aus ihrer Umgebung ihr Geheimnis ahnen. Der Roman wurde mit dem Prix Wepler und dem Prix Rhône-Alpes ausgezeichnet. Dieses Jahr erhielt die Autorin den Europäischen Literaturpreis für Frankreich. »Emanuelle Pagano ist eine Schriftstellerin des Territoriums«, schrieb die Kritikerin Maxime Scheinfeigel. Ihre Landschaften »verdienen es, literarische Objekte zu werden, unter der Bedingung, dass ein Territorium sie vereint und sublimiert: Es ist das Territorium des Körpers.«
Mit freundlicher Offenheit erzählt die Autorin auf dem Blog ihrer Homepage lescorpsempeches.net (dieverhindertenkörper) u.a. von ihrem neuen Buchprojekt. »L'Absence d'oiseaux d'eau« (Ü: Die Abwesenheit der Wasservögel) wurde als Liebes-Briefroman in Gemeinschaftsproduktion mit dem Schriftsteller Marc Pautrel geplant und entwickelte sich entlang einer tatsächlichen Affäre mit dem Briefpartner bis über deren Ende hinaus.
Pagano unterrichtet Bildende Kunst in der Region Ardèche, wo sie mit ihren drei Kindern lebt.

Pour être chez moi
Éditions du Rouergue
Paris, 2002
Pas devant les gens
La MartiniÈre
Paris, 2004
Der Tag war blau
Klaus Wagenbach Verlag
Berlin, 2008
Les mains gamines
P.O.L.
Paris, 2008
Die Haarschublade
Wagenbach
Berlin, 2009
[Ü: Nathalie Mälzer-Semlinger]

Emmanuelle Pagano was born in Aveyron, southern France in 1969. She studied film theory and multimedia in Montpellier and graduated with a degree in fine arts. Alongside her academic work, which includes essays on the films of Guibert and Pasolini and research about the »cinema of scars«, she began to write literary texts. Her early story »Pour être chez moi« (t: To be at my Side) was published in 2002 under the pseudonym Emma Schaak, and her début novel »Pas devant les gents« (2004; t: Not in front of the people) is to be republished shortly. Pagano was awarded the Prix TSR for her subsequent work. »Le Tiroir à Cheveux« (2005; t: The drawer of hair) was translated into Spanish and is soon to appear in German. The novel tells the story of a close bond between a hairdresser, who ia a single-mum, and her disabled son. Intimacy and distance are interlaced in Pagano's prose, which is given life by the interaction between strong images of landscapes and the narrators' streams of consciousness. Physicality is a constant focus of the narrative voice, which is at once matter of fact, poignant and laconic. The body's vulnerability, deformability, changeability, fertility, ability to experience pleasure and pain, and its social role are touched on. The novel »Les Adolescents troglodytes« (2007; t: The troglodytic adolescents) portrays six days in the life of a school-bus driver who returns – after undergoing a sex change – to the place where she grew up as a boy. Premonitions and flashbacks are interspersed with impressive descriptions of nature, building up a frank yet sympathetic picture of her difficult life. The film adaptation was awarded the Prix Rhône-Alpes. The author received the European Literatureprize for France 2009. »Les mains gamines« (2008; t: The mischievous hands) centres on the traumatic experience of sexual violence between schoolchildren. The victim has since become an adult woman, searching for a way to move beyond her experience, while four women who know her begin to guess her secret. The novel was awarded the Prix Wepler and the Prix Rhône-Alpes. »Emanuelle Pagano is a territorial author«, wrote the critic Maxime Scheinfeigel. Her landscapes »merit becoming literary objects, provided that a territory unites and sublimates them: the territory of the body«.
The author openly shares information about her life and work on her blog lescorpsempeches.net (theinhibitedbodies), such as her new book project »L'Absence d'oiseaux d'eau« (t: The absence of Waterfowl). This epistolary and romance novel was planned as co-production with author Marc Pautrel and developed into an actual affair with the correspondent.
Pagano teaches fine arts in the Ardèche, where she lives with her three children.

TIM PARKS

Tim Parks wurde 1954 in Manchester geboren und wuchs in London auf. Er studierte in Cambridge und Harvard und zog 1981 nach Italien, wo er bis heute lebt und an der Universität Mailand Literarisches Übersetzen lehrt. Im Laufe seiner produktiven Schriftstellerkarriere veröffentlichte Parks 14 Romane, zahlreiche Essays, Erzählungen und wissenschaftliche Abhandlungen. Bereits für seinen ersten Roman »Tongues of Flame« (1985; dt. »Flammenzungen«, 1990) wurde er mit dem Somerset Maugham Award und dem Betty Trask Prize ausgezeichnet. In seinem Debüt erzählt Parks aus der Perspektive eines 15-Jährigen die Entwicklung einer religiösen Obsession. Die straffe, unprätentiöse Prosa bildet dabei einen spannenden Gegensatz zur Komplexität der geschilderten Emotionalität.
Parks' Romane zeichnen sich allesamt durch ihre bravouröse Verbindung heterogener Bestandteile aus. Der inneren Zerrissenheit seiner Charaktere begegnet der Autor mit nahezu groteskem Humor. Scheinbar mühelos hält er dabei die Balance zwischen dem Tragischen und der Banalität des Alltags. Neben gescheiterten, gestörten zwischenmenschlichen Beziehungen und existenziellen Lebenskrisen behandeln die Romane oft die latenten Zerstörungskräfte unter den anscheinend heilen Fassaden politischer oder gesellschaftlicher Institutionen. Dabei legt der Moralist Parks den Finger in so manche Wunde moderner Bürgerlichkeit, wie der Titel seiner Essaysammlung »Adultery and Other Diversions« (1998; dt. »Ehebruch und andere Zerstreuungen«, 1999) veranschaulicht.
Wie häufig in seinen Romanen bedient sich Parks auch in »Judge Savage« (2003; dt. »Doppelleben«, 2003) einer Verbindung aus personaler Erzählung und innerem Monolog. In dem nervösen, sprunghaften Bewusstseinsstrom des Protagonisten wird geschildert, wie die Welt um den erfolgreichen Richter David Savage zusammenbricht. Sein jüngstes Werk »Dreams of Rivers and Seas« (2008; dt. »Träume von Flüssen und Seen«, 2009) verbindet den Schauplatz des modernen Indien mit dem rätselhaften Leben und Forschen eines Anthropologen. Nach dessen Tod versucht sein Sohn Zugang zur geistigen Welt des Vaters zu erhalten und gerät in ein Labyrinth hektischer Unruhe und unklarer Beziehungen.
Zum nichtfiktionalen Werk des Autors gehören eine Abhandlung über das literarische Übersetzen, eine Geschichte der Medici und ihrer Erfindung des modernen Bankenwesens sowie drei Bücher über das Leben in seiner Wahlheimat Norditalien, in denen Parks so scharfsinnig wie humorvoll die italienische Mentalität beleuchtet. Einige seiner Essays, die zum Teil schon in Zeitungen wie der »New York Review of Books« publiziert wurden, sind auch in zwei Sammelbänden erschienen. Der Autor übertrug zahlreiche Werke italienischer Autoren wie Alberto Moravia, Antonio Tabucchi, Roberto Calasso und Italo Calvino ins Englische. Für sein übersetzerisches und schriftstellerisches Werk wurde er vielfach ausgezeichnet. Parks lebt mit seiner Frau und drei Kindern in Verona.

Flammenzungen
Rowohlt
Reinbek, 1992
[Ü: Veronika Cordes]
Europa
Kunstmann
München, 1998
[Ü: Ulrike Becker,
Claus Varrelmann
Doppelleben
Goldmann
München, 2004
[Ü: Michael Schulte]
Ehebruch und andere Zerstreuungen
Kunstmann
München, 2006
[Ü: Ulrike Becker]
Stille
Kunstmann
München, 2006
[Ü: Ulrike Becker]
Träume von Flüssen und Meeren
Kunstmann
München, 2009
[Ü: Ulrike Becker]
www.timparks.com

Tim Parks was born in Manchester in 1954 and grew up in London. He studied at Cambridge and Harvard and in 1981 moved to Italy, where he has lived ever since, teaching Literary Translation at the University of Milan. Over the course of his productive literary career Parks has published fourteen novels, numerous essays, short stories and academic texts. For his first novel, »Tongues of Flame« (1985), he was awarded the Somerset Maugham Award and the Betty Trask Prize. Parks depicts the development of religious obsession through the eyes of a fifteen-year-old. His taut, unpretentious prose offers an exciting contrast to the complexity of the emotions portrayed.
Parks's novels are characterised overall by a brilliant linkage of heterogeneous parts. The author tackles his characters' inner torment with humour that borders on the grotesque and, in doing so, seemingly effortlessly maintains the balance between the tragic and the banal in everyday life. Alongside abortive, malfunctioning relationships and existential crises, the novels often deal with the latent destructive power under the seemingly glittering façades of social or political institutions. This is where Parks the moralist sticks his finger in the wounds of modern bourgeois life, as the title of his story collection »Adultery and Other Diversions« (1998) illustrates.
In »Judge Savage« (2003), as often in his novels, Parks fuses personal narrative and inner monologue. The collapse of successful Judge David Savage's world unfolds through the protagonist's own nervous, erratic stream of consciousness. His latest work »Dreams of Rivers and Seas« (2008) combines the setting of modern India with the enigmatic life and work of an anthropologist. After his death, the son tries to gain access to the mental world of his father, which leads him into a labyrith of diffuse, unclear references and manic unrest.
Parks's works of non-fictition include a study of literary translation, a history of the Medici and their development of the modern banking system as well as three books on life in his adopted homeland, northern Italy, in which Parks sheds light on the Italian mentality through sharp insights and humour. Some of his essays, a number of which had already been published in the »New York Review of Books«, have also been published in two collections. The author has translated many works by Italian writers into English, including Alberto Moravia, Antonio Tabucchi, Roberto Calasso and Italo Calvino. He has received numerous awards both for his translations and his prose works. Parks lives in Verona with his wife and three children.

ROUGHT UP IN LONDON AND HAVING LIVED MY WHOLE ADULT LIFE IN ITALY, I COME TO BERLIN AS THE CORE OF EUROPE BETWEEN TWO PERIPHERIES, A CORE I WILL NEVER REALLY KNOW, BUT WHICH ALWAYS STIRS ME WITH THE SAME ANXIETY AND EXCITEMENT. I CAME IN MY TEENS AND PICKED UP A CHUNK OF CEMENT THAT HAD FALLEN FROM THE WALL. I HAVE IT IN A TUPPERWARE BOX IN THE ATTIC. THAT WAS PROBABLY THE CLOSEST I EVER GOT TO THE CITY, WHEN I SLIPPED ITS GRITTY WEIGHT INTO MY POCKET, LOOKING NERVOUSLY ABOUT. I WILL ALWAYS BE A TOURIST HERE, TOUCHING WITHOUT UNDERSTANDING.

ATIQ RAHIMI

Atiq Rahimi wurde 1962 in Kabul geboren. Im Jahr seiner Einschulung am französischen Lycée Esteqlal wurde die Monarchie in Afghanistan gestürzt. Sein Vater, Gouverneur des Distrikts Panshir-Tal, wurde verhaftet und verschwand für vier Jahre spurlos. Einem zweiten Staatsstreich 1978 folgte die sowjetische Invasion. Rahimi studierte Literatur und entzog sich 1984 der Einberufung zum Militär durch die Flucht nach Pakistan. Er beantragte politisches Asyl in Frankreich, studierte zunächst in Rouen und promovierte schließlich an der Pariser Sorbonne im Fach Audiovisuelle Kommunikation.

Neben der Arbeit an Dokumentarfilmen verfasste Rahimi 1996 – inzwischen hatten die Taliban die Macht übernommen – seinen ersten Roman, »Châkestar o Châk« (dt. »Erde und Asche«, 2001). Er erschien vier Jahr später auf Französisch und avancierte nach den Anschlägen vom 11. September zum Bestseller. Der Autor verbindet Einflüsse moderner westlicher Literatur, insbesondere Schnitttechnik und Erzählökonomie, mit der bilderreichen Tradition östlichen Erzählens. Der Roman zeigt einen Mann, dessen Dorf von sowjetischen Truppen zerstört worden ist. Keiner hat das Massaker überlebt – außer ihm und seinem Enkel, der dabei das Gehör verloren hat. Auf dem Weg zur abgelegenen Arbeitsstelle seines Sohnes versucht der Mann sich in ständiger Selbstansprache das Geschehene und seine Lage begreiflich zu machen und sich darüber klar zu werden, wie er seinem Sohn gegenübertreten soll. Der Horror des Krieges erscheint umso eindrücklicher, als ihn Rahimi fast distanziert und mit poetischer Lakonie evoziert. Statt Adjektiven und Pathos wird eine hohe Symboldichte wirksam. Die Verfilmung des Werks unter seiner Regie wurde auf internationalen Filmfestivals ausgezeichnet, u.a. in Cannes, Neu-Delhi und Sansibar.

Der Ausweglosigkeit des Krieges stehen bei Rahimi stets Oasen der Geborgenheit gegenüber, Keimzellen eines Widerstands aus Humanität. In »Hesârchâne-ye châb wa echtenâg« (2002; dt. »Der Krieg und die Liebe«, 2003) beispielsweise wird ein Mann außerhalb der Sperrstunde von Soldaten aufgegriffen und schwer verletzt. Er wird von einer Frau gerettet, die ihren Mann in einer ähnlichen Situation verloren hat, doch die Erfahrung der Gewalt und die Nähe des Todes begleiten ihn weiter, auch nachdem er sich nach Pakistan gerettet hat.

Seinen neuesten Roman, »Syngué sabour« (2008; dt. »Stein der Geduld«, 2009), verfasste Rahimi erstmals in französischer Sprache. Im Mittelpunkt steht eine Frau, die sich aufopferungsvoll um ihren Mann kümmert, der nach einem Genickschuss gelähmt ist. Ohne zu wissen, ob er sie hören kann, spricht sie immer freier von ihren Gefühlen angesichts der ehelichen, sozialen und religiösen Unterdrückung. Der Roman wurde mit dem renommierten Prix Goncourt ausgezeichnet.

Rahimi besuchte sein Heimatland erstmals wieder im Jahr 2002 und lebt inzwischen teilweise dort. Er engagiert sich mit vielfältigen kulturpolitischen Aktivitäten für den Wiederaufbau der afghanischen Gesellschaft. So rief er ein Schriftstellerzentrum ins Leben und entwickelte die erste afghanische TV-Soap. Die Gründung eines Verlags ist in Vorbereitung.

Erde und Asche
Claassen
München, 2001
[Ü: Susanne Baghestani]
Der Krieg und die Liebe
Claassen
München, 2003
[Ü : Susanne Baghestani]
Le Retour imaginaire
P.O.L.
Paris, 2005
Syngué Sabour.
Pierre de patience
P.O.L.
Paris, 2008
Stein der Geduld
Ullstein Hardcover Verlag
Berlin, 2009
[Ü: Lis Künzli]

Atiq Rahimi was born in Kabul in 1962. In the year he entered the French Lycée Esteqlal, the Afghan monarchy fell. His father, Governor of the District Panshir-Tal, was arrested and disappeared without a trace for four years. A second coup in 1978 was followed by the Soviet invasion. Rahimi studied literature and avoided military service by fleeing to Pakistan in 1984. He sought political asylum in France, where he first studied in Rouen and later completed his doctorate in audiovisual communication at the Sorbonne.

In 1996, the Taliban came to power in Kabul and Rahimi, while working as a documentary filmmaker in France, wrote his first novel, »Châkestar o Châk« (Eng. Earth and Ashes, 2002). It was published in French four years later and went on to become a bestseller after the September 11th attacks. The author brings together influences from modern Western literature, especially brevity of description and cinematic cutting and editing of scenes, with the ›flowery‹ tradition of Eastern narratives. The novel tells the story of a man whose town has been razed by Soviet troops. No one but he and his grandson, who has lost his hearing as a result of the attack, have survived. On the way to the remote mine where his son works, the old man talks to himself continuously, trying to find a way to come to terms with his grief and to fathom a way to tell his son what has happened. The horror of the war is made to seem all the more piercing by the poetically laconic, almost cool way in which Rahimi evokes it. The film adaptation of the book, directed by Rahimi, received awards at several international film festivals including those in Cannes, New Delhi and Zanzibar.

In Rahimi's work, the hopelessness of war is always juxtaposed with oases of safety, pockets of humanity's resistance. In »Hesârchâne-ye châb wa echtenâg« (2002; Engl. A Thousand Rooms of Dream and Fear, 2007), a man out after curfew is captured by soldiers and severely beaten. He is rescued by a woman who has lost her husband in a similar situation, but the experience of violence and the fear of death stay with him – even after he has fled to safety in Pakistan. Rahimi's latest novel, »Syngué sabour« (2008; t: The stone of patience) is the first that he has written in French. Central to the novel is a woman devoted to caring for her husband, who is paralysed as a result of being shot in the neck. Without knowing whether or not he can hear her, she speaks more and more freely about her feelings of marital, social and religious oppression. The novel was awarded the prestigious Prix Goncourt literary prize.

Rahimi returned to his homeland for the first time in 2002 and now lives there part of the time. He is involved in various cultural and political activities working to rebuild Afghan society. Among other things, he has founded a writer's centre and developed Afghanistan's first soap opera. A publishing house is currently being set up.

Walking in Music; Adagio for Berlin

Ten months were not enough to get to know Berlin well. That is what I thought the last few weeks before my departure. Not that one can ever fully know a city. Cities change every minute, but for itinerants and strangers, and I like to remain a stranger wherever I may be, there are more constants. The best way to know a city, any city, is, of course, to walk aimlessly and to discover its moods, memories, melancholies and pleasures. To listen to it breathing, sighing and singing, or its pretending to be silent. To search for its dreams and touch the scars of old nightmares. One thought which kept recurring throughout the months I lived in Berlin was Goethe's remark that architecture is frozen music. . . really there is something in this; the tone of mind produced by architecture approaches the effect of music.

As a stranger and a temporary resident, I had the luxury of looking up and listening to the music and walking under it and passing by it. The city was a gigantic invisible iPod with centuries of memory. The varieties of music encapsulated the city's history in all its shades, from the most beautiful to the most brutal. It was not only on the streets, the music was also on ceilings in apartments I visited. The ceiling in my apartment had tens of little angels frozen in eternal flight, who greeted me every morning with an ambiguous stare for months before I trapped them in a poem:

Angels on my Ceiling
This city has demons,
a German friend told me.
Yes, but it has angels, too.
I see them every morning
in my apartment
staring from the ceiling.
I counted twenty-five or so
with tiny wings and tired faces
as if about to say something
but they just stare
silently.
What do they want?
Sometimes I forget that they are there
and go about my life
until the day one of them broke its wing
and fell next to my bed
its head scattered all over the floor
it was tired of its heavy burdens.
It's not easy being an angel these days
I didn't touch it.
The Lord appeared the next morning
looked at it with no pity whatsoever
swept up its remains with a broom
threw the wing into the trash
and said, in a heavy German accent:
It's an old building, you know?
I'll get someone to fix the cracks
in the other ones
hopefully, no more fallen angels, Ja?

Could it be that stone also stares at us and listens? I am still haunted by the angel looking down from that building on Hauptstrasse which I saw every day as I left my apartment. It appeared to be in pain, its mouth wide open with a groan. Its body caught in between two floors with the weight of the entire building crushing it. A few weeks later I had to revise my theory. Across the street from the building there was a sign about all the trains that left from that spot and deposited life into one of history's deepest abysses. Had the angel seen it all, or was the building destroyed in the war and rebuilt again? I will ascertain that when I return to Berlin again. Why these morbid thoughts? someone had asked me. Perhaps being haunted by Baghdad and its nightmares predetermines much of what I see, or perhaps I am not naïve enough to think that death is not intertwined with life. Anyway, my thoughts were not always morbid or melancholic. If Berlin's winter is cruel, spring is a pleasant surprise. I never realized that a city could have so many trees. It also seemed that thousands of birds had suddenly sought asylum in their branches and were happily singing about the temporary hospitality.

How was Berlin? asked a friend in New York. Great, I wrote more poems than I have in the last three years. You have to go back there then, she said. I will!

Spring

I don't know
the name of the tree
which stood under my balcony
all winter
but I do know
that now it is a peacock
flaunting its colors
flapping its wings
whenever the wind whispers
into its ears
messages from distant ones
It tries to fly
but the earth refuses
feathers fall on the sidewalk
to be crushed
by pedestrians
soon the peacock will tire
droop
and disappear
but the tree will stay
standing
dreaming of it
In those long winter nights

ILMA RAKUSA

Ilma Rakusa wurde 1946 als Tochter eines slowenischen Vaters und einer ungarischen Mutter in Rimavská Sobota, Ost-Slowakei, geboren. Die ersten Jahre ihrer Kindheit verbrachte sie in Budapest, Ljubljana und Triest, bevor sie 1951 mit ihrer Familie nach Zürich zog. Nach dem Schulabschluss begann sie dort Slawistik und Romanistik zu studieren, in Paris und St. Petersburg setzte sie ihr Studium fort. Nach ihrer Promotion 1971 arbeitete sie bis 1977 als Assistentin am Slawistischen Institut der Universität Zürich, wo sie bis heute als Lehrbeauftragte tätig ist. Daneben arbeitet sie freiberuflich als Schriftstellerin und Publizistin. So schreibt sie regelmäßig für Zeitungen wie »Die Zeit« und die »Neue Zürcher Zeitung«. Außerdem wirkt sie als Übersetzerin aus dem Russischen, Serbokroatischen, Französischen und Ungarischen (u.a. Marina Zwetajewa, Danilo Kiš, Imre Kertész und Marguerite Duras).
Seit 1982 veröffentlichte sie zahlreiche Erzählbände, so z.B. »Die Insel« (1982), »Miramar« (1986) und »Steppe« (1990). Ihr erster Lyrikband, »Ein Strich durch alles. Neunzig Neunzeiler«, erschien 1997. 2001 folgte die Lyriksammlung »Love After Love. Acht Abgesänge«. Jedoch nicht nur mit belletristischen Werken machte sich die rührige Autorin einen Namen: In dem Buch »Von Ketzern und Klassikern« (2003) beispielsweise lädt Rakusa in Essays und großen Artikeln zu einem Streifzug durch die russische Literatur ein. 2006 veröffentlichte sie die Vorlesungen ihrer Chamisso-Poetikdozentur unter dem Titel »Zur Sprache gehen«. Zuletzt erschien von ihr der Band »Mehr Meer. Erinnerungspassagen« (2009), in dem sie in Dialogen, Gedichten, Notizen und Erzählstücken ihre Kindheit und Jugend auferstehen lässt, die von häufigen Ortswechseln quer durch Europa geprägt ist.
Für ihr Werk und ihre Übersetzungen erhielt sie zahlreiche Preise, so z.B. den Petrarca-Preis für ihre Übersetzung der Werke Marina Zwetajewas (1991), den Leipziger Buchpreis zur Europäischen Verständigung (1998), den Schiller-Preis der Zürcher Kantonalbank (1998) und den Preis des Internationalen Literaturfestivals Vilencia/Slowenien (2006). Ilma Rakusa ist Mitglied der Deutschen Akademie für Sprache und Dichtung in Darmstadt und ist als Jurorin für mehrere literarische Institutionen tätig. Die Autorin lebt in Zürich.

Die Insel
Suhrkamp
Frankfurt/Main, 1982
Miramar
Suhrkamp
Frankfurt/Main, 1986
Ein Strich durch alles: Neunzig Neunzeiler
Suhrkamp
Frankfurt/Main, 2000
Von Ketzern und Klassikern. Streifzüge durch die russische Literatur
Suhrkamp
Frankfurt/Main, 2003
Zur Sprache gehen
Thelem
Dresden, 2006
Mehr Meer. Erinnerungspassagen
Literaturverlag Droschl
Graz, 2009

Ilma Rakusa was born in Rimavská Sobota in eastern Slovakia in 1946, the daughter of a Slovenian father and a Hungarian mother. She spent her early childhood in Budapest, Ljubljana, and Trieste, before moving to Zurich with her family in 1951. After completing school there she studied Slavonic and Romance studies, and continued her studies in Paris and St Petersburg. After completing her doctorate in 1971 she worked until 1977 as an assistant at the Institute for Slavonic Studies at Zurich University, where she works to this day as an assistant professor. She also works freelance as a writer and journalist, writing regularly for newspapers such »Die Zeit« and the »Neue Zürcher Zeitung«. She also works as a translator from Russian, Serbo-Croatian, French, and Hungarian (including for Marina Zwetajewa, Danilo Kiš, Imre Kertész and Marguerite Duras).
She has published many collections of short stories since 1982, including »Die Insel« (1982, t: The Island), »Miramar« (1986) And »Steppe« (1990). Her first collection of poetry, »Ein Strich durch alles. Neunzig Neunzeiler« (Eng. »A Farewell to Everything, Ninety Nine-Liners«, Shearsman Books 2005) was published in 1997, and was followed by »Love After Love. Acht Abgesänge« (2001; t: Love After Love, Eight Swan Songs). It was not just through fiction that the busy author made her name: her book »Von Ketzern und Klassikern« (2003; t: Of Heretics and Classics) for example is a collection of essays and long articles in which Rakusa invites the reader to accompany her on a trip through Russian literature. In 2006 she published Chamisso poetry lectures as »Zur Sprache gehen« (t: Walking Towards Language). Her most recent publication was »Mehr Meer. Erinnerungspassagen« (2009; t: More Ocean: Passages of Memory), in which she brings to light dialogues, poems, notes and story fragments from her childhood and youth which were marked by frequent changes of location all over Europe.
She has been awarded several prizes for her writing and her translations, including the Petrarca Prize for her translations of Marina Zwetajewa's works (1991), the Leipzig Book Award for European Understanding (1998), the Schiller Prize of the Zurich Kantonalbank (1998) and the Award of the International Literature Festival Vilencia/Slovenia (2006). Ilma Rakusa is a member of the German Academy of Language and Poetry in Darmstadt and serves as a juror for many literary institutions. The author lives in Zurich.

PABLO RAMOS

Pablo Ramos wurde 1966 in Sarandí, einem Vorort von Buenos Aires, geboren. Er arbeitete in verschiedenen Jobs – u.a. als Elektriker, Koch, technischer Zeichner, Kellner, Straßenverkäufer – und war freischaffend tätig. Daneben spielte er in einer Rockband, für die er Texte schrieb. 1997 veröffentlichte er den preisgekrönten Gedichtband »Lo pasado pisado« (Ü: Die getretene Vergangenheit). Während eines Alkoholentzugs wurden seine Kurzgeschichten aus dem damals noch unveröffentlichten Band »Cuando lo peor haya pasado« (2005; Ü: Wenn das Schlimmste vorbei ist) mit wichtigen Auszeichnungen bedacht: dem ersten Preis des Fondo Nacional de las Artes und dem Preis der Casa de las Américas. Seitdem ist Ramos freier Schriftsteller. Mit seinem Debütroman wurde er auch international bekannt.

»El origen de la tristeza« (2004; dt. »Der Ursprung der Traurigkeit«, 2007) schildert in drei abgeschlossenen Episoden das Ende einer Kindheit. Hintergrund ist das von mehreren Militärdiktaturen moralisch und ökonomisch abgewirtschaftete Argentinien. Der Protagonist wächst zwischen Gescheiterten, Sonderlingen, Säufern und Zynikern in einem heruntergekommenen Viertel auf, in dem Gewalt und Hoffnungslosigkeit regieren. Als Anführer einer Kindergang überschreitet er die Grenze der Kleinkriminalität. Freundschaft erfährt er auch von älteren Außenseitern der Gesellschaft wie einem Friedhofswärter und einem homosexuellen Musiker, die ihm Hoffnung für die Zukunft geben.

Seine trotz widriger Umstände, eines Vaterkonflikts und der Unsicherheit sexuellen Erwachens idyllische Kindheit endet, als ein Freund bei einem Raubüberfall getötet wird. Ramos' nuancenreiche Prosa ist schonungslos und humorvoll zugleich. Obwohl seine Biografie wichtige Inspirationsquelle ist und Ramos die Bedeutung eigener Erfahrungen betont, bildet doch die »literarische Lüge« die Quintessenz seiner Poetik: »Ich glaube tief und fest an die Fiktion. Die Wirklichkeit umstrukturieren und die nötigen Lügen hinzufügen: Um zu erreichen, dass der Leser fühlt, was du gefühlt hast, musst du lügen.«

Der Folgeroman »La ley de la ferocidad« (2007; Ü: Das Gesetz des Grässlichen) zeigt den Protagonisten des ersten Romans als jungen Erwachsenen. Er ist zu Geld gekommen und wird von rastloser, unbestimmter Unzufriedenheit getrieben. Als liebesbedürftiges Scheusal nimmt er Zuflucht zu Drogen und Prostituierten. Die Zeitung »arcadia« wählte den Roman im Jahr 2008 unter die zehn besten in Kolumbien veröffentlichten Bücher. Ramos' Werke erschienen in portugiesischer, französischer und deutscher Sprache.

Derzeit arbeitet der Autor an seinem dritten Roman. Er gibt Schreibwerkstätten und lebt im brasilianischen San Salvador de Bahía sowie in Buenos Aires. Zurzeit wohnt der Autor als Gast des Berliner Künstlerprogramms des DAAD in Berlin.

Lo pasado pisado
Alfaguara
Buenos Aires, 1997
Cuando lo peor haya pasado
Alfaguara
Buenos Aires, 2005
La ley de la ferocidad
Alfaguara
Buenos Aires, 2007
Der Ursprung der Traurigkeit
Suhrkamp
Frankfurt/Main, 2007
[Ü: Susanne Mende]

Pablo Ramos was born in 1966 in Sarandí, a suburb of Buenos Aires. He has had various jobs – electrician, chef, draftsman, waiter, street vendor – and has also been self-employed. Alongside he played in a rock band, writing the lyrics for its songs. In 1997, he published an award-winning collection of poems, »Lo pasado pisado« (t: The trampled past). While he was undergoing treatment for an alcohol problem, short stories from the then unpublished collection »Cuando lo peor haya pasado« (2005; t: Once the worst is behind us) won two major awards: the first prize of the Fondo Nacional de las Artes and a Prize awarded by the Casa de las Américas. Since that time, Ramos has been a professional writer. He achieved international fame with his first novel.

»El origen de la tristeza« (2004; t: The origin of sadness), portrays the end of childhood though three self-contained episodes. Argentina's moral and economic devastation, brought about by its military dictatorships, serves as a backdrop to the story. The protagonist grows up among has-beens, cranks, drunks and cynics in a broken down neighbourhood where violence and hopelessness prevail. As the leader of a youth gang, he slides into the world of petty crime. He makes older friends from the margins of society, such as a cemetery guard and a homosexual musician, who give him glimpses of hope. His childhood – idyllic in spite of adversity, problems with his father, and sexual anxieties – comes to an abrupt end with the death of a friend in a robbery. Ramos' nuanced prose manages to be at once unsparing and humorous. Although he takes inspiration from his own life and emphasises the impact of personal experiences, the idea of the »literary lie« is essential to his work, »I firmly and deeply believe in fiction. Take reality apart and insert the necessary lies: to make the reader feel what you have felt, you have to lie.«

The following novel, »La ley de la ferocidad« (2007; t: The Law of Ferociousness), shows us the protagonist from the first novel as a young man. He has come into money and is tormented by vague and anxious feelings of dissatisfaction. A self-indulgent fiend, he finds escape through drugs and prostitutes. In 2008, the newspaper »Arcadia« selected the novel as one of the ten best published in Colombia that year. Ramos' works have been translated into Portuguese, French, and German.

The author is currently working on his third novel. He leads creative writing workshops and divides his time between San Salvador de Bahía, Brazil and Buenos Aires, Argentina. Currently he lives in Berlin as a guest of the DAAD Artists-in-Berlin Program.

PABLO RAMOS

Wenn ich an Berlin denke
denke ich an Frauen
im Grunde denke ich immer an Frauen

wenn ich an Berlin denke
(und ich denke daran wie ein Blinder an die Sterne)
denke ich an eine grüne Stadt
an einen grünen Wald mit einer Stadt
mittendrin

wenn ich an Berlin denke, seufze ich
vor Erleichterung
vor Angst
vor Lust
vor Verlangen

wenn ich an Berlin denke
fällt mir stets
die Fernsehansagerin im Konsulat in Buenos Aires ein
die sagt: »Deutschland, Land der Ideen«
ohne genauer zu werden

wenn ich an Berlin denke
(nun, da ich Berlin kennenlerne)
kann ich nicht einschlafen

aus dem Spanischen von Vanessa Briese und Christina Wegener

ISAAC ROSA

Isaac Rosa, geboren 1974 in Sevilla, studierte Publizistik in Badajoz. Sein erster Roman »La malamemoria« (Ü: Das schlechte Gedächtnis) erschien 1999. Eine überarbeitete Version seines Debüts als Romancier wurde 2007 unter dem programmatischen Titel »¡Otra maldita novela sobre la guerra civil!« (Ü: Noch ein verdammter Roman über den Bürgerkrieg!) herausgegeben, der selbstironisch auf die »Inflation an Büchern über den Bürgerkrieg« in der spanischen Literatur der letzten Jahre verweist. Im Zentrum des Werks steht die Suche eines Schriftstellers nach einem während des Spanischen Bürgerkriegs verschwundenen Dorf, von dessen einstiger Existenz nichts mehr bekannt zu sein scheint. Auf den ursprünglichen Text folgt jeweils am Ende der Kapitel der kritische Kommentar eines fiktiven Lesers, der sowohl formale als auch inhaltliche Schwächen des Romans ins Visier nimmt. Bei diesem selbstreflexiven Verfahren fungiert der Autor so als Kritiker seines eigenen, Jahre zuvor geschriebenen Romans.

International bekannt wurde Rosa mit seinem preisgekrönten zweiten Roman »El vano ayer« (2004; dt. »Das Leben in Rot«, 2008), der sich ebenfalls mit der jüngeren spanischen Geschichte befasst. In einer vielschichtigen fiktionalen Untersuchung geht der Autor den Schicksalen des Literaturprofessors Julio Denis und eines gegen die Franco-Diktatur engagierten Studenten nach. Beide verschwinden spurlos während der Madrider Studentenunruhen Ende der 1960er Jahre. Zahlreiche Erzählerstimmen schildern in Rosas »Radiographie des Franco-Regimes« (»Frankfurter Allgemeine Zeitung«) die Begebenheiten aus unterschiedlichen Perspektiven, so dass verschiedene Versionen der Geschichte entworfen werden. Es entsteht ein enges Erzählnetz, das nicht allein eine Episode aus dem franquistischen Überwachungsstaat nachzeichnet, sondern mithilfe von ironischen und selbstreflexiven Passagen über den Entstehungsprozess des Romans zugleich den Prozess des Erinnerns einblendet. Rosas besonderes Interesse gilt dabei der Befreiung der Erinnerung von gängigen Klischees und Stereotypen, die einen Großteil von Romanen und Filmen prägen und die »unser historisches Bewusstsein in ungeahnten Ausmaßen korrumpieren, indem eine ekelerregende Nostalgie an die Stelle unserer Erinnerung gesetzt wird«.

Rosas zuletzt erschienener Roman »El país del miedo« (2008; Ü: Das Land der Angst) reflektiert die Ängste der Menschen in modernen Gesellschaften. Die Ängste des Protagonisten Carlos, der mit seiner Frau und seinem Sohn Pablo in einem herkömmlichen Wohngebiet einer großen Stadt lebt, konkretisieren und verselbständigen sich, als er erfährt, dass Pablo von einem Mitschüler malträtiert wird. In klarer Sprache und nüchternem Stil werden nicht nur die Ursprünge alltäglicher Furcht und die Mechanismen ihrer Verbreitung untersucht, sondern auch die Nutznießer in den Blick genommen. Der Autor wurde u.a. mit den renommierten Preisen Premio Rómulo Gallegos (2005) und Premio Fundación José Manuel Lara (2009) ausgezeichnet. Er hat zwei Töchter und lebt in Madrid.

La malamemoria
Del Oeste Ediciones
Badajoz, 1999
¡Otra maldita novela sobre la guerra civil!
Editorial Seix Barral
Barcelona, 2007
Das Leben in Rot
Frankfurter Verlagsanstalt
Frankfurt/Main, 2008
[Ü: Ralph Amann]
El país del miedo
Editorial Seix Barral
Barcelona, 2008

Isaac Rosa was born in Seville in 1974 and studied journalism in Badajoz. His first novel, »La malamemoria« (t: The bad memory), was published in 1999. In 2007, a revised version of this novel was published entitled »¡Otra maldita novela sobre la guerra civil!« (t: Another damn novel about the Spanish Civil War!), which points self-deprecatingly to the recent »inflation of books about the Civil War« in Spanish literature. The work centres on an author's search for a village that simply disappeared during the Spanish Civil War and concerning whose erstwhile existence nothing seems to be known. In addition to the novel's original text, each chapter is followed by comments made by a fictional reader whose critiques target the novel's weaknesses in terms both of its form and content. This self-reflexive technique allows the author to act as critic of his own novel, published years before.

Rosa became internationally known through his award-winning second novel »El vano ayer« (2004; t: Yesterday's false hope), in which he again deals with Spain's recent history. In a multi-layered, fictional investigation, the author tracks the fates of literature professor Julio Denis and a student who opposes Franco's dictatorship. Both disappear during the 1960s student protests in Madrid. Called a »radiography of the Franco regime« by the »Frankfurter Allgemeine Zeitung«, the novel's numerous narrators portray events from different perspectives, projecting several versions of history. What results is a tight web of narratives that trace an episode of police surveillance under Franco, but also, with the help of ironic and self-reflexive passages concerning the novel's creation, examine the process of remembering. Rosa is particularly interested in memory's liberation from the standard clichés and stereotypes that influence most novels and films and »corrupt our knowledge of history to an unimaginable degree, replacing memory with repulsive nostalgia.«

Rosa's newest novel »El país del miedo« (2008; t: The country of fear) reflects human fears in modern society. The anxieties of the protagonist Carlos, who lives with his wife and son Pablo in a conventional residential area of a large city, are substantiated and given a life of their own when he discovers that Pablo has been mistreated by a classmate. Through clear language and an unemotional style, Rosa not only explores the origins of everyday fear and the mechanisms through which it spreads, he also establishes who benefits from it.

The author's work has received awards including the prestigious Premio Rómulo Gallegos (2005) and the Premio Fundación José Manuel Lara (2009). He has two daughters and lives in Madrid.

KAMILA SHAMSIE

Kamila Shamsie wurde 1973 in der Millionenmetropole Karatschi, Pakistan, geboren. Von ihrer Mutter, der Schriftstellerin und Journalistin Muneeza Shamsie, und anderen Familienmitgliedern wurden ihre literarischen Ambitionen von Anfang an unterstützt. Ihr Studium absolvierte sie in den USA, wo sie einen Bachelor in Creative Writing am Hamilton College, Clinton, New York, und einen Master an der University of Massachusetts machte.
Kurz nach Abschluss des Studiums publizierte sie ihren ersten Roman, »In the City by the Sea« (1998; Ü: In der Stadt am Meer). Bereits dieses magisch-realistische Erstlingswerk über den elfjährigen Hasan aus Karatschi, der als Kind einer wohlhabenden Mittelstandsfamilie plötzlich mit den Unsicherheiten des Alltags in Pakistan konfrontiert wird und dem imaginäre Freunde aus ihm bekannten Geschichten – darunter Gestalten von Shakespeare und aus der Artus-Sage – den Umgang mit der Wirklichkeit erleichtern, fand vielerorts wohlwollende Beachtung. So wurde der Autorin der Award for Literature des pakistanischen Premierministers verliehen, und sie stand auf der Shortlist für den Mail on Sunday/ John Lewellyn Rhys Prize.
Charakteristika dieses ersten Buches finden sich auch in ihren weiteren Werken, vor allem die mittelständisch-wohlhabende Erfahrungswelt ihrer Protagonisten. In »Salt and Safron« (2000; dt. »Salz und Safran«, 2006) über eine nach dem Studium in den USA nach Karatschi zurückkehrende Frau aus aristokratischem Elternhaus beleuchtet Shamsie in einer problembehafteten Liebesgeschichte die schwierige Suche nach einer Balance zwischen individueller Identität und sozial-kulturellen Traditionen. Auch in den beiden Folgeromanen »Kartography« (2002; dt. »Kartographie«, 2005) und »Broken Verses« (2005; dt. »Verbrannte Verse«, 2006) setzt sich die Autorin mit den Erfahrungen der Elite in einer Nation auseinander, die von politischer Unsicherheit und sozialen Problemen geprägt ist. Mit ihrer ambitionieren Neuerscheinung »Burnt Shadows« (2009; dt. »Verglühte Schatten«, 2009) verlässt die Schriftstellerin schließlich das Terrain ihrer Heimatstadt und schreibt ein Familienepos, das Weltereignisse zwischen dem Abwurf der Atombombe über Nagasaki 1945 und den Verhören in Guantánamo nach 9/11 aufgreift. Neben Romanen schreibt die Autorin auch Kurzgeschichten sowie Essays und Kolumnen für verschiedene Zeitungen und Zeitschriften.
Kamila Shamsie wurden diverse literarische Ehrungen zuteil, darunter zuletzt der Muslim Writers Award und eine Platzierung auf der Shortlist des renommierten Orange Prize for Fiction für »Verglühte Schatten«. Sie lebt in London und Karatschi.

In the City by the Sea
Penguin
New York, 1998
Kartographie
Berlin-Verlag
Berlin, 2004
[Ü: Anette Grube]
Verbrannte Verse
Bloomsbury
Berlin, 2005
[Ü: Anette Grube]
Salz und Safran
Bloomsbury
Berlin, 2006
[Ü: Rebekka Göpfert]
Verglühte Schatten
Bloomsbury
Berlin, 2009
[Ü: Ulrike Thiesmeyer]

Kamila Shamsie was born in Karatchi, Pakistan in 1973. Her literary ambitions were supported from an early age by her mother, author and journalist Muneeza Shamsie, and other family members. She went to university in the USA; she completed her bachelor's degree in creative writing at Hamilton College in Clinton, New Jersey and gained her MFA at the University of Massachusetts. In addition to her published novels, the author also writes short stories, essays and columns for various newspapers and magazines.
She published her first novel, »In the City by the Sea« (1998), shortly after leaving university. Even this early work met with wide acclaim, being awarded the Prime Minister's Prize for Literature in Pakistan and short-listed for the John Llewellyn Rhys/ Mail on Sunday Prize. Shamsie's magical-realistic début tells the story of Hasan, a young boy from Karatchi whose prosperous middle class family is suddenly confronted with the instability of everyday life in Pakistan. Hasan uses fantasy to deal with the intrusion of reality into his world and finds imaginary friends in stories he knows – characters out of Shakespeare or the legend of King Arthur – who make it easier for him to cope with reality. Features of this first book are also present in the author's later works, in particular the affluent middle class as inhabited by her protagonists. In her next book, »Salt and Saffron« (2000), about a woman's return to her aristocratic family in Karatchi after completing her studies in the USA, Shamsie uses a problematic love story to shed light on the difficult search for balance between individual identity and society's traditions. In the two novels that followed, »Kartography« (2002) and »Broken Verses« (2005), again set in Karatchi, the author continues to grapple with the experiences of the elite in a nation marked by political instability and social problems. The author strikes out in a new direction in her latest and most ambitious work, »Burnt Shadows« (2009), a family saga spanning world events from the atom bomb dropped on Nagasaki in 1945 to post-9/11 interrogations at Guantanamo Bay. In addition to novels, the author also writes short stories, essays and columns for various newspapers and magazines.
Kamila Shamsie has received numerous literary awards. Recently, »Burnt Shadows« won a Muslim Writer's Award and was short-listed for the prestigious Orange Prize for Fiction. She lives in London and Karatchi.

EDWARD ST AUBYN

Schöne Verhältnisse
Dumont
Köln, 2007
[Ü: Ingo Herzke]
Schlechte Neuigkeiten
Dumont
Köln, 2007
[Ü: Frank Wegner]
Nette Aussichten
Dumont
Köln, 2008
[Ü: Dirk van Gunsteren]
Muttermilch
Dumont
Köln, 2009
[Ü: Dirk van Gunsteren]

Edward St Aubyn wurde 1960 in Cornwall geboren. Aus einer Familie des englischen Hochadels stammend, wuchs er in England und Südfrankreich auf. Nach dem Besuch der privaten Westminster School studierte er an der University of Oxford Anglistik. 1992 veröffentlichte er die ersten beiden Bände seiner Trilogie um sein literarisches Alter Ego Patrick Melrose. Das schonungslose Porträt der eigenen Gesellschaftsschicht und der offen autobiografische Hintergrund lösten einen gesellschaftlichen Wirbel aus, hinter dem die literarische Qualität der Werke eine Weile unbeachtet blieb. Erst nach der Nominierung seines sechsten Romans für den Booker Prize und der Verleihung des Prix Fémina Etranger kamen zu den französischen Übersetzungen auch deutsche, italienische und spanische hinzu.
St Aubyn wird in die Tradition der großen angelsächsischen Stilisten und Gesellschaftsporträtisten gestellt. Charakteristisch für seine Schilderungen ist die Kontrastierung von Oberflächlichkeit und Abgründigkeit, von sprachlicher Eleganz und sprachlosem Schmerz. »Never Mind« (1992; dt. »Schöne Verhältnisse«, 2007) führt die Familie Melrose ein. Während die überforderte, alkoholsüchtige und von ihrem Mann gedemütigte Mutter ein befreundetes Paar vom Flughafen abholt, vergewaltigt der Vater den Sohn. Das anschließende Abendessen zeigt einen Sumpf von Verachtung, Heuchelei und Kälte, dessen sich die Mitglieder der höheren Gesellschaft durchaus bewusst sind, ohne sich daraus befreien zu können. Der Nachfolgeroman »Bad News« (1992; dt. »Schlechte Neuigkeiten«, 2007) zeigt den Protagonisten als drogenabhängigen jungen Mann. Seine Reise nach New York, wo er die Asche seines Vaters abholen will, gerät ihm nicht zum Schlussstrich unter seine Vergangenheit, sondern führt ihn auf einen höllischen Drogentrip. Der letzte Band der Trilogie, »Some Hope« (1994; dt. »Nette Aussichten«, 2008) schildert maliziös die Konversationskunst einer Gartenparty der High Society und zeigt dabei die Erbärmlichkeit der mehr oder weniger illustren und hochgeborenen Partygäste hinter deren angestrengter, intelligenter Wortgewandtheit. Im Gegensatz dazu steht ein Gespräch, in dem sich der Protagonist einem Freund anvertraut und zum ersten Mal von dem erlebten Missbrauch erzählt.
Nach zwei weiteren Romanen, die den Erlösungs- und Selbstfindungsdiskurs von New-Age-Communities gegen die tatsächliche Suche nach Erlösung und Selbstfindung stellen, verfasste St Aubyn zuletzt den preisgekrönten Roman »Mother's Milk« (2006; dt. »Muttermilch«, 2009). Er widmet sich erneut dem Protagonisten der Trilogie und zeigt ihn als Familienvater. Doch Patrick Melrose ist immer noch nicht bei sich angekommen, sondern auf der Flucht in eine Affäre sowie in Alkohohl und Pillen, während seine Frau die eigene Vernachlässigung als Kind an dem Neugeborenen überkompensiert und seine Mutter von einem Esoterik-Scharlatan dazu gebracht wird, ihm die Familienvilla zu überschreiben.
Edward St Aubyn lebt im Londoner Stadtteil Notting Hill.

Edward St Aubyn was born in Cornwall in 1960 and grew up in England and the South of France. His family is of noble descent and he had a privileged, but troubled, upbringing. He attended the prestigious Westminster School and went on to study English at the University of Oxford. In 1992 he published the first two books of his trilogy, which follows the life of Patrick Melrose, his literary alter-ego. The unforgiving portrayal of the social class to which he belongs and the openly autobiographical background of the books were so controversial that the literary value and quality of the works were not immediately recognised. After his sixth novel was nominated for the Booker Prize and he was awarded the French Prix Fémina for a Foreign Novel following a French translation, many of his works were also translated into German, Italian and Spanish.
St Aubyn's writing is often compared to that of the great English-speaking stylists and portrayers of society. The contrast between superficiality and baseness, linguistic elegance and wordless pain is characteristic of his work. »Never Mind« (1992) introduces the Melrose family for the first time. Many shocking episodes follow, including the rape of the son by the father while the stressed mother, an alcoholic constantly degraded by her husband, is picking up friends from the airport. The meal that follows portrays a mire of disrespect, hypocrisy and coldness, of which the characters seem fully aware but are unable to escape from. In the sequel »Bad News« (1992), the protagonist has grown up to be a young man with a drug addiction. He travels to New York to collect his father's ashes, but instead of enabling him to draw a line under his past, the trip turns into a hellish drug binge. The last novel in the trilogy, »Some Hope« (1994), satirically portrays the conversation at an upper-class garden party, showing the small-mindedness of the illustrious and affluent guests, usually hidden behind their strained but intelligent turns of phrase. In contrast, a conversation is described in which the protagonist confides in a friend and for the first time discusses the abuse which he endured as a child.
His two subsequent novels deal with the search for salvation and self-discovery in the context of New Age communities, following which St Aubyn wrote the award-winning novel »Mother's Milk« (2006). The protagonist of his trilogy reappears in this work and at first seems to have a new image as a drug-free family man. However, in reality Patrick Melrose is still not at peace with himself, on the run from reality whilst having an affair and continuing to be addicted to alcohol and drugs. The other characters are equally complex – Patrick's wife, whilst trying to compensate for her own neglect as a child, suffocates their newborn with attention, and his own mother, obsessed with doing good deeds for others but never for her own family, tries to force Patrick to sign over the family villa to an Irishman who wants to run a spurious New Age foundation.
Edward St Aubyn lives in Notting Hill, London.

NOTIZEN AUS DEN ERSTEN WOCHEN

WOJCIECH KUCZOK

ICH LIEBE BERLIN ALS EINEN DICHT BEVÖLKERTEN SCHMELZTIEGEL ALLER VÖLKER DIESER ERDE, ALS EINE LAUNE DER GESCHICHTE – EIN FURCHTBARER TRAUM HITLERS, DER VON EINEM THRON IN EINER SAUBEREN HAUPTSTADT EINES ETHNISCH GESÄUBERTEN STAATES TRÄUMTE. ES IST DAS IDEAL EINER POSTMODERNEN STADT, OHNE ZENTRUM, AN DEM SICH ORIENTIEREN KANN, OHNE HIERARCHISCHE ORDNUNGEN – BERLIN ZWINGT DEN BESUCHER, SICH VÖLLIG DEM GENUSS DES UMHERZIEHENS HINZUGEBEN; NUR IM TREIBEN AUF DEN STRASSEN, NUR BEIM EINTAUCHEN IN DEN FLIESSBANDARTIGEN STROM DER IN S- UND U-BAHNEN DIE STADT DURCHKREUZENDEN MENSCHEN KANN MAN DEN WAHREN CHARAKTER DIESER METROPOLE ERKENNEN.

DIESE STADT WUCHS LÄRMEND UND HASTIG IN DER EUPHORIE DES JAHRES 1989 ZUSAMMEN; SEITDEM VERNARBT SIE MÜHEVOLL. DIE JETZT VON MILLIONEN VON FÜSSEN GETRETENE MAUERLINIE STELLT DIE ERSTE UND ZUGÄNGLICHSTE ERINNERUNG AN DIE DUNKLE VERGANGENHEIT DAR. ES GIBT IMMER MEHR SOLCHER ORTE, MANCHMAL BEMERKT MAN SIE KAUM, MANCHMAL SIND SIE NICHT ZU ÜBERSEHEN, GEZIELT UND BUCHSTÄBLICH BRINGEN SIE EINEN AUS DEM GLEICHGEWICHT. DIE SCHIEFEN UND ABFALLENDEN FUSSBÖDEN DER FLURE IM JÜDISCHEN MUSEUM FÜHREN DAZU, DASS MAN DEN BODEN UNTER DEN FÜSSEN VERLIERT. MAN SCHLURFT MIT WACKLIGEN BEINEN HINDURCH; DER TOURIST WIRD IN EINEN HEIMATLOSEN, EINEN VERTRIEBENEN VERWANDELT, DER GEBÜCKT AUF DEN STETS BEDROHLICHEN IRRWEGEN EUROPAS UMHERGEHT. IN EINER DER KAMMERN SIND ABDRÜCKE VON ZERTRETENEN MENSCHLICHEN GESICHTERN AUFGESCHÜTTET, DIE BEIM DARÜBERGEHEN EINEN KRACHENDEN WIDERHALL ERZEUGEN, SO WIE IM INNERN EINES STEINERNEN GEDICHTES ÜBER DEN HOLOCAUST.

UNWEIT DES BRANDENBURGER TORS EIN HAIN VON STELEN. UND HIER BEWEGT SICH DER BODEN WELLENFÖRMIG, SENKT SICH UNBEMERKT. REIHEN VON HUNDERTEN GLEICHER QUADER SCHEINEN EINEM ÜBER DEN KOPF ZU WACHSEN, TREIBEN EINEN IN DIE ENGE, OBWOHL SIE VON AUSSEN SO UNSCHULDIG AUSSAHEN, SO ALS WÄRE ES EIN KLEINES LABYRINTH AUF EINEM KINDERSPIELPLATZ. PETER EISENMAN HAT GEZEIGT, WIE UNBEMERKT KRANKE IDEEN AN KRAFT GEWINNEN UND DIE REIHEN SCHLIESSEN.

WÄHREND MEINER SPAZIERGÄNGE DURCH BERLIN SUCHE ICH KAUM HÖRBARE TÖNE, DIE ABER UMSO DURCHDRINGENDER SIND. SOLCHE WIE DAS MEISTERLICHE DENKMAL VON MICHA ULLMANN AUF DEM BEBELPLATZ, ENTWORFEN ALS KONTRAPUNKT ZU DER TOSENDEN RASEREI DER MENGE, DIE AN EINEM MAIABEND DES JAHRES 1933 AN DIESEM ORT „ENTARTETE“ LITERATUR VERBRANNTE. IN DER MITTE DES PLATZES HÄTTE ICH FAST DIE HALBDURCHSICHTIGE PLATTE ÜBERSEHEN, UNTER DER ICH MIT ANGESTRENGTEM BLICK LEERE REGALREIHEN WAHRNEHME.
GRUNEWALD – EXKLUSIVE VILLEN JEGLICHER ARCHITEKTONISCHER STILRICHTUNG, EXKLUSIV VON IHREN BESITZERN ERZOGENE EXKLUSIVE HUNDE, DIE OHNE LEINE UND MAULKORB LAUFEN, ABER AUF AUSGEGLICHENE, ANSTÄNDIGE ART BELLEN, SOLCHE, DIE AM HUNDESTRAND BADEN GEHEN, NUR MIT IHREN EIGENEN SPIELSACHEN SPIELEN, SICH NICHT GEGENSEITIG BESCHNÜFFELN; HUNDERTE VON HUNDEN UND KEIN EINZIGER SCHEISSHAUFEN – MEIN GOTT, DACHTE ICH BEI MIR, HIER HABEN DIE HUNDE BESSERE MANIEREN ALS ICH.

AUS DEM POLNISCHEN VON CHRISTIAN MEIER

GEORGE SZIRTES

BERLINER ANTHOLOGIE

BERLIN IS A SCAR HEALING OVER. U BAHN, S
BAHN. IT IS BOOKS AND FILMS AND IMAGES. A
KIND OF CHASTENED OPENING OUT AS THE SCAR
HEALS. IT IS THE TRABANT NOW STARED AND
SMILED AT. IT IS A RUIN AND A REBUILDING, A
KIND OF SUDDENNESS BRIGHT WITH COMMERCE.
IT IS THE LUNGS OF A VOICE THAT ONCE TERRI
FIED, AND KILLED HALF MY FAMILY THAT NOW
SPEAKS WITH A LIBERAL CONSCIENCE. IT IS DEAR
CLOSE FRIENDS, A SPILL OVER FOR HUNGARIAN
WRITERS, A LATE STALINIST JOKE OCCASIONALLY
LAUGHING AT ITSELF. I CANNOT QUITE COME TO
GRIPS WITH IT, DESPITE HAVING SPENT WEEKS
THERE IN PREVIOUS YEARS, ALL AFTER 1989.
MAYBE IT IS BEST NOT UNDERSTOOD. WHEN THE
SUN SHINES WE LIKE TO WALK IN THE TIER
GARTEN, PAST THE LUSTGARTEN OR SOMEWHERE
IN KREUZBERG OR CHARLOTTENBURG, OR GO TO
POTSDAM, OR LOOK TOWARDS ALEXANDERPLATZ:
MORE FILMS, MORE BOOKS, MORE IMAGES, MORE
GUESSWORK.

IT TAKES YEARS TO UNDERSTAND A CITY. I THINK
I UNDERSTAND BUDAPEST WHERE I WAS BORN,
THOUGH IT CONTINUES TO SURPRISE ME, NOT AL
WAYS FOR THE BETTER. I THINK I HAVE A SENSE
OF LONDON WHERE I WAS BROUGHT UP, THOUGH
I STILL FEEL IGNORANT OF IT. OF BERLIN I KNOW
NOTHING REALLY. PERHAPS WE BRING IMAGINARY
CITIES WITH US AND LIVE IN THEM WHEREVER WE
ARE.

GEORGE SZIRTES

George Szirtes wurde 1948 in Budapest geboren. Nach Niederschlagung des ungarischen Aufstands im Jahr 1956 flüchtete seine Familie nach England, wo sie die englische Lebensweise und Sprache annahm. Nach dem Schulbesuch studierte Szirtes Malerei am College of Art and Design in Leeds und am Goldsmiths College der University of London. Anschließend arbeitete er als Lehrer für Kunst, Kunstgeschichte, Literatur und Creative Writing an verschiedenen Schulen und Institutionen wie der Arvon Foundation. Mitte der siebziger Jahre verfasste er die ersten einer Reihe von Libretti für Opern, Musicals und Oratorien und veröffentlichte Gedichte sowie Zeichnungen in Loseblattsammlungen. Für seinen ersten größeren Gedichtband, »The Slant Door« (1979; Ü: Die schräge Tür), wurde er mit dem Faber Memorial Prize ausgezeichnet. 1982 wurde er in die Royal Society of Literature aufgenommen. Nach dem frühen Tod seiner Mutter beschäftigte er sich zunehmend mit seiner Herkunft. Einer ersten Reise nach Ungarn im Jahr 1984 folgten die verstärkte Auseinandersetzung mit der ungarischen Literatur und schließlich eine rege Übersetzertätigkeit.
In Szirtes' Lyrik verbindet sich große Visualität mit starkem Formbewusstsein in der Tradition T. S. Eliots und W. H. Audens sowie der Reflexion über die eigene ungarisch-jüdisch-britische Identität. Beispielsweise in seinem neunten Gedichtband mit dem sprechenden Titel »Portrait of my Father in an English Landscape« (1998; Ü: Porträt meines Vaters in einer englischen Landschaft) sind diese Aspekte vereint. Im Titelgedicht entwickeln 15 Sonette, die von Fotografien ihren Ausgang nehmen, in klaren Sätzen eine fragmentarische Biografie des Vaters. Gerade in ihrer Kunsthaftigkeit zeigt sich der Impetus von Szirtes' Lyrik als Verpflichtung zur Wahrheit. Denn Wahrheit ist, wie der Autor bei der Verleihung des T. S. Eliot Prize für seinen Gedichtband »Reel« (2005; Ü: Spule) ausführte, nicht ausschließlich »Beweis, Information, Data und falsifizierbare Behauptungen, sondern ein Ding von seltsam zäher Komplexität«.
Der mit Preisen und Stipendien vielfach ausgezeichnete Lyriker ist auch für seine zahlreichen Übersetzungen ungarischer Autoren bekannt, darunter Imre Madách, Dezsö Kosztolányi, Ottó Orbán, Zsuzsa Rakovszky, László Krasznahorkai, Agnes Nemes Nagy, Sándor Márai und Ferenc Karinthy. Dafür wurde er u.a. mit dem Déry-Preis, dem Goldenen Stern der Republik Ungarn und dem European Poetry Translation Prize ausgezeichnet. Zu Szirtes' zahlreichen Werken gehören auch Gedichte für Kinder, eine Studie über die Malerin Ana Maria Pacheco sowie Artikel, Aufsätze, Anthologien und Radio- und Fernsehbeiträge über Dichter, Dichtung, Kunst, Übersetzung und Politik. Auf seiner Website betreibt er unter georgeszirtes.blogspot.com einen Blog.
Szirtes lebt mit seiner Frau, der Malerin Clarissa Upchurch, im ostenglischen Wymondham. Er ist Mitglied im beratenden Ausschuss des British Centre for Literary Translation und der Poetry Book Society sowie Schirmherr der National Academy of Writing und Juror zahlreicher Literaturwettbewerbe.

The Slant Door
Secker & Warburg
London, 1979
Portrait of My Father in an English Landscape
OUP
Oxford, 1998
Reel
Bloodaxe Books
Northumberland, 2004
www.georgeszirtes.co.uk

George Szirtes was born in Budapest in 1948. After the Hungarian Revolution of 1956, Szirtes and his family fled to England, where they adopted the English language and way of life. After leaving school Szirtes studied painting at the College of Art and Design in Leeds and at Goldsmith's College, part of the University of London. Subsequently he worked as a teacher of art, art history, literature and creative writing at a number of different schools and institutions such as the Arvon Foundation. In the mid-seventies he wrote the first of a series of libretti for operas, musicals and oratorios, and his poems and drawings appeared in loose-leaf publications. He was awarded the Faber Memorial Prize for his first complete collection of poems, entitled »The Slant Door« (1979). In 1982 he was accepted into the Royal Society of Literature. Following the premature death of his mother he began to become increasingly involved with his cultural heritage. His first visit to Hungary in 1984 reinforced his interest in Hungarian literature and ultimately motivated him to become active as a translator.
Szirtes' poetry combines vivid imagery and a strong awareness of form in the tradition of T.S. Eliot and W.H. Auden and also reflects the Hungarian-Jewish-British identity of the author. For example, these aspects are combined in his ninth collection, descriptively entitled »Portrait of my Father in an English Landscape«. In a poem of the same name, fifteen sonnets in distinct sentences develop a fragmentary biography of the father, with photographs as constant points of reference. In their extreme formality, the drive behind Szirtes' poems appears to be commitment to telling the truth. Since truth – as the author remarked, when awarded the T.S. Eliot Prize for his collection »Reel« (2005) – is »not entirely a question of evidence, information, data or falsifiable statements, but a matter of peculiar dogged complexity«.
The poet has been awarded multiple prizes and grants for his work and is also well-known for his numerous translations of Hungarian authors, including Imre Madách, Dezsö Kosztolányi, Ottó Orbán, Zsuzsa Rakovsky, László Krasznahorkai, Agnes Nemes Nagy, Sándor Márai and Ferenc Karinthy. For this work he has been awarded the Déry Prize, the Republic of Hungary's Gold Star Award and the European Poetry Translation Prize. Szirtes' varied output also includes poetry for children, a study of the painter Ana Maria Pacheco as well as articles, essays, anthologies and radio and television contributions on such topics as poets, poetry, art, translation and politics. He writes a blog on his website georgeszirtes.blogspot.com.
Szirtes lives with his wife, the painter Clarissa Upchurch, in Wymondham, Norfolk. He is a member of the advisory panel of the British Centre for Literary Translation and the Poetry Book Society, a patron for the National Academy of Writing and a judge of numerous literary competitions.

COLM TÓIBÍN

Colm Tóibín wurde 1955 im irischen Enniscorthy in der Grafschaft Wexford geboren. Unmittelbar nach Abschluss seines Studiums der Geschichte und Anglistik am University College in Dublin ging er als Sprachlehrer nach Barcelona. Nach dreijährigem Aufenthalt kehrte er 1978 zurück und war überwiegend journalistisch tätig, u.a. für »In Dublin« und »Hiberna«. In der zweiten Hälfte der achtziger Jahre bereiste er Lateinamerika, insbesondere Argentinien, später auch den Sudan und Ägypten. Das Manuskript seines ersten Romans war damals bereits abgeschlossen. Weil sich kein Verleger dafür fand, veröffentlichte Tóibín zunächst zwei Sachbücher, darunter »Walk along the Borders« (1987; Ü: Wanderung entlang den Grenzen).
1990 erschien schließlich der erste seiner sechs Romane »The South« (dt. »Der Süden«, 1992), der von einer Frau erzählt, die enttäuscht von ihrer Ehe nach Barcelona flieht. Wenn auch die Faszination des Aufbruchs und der Aufenthalt in fremden Ländern in Tóibíns Romanen häufig thematisiert werden, gibt doch die irische Landschaft seiner Herkunft zumeist den Handlungsort ab. Im Vordergrund steht allerdings der langsame Wandel zwischenmenschlicher Beziehungen. Deren Schilderung anhand von Details aus dem Alltag – Dialoge, Gedanken, Beobachtungen, Erlebnisse – ist umso eindrücklicher, als dabei Erklärungen ausgespart werden. So gelangt das Unausgesprochene ins Zentrum der Handlung: ein untergründiger Schmerz, eine schwer zu fassende Befremdung, eine mühsam gehaltene Balance. In »The Blackwater Lightship« (1999; dt. »Das Feuerschiff von Blackwater«, 2001) versucht ein an AIDS erkrankter junger Mann sich mit seiner schwierigen Familie zu versöhnen und zieht ins Haus der Großmutter ein. Tóibíns jüngster Roman, »Brooklyn« (2009), erzählt von einer irischen Emigrantin, die in ihrer neuen Heimat New York Verpflichtungen eingeht, denen sie sich nicht entziehen kann, als ihr eine glückliche Rückkehr möglich wird. Auf Deutsch erschienen zuletzt die Kurzgeschichten »Mütter und Söhne« (2009; OT: »Mothers and Sons«, 2006). Der Schriftsteller ist auch als Sachbuchautor, Kritiker und Herausgeber überaus produktiv. Neben Reiseberichten, politischem Journalismus und Anthologien moderner Literatur veröffentlichte er Essays und ein Theaterstück. Er unterrichtete u.a. am MFA-Programm der New School in Manhattan und schreibt regelmäßig für »The New York Review of Books«. Tóibíns Werke wurden in 26 Sprachen übersetzt. Er hatte jeweils Gastdozenturen als Writer in Residence an der Stanford University, an der University of Texas in Austin und an der Princeton University, wo er gegenwärtig ein Semester im Jahr unterrichtet.
Zu seinen Auszeichnungen gehören der Whitbread First Novel Award, der Encore Award, der E. M. Forster Award, der International IMPAC Dublin Literary Award und der Prix du Meilleur Livre Etranger. Der Autor lebt in Dublin.

Der Süden
Rowohlt
Reinbek, 1994
[Ü: Ditte & Giovanni Bandini]
Das Feuerschiff von Blackwater
Hanser
München, 2001
[Ü: Ditte & Giovanni Bandini]
Porträt des Meisters in mittleren Jahren
Hanser
München, 2005
[Ü: Ditte & Giovanni Bandini]
Mütter und Söhne
Hanser
München, 2009
[Ü: Ditte & Giovanni Bandini]
Brooklyn
Scribner
New York, 2009
www.colmtoibin.com

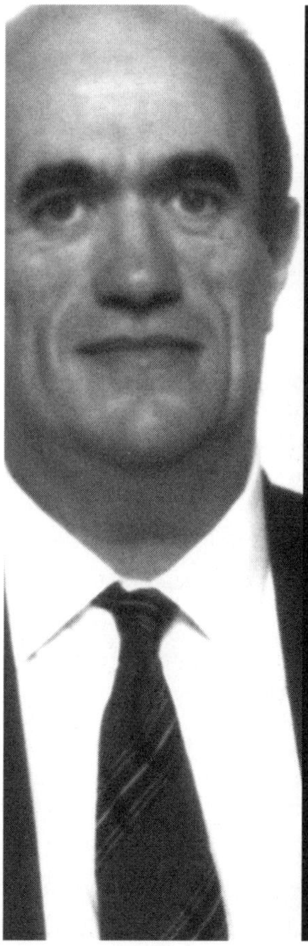

Colm Tóibín was born in Enniscorthy, County Wexford, Ireland in 1955. Just after graduating in history and English at University College, Dublin, he went to Barcelona and worked as a language teacher. After spending three years there he returned to Dublin in 1978 and worked mainly as a journalist for »In Dublin« and »Hiberna« amongst others. During the late eighties he travelled around Latin America, Argentina in particular, and also visited Sudan and Egypt. By this point he had already finished the manuscript for his first novel. However, he was not successful in getting the book approved by publishers, so instead his first publications were specialised works of non-fiction including »Walk along the Borders« (1987).
The first of his six novels was finally published in 1990. »The South« tells the story of a woman who is dissatisfied with her marriage and flees to Barcelona. Although in Tóibín's novels there is a recurring fascination with escape to and life in foreign countries, the landscape of his native Ireland usually serves as the setting in his work. However the slow process of change in human relations is at the forefront of the novels. The portrayal of this through the use of everyday details – dialogues, thoughts, observations and experiences – is all the more effective for the omission of unnecessary explanations. Implication is central to the plot: an underlying pain, a indescribable sense of bewilderment, a laboriously maintained balance. In »The Blackwater Lightship« (1999) a young male AIDS sufferer tries to reconcile his relationship with his difficult family and moves into his grandmother's house. Tóibín's most recent novel, »Brooklyn« (2009), tells the story of an Irish emigrant who finds love in her new home, New York. However she is forced to return home after receiving bad news and discovers that the limitations of her former life in Ireland have faded, opening up new possibilities. Recently the short story collection »Mothers and Sons« has been translated into German. Tóibín is also prolific as an author of non-fiction, critic and editor. In addition to travelogues, political articles and anthologies of modern literature, he has published essays and a play. He has worked as a teacher for the MFA program at the New School in Manhattan and writes regularly for »The New York Review of Books«. Tóibín's works have been translated into 26 languages. He has also been a visiting writer at Standford University, the University of Texas at Austin and at Princeton University where he now teaches one semester a year.
His prizes include the Whitbread First Novel Award, the Encore Award, the E.M. Forster Award, the International IMPAC Dublin Literary Award and the French Prize for Best Foreign Book. The author lives in Dublin.

BINYAVANGA WAINAINA

Binyavanga Wainaina wurde 1971 in Nakuru, in der kenianischen Provinz Rift Valley, geboren. Nach seinem Studium der Wirtschaftswissenschaften im südafrikanischen Ostkap an der University of Transkei ließ er sich in Kapstadt nieder und verfasste für südafrikanische Zeitungen wie »Weekend Argus« und »The Sunday Times« Interviews, Reiseberichte und Artikel über kulinarische Themen. 2002 wurde Wainaina mit dem renommierten Caine Prize for African Literature ausgezeichnet, nachdem im Internetmagazin »G21Net« seine Kurzgeschichte »Discovering Home« (Ü: Die Heimat entdecken) veröffentlicht worden war. Sie schildert eine Reise des jungen Autors von seinem Domizil in Südafrika zum Ort seiner Herkunft in Kenia und weiter nach Uganda, wo seine Großeltern leben und ihren sechzigsten Hochzeitstag feiern. Mit lebhafter Anschaulichkeit und satirischem Witz, unterbrochen von reflektierenden Passagen, entsteht ein landschaftliches und kulturelles Porträt, das die drei afrikanischen Länder als bunt und kontrastreich vorstellt. Die heterogene Bevölkerung schwankt zwischen Tradition und Moderne und ist trotz kolonialer Vergangenheit und gegenwärtiger Politik von einer hoffnungsvollen Stimmung getragen. Insbesondere die Stereotypen über exotische Länder wollen nicht mehr passen: »Wenn ich etwas von einem weißen Schriftsteller, der auch einmal in Kenia war, lese, dann bin ich immer überrascht über die Menge an Wildbret, das auf den Veranden zum Frühstück aufgetischt wird, und die Schlangen, die in die Badezimmer eindringen, und die Löwen, die das Vieh bedrohen. Ich habe in meinem ganzen Leben eine einzige Schlange gesehen. Ich kenne niemanden, der je von einer gebissen worden wäre.« Auch in den satirischen Artikeln »How to Write About Africa« (Ü: Wie man über Afrika schreibt) und »Warum es nervt, wie alle Afrika helfen wollen«, die im britischen Magazin »Granta« und in der deutschen »Zeitschrift für Kulturaustausch« erschienen, mokiert sich Wainaina über die Klischees und Vorurteile über Afrika. Dagegen vermittelt der Autor das Bild von kraftvollen und selbstbewussten, vielfältigen afrikanischen Identitäten. In einem Beitrag für den »National Geographic« schildert er die Eigentümlichkeiten des Lebens in der kenianischen Metropole Nairobi und deren Entwicklung im letzten Jahrzehnt mit Humor und profunder Sachkenntnis. 2003 gründete er das Literaturmagazin »kwani?«, das sich als Stimulus kenianischer und afrikanischer Kreativität etabliert hat. Im selben Jahr erhielt er für seine Verdienste um die Landesliteratur den Preis der Vereinigung kenianischer Verleger. 2007 lehnte er den Preis »Young Global Leader« des Weltwirtschaftsforums ab.
Wainaina war Stipendiat der University of East Anglia im englischen Norwich, Writer-in-Residence am Union College in Schenectady, New York, und Dozent am Williams College. Seit 2009 leitet er das Chinua Achebe Center am Bard College, dessen Stipendiat er war. Er schreibt u.a. für »The EastAfrican«, »The New Yorker« und »The Guardian«. Der Autor lebt in Nairobi.

Beyond the River Yei
Kwani Trust
Nairobi, 2003
[Ill: Sven Torfinn]
How to Write About Africa
Kwani Trust
Nairobi, 2006
Warum es nervt, wie alle Afrika helfen wollen
In: Zeitschrift für Kulturaustausch [57]
ConBrio
Regensburg, 2007
[Ü: Olaf Schenk]

Binyavanga Wainaina was born in Nakuru, in the Kenyan province of Rift Valley, in 1971. After completing his studies in commerce at the University of Transkei in the South African province Eastern Cape, he made his home in Cape Town, where he wrote interviews, travelogues and articles on culinary themes for South African magazines like »Weekend Argus« and »The Sunday Times«.
In 2001 Wainaina was distinguished with the renowned Caine Prize for African Literature, after his short story »Discovering Home« had been published in the Internet magazine »G21Net«. The story traces a trip the author took from his home in South Africa to his birthplace in Kenya and on to Uganda, where his grandparents were living and planning to celebrate their sixtieth wedding anniversary. A scenic and cultural portrait emerges from Wainaina's story, marked by his lively descriptions, satirical humour and alternately reflective passages, which present the three African countries as colourful and distinct. The heterogeneous population fluctuates between tradition and modernity, and is carried by a hopeful spirit despite the colonial past and current political situation. The exotic stereotypes in particular fail to fit: »Whenever I read something by some white writer who stopped by Kenya, I am astounded by the amount of game that appears for breakfast at their patios and the snakes that drop into the baths and the lions that terrorise their calves. I have seen one snake in my life. I don't know anybody who has ever been bitten by one.« Also in the satirical articles »How to Write About Africa« and »Warum es nervt, wie alle Afrika helfen wollen« (t: Why it's annoying that everybody wants to help Africa), published in the British magazine »Granta« and in the German »Zeitschrift für Kulturaustausch«, Wainaina mocks clichés and prejudices about Africa. In contrast, the author conveys a picture of strong and self-assured, diverse African identities. In an article for »National Geographic« he portrays the peculiarities of life in the Kenyan metropolis of Nairobi, showing its development in the last decade, using humour and displaying intimate knowledge. He founded the literary magazine »kwani?« in 2003, which has established itself as a stimulating platform for Kenyan and African creativity. In the same year he also received an award by the Kenya Publishers' Association in recognition of his services to Kenyan literature. In 2007 he declined the award »Young Global Leader« given by the World Economic Forum.
Wainaina was a scholarship holder at the University of East Anglia in Norwich, Writer-in-Residence at Union College in Schenectady, New York and taught at Williams College, Massachusetts. In 2009 he became the director of the Chinua Achebe Center at Bard College. The publications he writes for include »The EastAfrican«, »The New Yorker«, and »The Guardian«. The author lives in Nairobi.

ELIOT WEINBERGER

Eliot Weinberger wurde 1949 in New York geboren. Seine Essays wurden in über dreißig Sprachen übersetzt. In Deutschland, wo er regelmäßig in »Lettre International« veröffentlicht, erschienen u.a. die Sammlungen »Kaskaden« (2003) und »Das Wesentliche« (2008). Zuletzt veröffentlichte er eine Auswahl alter und neuer Essays unter dem Titel »Oranges & Peanuts for Sale« (2009; Ü: Orangen & Erdnüsse zu verkaufen).

Zu seinen politischen Aufsätzen zählen u.a. »9/12« (2003), »What I Heard about Iraq« (2005; dt. »Was ich vom Irak hörte«, 2005) und »What Happened Here: Bush Chronicles« (2005; Ü: Was hier passierte. Bush-Chronik). Dieser Essayband wurde für einen National Book Critics Circle Award nominiert und vom »Times Literary Supplement« auf die Liste der internationalen Bücher des Jahres gewählt. »What I Heard about Iraq« wurde als preisgekröntes Theaterstück adaptiert und inspirierte zwei Kantaten, zwei Hörspiele, eine Tanzperformance und mehrere Kunstinstallationen. Es erschien auf hunderttausenden von Internetseiten und wurde am 20. März 2006, dem Jahrestag der Invasion in den Irak, weltweit auf fast einhundert Veranstaltungen gelesen und aufgeführt.

Weinberger trat auch als Autor einer Abhandlung über chinesische Lyrik hervor. Er übersetzte »Unlock« (2000; Ü: Entriegeln) des Exildichters Bei Dao und gab neben Anthologien zeitgenössischer amerikanischer und internationaler Lyrik auch einen Sammelband klassischer chinesischer Lyrik heraus, der ebenfalls als internationales Buch des Jahres ausgezeichnet wurde. Unter seinen zahlreichen Übersetzungen der Werke von Octavio Paz sind auch dessen »Collected Poems 1957-87« (1988; Ü: Gesammelte Gedichte 1957-87). Seine Ausgabe von Borges' »Selected Non-Fictions« (1999; Ü: Ausgewählte nicht-literarische Texte) wurde mit einem National Book Critics Circle Award ausgezeichnet. 1992 wurde Weinberger für seine Vermittlung hispanischer Literatur in den USA als erster Preisträger mit dem PEN/Kolovakos Award ausgezeichnet. 2000 war er der erste US-amerikanische Belletristik-Autor, der den Orden des Aztekischen Adlers erhielt. Er wird im Reiseführer »Visitor's Key to Iceland« vorgestellt und wurde vom Kulturprojekt »Dropping Knowledge« als einer der »innovativsten Denker der Welt« ausgewählt.

»Er hat ganz offenbar praktisch alles auf dem Planeten Erde gelesen, darüber gelesen oder mit eigenen Augen gesehen«, schreibt die »Multicultural Review« über Eliot Weinberger. Auch formal nutzt er das in seinen Augen unbegrenzte Potenzial der Gattung Essay in seiner ganzen Breite aus. Viele seiner Texte ähneln eher Prosagedichten oder Erzählungen als traditionellen Essays – auch wenn sie keineswegs fiktiv sind, sondern vielmehr die politische Realität unserer Zeit und die Literatur hinter dieser Welt neu entdecken. Immer müssen Weinbergers Essays einem Maßstab genügen: »Ich erfinde nie etwas«, versichert der Schriftsteller – und verweist damit auf den Realgehalt aller noch so phantastisch erscheinenden Details. »Sein Werk«, so das »Times Literary Supplement«, »verändert die Sicht auf die Dinge.« Weinberger lebt in New York.

Nineteen Ways of Looking at Wang Wei
Moyer Bell
Mount Kisco, 1987
Outside Stories
New Directions
New York, 1992
Kaskaden
Suhrkamp
Frankfurt/Main, 2003
[Ü: Peter Torberg]
Das Wesentliche
Berenberg
Berlin, 2008
[Ü: Peter Torberg]
Obama v. Clinton
The London review of books
New York, 2008
Orangen & Peanuts for Sale
New Directions
New York, 2009

Eliot Weinberger was born in New York City in 1949. His books of literary writings include »Works on Paper« (1986) and »Karmic Traces« (2000). Most recently, his essay collection »Oranges & Peanuts for Sale« (2009) has been published. His work has been translated into some thirty languages. In Germany, the selection of his essays »Kaskaden« (2003) and his »serial essay« »An Elemental Thing« (2008) have been published, and Weinberger is a regular contributor to »Lettre International«. His political articles are collected in »9/12« (2003), »What I Heard About Iraq« (2005), and »What Happened Here: Bush Chronicles« (2005), which was a finalist for the National Book Critics Circle Award for criticism and selected for the »Times Literary Supplement's« International Books of the Year. »What I Heard About Iraq« has been adapted into a prize-winning theatre piece, two cantatas, two radio plays, a dance performance, and various art installations. It has appeared on some 100,000 websites and was read or performed at nearly one hundred events throughout the world on 20 March 2006, the anniversary of the invasion.

The author of a study of Chinese poetry translation, »19 Ways of Looking at Wang Wei« (1987), he is the translator of »Unlock« (2000) by the exiled poet Bei Dao, and the editor of »The New Directions Anthology of Classical Chinese Poetry« (2003), also a »TLS« International Book of the Year. He has edited anthologies of contemporary American and international poetry, and his many translations of the work of Octavio Paz include the »Collected Poems 1957-1987« (1988). His other translations include works by Vicente Huidobro, Xavier Villaurrutia, and Jorge Luis Borges. His edition of Borges' »Selected Non-Fictions« (1999) received the National Book Critics Circle Award for criticism.

In 1992, he was the first recipient of the PEN/Kolovakos Award for his promotion of Hispanic literature in the U.S. In 2000, he became the only American literary writer to be awarded the Order of the Aztec Eagle by the government of Mexico. He is prominently featured in the »Visitor's Key to Iceland«, and was chosen by the German organization Dropping Knowledge as one of the »world's most innovative thinkers.«

»He has seemingly read, read about, or seen firsthand practically everything on planet Earth«, writes the »Multicultural Review« about Eliot Weinberger. In his essays, he uses the full scope of what he sees as the unlimited potential of the genre even formally, and many of his texts, while strictly »non-fiction«, are closer to prose poetry or narrative than traditional essays. The political reality of our time together with literature are what constitute our world, which Weinberger discovers anew. There is one criteria that Weinberger's essays must always fulfill: »I never make things up«, says Weinberger, referring to the verifiability of all of the seemingly fantastic details. »His work« writes the »Times Literary Supplement«, »makes you sit up in your seat.« He lives in New York City.

JOHN WRAY

John Wray wurde 1971 in Washington D. C. geboren. Als Sohn eines kalifornischen Vaters und einer österreichischen Mutter wuchs er in Buffalo im US-Staat New York und in dem Städtchen Friesach in Kärnten auf. Am Oberlin College in Ohio machte er einen Abschluss in Biologie. Danach arbeitete er u. a. als Taxifahrer in Alaska und unterrichtete Deutsch und Spanisch in Manhattan.

Aber immer wieder zog es ihn zum literarischen Schaffen hin: Mit seinem Romandebüt »The Right Hand of Sleep« (2001; dt. »Die rechte Hand des Schlafes«, 2002), das in einem österreichischen Bergdorf während der NS-Zeit spielt, gelang ihm der Durchbruch als Autor. Die Stärke des Buchs, einer Art Anti-Heimatroman, liegt in der Ausgestaltung der Charaktere, die stets im Zweifel darüber sind, ob ihr Handeln böse oder gut ist. Dabei sticht insbesondere die Kunstfertigkeit hervor, mit der Wray zwischen Passagen aus der erzählerischen Distanz und solchen aus der Perspektive seiner Protagonisten hin und her springt.

Die Technik literarischer Montage verfeinert der Autor noch in seinem zweiten Werk, dem Roman »Canaan's Tongue« (2005; Ü: Canaans Zunge): In einer Mischung aus Ich-Erzählung, Tagebucheinträgen, Briefen, Zitaten und Untersuchungsberichten begibt sich Wray weiter in die Vergangenheit, diesmal in die Zeit des amerikanischen Bürgerkriegs. Er greift den Gangster-Mythos des verbrecherischen Predigers John Murrell aus Mark Twains »Life on the Mississippi« auf, der bei ihm als Thaddeus Morelle die Fäden in einem Netzwerk des Sklavenhandels zieht und eine Vielzahl vorher unbescholtener Bürger hineinverwickelt. Die letzten Anführer seiner Gang verstecken sich nach Morelles Ermordung auf einer Insel im Mississippi und rekapitulieren, wie sie in die Fänge des Menschenhändlers geraten sind. Die düstere, gewaltschwangere Atmosphäre des Romans, der an Poe und manchmal an Faulkner erinnert, wirft erneut die Frage der moralischen Unbestimmtheit des Handelns auf, wobei dem Element der Irrationalität, die hier insbesondere dem Glauben innewohnt, großes Gewicht verliehen wird.

In seinem jüngsten Roman »Lowboy« (2009; dt. »Retter der Welt«) wird Irrationalität in ihrer pathologischen Form selbst zum Thema – Hauptperson ist der 16-jährige Will Heller, der an paranoider Schizophrenie leidet. Er flüchtet aus der Anstalt in die U-Bahn-Schächte New Yorks mit der festen Absicht, den unmittelbar bevorstehenden Weltuntergang durch globale Erwärmung zu verhindern. Gemeinsam mit Wills Mutter macht sich ein Detective der Polizei auf die Suche nach dem Jungen. Gekonnt springt Wray in dem Buch zwischen psychologischen Realitäten hin und her und schöpft dabei das narrative Potenzial der Schizophrenie aus.

Wray wurde für sein Erstlingswerk mit dem Rome Prize der American Academy in Rome und dem Whiting Writers Award ausgezeichnet. Der Autor lebt in Brooklyn.

Die rechte Hand des Schlafes
Berlin Verlag
Berlin, 2002
Ü: Peter Knecht
Canaan's Tongue
Knopf
New York, 2005
Retter der Welt
Rowohlt
Reinbek bei Hamburg, 2009

John Wray was born in Washington D.C. in 1971. Son of a Californian father and an Austrian mother, he grew up on Buffalo, New York and in Friesach, a small town in Carinthia, Austria. He gained a degree in biology from Oberlin College, Ohio. He then went on to take various jobs including driving a taxi in Alaska and teaching German and Spanish in Manhattan.

Time and again, though, he was drawn to writing. His début novel, »The right hand of sleep« (2001), which is set in an Austrian mountain town during the Nazi occupation, proved to be his breakthrough as an author. The strength of the book, an anti-heimatroman, lies in the representation of its characters, who are themselves in doubt as to whether their actions are good or evil. Wray's virtuosity is particularly noticeable in the way he jumps between passages written from the perspective of a third-person narrator and those written in the voices of his protagonists.

The author again makes use of literary montage in his second novel, »Canaan's Tongue« (2005) where he refines it further. In a mixture of first-person narrative, diary entries, letters, citations and reports by criminal investigations, Wray moves even further into the past, to the time of the American Civil War. He adapts the legend of the gangster and notoriously criminal preacher, John Murrell, who also appears in Mark Twain's »Life on the Mississippi«. Wray's character, called Thaddeus Morelle, pulls the strings in a slave trading network which eventually involves a number of previously respectable citizens. After Morelle's murder, the remaining members of his gang hide out on an island in the Mississippi where they recount the ways in which they became caught up in the slave-trading web. The novel's gloomy, violence-laden atmosphere, reminiscent of Poe and at times of Faulkner, revisits the theme of moral uncertainty, with elements of the irrational, in the form of belief, lending weight to the tale. In his latest novel, »Lowboy« (2009), irrationality in its pathological form becomes a theme in itself. The main character is the 16-year-old Will Heller, who suffers from paranoid schizophrenia. He escapes from an asylum into the subway tunnels of New York fixated on his purpose, which is to prevent the immediately imminent destruction of the world due to global warming. Together, Will's mother and a police detective undertake the search for the boy. In the book, Wray springs ably between psychological realities and plumbs the narrative potential of schizophrenia. Wray was awarded the American Academy's Rome Prize and a Whiting Writer's Award for his first novel. The author lives in Brooklyn.

DAVID WROBLEWSKI

David Wroblewski wurde 1959 in einem Vorort von Milwaukee geboren und wuchs auf einer Farm in einer abgelegenen Gegend von Wisconsin auf. Bereits in seiner Schulzeit gewann er für eine Kurzgeschichte über ein Rudel Wölfe einen Literaturpreis im Staat Wisconsin. Er studierte zuerst Schauspiel an der Wisconsin University und spielte währenddessen kleinere Rollen in Peter Schaffers »Equus« und in »West Side Story«, später dann Informatik, was der Anfang einer dreißigjährigen Karriere als Forscher und Entwickler von Software war. Wroblewski hat am Warren Wilson College in North Carolina einen MFA (Master of Fine Arts) in Kreativem Schreiben erworben.
Sein Debütroman »The Story of Edgar Sawtelle« (2008; dt. »Die Geschichte des Edgar Sawtelle«, 2009) ist zugleich eine Familiensaga und ein Entwicklungsroman. Der Protagonist Edgar ist ein stummer, vierzehnjähriger Junge, der mit seinen Eltern Gar und Trudy auf einer Farm in Wisconsin in der Nähe des Chequamegon National Forest aufwächst. Seit Generationen haben die Sawtelles ihren Lebensunterhalt damit verdient, eine seltene – und völlig fiktive – Hunderasse aufzuziehen und zu dressieren. Edgar scheint geneigt, diese Familientradition fortzusetzen. Aber als dann eine Katastrophe hereinbricht, sieht er sein ehemals friedliches Zuhause im Chaos untergehen.
Gezwungen, von der Sawtelle Farm zu fliehen, wird Edgar in der weiten Wildnis erwachsen und kämpft dabei um sein Leben sowie um das von drei jungen Hunden, die ihn begleiten. Eines Tages muss er sich schließlich entscheiden, entweder seine Heimat zu verlassen oder sich den Geheimnissen zu stellen, die er ungelöst hinter sich gelassen hatte.
David Wroblewskis erstes Buch wurde vom Ophra Winfreys Buchclub ausgewählt und war ein Bestseller der New York Times. Der Autor lebt mit der Autorin Kimberly McClintock in Colorado.

Die Geschichte des Edgar Sawtelle
DVA
München, 2009
[Ü: Barbara Heller, Rudolf Hermstein]
www.davidwroblewski.com

David Wroblewski was born in 1959 in suburban Milwaukee and grew up on a farm in a remote area of Wisconsin. While at school he won a state-wide literary prize for a short story about a pack of wolves. At Wisconsin University, he majored first in drama, playing minor roles in Peter Schaffer's »Equus« and »West Side Story«, and eventually in computer science, the beginning of a nearly 30-year career of software research and development. He holds an MFA in creative writing from Warren Wilson College in North Carolina.
His début novel »The Story of Edgar Sawtelle« (2008) is a combination of a family saga and coming of age tale. The protagonist is the mute, fourteen-year-old Edgar, who has grown up with his parents Gar and Trudy on a farm in Wisconsin near the Chequamegon National Forest. For generations, the Sawtelles have made a living raising and training a rare — and entirely fictional — breed of dog. Edgar seems poised to carry on his family's traditions, but when catastrophe strikes, he finds his once-peaceful home engulfed in turmoil.
Forced to flee into the vast wilderness beyond the Sawtelle farm, Edgar comes of age in the wild, fighting for his survival and that of the three yearling dogs who accompany him, until the day he is forced to choose between leaving forever or returning home to confront the mysteries he has left unsolved.
David Wroblewski's first book was selected for Oprah Winfrey's Book Club and became a New York Times best-seller. The author lives with the writer Kimberly McClintock in Colorado.

FERIDUN ZAIMOGLU

Feridun Zaimoglu wurde 1964 im anatolischen Bolu geboren und wuchs als Sohn einer Gastarbeiterfamilie in Deutschland auf. Seit 1985 lebt er in Kiel, wo er Kunst und Humanmedizin studierte. Mit seinem Debüt von 1995, »Kanak Sprak. 24 Mißtöne vom Rande der Gesellschaft«, den folgenden Büchern »Abschaum. Die wahre Geschichte des Ertan Ongun« (1997) und »Koppstoff« (1998) sowie mit dem Film »Kanak Attack« (2000) hob er das Idiom jugendlicher Einwandererkinder ins Bewusstsein der deutschen Gesellschaft. Seitdem gilt er als Kultautor und Galionsfigur der Migrantenliteratur hierzulande.

»Kanak Sprak« stellt die Lebensgeschichten und -ansichten türkischer Einwanderer vor. Die Texte beruhen auf O-Tönen, aus denen Zaimoglu eine eigene literarische Ausdrucksweise entwickelt. Darin mischt sich die stakkatohafte deutsch-englische Redeweise der Straße mit vulgären, obszönen und beleidigenden Ausdrücken sowie direkt übersetzten, antiquiert anmutenden Formulierungen aus dem Türkischen. Obwohl zum Fürsprecher einer ganzen Bevölkerungsgruppe gemacht, verfolgt Zaimoglu kein bestimmtes Programm. Sein zentrales Thema ist vielmehr die Unbehaustheit und Liebesbedürftigkeit des Menschen, die er am Beispiel von Migrantenschicksalen mit fulminanter Sprachbeherrschung darstellt, wie im Erzählband »Zwölf Gramm Glück« (2004). Dieser vereint zwölf Geschichten über die Suche nach Liebe, die sich in der modernen, westlichen neuen Heimat und dem orientalischen, archaischen Herkunftsland der verschiedenen Ich-Erzähler abspielen. Im Bestseller »Leyla« (2006) erzählt Zaimoglu aus Sicht der Protagonistin – in der patriarchalischen Gesellschaftsordnung zum passiven Beobachten verdammt – von einer Kindheit in der anatolischen Provinz, dem Umzug nach Istanbul und der vagen Hoffnung, als Gastarbeiterin in Deutschland ein besseres Leben zu finden. Der türkischstämmige Protagonist im Roman »Liebesbrand« (2008) verliebt sich in eine Frau, die ihm nach einem beinahe tödlichen Busunfall zu trinken gibt. Seine burleske Suche nach ihr, die ein romantisches und ein orientalisches Liebeskonzept vereint, führt ihn zurück nach Deutschland, wo er aufgewachsen ist, und weiter nach Wien und Prag. Zaimoglus neuer Roman »Hinterland« (2009) setzt die literarische Examinierung von Erscheinungsformen der Liebe in unserer Zeit in mehreren furiosen Episoden fort.

Unter den Auszeichnungen des Autors sind der Hebbel-Preis, der Adelbert-von-Chamisso-Preis, der Hugo-Ball-Preis, der Grimmelshausen-Preis und der Corine-Literaturpreis. Der Autor war Inselschreiber auf Sylt und Samuel-Fischer-Gastprofessor an der Freien Universität Berlin. Seine Vorlesungen, die er als Poetik-Dozent in Tübingen hielt, erschienen unter dem Titel »Ferne Nähe« (2007). Sein Aufenthalt als Stipendiat der Villa Massimo in Rom inspirierte ihn zu den Erzählungen »Rom intensiv« (2007). Zaimoglu schreibt regelmäßig für »Die Zeit«, die »Frankfurter Allgemeine Zeitung«, »Die Welt« und die »Frankfurter Rundschau«.

Kanak Sprak. 24 Mißtöne vom Rande der Gesellschaft
Rotbuch
Hamburg, 1995
German Amok
Kiepenheuer & Witsch
Köln, 2002
Zwölf Gramm Glück
Kiepenheuer & Witsch
Köln, 2004
Liebesbrand
Kiepenheuer & Witsch
Köln, 2008
Hinterland
Kiepenheuer & Witsch
Köln, 2009

Feridun Zaimoglu was born in Bolu, Anatolia, in 1964 and grew up as the son of an immigrant family in Germany. He has been living in Kiel since 1985, where he studied art and medicine. In his first book »Kanak Sprak. 24 Misstöne vom Rande der Gesellschaft« (1997; t: ›Kanak‹ Speak. 24 broken sounds from the edge of society), the following books, »Abschaum. Die wahre Geschichte des Ertan Ognun« (1995; t: Scum: The true story of Ertan Ognun) and »Koppstoff« (1998), as well as the film »Kanak Attack« (2000), he brought the idiom of young immigrants into the German collective consciousness. Since then he has been regarded as a cult author and figurehead of migrant literature in Germany.

»Kanak Sprak« presents the life stories and philosophies of Turkish immigrants. The texts are based on street talk, from which Zaimoglu develops his own literary forms. He mixes staccato German-English street-talk with vulgar, obscene and offensive expressions and with direct translations of archaic Turkish turns of phrase. Although he has been presented as the spokesperson of an entire section of the population, he does not follow any particular agenda. His central theme is, rather, the human need for home and love, exemplified by the fate of immigrants, which he presents with a vigorous command of language. The collection of stories »Zwölf Gramm Glück« (2004; t: Twelve grams of happiness) consists of twelve stories that deal with the search for love, set both in the modern, new Western homeland of the first-person narrators and in their Oriental, old-fashioned country of origin. In the bestseller »Leyla« (2006), Zaimoglu tells the story as seen through the eyes of the protagonist – condemned to the role of observer by patriarchal society – of her childhood in the Anatolian provinces, her move to the metropolis, Istanbul, and the vague hope of finding a better life as a guest worker in Germany. The protagonist of the novel »Liebesbrand« (2008; t: Love's Fire), also of Turkish descent, falls in love with a woman who gives him something to drink after a near fatal bus accident. His farcical search for her brings together the romantic and Oriental concepts of love, taking him first back to Germany, where he grew up, and then to Vienna and Prague. In his latest novel, »Hinterland« (2009), Zaimoglu extends his literary examination of the manifestations of love in our times with a series of furious episodes.

Awards received by the author include the Hebbel Prize, Adelbert von Chamisso Prize, Hugo Ball Prize, Grimmelshausen Prize and Corine Literature Prize. He has been the writer in residence on the island of Sylt and Samuel Fischer Professor at the Free University, Berlin. His Tübingen lectures on poetry have been published as »Ferne Nähe« (2007; t: Distant closeness). His fellowship at the Villa Massimo in Rome inspired the book »Rom Intensiv« (2007; t: Rome Intensive). He writes regularly for »Die Zeit«, the »Frankfurter Allgemeine Zeitung«, »Die Welt« and the »Frankfurter Rundschau«.

martin baltscheit
jutta bauer
jeanne birdsall
émile bravo
wally de doncker
lennart eng
rosana faría
graham gardner
svjetlan junaković
petra kasch
klaus kordon
suzy lee
marjaleena lembcke
maritgen matter
octavia monaco
naomi shihab nye
timo parvela
nadine touma
valérie zenatti

MARTIN BALTSCHEIT

Valerius: Vom Index bedroht
Carlsen
Hamburg, 1991
Die Geschichte vom Löwen, der nicht schreiben konnte
Bajazzo
Zürich, 2002
Major Dux oder der Tag, an dem die Musik verboten wurde
Boje
Köln, 2007
Zarah: Du hast doch keine Angst, oder?
[Text: Zoran Drvenkar]
Bloomsbury
Berlin, 2007
Die Dschungelbücher
[Text: Rudyard Kipling]
Boje
Köln, 2008
Ich und die Kanzlerin
Boje
Köln, 2009
www.baltscheit.de

Martin Baltscheit wurde 1965 in Düsseldorf geboren. Seine Vielseitigkeit offenbart der studierte Kommunikationsdesigner als kreatives Multitalent nach seinem Studium an der Folkwangschule für Gestaltung in Essen stets aufs Neue über die Grenzen einzelner Medien hinaus. So gab er sein Debüt als Comiczeichner, weitete seine Tätigkeitsfelder jedoch rasch auf kinderliterarische Illustrationsarbeiten und Auftritte als Schauspieler bis hin zu einer Hörspiel-, Trickfilm-, Kinder-, Jugendbuch- sowie Prosa- und Theaterautorenschaft aus.

Zu den klassischen kinderliterarischen Arbeiten gehört u.a. das Bilderbuch »Die Geschichte vom Löwen, der nicht schreiben konnte« (2002), das vom verliebten Löwen und dessen Suche nach den richtigen Worten für einen Liebesbrief an die von ihm verehrte Löwendame und damit von Individualität, Anderssein und dem Prozess des Schreibenlernens erzählt. Immer wieder hinterfragt Martin Baltscheit jedoch in seinen Projekten kanonisierte Grenzen der Genres, Medien und Gattungen, z.B. des Kinderbuchs und Comics wie in »Zarah: Du hast doch keine Angst, oder?« (2007). Vier Freundinnen der Protagonistin Zarah versuchen deren Ängste vor Ungeheuern und Räubern im Wald zu schüren, nicht ahnend, dass die Außenseiterin Zarah mit dieser Welt bestens bekannt ist. Auch in seinem Kinderbuch »Major Dux« (2007), einem Prosa-Jazz-Projekt in acht Takten, präsentiert er neue intermediale Erzählstrategien. Es berichtet von den Erlebnissen Bartolomäus Bobs, als dieser mit seinem unbedachten Pfeifen ein allgemeines Musikverbot bricht und auf der Flucht die im Geheimen pulsierende Musikszene der Stadt entdeckt. Auch Martin Baltscheits aktuelle Publikationen spiegeln diese inhaltliche und stilistische Bandbreite wider, wie seine in reduziertem, doch dadurch ungleich intensiverem Rot-Schwarz-Zweifarbendruck gehaltenen Illustrationen in »Die Dschungelbücher« (2008) und sein aktuelles Jugendbuch »Ich und die Kanzlerin« (2009), in dem die 14-jährige Jasmin Behringer von ihrer Zeit als Praktikantin im Kanzleramt als Vorbereitung auf ihre angestrebte berufliche Karriere als zukünftige Kanzlerin Deutschlands berichtet, zeigen.

Für seine Arbeit hat er u.a. 1996 eine Nominierung für den Max-und-Moritz-Preis als bester deutscher Comiczeichner sowie 2002 eine Nominierung für den Deutschen Jugendliteraturpreis für das in Zusammenarbeit mit seinem langjährigen Freund Zoran Drvenkar entstandene Kinderbuch »Der einzige Vogel, der die Kälte nicht fürchtet« (2001) erhalten. 2008 folgte eine weitere Nominierung und zudem eine Auszeichnung mit dem Hamelner Literaturpreis für das erneut als Koproduktion beider entstandene Buchprojekt »Zarah: Du hast doch keine Angst, oder?«. Martin Baltscheit lebt mit seiner Familie in seiner Geburtsstadt Düsseldorf.

Martin Baltscheit was born in Düsseldorf in 1965. Having studied communications design, he revealed his many-faceted creative talents across media boundaries after completing his studies at the Folkwang School of Design in Essen. He made his début as an illustrator of comics, but he soon extended his activities into illustrating children's books, acting and writing radio plays, cartoons, children's books, books for young adults, prose and the theatre.

His classic books for children include the picture book ›The Story of the Lion Who Couldn't Write‹ (2002), which tells the tale of a lion that has fallen in love and is searching for the right words for a love letter to his adored lioness. In this story he tackles the themes of individuality, being different, and the process of learning to write. Martin Baltscheit repeatedly questions the 'canonised' boundaries of category, genre, and medium, for example between children's books and comics as with »Zarah: Du hast doch keine Angst, oder?« (2007; t: But, Zarah, you're not afraid, are you?). Four friends of the main character, Zarah, try to play on her fears of monsters and bandits in the forest, not knowing that the outsider Zarah is already familiar with this world. Baltscheit also adopts new inter-media narrative strategies in his children's book »Major Dux« (2007), a prose-jazz project in eight bars. It tells the story of Bartolomäus Bobs, as he unwittingly breaks the ban on music by whistling, and, while fleeing, discovers the city's secret musical underworld. Martin Baltscheit's current works mirror this variety of themes and styles, as can be seen in the reduced and intense red-black illustrations for »Die Dschungelbücher« (2008; t: The Jungle Books), as well as in his current book for young adults, »Ich und die Kanzlerin« (2009; t: The Chancellor And I), in which the fourteen year-old Jasmin Behringer recounts her time as an intern in the Chancellor's Office training for her intended career as Germany's future chancellor.

The awards he has received include a nomination for the Max and Moritz Prize for best German comic artist in 1996 and a nomination for the German Award for Children's and Youth Literature in 2002 for »Der einzige Vogel, der die Kälte nicht fürchtet« (2001; t: The Only Bird Which Doesn't Fear The Cold), written jointly with his friend, Zoran Drvenkar. In 2008, he was nominated for a second time and awarded the Hameln Literary Prize for another collaboration with Drvenkar, »Zarah: Du hast doch keine Angst, oder?« (2007; t: But, Zarah, you're not afraid, are you?). Martin Baltscheit lives with his family in his home city, Düsseldorf.

JUTTA BAUER

Jutta Bauer wurde 1955 in Volksdorf bei Hamburg geboren. Während der Wartezeit auf ihren Studienplatz an der Fachhochschule für Gestaltung in Hamburg arbeitete sie als Pflegehelferin, Kindermädchen sowie Krankenpflegerin. 1980 wurde sie Mitglied der »Hamburger Illustratorengruppe«, und bereits 1981 erschienen ihre ersten illustrierten Bücher, u.a. Illustrationen in einem Schulbuch. Bis heute hat sie zahlreiche Bilder- und Kinderbücher ebenso wie Illustrationen und Cartoons für Zeitschriften und Trickfilme veröffentlicht. Eine langjährige künstlerische Zusammenarbeit verbindet sie mit den beiden Kinderbuchautorinnen Kirsten Boie und Christine Nöstlinger. Viele Wochen des Jahres verbringt sie auf Lese- und Workshopreisen, die sie in die ganze Welt führen. Im akademischen Jahr 2006/2007 lehrte Jutta Bauer Illustration an der Bauhaus-Universität in Weimar.
Mit Bilderbüchern wie »Die Königin der Farben« (1998), »Schreimutter« (2000) oder »Opas Engel« (2001), die bereits Klassikerstatus erlangt haben, hat sie Bilderbücher geschaffen, die gekonnt auf der Bild- und Textebene sowie in deren Wechselspiel ambivalente kindliche Erfahrungs- und Gefühlswelten entwerfen und, dem Prinzip der Reduktion folgend, dennoch vielschichtig diskutieren. Gleich ob als Spiel von Farben und Emotionen wie in »Die Königin der Farben« oder als dramatische Erzählung des durch das Geschrei seiner Mutter ins Ungleichgewicht geratenen Pinguins in »Schreimutter«, thematisieren Juttas Bauers Bilder- und Kinderbücher existenzielle Bedürfnisse und Grunderfahrungen über alle Altersgrenzen einer spezifischen Zielgruppe hinaus. Renate Raecke fasst in der Fachzeitschrift »JuLit« die Qualitäten der Bilderbücher folgendermaßen zusammen: »Vielleicht ist es genau das, was Jutta Bauers Stärke ausmacht: der genaue Blick und zeichnerische Strich, verbunden mit dem ›treffenden Wort‹, das zugleich Assoziationen freisetzt. Ihre Worte und Bilder sind nur Stichworte, die vom Betrachter oder der Betrachterin weitergedacht und, besser noch, weitergeführt werden. Intellekt (das genaue Analysieren) und Gefühl verbinden sich bei ihr zu einer im deutschen Bilderbuch seltenen Mischung.«
Jutta Bauers kinderliterarische Arbeit wurde, neben dem ihr wiederholt verliehenen Troisdorfer Bilderbuchpreis sowie Nominierungen für und Auszeichnungen mit dem Deutschen Jugendliteraturpreis, u.a. 2008 und 2009 mit einer Nominierung für den höchstdotierten Kinderbuchpreis der Welt, den Astrid-Lindgren-Gedächtnispreis, und mit einer Nominierung für den Hans Christian Andersen-Preis 2010 gewürdigt. Jutta Bauer lebt und arbeitet in Hamburg.

Gülan mit der roten Mütze
[Text: Ilse Ibach]
Maier
Ravensburg, 1981
Die Königin der Farben
Beltz & Gelberg
Weinheim, 1998
Schreimutter
Beltz & Gelberg
Weinheim, 2000
Opas Engel
Carlsen
Hamburg, 2001
Aller Anfang
[Text: Jürg Schubinger, Franz Hohler]
Beltz & Gelberg
Weinheim, 2006
Emma lacht
Carlsen
Hamburg, 2009

Jutta Bauer was born in 1955 in Volksdorf, near Hamburg. While waiting to be allocated a place for study at the Design College in Hamburg she worked as a nursing orderly, nanny, and nurse. She became a member of the Hamburg Illustrators' group in 1980 and published her first illustrated books in 1981: these included illustrations for a school textbook. She has published many picture books and children's books to date, as well as providing illustrations and cartoons for magazines and animated films. She has connections with the children's book authors Kirsten Boie and Christine Nöstlinger though years of working together. She spends many weeks each year reading and running workshops all over the world. Jutta Bauer taught illustration at the Bauhaus University in Weimar during the academic year 2006/2007.
Through picture books such as »Die Königin der Farben« (1998, t: The Queen of Colours) and »Schreimutter« (2000, t: Screaming Mother) or »Opas Engel« (2001, t: Grandpa's Angel), which have already achieved the status of classics, she has created children's books which skilfully present the ambivalent childhood worlds of experience and feeling in picture, text and the interplay between them, and which still contain layered discussions according to the principle of reduction. Whether in the interplay of colours and emotions, as in »The Queen of Colours«, or the dramatic narrative of a penguin thrown off balance by his mother's screams in »Screaming Mother«, Jutta Bauer's picture books and children's books present existential needs and fundamental experiences that transcend the age groups of a specific target audience. Renate Raecke summarised the qualities of the picture books in the specialist journal »JuLit«: »Maybe it is precisely that which defines Jutta Bauer's strength: the exacting eye and drawn line, in combination with the ›apt‹ expression, which releases associations. Her words and pictures are just hints which the viewer reflects upon and, at best, enlarges. Intellect (precise analysis) and emotion combine in her work in a way unprecedented in German picture books.«
Jutta Bauer's work in children's literature has won her many prizes and nominations: the Troisdorfer Prize for Picture Books, which she has won several times, nominations for the German Prize for Young Fiction, which she has also won, nominations (2008 and 2010) for the world's most generously-endowed children's book award, the Astrid Lindgren Memorial Prize; and also a nomination (2010) for the Hans Christian Andersen Prize. Jutta Bauer lives and works in Hamburg.

JEANNE BIRDSALL

Jeanne Birdsall, geboren Anfang der 1950er Jahre, wuchs in den westlichen Vororten Philadelphias auf. Sie fühlte sich bereits als Kind zur Schriftstellerei hingezogen. Doch bevor sie im Alter von 41 Jahren ihr erstes Kinderbuch verfasste, übte sie allerlei andere Jobs aus. Ihre Leidenschaft zu dieser Zeit galt jedoch ganz der Fotografie. Einige ihrer Bilder werden in den Dauerausstellungen des Smithsonian und des Philadelphia Art Museum ausgestellt.
Ihr Debüt »The Penderwicks. A Summer Tale of Four Sisters, Two Rabbits and a Very Interesting Boy« (2005; dt. »Die Penderwicks«, 2008) steht in der Tradition erfolgreicher klassischer Familiengeschichten aus der Feder amerikanischer Kinderbuchautoren. Die vier Schwestern der Penderwick-Familie beziehen für die Dauer der Sommerferien mit ihrem Vater das Ferienhaus auf dem Anwesen mit dem märchenhaften Namen Arundel. Während anfangs der idyllische Charakter des Urlaubs überwiegt, lösen die Schwestern mit ihrer Parteinahme für den Sohn der autoritären Hausherrin eine Kette von mitunter ungewollt komischen Ereignissen aus. Letztlich weckt die Geschichte um den Ferienaufenthalt der vier Schwestern, die nach dem Tod der Mutter nicht nur die Verantwortung für ihren Vater, sondern auch für einen geregelten Tagesablauf im Familienleben übernommen haben, Assoziationen mit den Geschichten der schwedischen Autorin Astrid Lindgren – gerade auch mit Blick auf die Lösbarkeit der Probleme und Konflikte der handelnden Figuren am Ende der Erzählung. Ohne Bezüge zur derzeit in der internationalen Kinderliteratur allgegenwärtigen Fantasy-Erzählwelt, dafür aber mit viel Situationskomik und humoristischen Elementen, birgt die Erzählung bei aller Leichtigkeit der Sprache und des Inhalts auch melancholische und nachdenkliche Stimmungselemente. In dem Folgeband »The Penderwicks on Gardam Street« (2008; dt. »Die Penderwicks zu Hause«, 2009) setzt Jeanne Birdsall die Geschichte mit ähnlicher inhaltlicher und stilistischer Konzeption fort. Derzeit arbeitet sie an einem dritten Band rund um die Familie Penderwick.
Der New-York-Times-Bestseller »The Penderwicks« wurde 2005 mit dem renommierten National Book Award in der Kategorie »Young People's Literature« ausgezeichnet und erhielt zahlreiche weitere Nominierungen für »Best Books of the Year«-Listen. Jeanne Birdsall lebt mit ihrem Mann und zahlreichen tierischen Mitbewohnern in Northampton/Massachusetts.

Die Penderwicks
Carlsen
Hamburg, 2006
[Ü: Sylke Hachmeister]
Die Penderwicks zu Hause
Carlsen
Hamburg, 2009
[Ü: Sylke Hachmeister]

Jeanne Birdsall was born in the early 1950s and grew up in the western suburbs of Philadelphia. Even as a child she felt drawn towards writing. Before publishing her first children's book at the age of forty-one, she had several jobs, although her passion at the time was photography. Some of her pictures are in the permanent collections of the Smithsonian and in the Philadelphia Art Museum, among others.
Her début »The Penderwicks. A Summer Take of Four Sisters, Two Rabbits and a Very Interesting Boy« (2005) takes its place in the tradition of classic children's family sagas by American writers. The four Penderwick sisters spend a summer with their father in a summer house on the magically-named Arundel property. While the idyllic nature of the holiday dominates at first, the sisters initiate a chain of events when they side with the son of the tyrannical landlady. The story of the holiday experiences of the four sisters who, following the death of their mother, have assumed responsibility not only for their father, but also for the structured daily routines of family life, echoes the work of the Swedish writer Astrid Lindgren – especially in its concentration on resolving problems and conflicts between the characters at the end of the story. Without any trace of the ubiquitous fantasy elements found in contemporary international children's literature and with a healthy share of humour and comedy, the story incorporates melancholy and thoughtful moods despite the lightness of language and content. A sequel, »The Penderwicks on Gardam Street« (2008) continues the family's story with similar contents and style. Jeanne Birdsall is currently working on a third book in the series about the Penderwick family.
A New York Times bestseller, »The Penderwicks« was awarded the prestigious National Book Award in 2005 in the category for Young People's Literature and was included in numerous »Best Books of the Year« lists. Jeanne Birdsall lives with her husband and numerous animals in Northampton, Massachusetts.

ÉMILE BRAVO

Émile Bravo, 1964 als Sohn spanischer Einwanderer in Paris geboren, arbeitete nach seiner Ausbildung zum technischen Zeichner zunächst als Illustrator und in der Werbebranche bevor er 1990 mit dem in der Collection Atomium '58 publizierten Band »Ivoire« (1990; Ü: Elfenbein) sein Debüt gab. 1992 wurde er Mitglied der Ateliergemeinschaft »Nawak«. Gemeinsam mit seinem langjährigen Wegbegleiter Jean Regnaud erschuf er die Serie »Les véritables aventures d'Aleksis Strogonov« (1993-1998; Ü: Die wahren Abenteuer des Aleksis Strogonov). Einem größeren Publikum wurde er schließlich durch die Reihe »Les épatantes aventures de Jules« (1999-2006; Ü: Jules' famose Abenteuer) bekannt.
Mit Büchern wie der märchenhaften Geschichte »Boucle d'or et les sept ours nains« (2004; Ü: Der goldene Ring und die sieben Zwergbären) engagierte er sich konsequent für die Weiterentwicklung des Comics und dessen Verschmelzung mit der Gattung des Kinderbuchs zu einem neuen literarästhetischen Typus. Sein zuletzt erschienenes Buchprojekt »Ma maman est en Amérique, elle a rencontré Buffalo Bill« (2007; dt. »Meine Mutter ist in Amerika und hat Buffalo Bill getroffen«, 2009) ist ein solcher Grenzgänger. So urteilt die Fachzeitschrift »Eselsohr«: »Die Kinder sind in der Perspektive extrem klein; Erwachsene extrem groß. Die Texte sind größtenteils beschreibend, klassische Dialoge in Blasenform werden selten und wenn, dann ganz punktuell eingesetzt, um eine bestimmte Situation zu verstärken. In der Bildgestaltung wird nicht experimentiert.« Der sechsjährige Jean, dessen Mutter sich an einem ihm unbekannten Ort aufhält und dessen Vater als Geschäftsmann die meiste Zeit außer Haus weilt, sieht sich gezwungen, wilde Spekulationen über das Leben seiner Mutter als Wahrheit auszugeben, als er in der Schule über seine Eltern und deren Berufe berichten soll.
Bereits 2008 hatte Émile Bravo mit seinem Sonderband »Spirou, le journal d'un ingénu« (2008; dt. »Porträt eines Helden als junger Tor«, 2009), dessen Konzept bewusst mit dem engen Weltbild der Serie und dem bisherigen Ausblenden weltpolitischer Inhalte bricht, für Aufmerksamkeit gesorgt. Überdies installiert er eine psychologische Erzählebene. In dem historisch-politischen Entwicklungsroman erfährt der Leser, wie aus dem naiven Hotelpagen Spirou der spätere Abenteurer werden konnte.
Für sein Werk wurde Émile Bravo u.a. 2002 mit dem Prix René Goscinny als bester junger Autor und 2005 mit dem Prix du Festival Quai des Bulles – Prix Petit Robert ausgezeichnet. Sein Kinderbuch »Ma maman est en Amérique, elle a rencontré Buffalo Bill« erhielt 2008 eine Auszeichnung im Comic-Salon in Angoulême. Er lebt und arbeitet heute in Paris.

Ivoire: Les tribulations de Joost Vanlabecke
[mit: Jean Régnaud]
Magic strip
Paris, 1990
Les véritables aventures d'Aleksis Strogonov: Intégrale
Dargaud
Paris, 2004
Spirou & Fantasio Spezial: Porträt eines Helden als junger Tor
Carlsen Comics
Hamburg, 2009
[Ü: Martin Budde]
Meine Mutter ist in Amerika und hat Buffalo Bill getroffen
[mit: Jean Régnaud]
Carlsen
Hamburg, 2009
[Ü: Kai Wilksen]
Bye-bye Bush
[mit: Guillaume Bouzard, Diego Aranega u.a.]
Dargaud
Paris, 2009

Émile Bravo was born in 1964, the son of Spanish immigrants in Paris. Following his training in technical drawing he worked in illustration and in advertising before his literary breakthrough came with the publication of »Ivoire« (1990, t: Ivory) in the Collection Atomium '58. In 1992 he joined the studio collective »Nawak«. Alongside his long-term companion Jean Regnaud, he created the series »Les véritables aventures d'Aleksis Strogonov« (1993-1998, t: The True Adventures of Aleksis Strogonov). He became known to a wider audience with the series »Les épatantes aventures de Jules« (1999-2006, t: Jules' Famous Adventures).
In works like the fairy tale »Boucle d'or et les sept ours nains« (2004, t: The Golden Ring and the Seven Dwarf Bears) he pursued his commitment to the development of comics as a genre and its link to the children's books category, creating a new literary form. His most recently published work »Ma maman est en Amérique, elle a rencontré Buffalo Bill« (2007, t: My Mommy is in America and she met Buffalo Bill) is just such a genre-crossing project. The specialist journal »Eselsohr« wrote: »The perspective shows the children as extremely small, the adults very big. The texts are largely descriptive, classic dialogues in speech bubbles are used sparingly, and when used, they serve to heighten a specific situation. There is no experimentation in the picture design.« The six year-old Jean, whose mother is in an unknown location and whose father is away from home on business almost all of the time, feels compelled to present his wild speculations about his mother as the truth when he is asked about his parents and their jobs in school.
Émile Bravo gained recognition in 2008 with his book »Spirou, le journal d'un ingénu« (2008, t: Spirou, Diary of a Naive Boy) and its concept, which consciously abandoned the narrow world of the series to date and its neglect of current affairs. In addition, he introduced a psychological level to the narrative. In this historical and political coming of age novel, the reader learns how the naive young hotel busboy became an adventurer.
Émile Bravo was awarded the Prix René Goscinny for best young author in 2002, and the Prix du Festival Quai des Bulles – Prix Petit Robert in 2005. His children's book »Ma maman est en Amérique, elle a rencontré Buffalo Bill« won a prize in 2008 at the Comic Salon in Angoulême. He lives and works in Paris.

WALLY DE DONCKER

Soessol, soessol!
Standaard
Antwerpen, 1989
[Ill: Mai Grietens]
Was ist bloß mit Opa los?
Rex
Luzern, 1997
[Ill: Anne Westerduin]
[Ü: Annette Leimer]
Ahum
Davidsfonds
Leuven, 2000
[Ill: Gerda Dendooven]
Tsjilp, zegt de vis
Davidsfonds
Leuven, 2004
[Ill: Veerle Derave]
Het verhaal van O
Davidsfonds
Leuven, 2007
[Ill: Jurgen Walschot]
Het begins ergens
Davidsfonds
Leuven, 2009
[Ill: Veerle Derave]

Wally de Doncker wurde 1958 in der flämischen Stadt Tielt geboren. Es ist eines seiner zentralen Anliegen, Kinder und Literatur einander nahezubringen. Aus diesem Grund gab er 2001 seinen Beruf als Lehrer auf, um sich ausschließlich seiner Arbeit als Autor widmen zu können. Er entwickelte 1996 mit »Leesdraak« (Ü: Lesedrachen) eine mittlerweile im flämischen Sprachraum weit verbreitete Vorlese- und Leselernmethode für den Vorschulbereich. Des Weiteren reflektiert er Themenaspekte der internationalen Kinderliteratur in Artikeln für nationale sowie internationale Fachmagazine und Zeitschriften.
In »Ahum« (2000; Ü: Hm-hm!) erzählt Wally de Doncker von den Bewohnern Tuschepans, die alles besitzen: Arbeit, Autos, Häuser sowie Unterhaltung. Alles ist normiert, geordnet, und alle Bewohner sind gleich – auch in ihrer Einsamkeit. Argwöhnisch beobachten sie daher die sich von ihrem Leben so unterscheidende Zweisamkeit der beiden Fremdlinge innerhalb ihrer Gemeinschaft. Der durchaus kritische Unterton dieser Geschichte über den Mut zum Anderssein sowie Individualität in einer normierten Gesellschaft ist auch dem Rezensenten Jant van der Weg in der Zeitung »Friesch Dagblad« nicht entgangen: »What happiness is, this kind of people do not know. Everything is captured in patterns, there is work for everyone and television games entertain them. Inhabitants of Toesjepa all look the same. Their clothes remind us of the Mao-suits in China. Very poetically a socio-critical sound is pictured in word and collage.«
Die existenzielle Frage nach individueller Bedeutung beschäftigt auch das O in »Het verhaal van O« (2007; Ü: Wenn O erzählt). Dieses ist zwar perfekt geformt, doch fühlt es sich weder den Buchstaben noch Ziffern wirklich zugehörig, empfindet vielmehr eine unbeschreibliche Leere, die zur Suche nach der eigenen Bedeutung führt. In seinem aktuellen Kinderbuch »Het begint ergens« (2009; Ü: Es beginnt irgendwo) diskutiert der Autor die Auswirkungen der globalen Klimaerwärmung auf das Leben, in diesem Fall das der tierischen Bewohner unseres Planeten. Immer wieder greift Wally de Doncker Themen auf, die in der zeitgenössischen Kinderliteratur kaum präsent sind. Sensibel, jedoch auch sehr direkt schildert er beispielsweise in »Een opa met gaatjes« (1996; dt. »Was ist bloß mit Opa los?«, 1997) die Facetten des Abbaus der geistigen und körperlichen Leistungsfähigkeit alter Menschen.
Seine Bücher wurden mit zahlreichen Preisen ausgezeichnet. Überdies wurden einige seiner Texte für die Bühne, als Musical, Animation und als Tanzfilme adaptiert. Heute lebt Wally de Doncker mit seiner Familie in Hamme, Belgien.

Wally de Doncker was born in 1958 in the Flemish town of Tielt. One of his main aims is to bring children and literature closer together. For this reason he gave up his career as a teacher in 2001 to concentrate on writing. In 1996 he developed a method for reading aloud and learning to read in primary school, »Leesdraak« (t: Reading Dragon), which is now widely used in Flemish-speaking regions. He also writes on topics international children's literature for national and international magazines and journals.
»Ahum« (2000, tr: Hm-hm) concerns the inhabitants of Toesjepa, who have everything: work, cars, houses, and entertainment. Everything is uniform, orderly, and all inhabitants are equal – in their solitude, as well. With suscpicion they observe the two strangers in their midst, whose togetherness is so radically different from the inhabitants' lives. The decidedly critical undertone in this story about the courage to be different, and individuality in a uniform society, was remarked upon by the critic Jant van der Weg in the newspaper »Friesch Dagblad«: »What happiness is, this kind of people do not know. Everything is captured in patterns, there is work for everyone and television games entertain them. The inhabitants of Toesjepa all look the same. Their clothes remind us of Mao-suits in China. A socially critical tone is adopted in a very poetic way through word and collage.«
The existential question of individual meaning also concerns the O in »Het verhaal van O« (2007, tr: The True Story of O). The O is perfectly formed yet does not feel that it belongs either as a letter or as a number, and feels instead an indescribable void which is focused on the quest for its own meaning. In his most recent children's book »Het begint ergens« (2009, t: It Begins Nowhere) the author discusses the effects of global climate change on life, in this case on the lives of the animals on our planet. Wally de Doncker again and again tackles themes which are scarcely touched upon in contemporary children's literature. With sensitivity, but directness, in »Een opa met gaatjes« (1996, t: What's Wrong With Grandpa?), for example, he describes aspects of the mental and physical decay of old people.
His books have received numerous nominations and prizes. In addition, several of his works have been adapted as stage plays and musicals, film animations and dance films. Waly de Doncker lives with his family in Hamme, Belgium.

Berlijn,
Berlin,
de stad van de stervende mol
die Stadt des sterbenden Maulwurfs

azend op de blindheid van
Lauernd auf die Blindheit von
west naar oost,
West nach Ost,
rechts naar links.
rechts nach links

Een mol graaft en
Ein Maulwurf gräbt und
maakt hopen.
macht hoffen

Berlijn,
Berlin,
de stad van de dansende beer
die Stadt des tanzenden Bären

dansend op de breuklijn van
Tanzend auf der Bruchlinie von
oost naar west,
Ost nach West,
links naar rechts.
links nach rechts

Een beer danst en
Ein Bär tanzt und
doet hopen.
macht hoffen.

DeDoncker wurde übersetzt von: Aite Tinga

Wally de Doncker, 2009

LENNART ENG

CONSTRUTION
WORK
LISTEN
SHOWING
MEETING
READING
COOL?
LOOKING
READING
TALKING
WALKING
GREAT MUSEUMS
BOOKS
BOOKS
BOOKS
BERL
PEOPLE
STREETART
CAFE
ART
EXPECTATIONS

LENNART ENG

Lennart Eng, 1950 in Stockholm geboren, studierte, seinem bereits zu Schulzeiten entdeckten Interesse am Zeichnen folgend, in Stockholm Grafikdesign sowie Illustration. Neben seiner Tätigkeit als Illustrator von kinderliterarischen Projekten anderer Autoren sowie von Lehr-, Sachbüchern und Buchcovern für verschiedene Verlagshäuser verfasst Lennart Eng seit 2000 auch eigene fiktionale sowie nonfiktionale Bilderbücher. Überdies war er als Dozent für Kunst, Kunstgeschichte und Architekturgeschichte an der Ellen-Key-Schule in Spånga bei Stockholm und ist als Vorsitzender des Schwedischen Verbandes der Illustratoren und Grafikdesigner und als Jurymitglied des renommierten, weltweit höchstdotierten Kinderbuchpreises, des Astrid-Lindgren-Gedächtnispreises, tätig.
Für das Manuskript seines Sachbilderbuches »Myra« (2000; Ü: Ameise) wurde Lennart Eng im Jahr 2000 mit dem vom schwedischen Opal-Verlag ausgeschriebenen Preis für Sachbücher ausgezeichnet. Darin gibt er dem kindlichen Leser Einblick in die soziale Welt sowie die gesellschaftliche Ordnung der Ameisen, indem er in einzelnen Kapiteln deren Anatomie, Arbeitsorganisation, Lebenswelt und Unterarten vorstellt und u.a. mit konkreten Arbeitsanweisungen im Schlussteil des Buches die Neugier auf eigene Entdeckungsreisen sowie Nachfragen initiiert.
Mit dem erzählenden Bilderbuch »Valdemar i världshavet« (2003; Ü: Waldemar im Weltenmeer), das eine Nominierung für den schwedischen Augustpriset erhielt, setzte Lennart Eng seine Arbeit als Autor und zugleich Illustrator seiner Texte fort. Dieses Gestalten einer Geschichte auf der Bild- sowie Textebene beschreibt er als wichtigen Entwicklungsschritt seiner Autorenschaft. Valdemar ist im Meer mit seinen zwergenkleinen sowie großen Bewohnern das größte Tier. Trotz seiner Größe fühlt er sich manchmal sehr einsam und nirgendwo zugehörig. Seiner Sehnsucht nach Gesellschaft versucht er durch die Suche nach Gefährten zu begegnen.
Es ist eines der Hauptanliegen Lennart Engs, mit der Beschreibung der Lebenswirklichkeit von Tieren nicht nur allgemeingültige Themenaspekte wie soziales Miteinander zu diskutieren, sondern vor allem das kindliche Interesse an der Natur und der Auseinandersetzung mit naturbezogenen Fragestellungen zu wecken. Diesem inhaltlichen wie stilistischen Konzept folgt auch sein aktuelles, in Zusammenarbeit mit dem Autor Bisse Falk entstandenes Kinderbuch »Rovjursboken de fyra stora« (2008; Ü: Die vier großen Raubtiere), das Fakten zum Leben der vier größten nordischen Raubtiere Braunbär, Wolf, Luchs und Vielfraß vorstellt. Lennart Eng lebt und arbeitet in Stockholm.

Världens fulaste unge
[Text: Kerstin Sundh]
Rabén & Sjögren
Stockholm, 1979
Från solgudar till svarta hål: en rymdhistoria
[mit: Marie Rådbo]
Rabén & Sjögren
Stockholm, 1996
Myra
Opal
Bromma, 2000
Valdemar i världshavet
Opal
Bromma, 2003
Rovjursboken de fyra stora
[Text: Bisse Falk]
Opal
Bromma, 2008

Lennart Eng was born in Stockholm in 1950 and, following an inclination that emerged while he was still at school, studied graphic design and illustration there. In 2000, alongside his work as an illustrator for children's literature projects by other authors, as well as for book jackets, educational materials, and non-fiction, Lennart Eng began to write his own fictional and non-fictional picture books. He has also lectured in art, art history, and the history of architecture at the Ellen-Key School in Spånga near Stockholm and is chairman of The Swedish Association of Illustrators and Graphic Designers. Lennart Eng is on the jury for the prestigious, most highly endowed international children's literature award, the Astrid Lindgren Memorial Prize.
He was awarded the Swedish Opal publisher's award for non-fiction in 2000 for his non-fiction picture book »Myra« (t: Ant). This book gives children a glimpse into the culture and social order of ants and, in individual chapters, he examines their anatomy, organisation of labour, environment, and sub-species; he also provides tasks and activities at the end of the book designed to spark interest and curiosity in his readers to start their own expeditions and investigations.
The story book »Valdemar i världshavet« (2003, t: Valdemar in the world ocean), which was nominated in 2003 for the Swedish August Prize, continues Eng's work as illustrator of his own texts. He describes the design of a story on the visual as well as language level as an important developmental stage in his work as an author. Valdemar is the largest animal in the ocean with its many minute denizens as well as its larger inhabitants. Yet he still feels alone and lonely, despite his size. He tries to fulfil his yearning for company by finding companions.
It is one of Lennart Eng's main concerns to use descriptions of the lives of animals not only to discuss themes like social interaction, but above all to prompt children's interest in nature and questions related to the natural world. This thematic and stylistic concept continues in his most recent book written together with the author Bisse Falk. »Rovjursboken de fyra stora« (2008, t: The Four Big Predators) presents facts about the four big Nordic predators, the brown bear, wolf, lynx and wolverine. Lennart Eng lives and works in Stockholm.

ROSANA FARÍA

La alegría de pintar
[Text: Rafael Arráiz Lucca]
Anaya
Madrid, 1990
Pin Uno, Pin Dos
[Text: Arturo Navarro]
Ekaré
Caracas, 1993
Niña Bonita
[Text: Ana María Machado]
Ekaré
Caracas, 1996
La gran pelea
[Text: Menena Cottin]
Tecolote
Mexiko-Stadt, 2007
Das schwarze Buch der Farben
[Text: Menena Cottin]
Fischer
Frankfurt/Main, 2008
[Ü: Helga Preugschat]

Rosana Faría, geboren 1963 in Caracas, studierte Grafikdesign am Instituto de Diseño de la Fundación Neumann sowie Malerei und Zeichnen an der Escuela de Artes Visuales Cristóbal Rojas. Im Anschluss daran arbeitete sie zunächst als Grafikdesignerin, konzentrierte sich jedoch später ganz auf ihre Arbeit als Illustratorin, Cartoonistin, Artdirector und ihre Lehrtätigkeit im Rahmen von Kreativworkshops und seit 2001 an der Asociación Pro Diseño, Escuela de Comunicación Visual. Zudem ist sie als Beraterin für Editorial Cadena Capriles, einen Schulbuchverlag, tätig.
Die Eindrücke und Erfahrungen, die sie auf den vielen Reisen durch ihre Heimat gesammelt hat, finden sowohl in ihren Illustrationen als auch ihrem Anliegen, ein politisches Bewusstsein für Demokratie bei ihren Landsleuten mittels grafischer Konzepte zu wecken, ihren unmittelbaren Ausdruck. Zum Illustrieren von kinderliterarischen Texten musste sie erst ein Freund ermutigen: »This allows me to escape from surrounding reality, from the unbearable traffic, from the amazing journey that it takes to buy the ingredients for making lunch, from the never-ending presidential speeches. This escape helps me to understand the world from another perspective.« Ihre Illustrationen bestechen durch außergewöhnlichen Ideenreichtum und das Spiel mit Perspektiven. Zentrale Themen sind Integration und Anderssein in seiner Normalität und zugleich Besonderheit. Bereits Mitte der 1990er Jahre reflektierte sie mit ihren Illustrationen zu »Niña Bonita« (1996; Ü: Schönes schwarzes Mädchen) dieses Thema. Ein schneeweißer Hase – fasziniert von der dunklen Hautfarbe seiner menschlichen Spielgefährtin – unternimmt alles, um selbst ein schwarzes Fell zu bekommen. Die Geschichte endet mit einem Plädoyer für das dem Anderssein innewohnende Potenzial für die jeweilige Gemeinschaft. In dem von ihr illustrierten Bilderbuch »El libro negro de los colores« (2007; dt. »Das schwarze Buch der Farben«, 2008) wird dieses Thema erneut aufgegriffen. Die auf der Textebene geschilderten Imaginationen des blinden Jungen Thomas von der ihn umgebenden Welt und seinen Mitmenschen finden in der Inszenierung des Wechselspiels sinnlicher Wahrnehmung und emotionaler Befindlichkeit auf der Bildebene ihre Entsprechung. Durch die Wiederholung der Textzeilen in der Brailleschrift ist dies ein Bilderbuch für Blinde und Sehende. Es kann mit den Augen sowie Fingern gelesen werden und korrespondiert mit dem Engagement der Illustratorin für ein integratives Miteinander der Menschen. Derzeit arbeitet Rosana Faría an einem Kinderbuch zum Ökotourismus.
Ihr Bilderbuch »El libro negro de los colores« wurde 2007 mit dem BolognaRagazzi Award in der Kategorie »New Horizons« ausgezeichnet. Sie lebt und arbeitet in Caracas.

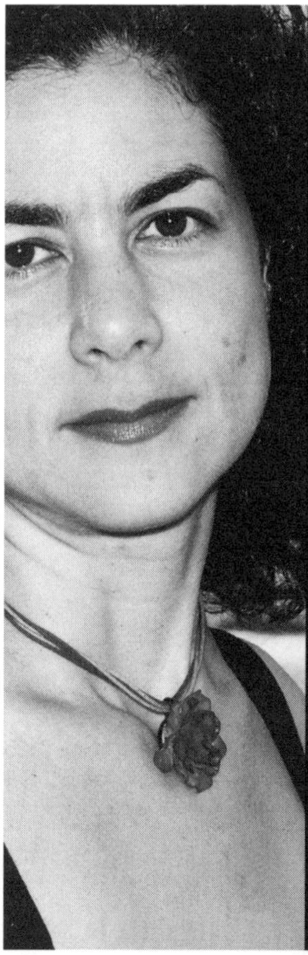

Rosana Faria was born in Caracas in 1963, studied graphic design at the Instituto de Diseño de la Fundación Neumann and painting and drawing at the Escuela de Artes Visuales Cristóbal Rojas. She later worked as a graphic designer, but then began to concentrate on her work as an illustrator, cartoonist, art director, and teacher of creative workshops and, since 2001, at the Asociación Pro Diseño, Escuela de Comunicación Visual. Furthermore, she is an art advisor at Editorial Cadena Capriles, an educational publisher.
The impressions and experiences which she gathered in her many travels in her home country find expression in her illustrations and in her aim to share with her compatriots, by graphic means, her awareness of democracy. She was encouraged to illustrate children's books by a friend: »This allows me to escape from surrounding reality, from the unbearable traffic, from the amazing journey that it takes to buy the ingredients for making lunch, from never-ending presidential speeches. This escape helps me to understand the world from another perspective«. Her illustrations attract attention through their extraordinary inventiveness and playful use of perspective. Central themes are integration and otherness as at once normal and special. She dealt with this theme back in the 1990s in her illustrations for »Niña Bonita« (1996; Eng. »Niña Bonita«, 1996). A snow-white hare, fascinated by the black skin of its human playmate, tries everything to get a black coat itself. The story ends with a plea for the potential which lies in being different within every society. In »El libro negro de los colores« (2007; Eng. »The Black Book of Colours«, 2008), which she illustrated, this theme is again tackled. The imaginings of the blind boy Thomas about the world around him and the people in it that are narrated in the text are reflected in the illustrations, which depict the interplay between perception and emotional states. Text passages are repeated in Braille, making this a picture book both for the blind and the sighted. It can be read with eyes and fingertips alike and as such expresses the illustrator's commitment to people working together towards integration. Rosana Faria is currently working on a children's book on eco-tourism.
Her picture book »El libro negro de los colores« was awarded the BolognaRagazzi Award in the category »New Horizons« in 2007. She lives and workes in Caracas

ROSANA FARÍA

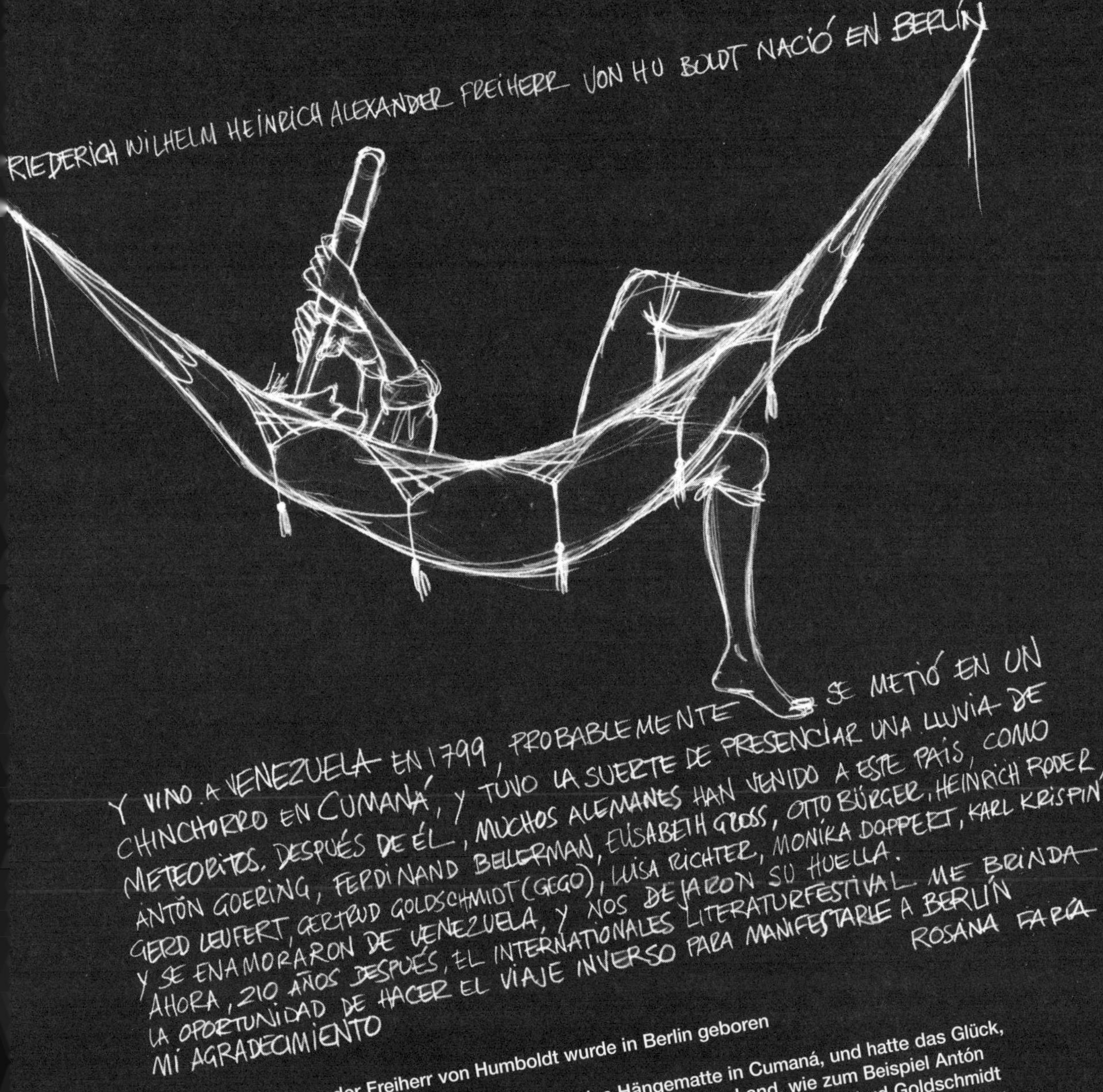

Friederich Wilhelm Heinrich Alexander Freiherr von Humboldt wurde in Berlin geboren

und kam 1799 nach Venezuela, wahrscheinlich legte er sich in eine Hängematte in Cumaná, und hatte das Glück, einem Meteoritenregen beizuwohnen. Nach ihm kamen viele Deutsche in dieses Land, wie zum Beispiel Antón Goering, Ferdinand Bellerman, Elisabeth Gross, Otto Bürger, Heinrich Roder, Gerd Leufert, Gertrud Goldschmidt (Gego), Luisa Richter, Monika Doppert, Karl Krispin... und verliebten sich in Venezuela und hinterließen ihre Spur. Jetzt, 210 Jahre später, bietet mir das internationale literaturfestival die Gelegenheit an, die umgekehrte Reise zu machen, um Berlin meine Dankbarkeit auszusprechen.

Rosana Faría

aus dem Spanischen von Christina Wegener

GRAHAM GARDNER

HOW I IMAGINE BERLIN THIS WILL BE MY FIRST VISIT TO BERLIN. I'M NOT SURE WHAT TO EXPECT, OTHER THAN THE REICHSTAG, WHICH I'VE SEEN ON TELEVI-SION AND IN PHOTO-GRAPHS. SWIRLING IN MY MIND ARE VAGUE IMAGES OF GRAND DARK BUILDINGS IN NEO-CLASSICAL STYLE NESTLED AMONGST MODERN HIGH-RISE TOWERS OF STEEL AND DARK GLASS. I IMAGINE BERLIN AS A SOMBRE AND DARK CITY, ALTHOUGH I DON'T KNOW WHY.

GRAHAM GARDNER

Graham Gardner wurde 1975 in Worcestershire geboren und wuchs dort zusammen mit neun Geschwistern auf. Er arbeitete u.a. als Obstpflücker, Buchhändler und Kellner, bevor er Soziale und Politische Geografie an der University of Wales, Aberystwyth, studierte. Im Rahmen seiner Promotion untersuchte er die Zusammenhänge zwischen Macht, Gemeinschaft und sozialen Veränderungen in ländlichen Regionen. Im September 2009 startet er eine neue berufliche Karriere als Bibliothekar und Buchhändler an der St. Marylebone Schule in London.

Bereits als kleiner Junge nahm Gardner an verschiedenen literarischen Wettbewerben teil, bei denen seine Texte sehr gute Kritiken bekamen. Über sein schriftstellerisches Arbeiten sagt er: »I write visually: I ›see‹ in my mind a picture of what I'm going to write about, and I do my best to describe the picture in words. As I'm doing that, I think about what the picture means and try to put that into words too. I'm particularly concerned with portraying my main character's thinking and emotions – I can't begin a story without knowing their intentions and motivations.«

Sein viel beachtetes Debüt als Autor gab er mit dem von George Orwells »1984« und eigenen Erfahrungen inspirierten Roman »Inventing Elliot« (2003; dt. »Im Schatten der Wächter«, 2004), in dem er Themen wie Identität, Machtstrukturen, Gewalt und Zivilcourage behandelt. Gardner berichtet in seinem Jugendroman aus der Perspektive des 13jährigen Elliot von dessen Chance, nach einem Umzug an der neuen Schule seine bisherige soziale Opferrolle hinter sich zu lassen. Dennoch fällt er der Terrorclique mit dem Namen »die Wächter« auf, die seit Jahren aus dem Hintergrund und in wechselnder Bestzung agiert. Diese sieht in Elliot einen potenziellen Kandidaten für ihre Nachfolge. Als Elliots alte Angst erneut zu seinem ständigen Begleiter zu werden beginnt und das Maskenspiel, zu dem sein Leben abermals geworden ist, ihn in eine Identitätskrise stürzt, muss er sich entscheiden, ob er zum Täter zu werden bereit ist, um nicht länger Opfer zu sein. »In Gardners Roman herrscht eine bedrohliche Stimmung. [...] In einer schnellen, direkten Sprache treibt er seine Gesellschaftsparabel voran. Und gerade weil er das Geschehen so kühl und unausweichlich schildert, die Quälerei der Jugendlichen so detailliert beschreibt, gleitet die Geschichte am Ende nicht ins Kitschige ab, als sich Gefühl und Liebe als einzige Mittel gegen Gewalt und Machtstrukturen erweisen«, kommentierte die »Süddeutsche Zeitung« Gardners Debütroman.

»Im Schatten der Wächter« wurde in mehr als zehn Sprachen übersetzt und erhielt mehrere Preise, u.a. wurde er mit dem Deutschen Jugendliteraturpreis der Jugendjury 2005 ausgezeichnet. Graham Gardner lebt und arbeitet in Aberystwyth.

Im Schatten der Wächter
Freies Geistesleben
Stuttgart, 2004
[Ü: Alexandra Ernst]

Graham Gardner was born in 1975 in Worcestershire, where he grew up along with nine brothers and sisters. His jobs have included: fruit picker, bookseller and waiter before going on to study social and political geography at the University of Wales, in Aberystwyth. In his dissertation he examined the connections between power, community, and social changes in rural regions. In September 2009, he is to embark on a new career as librarian and bookshop manager at St Marylebone School in London. Gardner entered various literary competitions as a child and his work was well received. He says of his writing: »I write visually: I ›see‹ in my mind a picture of what I'm going to write about, and I do my best to describe the picture in words. As I'm doing that, I think about what the picture means and try to put that into words too. I'm particularly concerned with portraying my main character's thinking and emotions – I can't begin a story without knowing their intentions and motivations«.

His much-lauded début as a writer came with the novel »Inventing Elliot« (2003), inspired equally by George Orwell's »1984« and his own experiences, here he looks at the themes of identity, power structures, violence, and civil courage. The author writes from the perspective of thirteen year-old Elliot, who hopes to escape his previous role as victim when he moves to a new school, but attracts the attention of the gang »the Guardians«, which has existed for years in secrecy with changing members. Elliot's old fears re-emerge as a constant companion and the game of masks takes over his life; this causes a crisis of identity, he must decide whether he is ready to become a perpetrator of crime to avoid remaining a victim. The »Süddeutsche Zeitung« commented: »Gardner's novel is dominated by a menacing atmosphere [...] He drives his social parable along through swift, direct language. And it is precisely because he describes events as cold and inevitable and depicts the tormenting of the youths in such detail, that the story does not slip into kitsch when, at the end, compassion and love triumph as the only response to violence and power structures«.

»Inventing Elliot« has been translated into more than ten languages and has won many awards, including the German Young Fiction Prize of the youth jury in 2005. Graham Gardner lives and works in Aberystwyth.

SVJETLAN JUNAKOVIĆ

Svjetlan Junaković wurde 1961 in Zagreb geboren. Seinem Interesse für die unterschiedlichen künstlerischen Ausdrucksmöglichkeiten folgend, entschied er sich für ein Studium an der renommierten Accademia di Belle Arti di Brera in Mailand, das er 1985 erfolgreich abschloss. Seitdem ist er als freier Maler, Bildhauer, Illustrator und Grafiker tätig. Um seinen unterschiedlichen Lehraufträgen als Dozent für Illustration sowohl an der Akademie der schönen Künste in Zagreb als auch an der International School of Sarmede/Treviso nachkommen zu können, pendelt er zwischen Kroatien und Italien.
Zu Beginn seiner Karriere entwarf Svjetlan Junaković vor allem klassische Illustrationsarbeiten für verschiedene Verlage, u.a. »Kroko Kanal« (2003). In den vergangenen Jahren hat der Illustrator jedoch durch außergewöhnliche Buchkonzepte auf sich aufmerksam gemacht. Viel gelobt wurde sein Porträtbuch »Gran libros de los retratos de animales« (2006; Ü: Das große Buch der Porträts). Die Zusammenstellung und weiterbearbeitende Adaption von 26 weltbekannten Porträtgemälden aus der Periode der frühen Renaissance bis hin zum frühen 19. Jahrhundert spielt bewusst mit dem Bekanntheitsgrad der Bilder. Indem der Illustrator die menschlichen Protagonisten durch Tierfiguren ersetzt, verändert er den Blick des Betrachters und entwirft mit viel subtilem Humor neue Sichtweisen und Perspektiven auf Altvertrautes. Das Originalgemälde wird durch die beigefügten Kommentare auf jeder Seite indirekt präsentiert. Es ist die Aufforderung zu einer Neuentdeckung verborgener Bedeutungsnuancen und Kontexte hinter der gewohnten, kanonisierten, mitunter stereotypen Wahrnehmung der Gemäldeinhalte. Auch sein Kinderbuch »Moj put« (2007; Ü: Mein Weg) fällt durch sein vielschichtiges Illustrationskonzept mit der collagehaften Kombination unterschiedlicher Zeichentechniken und Materialien auf. Es erzählt von den alltäglichen Wegen, den kleinen und großen Reisen sowie Erfahrungen von Schuhen und ihrem Besitzer.
Neben der Präsentation seiner Werke in Einzel- wie Gruppenausstellungen erhielt Svjetlan Junaković zahlreiche internationale Preise. 2008 wurde er sogar von der IBBY-Sektion Kroatiens für den Hans Christian Andersen Award nominiert. Für sein Kinderbuch »Gran libros de los retratos de animales« wurde ihm 2008 sowohl der BolognaRagazzi Award in der Kategorie »Fiktion« als auch der Premio Andersen für das »Beste Bilderbuch« verliehen. Svjetlan Junaković lebt mit seiner Familie in Zagreb.

Roter Frosch, grüner Flamingo
Bohem Press
Zürich, 1999
Zirkus! Zirkus!
Bohem Press
Zürich, 2002
[Deutsche Bearbeitung: Danielle Heufemann]
Kroko Kanal
Bohem Press
Zürich, 2003
Moj put
Algoritam
Zagreb, 2007
Velika knjiga portreta
Algoritam
Zagreb, 2007
www.svjetlanjunakovic.com

Svjetlan Junaković was born in Zagreb in 1961. Due to an interest in the different modes of artistic expression, he chose to study at the renowned Accademia di Belle Arti di Brera in Milan, where he graduated in 1985. Since then has been working as a freelance painter, sculptor, illustrator, and graphic designer. In order to attend to his various activities as a lecturer in illustration at the Academy of Arts in Zagreb and at the International School in Sarmede/Treviso, he commutes between Croatia and Italy.
At the outset of his career, Svjetlan Junaković mainly produced classic illustrations for various publishers, including »Kroko Kanal« (2003, t: Kroko Channel). In recent years, however, he has begun to attract attention through his extraordinary book designs. His portrait book »Gran libros de los retratos de animales« (2006; Eng. »The Great Book of Animal Portraits«, 2007) was met with wide acclaim. The collection and adaptation of twenty-six orld-famous portraits from the early Renaissance to the early nineteenth century plays consciously with the universal fame of the pictures. By replacing the human figures with animals, the illustrator alters the observer's view and, through subtle humour, develops new angles and perspectives on familiar subjects. The original painting is indirectly presented via the commentaries on each page. The challenge is to re-discover hidden nuances of meaning and context behind the familiar, canonical and occasionally stereotypical perceptions of the content of the painting. His children's book »Moj put« (2007, t: My Way) is also remarkable, with its multilayered illustrative concept and collage-like combinations of various drawing techniques and materials. The book is cocnerned with everyday paths, journeys great and small and the experiences of shoes and their owners.
As well as having presented his works in solo and group exhibitions, Svjetlan Junaković has won many international prizes, including, in 2001, the »Gold Badge« of the Biennial of Illustration in Bratislava (BIB). In 2008 he was nominated for the Hans Christian Andersen-Award by the Croatian IBBY section. His children's book »Gran libros de los retratos de animales« won both the Bologna-Razzia Award in the fiction category and the Premio Andersen for best picture book in 2008. Svjetlan Junaković lives with his family in Zagreb.

SVJETLAN JUNAKOVIĆ

E-BRAVO;

PETRA KASCH

Petra Kasch wurde 1964 im brandenburgischen Königs Wusterhausen geboren und schreibt seit ihrer Kindheit. Sie absolvierte ein Literatur- und Bibliotheksstudium in Berlin und Leipzig. Zu Erzählungen für Erwachsene in unterschiedlichen Anthologien, Hörspielen, u.a. für die Radiosendung »Ohrenbär«, sowie Drehbüchern kamen später Kinder- und Jugendbücher hinzu.
Ihr erster Jugendroman »Verräter verdienen keine Chance« (2007) rückt – exemplarisch am Alltag des Protagonisten Julian veranschaulicht – die emotionale wie auch soziale Unsicherheit Heranwachsender in einer zunehmend komplexer werdenden Wirklichkeit in den Mittelpunkt. Obwohl sportlich und naturwissenschaftlich begabt, begegnet Julian der Welt fast nur noch mit Protest und Verweigerung. Zu tief sitzt der Verrat des Vaters. So lebt er zurückgezogen vor seinen Mitschülern in den Tag hinein. Einzig sein kleiner Bruder bedeutet ihm etwas, doch dieser weiß nichts von dem Vater, der sich aus der Verantwortung gestohlen und die Familie sitzen gelassen hat. Die Begegnung mit Lena weckt Julian aus seinem Alltagstrott, mit ihren Mutproben provoziert sie ihn und bringt schließlich nicht nur sie beide in Gefahr. Petra Kaschs lebendige Sprache zeichnet hier mit großer Ehrlichkeit die Suche nach Halt in einer haltlos gewordenen Welt nach.
Die Veröffentlichung ihres aktuellen Jugendromans »Bye-bye, Berlin« (2009) fällt ins Jahr des zwanzigjährigen Jubiläums des Mauerfalls. Sie erzählt darin von der 13-jährigen Nadja und deren Leben in Berlin zu Beginn der 1990er Jahre, wo sich alles im Umbruch befindet und alte Werte sowie Strukturen über Nacht ihre Bedeutung eingebüßt haben. Ihr Vater, ein vor der Wende für seine kritische Auseinandersetzung mit dem DDR-Regime gefeierter, international tätiger Fotograf, gehört zu den Nachwendeverlierern: Im Gegensatz zu Nadjas in Hamburg beruflich erfolgreicher Mutter hat er völlig den Boden unter den Füßen verloren. Um die eigene Verunsicherung und Zukunftsangst zu betäuben, ergibt er sich dem Alkohol und überlässt seiner Tochter die Organisation des Familienalltags. Für Träume Nadjas – wie eine gemeinsame Reise mit ihrem Freund ans Meer, die zum Inbegriff ihrer Sehnsucht nach sozialer Sicherheit und zugleich individueller Freiheit wird – bleibt dabei wenig Zeit und Raum. Doch Nadja ist es, die schließlich mit Unterstützung ihrer Freunde auf ungewöhnliche Weise einen Neuanfang initiiert.
Petra Kaschs Jugendbuch »Verräter verdienen keine Chance« (2007) wurde im Oktober 2007 von »Focus« und Deutschlandfunk zu den »Besten sieben Kinder- und Jugendbüchern« gewählt. Die Autorin lebt heute in Berlin.

Wo nehmen wir jetzt 'ne Oma her?
[mit: Martina Mair]
Middelhauve
München, 1999
Verräter verdienen keine Chance
Ravensburger
Ravensburg, 2007
Bye-Bye, Berlin
Ravensburger
Ravensburg, 2009

Petra Kasch was born in 1964 in Königs Wusterhausen, in Brandenburg. She has been writing since childhood. She studied literature and library and information science in Berlin and Leipzig. She has written short stories, collected in various anthologies, radio plays (for the programme »Ohrenbär« among others), as well as scripts and books for children and young adults.
Her first novel for young adults was »Verräter verdienen keine Chance« (2007, t: Traitors Don't Deserve a Chance). The focus of this novel is on the emotional and social insecurities of adolescents in an increasingly complex social environment as shown through the every day life of the protagonist, Julian. Athough talented both in sports and science, Julian approaches the world from an angle of protest, refusal and little else. His father's betrayal has hurt him at a deep level, causing him to withdraw from life and his fellow pupils. The only person who matters to him is his little brother, who knows nothing about the father who evaded his responsibilities by abandoning them. An encounter with Lena shakes Julian out of his rut: she provokes him through tests of courage, and finally puts not only the two of them in danger. Petra Kasch's extreme frankness expressed in vivid language portrays the search to find a foothold in an ever-shifting world.
The publication of her most recent book for young adults, »Bye-bye, Berlin« (2009) coincides with the twentieth anniversary of the fall of the Berlin Wall. It tells the story of thirteen-year-old Nadja and her life in Berlin in the early 1990s, a time when everything is in turmoil, old values and structures losing their meaning overnight. Her father, who, before reunification, was an internationally active photographer, acclaimed for his critical treatment of the régime, is among the losers in the new Germany. Unlike Nadja's mother, who works successfully in Hamburg, he has lost his way. He turns to alcohol to numb his insecurities and anxieties about the future, leaving the organisation of the family's day to day survival to his daughter. Little time or opportunity is left for Nadja's dream – a trip with her friend to the seashore, which has become for her a potent symbol both of security in a social sense and individual freedom. Yet it is Nadja who, with the support of her friends, makes an unusual fresh start.
Petra Kasch's book for young adults, »Verräter verdienen keine Chance« (2007), was selected by Focus and Deutschlandfunk as one of the »Seven Best Children's And Young Adult Books« for 2007. The author now lives in Berlin.

KLAUS KORDON

Tadaki
Dressler
Hamburg, 1977
Brüder wie Freunde
Beltz & Gelberg
Weinheim, 1978
Monsun oder Der weiße Tiger
Beltz & Gelberg
Weinheim, 1980
Die roten Matrosen oder Ein vergessener Winter
Beltz & Gelberg
Weinheim, 1984
Krokodil im Nacken
Beltz & Gelberg
Weinheim, 2002
Auf der Sonnenseite
Beltz & Gelberg
Weinheim, 2009
www.kordon.eu

Klaus Kordon wurde 1943 in Berlin-Pankow geboren und gehört zu den bedeutendsten Kinder- und Jugendbuchautoren deutscher Sprache. Nach dem frühen Tod beider Elternteile lebte er in verschiedenen Heimen. Er holte sein Abitur an der Abendschule nach, studierte Volkswirtschaft und bereiste schließlich als Exportkaufmann die Welt. Nach einem gescheiterten Fluchtversuch aus der DDR saß er ein Jahr in politischer Haft und siedelte 1973 nach Westdeutschland über.
Seit Ende der 1970er Jahre veröffentlichte Klaus Kordon mehr als fünfzig Kinderbücher, historische Romane, Erzählungen und lyrische Texte. Diese beschäftigen sich oftmals mit politisch-historischen Ereignissen in Deutschland oder sind von seinen Reisen inspiriert. »Kordon versteht sich als ein Autor, der zuallererst eine Geschichte erzählen möchte. Diese Geschichte gestaltet er poetisch, spannend, aktuell. Sie soll dem Leser Spaß machen. Dies gelingt ihm vor allem wegen seiner feinen Beobachtungsgabe, verbunden mit einem ganz natürlichen Verhältnis zu den von ihm dargestellten, denkenden, fühlenden und handelnden Personen«, schreibt das »jugendbuch-magazin«.
Sein Debüt gab er 1977 mit »Tadaki« (heute: »Der Weg nach Bandung. Tadakis Geschichte«), der Geschichte eines indonesischen Bettlerjungens. 1978 erschien »Brüder wie Freunde«. Der Roman steht am Anfang der so genannten »Frank-Trilogie«, einer stark autobiografisch gefärbten Auseinandersetzung mit der Geschichte des geteilten Berlins. Kordons Augenmerk gilt vor allem den einfachen Menschen: In seiner viel beachteten »Trilogie der Wendepunkte« schildert er über drei Generationen hinweg das Schicksal einer Berliner Familie zwischen Hinterhofelend und Überlebensmut. Im Zentrum dieser Familienchronik stehen die politisch umwälzende Zeit nach dem Ersten Weltkrieg 1918 (»Die Roten Matrosen oder Ein vergessener Winter«, 1984), der Aufstieg und die Machtergreifung der Nationalsozialisten 1932/33 (»Mit dem Rücken zur Wand«, 1990) sowie das Ende des Zweiten Weltkriegs 1945 (»Der erste Frühling«, 1993). Seine eigene Lebensgeschichte, die gescheiterte Republikflucht, die Haft und die geglückte Ausreise in die BRD, verarbeitete er literarisch in »Krokodil im Nacken« (2002) sowie seinem neuen autobiografischen Roman »Auf der Sonnenseite« (2009) anhand der Figur Manfred Lenz.
Kordons Bücher wurden in 19 Sprachen übersetzt und mit zahlreichen internationalen Preisen ausgezeichnet, u.a. erhielt er für sein Gesamtwerk den Alex-Wedding-Preis der Akademie der Künste zu Berlin und Brandenburg. 1988 kehrte Klaus Kordon in seine Geburtstadt zurück, wo er auch heute noch mit seiner Frau in Steglitz lebt.

Klaus Kordon was born in Berlin-Pankow in 1943 and is among the most important authors of books for children's and young adults in German. Following the deaths of both his parents, he grew up in different children's homes. He took his final exams later at evening school, studied economics and went on to travel worldwide as an export salesman. After a failed attempt to flee the GDR, he was arrested and served a year's political imprisonment. In 1973 he moved to West Germany.
Since the end of the 1970s he has published more than 50 children's books, historical novels, stories, and poetry texts. These are often concerned with the political-historical events in German history, or are inspired by his travels. »Kordon sees himself as an author who above all wants to tell a story. He makes the story poetic, gripping, and relevant. It should be fun for the reader. He achieves this with his fine observational powers, together with a natural relationship to the acting, thinking and feeling people he has created«, wrote the »jugendbuch magazin«.
His début was in 1977 with the novel »Tadaki« (re-titled: »Der Weg nach Bandung. Tadakis Geschichte«, t: The Way To Bandung. Tadaki's Story), which was about an Indonesian beggar boy. In 1978 he published »Brüder wie Freunde« (Eng. »Brothers Like Friends«, 1992), the first in the so-called Frank Trilogy, a deeply autobiographic treatment of the history of divided Berlin. Kordon's attention is always on normal people: in his much-respected »Turning Points Trilogy« he describes the fates of a Berlin family over three generations, through poverty and the will to survive. This family saga centres on the politically unstable time following the First World War in 1918 (»Die Roten Matrosen oder Ein vergessener Winter«, 1984, t: The Red Sailors, or, A Forgotten Winter), the rise to power of the National Socialists in 1932-3 (»Mit dem Rücken zur Wand«, 1990, tr: Backs to the Wall), and the end of the Second World War in 1945 (»Der erste Frühling«, 1993, t: The First Spring). His own personal history, the failed attempt to flee from East Germany, the year of political imprisonment and the successful emigration from the GDR to West Germany is the subject of »Krokodil im Nacken« (2002, t: A Crocodile Behind Me), as well as providing the matter for his new, autobiographical novel »Auf der Sonnenseite« (2009, t: On The Sunny Side), in the form of the character Manfred Lenz.
Kordon's books have been translated into 19 languages and have been awarded numerous international prizes, including the Alex-Wedding Prize of the Arts Academy of Berlin and Brandenburg for his life's work. Klaus Kordon returned to his birthplace in 1988, where he still lives with his wife, in Steglitz.

SUZY LEE

Suzy Lee, geboren 1974 in Seoul, studierte Malerei und Buchkunst an der Seoul National University in Korea sowie am Camberwell College of Arts in U.K.
Der besondere Reiz ihrer oftmals textlosen Bilderbücher liegt in ihren reduzierten Erzählkonzepten und ihrer Verbindung von asiatischer sowie westlicher Illustrationskunst. Den innovativen, intermedialen Ansatz ihrer Bücher exemplifiziert ihr Debütbilderbuch »Alice in Wonderland« (2002; Ü: Alice im Wunderland) mit seinen zu Buchillustrationen gewordenen Fotografien von Miniaturtheaterkulissen. »There are always certain subject matters or images I wish to deal with in my books someday. They are only the fragments of ideas at first – e.g. horizontal shapes of a book, a stage, a dazzling cyan-color, crispy shadows, a book about a book, 2-color prints, flat surface of the pages, gutter of the book and so on. They don't seem to be related to each other, but suddenly all of them turn into a book [...].«
Von der Unterschiedlichkeit kindlicher und erwachsener Wahrnehmung berichtet ihr Bilderbuch »The Zoo« (2004; Ü: Der Zoo). Was wie ein gewöhnlicher Familienausflug beginnt, entwickelt sich zu einer fantastischen Reise eines kleinen Mädchens. Farbige Doppelseiten der Vorstellungswelt sowie Imaginationen des Kindes wechseln sich mit der in Grautönen gehaltenen Wahrnehmung der Ereignisse der Eltern ab, die ihre zwischen den Gehegen verschwundene Tochter suchen und schließlich schlafend auf einer Parkbank finden. Kindliche Neugier und Auseinandersetzung mit existenziellen Fragen wie »Wer bin ich?« ziehen sich leitmotivisch durch das Werk Suzy Lees – ob in der Geschichte über die Begegnung mit dem eigenen Spiegelbild und die Auseinandersetzung mit Realität und verfremdetem Abbild in »Mirror« (2003; Ü: Spiegel) oder in ihrem aktuellen Bilderbuch vom abenteuerlichen Tag eines kleinen Mädchens am Strand, »Wave« (2008; Ü: Welle). Neugierig begegnet die Protagonistin hier dem Element Wasser und lässt sich zu einem spielerischen Tanz mit den Wellen zwischen Provokation und Überraschung hinreißen. Mit Illustrationen, die Komik der Situation sowie die kindlichen Emotionen vielschichtig spiegeln und deren einzige Farbe Blau ist, gestaltet Suzy Lee eine Geschichte von der Kraft der Natur, der menschlichen Selbstüberschätzung sowie dem kindlichen Interesse an Grenzerfahrungen.
Ihr Bilderbuch »Wave« wurde für »Best Illustrated Children's Books 2008« der »New York Times« ausgewählt und erhielt eine »Gold Medal« für »Original Art 2008« der Society of Illustrators. Suzy Lee lebt mit ihrer Familie in Singapur.

Mis primeras 80.000 palabras
Media Vaca
Valencia, 2002
La revanche des lapins
La Joie de Lire
Genf, 2003
Mirror
Corraini
Mantova, 2003
L'oiseau noir
Lirabelle
Aubais, 2007
The Zoo
Kane/Miller
La Jolla, 2007
Welle
Baumhaus
Frankfurt/Main, 2009
www.suzyleebooks.com

Suzy Lee was born in Seoul in 1974 and studied painting and book arts at the Seoul National University in Korea and at the Camberwell College of Arts in the U.K.
The specific appeal of her usually wordless picture books lies in the reduced narrative concept and the combination of Asian and Western illustrative art. The innovative, inter-medial approach typical of her work can be seen in her first picture book »Alice in Wonderland« (2002), the illustrations in which are photographs of miniature theatre sets. »There are always certain subject matters or images I wish to deal with in my books someday. They are only fragments of ideas at first - e.g. horizontal shapes of a book, a stage, a dazzling cyan-colour, crisp shadows, a book about a book, 2-colour prints, flat surface of the pages [...] and so on. They don't seem to be related to each other, but suddenly all of them turn into a book.« Her picture book »The Zoo« (2004) is about the difference between adults' and children's perceptions. What starts out as a typical family outing turns into a small girl's fantasy journey. Coloured double pages illustrating the girl's imaginative interchange with the grey-toned depictions of the parents' impressions of events as they search among the enclosures for their vanished daughter, finally finding her asleep on a bench. Childlike curiosity and the confrontation with existential questions such as »Who am I?« run through Suzy Lee's work like leitmotifs, whether in the encounter with one's own mirror reflection and the clash of reality and distorted reflection in »Mirror« (2003), or the adventures of a young girl at the beach in her most recent book, »Wave« (2008). Her protagonist in »Wave« approaches water with curiosity and is drawn into a playful, provocative, surprising dance with the waves. Through the comedy inherent in the situations, and the child's emotions reflected in the multi-layered illustrations (which are actually all in blue), Suzy Lee presents a story about the power of nature, the human experience of overestimating oneself, and the child's interest in experiencing boundaries.
Her picture book »Wave« (2008) was chosen for the New York Times' »Best Illustrated Children's Book 2008« and for a »Gold Medal« for »Original Art 2008« by the Society of Illustrators. Suzy Lee lives with her family in Singapore.

MARJALEENA LEMBCKE

Marja Mäusegewicht
Engelbert
Balve, 1986
Als die Steine noch Vögel waren
Nagel & Kimche
München, 1998
Ein Märchen ist ein Märchen ist ein Märchen
NP
St. Pölten, 2004
[Ill: Sybille Hein]
Liebeslinien
Nagel & Kimche
München, 2006
Der Gänsegeneral
Hinstorff
Rostock, 2008
[Ill: Heike Ellermann]
Hexenheim Horizont
Nagel & Kimche
München, 2009
[Ill: Stefanie Harjes]

Marjaleena Lembcke wurde 1945 in Kokkola/Finnland geboren und studierte in Helsinki Theaterwissenschaften, bevor sie 1967 nach Deutschland übersiedelte. In einem Zweitstudium widmete sie sich an der Kunstakademie Münster der Bildhauerei.
Bereits seit 1985 veröffentlicht die Autorin in deutscher Sprache und mit wenigen Ausnahmen wie dem Roman »Finnische Tangos« (1998) vor allem kinder- und jugendliterarische Texte, Gedichte und Funkerzählungen, die nicht selten inhaltlich eng mit ihrer früheren Heimat Finnland verknüpft sind. Ihre literarische Arbeit zeichnet sich durch die stille Eindringlichkeit und den humoristischen bzw. ironischen, mitunter auch lakonischen Blickwinkel ihrer Erzählerstimmen aus. Ein Beispiel für die Vielschichtigkeit der Selbst- und Fremdeinschätzungen ihrer Protagonisten ist ihr Jugendroman »Liebeslinien« (2006). Aulikki flüchtet aus der Enge ihrer Heimatstadt in die finnische Großstadt Helsinki, weg von Zuhause und dem verwitweten Vater, der nach dem Krebstod der Mutter nun mit deren Schwester zusammenlebt. Die Jugendliche ist voller Fragen und auf der Suche nach Antworten auf ungelöste Konflikte und nach Ideen für eine eigene Zukunft.
»Bildhauerei ist mit der Schriftstellerei verwandt. Beide schaffen ein Bild aus Rohmaterial. Auch beim Schriftsteller entsteht das beste Bild dann, wenn er alles wegnimmt, was überflüssig ist«, beschreibt die Autorin ihren Erzählstil. Zu ihrem ersten großen literarischen Erfolg verhalf ihr der Jugendroman »Mein finnischer Großvater« (1993), der gemeinsam mit fünf weiteren ihrer Erzählungen eine inhaltlich zusammenhängende Reihe von Einzelveröffentlichungen um eine finnische Großfamilie und deren Familienalltag bildet. In den meisten Romanen Marjaleena Lembckes, so auch in ihrer modernen, kinderliterarischen Märchenerzählung »Ein Märchen ist ein Märchen ist ein Märchen« (2004), wird die Suche der Protagonisten nach der eigenen (Lebens-)Geschichte und den Möglichkeiten, diese selbstbestimmt zu gestalten, zum zentralen Leitmotiv. In ihrem aktuellen Kinderbuch »Hexenheim Horizont« (2009) erzählt die Autorin vom Aufruhr in einem Altersheim für Hexen, deren Lebensabend gehörig durcheinander gewirbelt wird, als sie sich auf die Suche nach zwei verschwundenen Nachwuchshexen begeben.
Marjaleena Lembcke erhielt u.a. 2005 den Österreichischen Kinder- und Jugendbuchpreis für »Ein Märchen ist ein Märchen ist ein Märchen« und 1999 eine Nominierung für den Deutschen Jugendliteraturpreis für »Als die Steine noch Vögel waren« (1998), der 2007 eine weitere für »Liebeslinien« folgte. Heute lebt die Autorin mit ihrer Familie in Greven in der Nähe von Münster in Westfalen.

Marjaleena Lembcke was born in 1945 in Kokkola, Finland, and studied drama in Helsinki before moving to Germany in 1967. She studied for the second time at the Arts Academy in Münster, this time choosing sculpture.
The author has published work in German since 1985: mostly - with few exceptions, such as »Finnische Tangos« (1998, t: Finnish Tangos) - children's books, fiction for young adults, poems and radio plays, which are often closely connected with Finland. Her literary work is characterised by the sense of calm and urgency fused with the humour and irony of her narrators' perspectives, with occasional laconic interludes. An example of the rich variety of her characters' self-assessments and assessments of others is found in the novel »Liebeslinien« (2006, t: Love Lines). Aulikki flees her small, claustrophobic home town to the big city, Helsinki, away from her home and her widower father, who, following the death of his wife from cancer, now lives with her sister.. The young girl is bursting with questions and searching for answers to unresolved conflicts as well as ideas for her own future. The author describes her narrative style as follows: »Sculpture is related to writing. Both produce an image from raw materials. In writing, too, the best image comes when everything unnecessary is removed«. Her first major literary success came with the novel »Mein finnischer Großvater« (1993, t: My Finnish Grandfather), which, with five other stories, forms a sequence of single novels about a Finnish clan and their everyday life. In most of Marjaleena Lembcke's novels, as in her fairy tale »Ein Märchen ist ein Märchen ist ein Märchen« (2004, t: A Fairytale is a Fairytale is a Fairytale), the central theme is the protagonist's search for his or her own (life-) story and the potential for self-determination. Her most recent children's book »Hexenheim Horizont« (2009, t: Witches' Home Horizon) tells the story of a disturbance in a home for elderly witches: they find the evening of their lives disrupted as they have to head off in search of two new witches.
Marjaleena Lembcke won the Austrian Children's and Young Adult's Book Prize in 2005 for »Ein Märchen ist ein Märchen ist ein Märchen«. She was nominated for the German Youth Literature Prize in 1999 for »Als die Steine noch Vögel waren« (1998, t: When The Stones Were Still Birds), and again in 2007 for »Liebeslinien«. The author now lives with her family in Greven, near Münster in Westphalia.

MARJALEENA LEMBCKE

Süchtig in Berlin

Meine Freundin und ich waren das erste Mal in einer Großstadt. Am Bahnhof Zoo stiegen wir in ein Taxi und baten den Fahrer uns zu einer günstigen Pension zu fahren. Zufällig betrieb sein Schwager eine am Kurfürstendamm. Wir hatten vier Monate in einem Kurhotel in Westdeutschland hart gearbeitet und den Lohn gespart. Wir kamen uns reich vor. Wir hatten keine Ahnung, was in Berlin günstig was teuer war. Wir nahmen das Zimmer am Kurfürstendamm.

Wir suchten nicht nach Sehenswürdigkeiten, uns war alles gleich sehenswert. Oft fuhren wir nach Ostberlin. Unsere finnischen Pässe wurden von den Vopos wohlwollend kontrolliert und kommentiert. Im Osten gefiel es uns. Wir waren so jung, dass jede Art von Verfall, von Armut und Verzicht uns anzog. In Ostberlin lernten wir junge Menschen kennen, meistens männlich, saßen in karg eingerichteten Küchen, rauchten, tranken Whiskey aus Wassergläsern, schälten die Apfelsinen, die wir mitgebracht hatten und ließen uns Liebeslieder auf der Gitarre vorspielen.

Schneller, als wir geglaubt hatten, war unser Geld alle. Es kam der Morgen der Entscheidung:- Sollten wir uns mit den letzten Groschen Brötchen oder Zigaretten kaufen?

Wir entschieden uns für Zigaretten. Chesterfield gab es in einer Packung mit fünf Zigaretten.

Das war vor dreiundvierzig Jahren.

Ich muss mich nicht mehr zwischen Zigaretten und Brötchen entscheiden. Wenn ich nach Berlin fahre, muss ich mir kein Zimmer suchen. Ich weiß schon vorher, wo ich übernachten werde.

Ich habe immer genug Zigaretten in der Tasche.

Ich weiß nur nicht, wo man in Berlin noch rauchen kann. Wo? – fragt

MARITGEN MATTER

MARITGEN MATTER

Maritgen Matter wurde 1962 in der Hansestadt Zutphen, Niederlande, geboren. Bereits als Kind entwickelte die spätere Illustratorin, Grafikdesignerin, Kolumnistin und Autorin eine starke Affinität zu Musik, Theater, Literatur, dem Geschichtenerzählen und Zeichnen. Ihr Studium an der Kunstakademie in Arnhem brach sie, frustriert und enttäuscht über das inhaltliche Konzept der Ausbildung, ab. Nach einer Lehrerausbildung studierte sie Kunst und Design an der Rietveld Akademie in Amsterdam, wo man sie gleich für das zweite Studienjahr zuließ. Seit 1989 ist Maritgen Matter als freie Illustratorin für verschiedene Verlage tätig und verfolgt bis heute stets zahlreiche literarische, journalistische, musikalische, grafische und Theater-Projekte zeitgleich, d.h. ist als kreatives Multitalent in unterschiedlichen künstlerischen Bereichen tätig.
Das Buchmanuskript ihres bisher einzigen Kinderbuches »Schaap met laarsjes« (2002, dt. »Ein Schaf fürs Leben«, 2003) erzählt von einer ungewöhnlichen gemeinsamen Reise der naturgegebenen Feinde Wolf und Schaf sowie von deren emotionaler Annäherung und Auseinandersetzung mit eigenen Vorurteilen, Stereotypen und Rollenmustern zwischen Instinkt und Neugier. Der Text zeichnet sich durch seine ambivalente literarische Diskussion von Emotionen und deren Facetten, u.a. in Gestalt gemischter und maskierter Gefühle, für ein kindliches Publikum, aber auch durch seinen spielerischen Umgang mit Sprache und der Diskrepanz von Gesagtem und Gemeintem aus. Auf den ersten Blick ganz der Märchen- bzw. Fabeltradition verhaftet, spielt der Text nicht nur mit der Erwartungshaltung der kindlichen Leser, sondern auch der des erwachsenen Vermittlers sowie der Figuren selbst. Unter Verzicht auf einen harmonisch-idyllischen Schluss gestaltet die Autorin die Gegensätzlichkeit der beiden Hauptfiguren konsequent bis zum offenen Ende der Geschichte, dem viel Nachdenklichkeit innewohnt. Auch der Jury des Deutschen Jugendliteraturpreises 2004 entging dies nicht, und so vergab man den Deutschen Jugendliteraturpreis an dieses Kinderbuch: »Maritgen Matter spielt in ihrem Debütwerk mit den Erwartungen an ihr Sujet, überrascht mit verblüffenden Wendungen und lässt die Protagonisten aus ihren angestammten Rollen fallen. Sie erzählt anrührend, schlicht und zugleich literarisch komplex und dennoch mit Leichtigkeit, mit spitzfindig-scharfzüngigen Dialogen, bei denen Gesagtes und Gemeintes auseinanderdriften.«
Daneben erhielt Maritgen Matter für »Ein Schaf fürs Leben« zahlreiche weitere Preise und Nominierungen, u.a. 2003 den »Silbernen Griffel« für die niederländische Ausgabe (Ill.: Jan Jutte). Maritgen Matter arbeitet und lebt mit ihrer Familie in Amsterdam.

Ein Schaf fürs Leben
Oetinger
Hamburg, 2003
[Ill: Anke Faust]
[Ü: Sylke Hachmeister]

Maritgen Matter was born in 1962 in the Hanseatic city Zutphen in the Netherlands. As a child she already developed a strong affinity for music, theatre, literature, storytelling and drawing, which would lead to her work as an illustrator, graphic designer, columnist and author. She dropped out of her studies at the Arts Academy in Arnhem, frustrated and disappointed by the course. Following teacher training, she studied art and design at the Rietveld Academy in Amsterdam, where she was admitted directly into the second year. Maritgen Matter has worked as a freelance illustrator for various publishers since 1989 and continues to pursue several literary, journalistic, musical, graphical and theatrical projects at the same time; she is a multi-talented artist who is active in many fields.
The manuscript for her only published children's book to date, »Schaap met laarsjes« (2002, Eng. »Sheep with boots«, 2002) tells the story of the unusual journey of the natural enemies, wolf and sheep, as well as their emotional attitudes to one another and their confrontation with their respective prejudices, stereotypes, and behavioural patterns from instinct to curiosity. The text is characterised by its ambivalent literary discussion of emotions in their different aspects, including mixed and concealed feelings, for a young audience and also by its playful use of language and the discrepancy between what is said and what is implied. On first view the text appears to follow the fairytale or fable tradition, but it plays not only with the expectations of its child readers, but also those of the adult mediator and the characters themselves. By avoiding a harmonious and idyllic ending, the author succeeds in maintaining the oppositional nature of her characters right up to the book's open ending, encouraging thoughtfulness. The jury of the German Prize for Young Fiction also recognised this and awarded the author its prize in 2004 for the book, commenting: »Maritgen Matter plays in her début with expectations, she surprises through unexpected twists and turns and she lets the protagonists slip out of their accustomed roles. She narrates touchingly, simply and yet with literary complexity, using a light touch and sharp dialogues, in which what is said and meant diverge«.
Her children's book »Schaap met laarsjes« (2002) has won many prizes and awards, including the Silver Stylus for the Dutch edition (ill: Jan Jutte). Maritgen Matter works and lives with her family in Amsterdam.

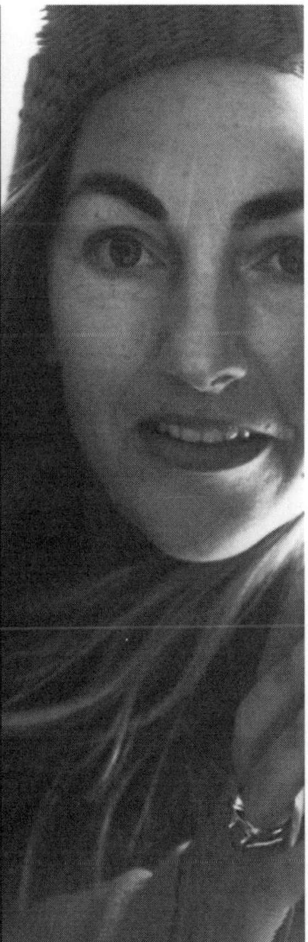

OCTAVIA MONACO

Il compleanno dell'Infanta
[Text: Oscar Wilde]
C'era una volta
Pordenone, 1994
Ich stelle euch Klimt vor
[Text: Berenice Capatti]
Ennsthaler
Steyr, 2005
La nascita delle stagioni. Il mito di Demetra e Persefone
[Text: Chiara Lossani]
Arka
Mailand, 2006
Biancaneve
[Text: Nicola Cinquetti]
Arka
Mailand, 2007
La vera principessa sul pisello
Orecchio Acerbo
Rom, 2008
www.octaviamonaco.it

Octavia Monaco, 1963 in Thionville, Nordfrankreich, geboren, lebt seit den 1970er Jahren in Italien. Die gelernte Goldschmiedin war an der Akademie der Schönen Künste in Bologna eingeschrieben, erwarb ihre Kenntnisse zur Malerei und Grafik aber vor allem autodidaktisch. Neben ihrer Arbeit als Illustratorin leitet sie Kurse und Kreativateliers für Illustratoren, Lehrer sowie Kinder. Zudem unterrichtet sie im Fachbereich Illustration an der Schule der Schönen Künste in Bologna.
Octavia Monacos Bilderwelten besitzen fantastischen, universellen, aber auch archetypischen Charakter und sind stark von der Welt der Fabeln, Märchen und Mythen inspiriert. Ihre Figuren bewegen sich zumeist zwischen Traum und Wirklichkeit in einer Welt des Imaginären sowie Symbolischen. Es sind vor allem Frauenfiguren und Fragen der Identität sowie des kollektiven Bewusstseins, die die kreative Vorstellungswelt Octavia Monacos prägen. Ihre Bilder entstehen zudem in enger Auseinandersetzung mit der zeitgenössischen Kunst, aber auch der vergangener Epochen, u.a. mit dem Künstler Gustav Klimt. Diese inhaltliche Arbeit setzte sie 2004 in den Illustrationen zu dem erzählenden Bilderbuch »Ví presento Klimt« (2004; dt. »Ich stelle euch Klimt vor«, 2005) um, das aus der Perspektive von Klimts Katze über dessen Leben als Künstler berichtet, dem sein Werk mehr bedeutete als die eigene Familie oder Gesundheit. Der Reprint der bekanntesten Gemälde des Künstlers im Anhang spiegelt auch hier die gesuchte Verbindung von Fiktion und Wirklichkeit. In ihrem aktuellen Märchenbilderbuch »La vera principessa sul pisello« (2008; Ü: Die echte Prinzessin auf der Erbse) adaptiert Octavia Monaco die Märchenvorlage Hans Christian Andersens auf vielschichtige Art und Weise und fordert zur Neuentdeckung des Originaltextes auf. Anders als in der Vorlage begegnet der Leser hier einer nachdenklichen, beobachtenden und kritisch-reflexiven Prinzessin, die als Fremde an den Königshof kommt und dort auch eine Fremde bleibt. Sie muss sich der bekannten Prüfung auf ihre wahre Herkunft als Prinzessin unterziehen und besteht. Doch anders als in Andersens Text distanziert sich die Prinzessin von der Erwartungshaltung der fremden Königsfamilie und lehnt emanzipiert das von ihr erwartete Rollenverhalten ab. Die Illustrationen spiegeln diese literarische Diskussion von Rollenstereotypen, emotionalem Maskenspiel, Opportunismus und einer fremdbestimmten Identität des Einzelnen wider.
Octavia Monaco erhielt 2004 den Premio Andersen in der Kategorie »Bester italienischer Illustrator« und präsentierte ihr Illustrationswerk in Ausstellungen einem internationalen Publikum. Sie lebt in Bologna.

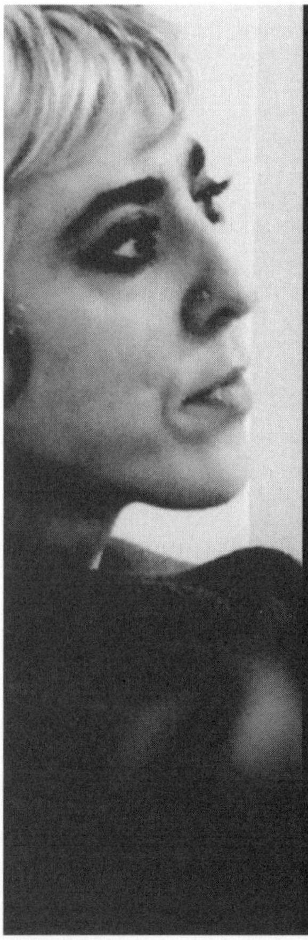

Octavia Monaco, born in 1963 in Thionville in northern France, has been living in Italy since the 1970s. The trained goldsmith was enrolled at the Bologna Arts Academy, but her skillls in painting and graphics are largely self-taught. Aside from her work as an illustrator, she runs courses and creative studios for illustrators, teachers, and children. She also teaches illustration at the Bologna Arts Academy.
The worlds of Octavia Monaco's pictures are fantastic, universal and archetypal, and are strongly influenced by fables, myths, and fairytales. Her characters shift between dream, imagination and reality in worlds which are both imaginary and symbolic. Octavia Monaco's imagined worlds are, above all, inspired by women and questions of identity and the collective subconscious. Her pictures emerge from a close dialogue with contemporary art, but also from the art of ages past, for example the work of Gustav Klimt. This was realised in her 2004 book »Ví presento Klimt« (2004; Eng. »Klimt and his cats«, 2004), which, narrated from the perspective of Klimt's cat, is concerned with Klimt's life, travels, and work as an artist, the latter being of greater significance to the painter than his own family or health. The reprint of the artist's most famous painting at the end in the appendix also reflects the connection sought between fiction and reality. In her most recent illustrated fairytale book, »La vera principessa sul pisello« (2008, t: The Real Princess and the Pea) Octavia Monaco adapts Hans Christian Andersen's fairytale in a multifaceted way and encourages the rediscovery of the original text. Unlike in the original, the reader here encounters a thoughtful, observant, and critically reflective princess who arrives as a stranger at the royal court and remains a stranger there. She must submit to the familiar ritual for determining the truth of her claim to be a princess and passes the test. However, unlike Andersen's princess, she distances herself from the royal family's expectations and, emancipated, rejects the role expected of her. The illustrations reflect this literary discussion of stereotyped roles, emotional masques, opportunism, and the determining of an individual's identity by outsiders.
Octavia Monaco was awarded the Premio Andersen in 2004 in the category »Best Italian Illustrator« and has shown her work to international audiences in various exhibitions. She lives in Bologna.

VALÉRIE ZENATTI

Mai 1998. Es ist das erste Mal in meinem Leben, dass ich atme dass ich laufe dass ich sehe dass ich fühle dass ich höre in dieser Stadt, deren Namen mein Herz höher schlagen lässt. Ich bin in **BERLIN**, scheinen meine Schritte laut und deutlich in der **KARL-MARX-ALLEE** kundzutun. Du bist in BERLIN, flüstert der Wind zwischen den Blättern der Linden jener Prachtstraße, die nach ihnen benannt ist. Ein Staunen wogt in mir.

Mai 1998. C'est la première fois de ma vie que je respire que je marche que je vois que je sens que j'entends dans cette ville dont le nom fait cogner mon cœur. Je suis à Berlin, semblent marteler mes pas dans Karl Marx Allée. Tu es à Berlin, chuchote le vent entre les feuilles des tilleuls de l'avenue qui porte leur nom. Un étonnement flotte en moi.

BERLIN ist keine Stadt, von der ich geträumt habe wie von **VENEDIG** oder **NEW YORK**. Es ist keine Stadt, die ich eines Tages besuchen wollte oder wo ich mich als Touristin sah. **BERLIN** ist in meinem Kopf eine anarchische Schwarz-Weiß-Konstruktion, eine Überlagerung von Gesichtern und Fakten, die Stadt, die für mich das Jahrhundert verkörpert, in dem ich geboren wurde. Seine Schönheit, seine Größe und sein Albtraum.

Berlin n'est pas une ville dont j'ai rêvé à la manière de Venise ou de New-York. Ce n'est pas une ville que j'ai envisagé un jour de visiter, où j'ai pensé que je serais touriste. Berlin est dans ma tête une construction anarchique en noir et blanc, une superposition de visages et de faits, LA ville qui incarne pour moi le siècle dans lequel je suis née. Sa beauté, sa grandeur et son cauchemar.

BERLIN, in das ich meine Füße zum ersten Mal mit 28 Jahren setze, ist die Stadt, wo ich mir einbilde geboren zu sein, wenn ich mir Geschichten erfinde. Denn lange, sehr lange Zeit habe ich davon geträumt, eine jüdische Berlinerin zu sein.

Berlin, où je mets les pieds pour la première fois à 28 ans, est la ville où je me raconte que je suis née, quand je m'invente des histoires. Car pendant longtemps, très longtemps, j'ai rêvé d'être une juive berlinoise.

(Aber das zu erklären würde zu lange dauern. Es wäre zu kompliziert zu verstehen.)

(Mais ce serait trop long à expliquer. Ce serait trop long à comprendre.)

BERLIN erzählt mir von einer Vergangenheit, die ich nicht gekannt habe, die mir aber in meinem tiefsten Innern gehört. Ich bin in der Nähe des Hotel Adlon. Ich öffne die Tür, ich betrete die 1930er Jahre. Ich setzte mich neben einen von vier vergoldeten Elefanten getragenen Springbrunnen. Ich spüre Zweigs Geist, der neben mir sitzt und dem Plätschern des Wassers lauscht. **BERLIN** hat sich nicht verändert, scheinen die Tröpfchen zu singen.

Berlin me parle d'un passé que je n'ai pas connu mais qui est intimement le mien. J'arrive près de l'hôtel Adlon. Je pousse la porte, j'entre dans les années 30. Je m'assieds près d'une fontaine portée par quatre éléphants dorés. Je sens le fantôme de Zweig assis près de moi, qui écoute l'eau ruisseler. Berlin n'a pas changé, semblent chantonner les goutelettes.

Sie täuschen sich.

Elles se trompent.

In der Nähe des **BRANDENBURGER TORS**, überall, wohin man blickt, ragen Kräne aus dem Boden, Lattenzäune, Bagger. Schon bald wird wohl eine unterirdische Stadt zutage treten, die Zukunft bebt vor meinen Augen, sie wird bald die Erde aufwerfen, um der Stadt ein anderes Gesicht zu verleihen.

Près de la porte de Brandebourg, partout où le regard se pose, le sol est hérissé de grues, de palissades, de pelleteuses. Une ville souterraine ne va pas tarder à jaillir, le futur tremble sous mes yeux, il va bientôt soulever la terre pour offrir un autre visage à la ville.

Welches?

Lequel ?

Ich würde es gerne wissen.

J'aimerais le savoir.

Ich würde gerne eines Tages wieder hierherkommen, sage ich einem blonden Baby, das in einem Kinderwagen an mir vorbeifährt und meine Sprache nicht spricht. Ich würde gerne sehen, wie sich diese Stadt verändert haben wird. Wie ich mich auch verändert haben werde.

J'aimerais revenir ici, un jour, dis-je au bébé blond qui passe dans une poussette devant moi et ne parle pas ma langue. J'aimerais voir comment la ville aura changé. Comment moi j'aurai changé.

September 2009. Das blonde Baby ist nun elf Jahre alt. Es fährt jetzt vielleicht Skateboard, fühlt sich schon groß, es möchte ernst genommen werden. Ich bin kein Kind mehr, will es seiner Mutter sagen, wenn sie ihm an der Schule einen Kuss gibt.

Septembre 2009. Le bébé blond a onze ans. Il roule peut-être sur un skate-board, il se sent déjà grand, il voudrait qu'on le prenne au sérieux. Je ne suis plus un enfant, a-t-il envie de dire à sa mère quand elle l'embrasse près de l'école.

Und endlich komme ich wieder nach **BERLIN**.

Et moi, je reviens enfin à Berlin.

Aus dem Französischen von Christine Belakhdar

jutta bauer

Berlin...? Hmm?!
Das muß 1971 gewesen
sein,.. da bin ich
als Teenie nach Berlin
und habe mit
2 Freundinnen heimlich in
einer SDS-WG ein Wochenende
verbracht und mich in erotische
Abenteuer geworfen. Das war
aufregend und ging wohl so
in unserem braven Hamburg
nicht..:

Später, wohl so um '89–90
bin ich mit Freund G. im ehe=
maligen Mauergürtel herum ge=
radelt. Das war auch aufregend:
so viel Brachland, so viel
Historie, so viel Möglichkeiten!!
Jetzt sehe ich an dieser Stelle
gewaltige Glas und Betonkästen.
Alles fertig,.. eigentlich wie
überall. Unaufregend.

Jutta Bauer

P.S.
Bin Linkshänderin,
deshalb spritzt die
Feder manchmal

NAOMI SHIHAB NYE

Naomi Shihab Nye wurde 1952 in St. Louis/Missouri als Tochter eines palästinensischen Vaters und einer amerikanischen Mutter geboren. Vier Jahre zuvor hatten ihr Vater und dessen Familie ihr Zuhause in Folge der Gründung des Staates Israel verloren und waren ins Exil gegangen. Von 1966 bis 1967 lebte sie gemeinsam mit ihren Eltern im Umland Jerusalems, bei Ausbruch des Krieges verließen sie jedoch das Land und lebten fortan in San Antonio/Texas. Hier erwarb sie 1974 ihren B.A. in Englisch und Weltreligionen an der Trinity Universität.
Sich selbst als »wandernde Poetin« beschreibend, hat die Autorin 35 Jahre mit Reisen durch Asien, Europa, Nord- und Südamerika, Zentral- und Südafrika und den Mittleren Osten verbracht. In Workshops diskutierte sie in aller Welt mit Jugendlichen und Erwachsenen über das Schreiben eigener Geschichten zwischen Fantasie und wirklichkeitsbezogenen Beobachtungen. Durch die mehr als dreißig publizierten Titel ihres Gesamtwerkes aus prämierter Prosa, Kurzprosa, Essays, Kolumnen, aber vor allem Lyrik zieht sich, ausgehend von ihrem Debüt »Different Ways to Pray« (1980; Ü: Unterschiedliche Wege zu beten), leitmotivisch die inhaltliche Auseinandersetzung mit ihren palästinensischen Wurzeln, ihrem Leben als arabisch-amerikanischer Einwohnerin der USA und den auf ihren Reisen gesammelten Eindrücken als Bilder der Identitätssuche, kultureller Diversität und lokaler Subkultur. »In the current literary scene, one of the most heartening influences is the work of Nami Shihab Nye. Her poems combine transcendent liveliness and sparkle along with warmth and human insight. She is a champion of the literature of encouragement and heart. Reading her work enhances life.« So beurteilt der Dichter William Stafford das literarische Werk der Autorin.
Neben der Publikation eigener Texte, die vermeintlich gewöhnliche Orte, Menschen und Ereignisse aus ungewohnten Blickwinkeln – oftmals voller Situationskomik – beleuchten, veröffentlicht Naomi Shihab Nye Gedichtanthologien mit den Texten bekannter sowie unbekannter Autoren u.a. aus dem arabischen Raum.
Sie hat diverse Preise und Auszeichnungen sowie Stipendien erhalten, darunter das Lannan Fellowship und Guggenheim Fellowship, vier Pushcart Prizes, den Paterson Poetry Prize und zweimal den Jane Addams Children's Book Award. Ihr Roman »Habibi« (1999; dt. »Habibi«, 2000) wurde ins Deutsche übersetzt. Ihr Gedichtband »19 Varieties of Gazelle. Poems of the Middle East« (2002; Ü: 19 Arten der Gazelle. Gedichte aus dem Mittleren Osten) war 2002 auf der Shortlist für den National Book Award. Naomi Shihab Nyes aktueller Gedichtband »Honeybee« (2008; Ü: Honigbiene) erhielt 2008 den Arab American Book Award in der Kategorie »Kinder/junge Erwachsene«. Naomi Shihab Nye lebt mit ihrer Familie in San Antonio/Texas.

Different Ways to Pray
Far Corner
Portland, 1980
Habibi
Simon Pulse
New York, 1999
19 Varieties of Gazelle. Poems of the Middle East
Harper Collins
New York, 2002
I'll Ask You Three Times, Are You OK? Tales of Driving and Being Driven
Harper Collins
New York, 2007
Honeybee
Harper Collins
New York, 2008

Naomi Shihab Nye, the daughter of a Palestinian father and American mother, was born in 1952 in St. Louis, Missouri. Her father and his family had gone into exile four years previously as a result of having lost their home in Jerusalem during the founding of the state of Israel. Naomi and her family lived outside Jerusalem from 1966 to 1967, but when war broke out they moved to San Antonio, Texas. It was here that Naomi Shihab Nye completed her B.A. in English and world religions at Trinity University in 1974.
The author describes herself as an »itinerant poet«, and has spent thirty-five years travelling in Asia, Europe, North and South America, Central and South Africa, and the Middle East. In workshops around the world she discusses the writing of imaginative observations based on real life with young people and adults. Her work, which consists of thirty published titles, includes prize-winning works of prose, short stories, essays, columns and above all poetry, has been characterised since her début (»Different Ways to Pray«, 1980) by its use of specific leitmotifs: her Palestinian background, her life as an Arab-American in the USA, and impressions gathered during her years of travelling in search of identity, cultural diversity, and local subcultures. The poet, William Stafford, appraised Naomi Shihab Nye's literary work in the following way: »In the current literary scene, one of the most heartening influences is the work of Naomi Shihab Nye. Her poems combine transcendent liveliness and sparkle along with warmth and human insight. She is a champion of the literature of encouragement and heart. Reading her work enhances life.«
Aside from publishing her own work, which illuminates apparently familiar places, people, and events from unexpected angles, often using comic elements, Naomi Shihab Nye has also published poetry anthologies with works by established and little known writers, including many from the Arabic-speaking world.
She has won numerous prizes, awards and scholarships, including a Lannan Fellowship, a Guggenheim Fellowship, four Pushcart Prizes, the Paterson Poetry Prize, the Jane Addams Children's Book Award (twice). Her novel »Habibi« (1999) has been translated into German. Her poetry collection »19 Varieties of Gazelle. Poems of the Middle East« was shortlisted for the 2002 National Book Award. Her most recent collection, »Honeybee« won the 2008 Arab American Book Award in the category books for children and young adults. Naomi Shihab Nye lives with her family in San Antonio, Texas.

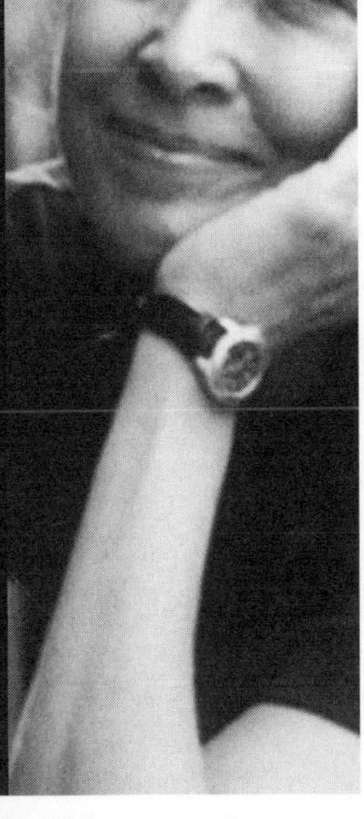

TIMO PARVELA

Poika
Tammi
Helsinki, 1989
Tuliterä.
Sammon vartijat 1
Tammi
Helsinki, 2007
Ella in der Schule
Hanser
München, 2007
[Ill: Sabine Wilharm]
[Ü: Anu und Nina Stohner]
Tiera. Sammon vartijat 2
Tammi
Helsinki, 2008
Ella in der zweiten Klasse
Hanser
München, 2008
[Ill: Sabine Wilharm]
[Ü: Anu und Nina Stohner]
Ella auf Klassenfahrt
Hanser
München, 2009
[Ill: Sabine Wilharm]
[Ü: Anu und Nina Stohner]

Timo Parvela wurde 1964 in Finnland geboren. Seit 1996 arbeitet der ehemalige Grundschullehrer als freier Autor. Neben zahlreichen Kinder- und Jugendbüchern hat er eine Vielzahl von TV-Drehbüchern sowohl für Kinder als auch Erwachsene verfasst sowie mehrere Finnisch-Lehrbücher und Beiträge für das finnische Radio mitkonzipiert. In Seminaren diskutiert der Autor gemeinsam mit Schülern und Lehrern die Bedeutung und den Stellenwert von Literatur sowie Geschichten für die eigene Lebenswirklichkeit. Seiner Ansicht nach benötigt jeder Erwachsene Geschichten als Grundpfeiler des eigenen Lebens; Kinder hingegen brauchen eine Burg aus Geschichten im Sinne eines Schutz bietenden Rückzugsraums. Er betrachtet es als Aufgabe der erwachsenen Literaturvermittler, dafür den Grundstein zu legen.
Vor allem Timo Parvelas humorvolle Kinderbücher um die Grundschülerin »Ella« (1995 ff.) besitzen in Finnland Kultstatus und sind dort Schullektüre. Derzeit wird sogar eine Verfilmung vorbereitet. Der Erfolg der Kinderbuchreihe hat sicherlich etwas mit der Bezugnahme auf die Gefühls- und Wahrnehmungswelt von Kindern zu tun, aber auch mit der humoristischen Schilderung des Handlungsgeschehens voller Situationskomik. Das Schulleben der Grundschülerin Ella ist äußerst turbulent. Gemeinsam mit ihren Mitschülern hat sie viele kleinere Abenteuer zu bestehen, aber auch größere Geheimnisse zu lüften, wie z.B. die Herkunft der Erpresserbriefe, die ihr Klassenlehrer bekommt. »Ein kleines perfektes Kunstwerk der doppelbödigen Komik. [...] Timo Parvela schafft es, dem alten Trick der quasi naiven Kinderperspektive ganz neue, schillernde Nuancen abzugewinnen: Wortspiele, Slapstick und höherer Blödsinn sind dicht verwoben«, beschreibt Sieglinde Geisel in ihrer Rezension in der »Neuen Zürcher Zeitung« die Machart der Bücher und zugleich deren Erfolgskonzept. Die Konflikte bleiben überschaubar und lösbar, sie sind oftmals Ausgangspunkt für weiteren Klamauk.
Derzeit arbeitet der Autor nach der Veröffentlichung des zweiten Bandes »Tiera« (2008; Ü: Tiera) an der Fertigstellung des dritten Bandes einer Fantasy-Trilogie, die ihren inhaltlichen Ausgangspunkt in dem finnischen Nationalepos der »Kalevala« hat und deren erster Band »Tuliterä« (2007; Ü: Feuerklinge) mit dem Topelius-Preis ausgezeichnet wurde. Timo Parvela setzt sich im Rahmen dieser Trilogie mit den erzählerischen Möglichkeiten der zeitgenössischen Fantasyliteratur auseinander und entwickelt eigene Erzählkonzepte zur Weiterentwicklung des Genres.
Für seine Bücher hat Timo Parvela bisher vor allem nationale Preise und Auszeichnungen erhalten. Er lebt und arbeitet in Finnland.

Timo Parvela was born in Finland in 1964. The former primary school teacher has been working as a freelance writer since 1996. Alongside many books for children and young adults, he has written several television scripts for children and adults, textbooks for learning Finnish and contributions to Finnish radio. In seminars the author discusses the meaning of literature and stories in their real lives with teachers and children. He takes the view that every adult needs stories to support them in their lives; children on the other hand need a complete, protective fortress of stories as a defensive sanctuary. He is conscious of the responsibility of adults who mediate literature to laying the foundations for this fortress.
Tim Parvela's humorous children's books about the primary schoolgirl »Ella« (1995) are included in the school curriculum in Finland and have become cult classics. A film adaptation is currently planned. The success of this series is surely rooted in the stories' connection to the particular feelings and perceptions of children and is also due to the many humorous moments that they describe. Ella's school life is turbulent: alongside her fellow pupils she experiences many small adventures, as well as encountering larger mysteries, for example when discovering the origins of a blackmail letter received by her teacher. Sieglinde Geisel, in a review in the Neue Züricher Zeitung, describes the presentation of the books and the reasons for their success as follows: »A perfect little work of art with deceptively simple comic elements [...] Timo Parvela manages to extract quite new, colourful nuances from the old trick of a pseudo-naïve child's perspective: word games, slapstick, and high nonsense are tightly interwoven.« Conflicts are clearly to be understood and resolved, and are often the starting point of further antics.
The author has recently published the second volume of a fantasy trilogy, »Tiera« (2008), and is working on the third in the series: the trilogy is based on the Finnish national epic, the Kalevala. The first volume, »Tuliterä. Sammon varijat 1« (2007, t: Fireblade), won the Topelius Prize in 2007. In this trilogy Timo Parvela is concerned with the narrative possibilities of contemporary fantasy literature, and is developing his own narrative strategies for the continued evolution of the genre. Timo Parvela has mainly received awards for his books at national level. He lives and works in Finland.

NADINE TOUMA

Nadine Touma, geboren 1972 in Bekaa-Tal im Libanon, studierte von 1990 bis 1997 am Wellesley College in den USA, bevor sie sich in Beirut als freie Künstlerin niederließ.
Im Zentrum des Schaffens der Installationskünstlerin, Filmproduzentin, Autorin und Verlegerin steht die inhaltliche Auseinandersetzung mit Menschenrechten, weiblicher Körperlichkeit, arabischer Schrift- und Sprachkultur, Krieg, Gewalt sowie individueller und kollektiver Traumatisierung. Mit ihren Arbeiten gehört sie zu einer Künstlergruppe, die Beiruts zeitgenössischer Kunstszene mit ihren kritischen und politischen Botschaften internationale Aufmerksamkeit sicherte und sie um weitere Themenschwerpunkte und eine humoristische Sichtweise erweiterte. Der Wunsch, dass Kunst nicht länger nur einer ausgewählten Gruppe der Gesellschaft zugänglich, sondern bereits im Alltag von Kindern fest verankert sein sollte, ließ sie 2005 den Verlag »Dar Onboz« als panarabische Plattform, insbesondere für moderne Illustrationskunst, gemeinsam mit Raya Khalaf und Sivine Ariss gründen. Noch im selben Jahr erschien mit »Ayna asâbi'î?« (2005; Ü: Wo gehen meine Finger hin?) der erste Buchtitel. Deutlich spürbar ist die Suche der Verlegerin nach einer gelungenen Verbindung unterschiedlicher inhaltlicher sowie stilistischer Konzepte über die Grenzen des einzelnen Mediums hinaus. »When I was five years old I wrote ›The sun is a bowl of milk!‹ Since then, haunting images, words have inhabited walls, papers, diaries, and now books. My love of life unravels in words becoming stories, stories becoming artworks becoming books for everyone to relish in their worlds.« So steht in ihrem Verlagsprogramm u.a. der Märchentitel »sab'a wa 7« (2008; Ü: Sieben & 7), der vom nächtlichen Spiel der Spiegelungen auf der Wasseroberfläche eines Sees erzählt, neben der modernen Verbindung von Kinderbuch und Comic »hal hadhihi sûratun schamsiyya?« (2006; Ü: Ist das ein Passfoto?), das mit Fragen wie »Sind Wolken die Ohren des Himmels?« kindliche Blickwinkel aufgreift. Mit ihrer Aufwertung gesprochener arabischer Dialekte, die sie in kinder- sowie jugendliterarische Texte integriert, bezieht die Verlegerin und Autorin überdies eine klare Position in der im arabischen Raum geführten Diskussion um das Verhältnis von Schrift und gesprochener Dialektkultur.
Nadine Toumas Kinderbuch »al-kharbascha« (2006; Ü: Kritzeleien) erhielt 2007 in der Kategorie »New Horizons« des BolognaRagazzi Awards eine lobende Erwähnung. Ihr Verlagshaus »Dar Onboz« war überdies in der Endrunde für den International Young Publishing Entrepreneur (IYPE) Award 2008 des British Council. Nadine Touma lebt und arbeitet in Beirut.

Ayna asâbi'î?
Dar Onboz
Beirut, 2005
[Ill: and Animation: Lena Merhej, Music Claude Chalhoub]
hal hadhihi sûratun schamsiyya?
Dar Onboz
Beirut, 2006
[Ill: Areej Mahmoud, Musik: Charbel Habre]
al-Qamar wa-l-warwâr
Dar Onboz
Beirut, 2006
[Ill.: Lana Khayyat, Musik: Iman Homsi]
al-kharbascha
Dar Onboz
Beirut, 2006
[Ill: Rena Aranouh]
qalbu-l-madîna
Dar Onboz
Beirut, 2008
[Ill.: Ghassan Halwani]
sab'a wa 7
Dar Onboz
Beirut, 2008
[Ill: Fadi Adleh]

Nadine Touma was born in the Bekaa Valley in Lebanon in 1972 and, from 1990 to 1997, studied at Wellesley College in the USA before settling in Beirut as a freelance artist.
The issues at the heart of Touma's work – as an installation artist, film producer, author, and publisher – are human rights, female physicality, Arab culture in text and language, war, violence and individual and collective trauma. She belongs to a group of artists who have assured Beirut's contemporary arts scene international attention with their critical and political messages, and have enriched it with a humorous perspective. The desire for art to become anchored in the everyday life of children, and to no longer be the exclusive province of a small social élite, led in 2005 to the founding, with Raya Khalaf and Sivine Ariss, of the publisher »Dar Onboz« as a pan-Arabic platform for modern illustrative art. In the same year they published their first title, »Ayna asâbi'î?« (2005, Eng. »Where did my fingers go?«). The publisher's goal of combining different concepts in content and style across the boundaries of individual media was clearly apparent. »When I was five years old I wrote ›The sun is a bowl of milk!‹ Since then, haunting images and words have inhabited my walls, papers, diaries, and now books. My love of life unravels in words that turn into stories, stories that become artworks that become books, for everyone to relish their worlds«. The publisher's programme therefore includes the fairytale »sab'a wa 7« (2008, Eng. »Seven + 7«), about the nocturnal play of reflections on a lake surface, alongside the modern combination of children's book and comics, seen in »hal hadhihi sûratun schamsiyya?« (2006, Eng. »Is this a passport photo?«), which deals with the child's perspective in questions like »Are clouds sky's ears?«. With her promotion of spoken Arabic dialects, which she integrates in her texts for children and young adults, the publisher and author clearly positions herself in the discussions in the Arabic-speaking world about the relationship between written and spoken dialect culture.
Nadine Touma's children's book »al-kharbascha« (2006, Eng. »Doodles«) was highly commended in the category »New Horizons« of the 2007 BolognaRagazzi Awards. Her publishing house »Dar Onboz« was shortlisted for the 2008 International Young Publishing Entrepreneur (IYPE) Award of the British Council. Nadine Touma lives and works in Beirut.

VALÉRIE ZENATTI

Valérie Zenatti, 1970 in Nizza geboren, übersiedelte im Alter von 13 Jahren mit ihrer Familie nach Israel, wo sie in Beersheba in der Negev-Wüste lebte. Mit 18 Jahren leistete sie den für junge Erwachsene beiderlei Geschlechts üblichen Militärdienst ab, kehrte jedoch kurze Zeit später nach Frankreich zurück, wo sie als Au-pair-Mädchen, Verkäuferin, Journalistin und Lehrerin für Hebräisch arbeitete. Heute ist sie als freie Autorin, Drehbuchautorin sowie Übersetzerin tätig und setzt sich intensiv mit dem Werk Aharon Appelfelds auseinander.
Ihre kinder- und jugendliterarischen Texte diskutieren in starker Anlehnung an ihre eigene Biografie neben allgemeinen kindlichen sowie jugendkulturellen Erfahrungswelten vor allem leitmotivisch die Alltagswirklichkeit Jugendlicher im kulturellen, politischen sowie religiösen Spannungsfeld zwischen Gaza und Jerusalem. Ein Beispiel dafür ist ihr Jugendbuch »Quand j'étais soldate« (2002; Ü: Als ich Soldatin war), das neben der Beschreibung ihrer Zeit im Militär ein Bild des schleichenden Übergangs von der Kindheit zum Erwachsensein nachzeichnet. Es schildert den individuellen Weg der Protagonistin Valérie nach dem Examen bis zum Eintritt in die Armee hin zu militärischer Routine und Drill, fehlendem Schlaf und fehlender Privatsphäre. Voller Neugier widmet sich die junge Immigrantin ihrer Aufgabe bei der Abwehrspionage und fühlt sich erstmals zugehörig. Doch die Momente, in denen Feindbilder ebenso wie Begründungen für das eigene Vorgehen verwischen, bleiben. Gegenüber der »Times« beschreibt die Autorin ihren Ansatz für den Roman folgendermaßen: »It's me, but it's not me. [...] It's my history, but I wrote it like a novel. It's not an exact memoir.«
Während das Fehlen politischer Argumentation in diesem Jugendroman auffällt, spiegelt ihr zweites Jugendbuch »Une bouteille dans la mer de Gaza« (2005; dt. »Leihst du mir deinen Blick? Eine E-Mail-Freundschaft zwischen Jerusalem und Gaza«, 2008) Valérie Zenattis politische Auseinandersetzung mit den in Israel verbrachten Jugendjahren wider. Die 17-jährige Tal lebt im jüdischen Teil Jerusalems. Nach einem Selbstmordanschlag an einem öffentlichen Ort in ihrer unmittelbaren Nachbarschaft beschließt sie, der vermeintlichen Gegenseite im Gazastreifen ein Gesicht zu verleihen. Per Flaschenpost und Zufall lernt sie so den zwanzigjährigen Naïm kennen. Über E-Mail treten die beiden in einen Dialog. Es ist die erzählerische Beschreibung eines ersten Schrittes der Annäherung hin zur Überwindung anerzogener stereotyper politisch-kultureller Standpunkte.
Valérie Zenatti adaptierte zudem ihre beiden Romane »En retard pour la guerre« (2006; Ü: Zu spät für den Krieg) und »Une bouteille dans la mer de Gaza« für das Kino. Letzterer erhielt 2007 sowohl eine Nominierung für den Deutschen Jugendliteraturpreis als auch den Gustav-Heinemann-Preis. Sie lebt in Paris.

Une montre pour grandir
L'école des Loisirs
Paris, 1999
Quand j'étais soldate
L'école des Loisirs
Paris, 2002
Leihst du mir deinen Blick? Eine E-Mail-Freundschaft zwischen Jerusalem und Gaza
Dressler
Hamburg, 2006
[Ü : Bernadette Ott]
En retard pour la guerre
Editions de l'Olivier
Paris, 2006
Vérité, vérité chérie
L'école des Loisirs
Paris, 2009

Valérie Zenatti was born in Nice in 1970 and, at the age of thirteen, moved with her family to Israel, where they settled in Beersheba in the Negev desert. When she was eighteen she did the military service which is requiredof young men and women alike and shortly afterwards returned to France. She worked there as an au pair, saleswoman, journalist, and Hebrew teacher. Today she is a freelance author, screenplay writer and translator and is deeply involved with the work of Aharon Appelfeld.
Her books for children and young adults, largely inspired by her personal experiences, are concerned both with the experiences of children and youth cultures and the everyday lives of young people amid the cultural, political, and religious conflicts between Gaza and Jerusalem. An example of this is »Quand j'étais soldate« (2002; Eng. »When I was a Soldier«, 2005), which describes her own time in the military, giving an account of life as a female soldier, depicting the slow transition from childhood to adulthood. It describes the path of the main character, Valérie, from her exams, via her enrolment in the army, to military routines and drills and lack of sleep and privacy. The young immigrant, full of curiosity, is enthusiastic about her work in counter-espionage and, for the first time, feels a sense of belonging. Yet there are still moments when images of the enemy and the reasons for her own behaviour become blurred. The author described her approach to writing the book in an interview with »The Times«: »It's me, but it's not me. [...] It's my history, but I wrote it as a novel. It's not an exact memoir.«
While there is a striking absence of political argument in this novel for young adults, her second book, »Une bouteille dans la mer de Gaza« (2005, Eng. »A Bottle in the Gaza Sea«, 2008) reflects on Valérie Zenatti's political confrontation in her early years in Israel. The seventeen year-old Tal lives in the Jewish part of Jerusalem. After a suicide bombing in a public place in the neighbourhood, she decides to give a face to the so-called enemy in the Gaza Strip. Via messages in bottles and coincidences, she gets to know the twenty year-old Naïm. The two communicate by e-mail. This is a narrative description of the first step in approaching and overcoming entrenched stereotypes of cultural and political positions.
Valérie Zenatti has written film adaptations of books »En retard pour la guerre« (2006, t: Late for war) and »Une bouteille dans la mer de Gaza«.
The last one was nominated in 2007 both for the German Prize for Young Adult Fiction and the Gustav-Heinemann Prize. Valérie Zenatti lives in Paris.

SUZY LEE
Einzelfahrausweis
VBB
Berlin AB
2,10 EUR
S-ZOO 4
020104
51
00005803
Friedrichstr.
YOU ARE LEAVING THE AMERICAN SECTOR
WELTWEITEN

DANKESLISTE FOKUS »ARABISCHE WELT«

sherif abdel samad
antoine abou zaid
driss alaoui
rasha al ameer
alaa al-aswani
abdullah al baraddouni
edwar al-charrat
rashid al-da'if
haggag ali
abed aljuba
amal al jubouri
mohammed ibrahim al-rubaie
nora amin
sinan antoon
liana badr
kmar bendana
mohammed bennis
abbas beydoun
mohamed boukkandoura
leila chammaa
friedrich dahlhaus
dina dally
hassan dawud
vivian eden
riad el rayyes
nazem el sayed
mansoura ezz eldin
hamid fadlallah
hartmut fähndrich
sarah fortmann-hijazi
andres goergen
lewis gropp
iskander habasch
issam haddad
joumana haddad
qassim haddad
hassan hammad
thomas hartmann
mahmoud abu hashash
abdullah hijazi
ala hlehel
randa idriss
christian junge
adel karasholi
barbara kassir
etgar keret
navid kermani
hassan khader
achmed khaled
elias khoury
marie luise knott
doreen leichert
ludwig linden
mohamed massad
hossam massoud
abdelwahab meddeb
sahar mougy
zakaria muhammad
emily nasrallah
obrahum nasrallah
margaret obank
günther orth
hans peter pökel
abdel moneim ramadan
notaila rashed
ute reimer
martina sabra
mekkawi said
clara saner
joachim sartorius
lorca sbaity
hans schiler
berit schuck
liesel schulze-meyer
christin sfaxi
meir shalev
adania shibli
samuel shimon
mahmoud shukair
hani shukrallah
heiko sievers
marie-claude souaid-hesse
susanne stemmler
natan sznaider
bahaa tahar
suleman taufiq
barbara wahlster
stefan weidner
matthias wilfert
barbara winckler
abdel-tawab youssef
françois zabbal
michal zamir
ghassan zaqtan
sabah zouein

yassin adnan
fadhil al-azzawi
nujum al-ghanem
khaled al-khamissi
malek alloula
yousef al-mohaimeed
ali al-muqri
taleb al-refai
sinan antoon
ali bader
rehab bassam
mahi binebine
inam bioud
rachid boudjedra
assia djebar
fouad el-auwad
mansoura ezz eldin
joumana haddad
ala hlehel
jabbar yassin hussein
abed ismael
randa jarrar
abduh khal
khaled khalifa
moncef mezghanni
hala mohammad
fatima naoot
amjad nasser
josé f.a. oliver
arwa abduh othman
mekkawi said
girgis shoukry
mahmoud shukair
alawiyya sobh
dalia taha
samar yazbek
ghassan zaqtan
youssef ziedan

YASSIN ADNAN

Yassin Adnan wurde 1970 in Safi, (Marokko), geboren. Er studierte englische Literatur und Erziehungswissenschaften an der Universität Marrakesch und der Universität Mohammad V. in Rabat und arbeitete als Englischlehrer. Heute ist er vor allem für seine wöchentliche Kultursendung »Macharif« im marokkanischen Fernsehsender TVM bekannt, die 2007 und 2008 als beste Kultursendung ausgezeichnet wurde. Darüber hinaus ist er für den marokkanischen Rundfunk, als Korrespondent für die libanesische Tageszeitung »al-Akhbar«, das Magazin »Dubaï Al-Thaqafiya« sowie als Redaktionsmitglied der libanesischen Kulturzeitschrift »Zawaya« tätig.
Bereits in seinem ersten Gedichtband »Mannequins« (2000) zeichnet sich seine Lyrik durch eine einfache, spontane Sprache aus, die ihn von anderen Dichtern seiner Generation in der arabischen Welt unterscheidet. Auch in seinem zweiten Gedichtband »Rasif al-qiyama« (2003; Ü: Bürgersteig der Auferstehung) versucht er nicht die Leser durch den Gebrauch von Metaphern und rhetorischen Figuren zu blenden. Vielmehr verwendet er Prosaelemente, so dass Langgedichte entstehen, die von der Ahnung einer Geschichte zusammengehalten werden. »2000 sagte uns die Lehrerin, während der Regen an das Fenster klopfte und die Kälte in unsere kleinen Knochen kroch [...]: Bald werden wir diese grausame Welt in einem stolzen Trauerzug zu ihrer letzten Ruhestätte geleiten.« Die Gedichte sind gekennzeichnet durch einen verzweifelten Tonfall und eine düstere, alptraumhafte Haltung zum Leben. »Ich bin des ›Guten Morgens‹, der Kälte und des öden Geschwätzes überdrüssig. Ich bin des Laufens in diesem Trauerzug [...] und des Lebens überdrüssig.« Der dritte und bislang letzte Gedichtband »La akad ara« (2007; Ü: Ich kann kaum sehen) bejaht das Leben trotz des Schmerzes, der den gesamten Band durchzieht. »Die alten Männer wickelten / ihre Körper in dunkle Burnusse, / mit ernsten Gesichtern: Die Knochen sind gebrechlich geworden, / und in den Köpfen entflammten / die Brände dieser Zeiten, / doch wir, o Erde, / werden nicht zurücktreten, / denn unsere Söhne sind unser Blut.«
Zuletzt erschien in Zusammenarbeit mit Sa'd Sarhan »Marakish: asrar mu'lana« (2008; Ü: Marrakesch: angekündigte Geheimnisse) ein literarischer Text, der die Gesichtszüge seiner Heimatstadt nachzeichnet und in dem sich Prosa und Lyrik, Betrachtung und Erzählung, Realität und Legende mischen. Außerdem veröffentlichte Adnan zwei Bände mit Kurzgeschichten (»Man yusaddiq al-rasa'il?«, 2001, »Tuffah al-zill«, 2006)
Er ist Mitherausgeber der Literaturzeitschrift »Aswat mu'asira«, der Zeitschrift »al-Ghara al-shi'riyya«, Sprachrohr der neuen dichterischen Stimmen der 1990er Jahre und des renommierten Internetportals für arabische Dichtung www.jehat.com. Seine Dichtung wurde mit mehreren Literaturpreisen ausgezeichnet. Adnan lebt in Marrakesch.

Mannequins
Manshurat Ittihad kuttab al-Maghrib
Casablanca, 2000
Man yusaddiq al-rasa'il?
Dar Mirit
Kairo, 2001
Tuffah al-zill
Benmsik-Universität
Casablanca, 2006
La akad ara
Dar al-Nahda al-arabiyya
Beirut, 2007
Marakish: asrar mu'lana / Marrakech: secrets affichés
Dar Marsam
Rabat, 2008

Yassin Adnan was born in 1970 in Safi, Morocco. He studied English literature at the University of Marrakesh and education at the University of Mohammad V in Rabat. Subsequently, he worked as an English teacher and is best known today for his weekly cultural programme »Macharif« on the Moroccan television channel TVM, which was named the best cultural television journal in 2007 and 2008. He also works for Moroccan radio and is a correspondent for the Lebanese daily newspaper »al-Akhbar«, the »Dubaï Al-Thaqafiya« magazine as well as being on the editorial staff of the cultural journal »Zawaya«.
Since the publication of his first collection, »Mannequins« (2000) his work has been characterised by a voice that is unique among the poets of his generation, not only in Morocco, but across the Arab world – a voice that is at once simple and spontaneous. In his second collection of poems »Rasif al-qiyama« (2003, t: Resurrection Pavement), he continues in the same vein as in the first collection. He does not attempt to blind the reader with metaphors and rhetoric. Instead, he uses elements of narrative to extend the poem, giving it the feeling of a story to make text cohesive. »In 2000 the teacher told us, while the rain tapped on the window and the cold crept into our small bones [...]: soon we will accompany this terrible world to its final resting place in a proud funeral procession.« The poems are marked by a tone of despair and a dark, nightmarish attitude towards life. »I am sick of »Good morning«, the cold and the dull grind. I am sick of walking in this funeral procession [...] and of life.« The third and final collection of poems to date, »La akad ara« (2007; t: I Can Hardly See) is life-affirming in spite of the pain which runs through the entire book. »The old men wrapped / their bodies in dark burnouses, / with grim faces: the bones have grown fragile / and in the heads burn / the flames of these times / but we, O earth, / will not retreat, / for our sons are our blood.«
His most recent publication, with Sa'd Sarhan, is entitled, »Marakish: asrar mu'lana« (2008; t: Marrakesh: Heralded Secrets), a literary text which attempts to outline the history of his home town, combining prose and poetry, observation and storytelling, reality and legend. Apart from poetry he has published two collections of his short stories (»Man yusaddiq al-rasa'il?«, 2001, »Tuffah al-zill«, 2006).
He is a co-editor of the literary journal »Aswat mu'asira« (Contemporary Voices), the newspaper »al-Ghara al-shi'riyya« (The Poetic Attack), which counts among the new poetic voices of the 1990s, and the well-established internet portal for Arabic poetry, www.jehat.com. Since 1981 he has been awarded many prizes for his poetry. The author lives in Marrakesh.

FOUAD EL- AUWAD

FADHIL AL-AZZAWI

BERLIN A CITY WITH A NEW SPIRIT

ONLY FEW CITIES IN THE WORLD HAVE UNDERGONE SUCH DEEP CHANGES LIKE THE ONES THAT BERLIN HAS ACHIEVED IN THE LAST TWENTY YEARS.

IVE LIVED IN BERLIN FOR MORE THAN TWENTY FIVE YEARS/YET IT SURPRISES AND FASCINATES ME EVERY DAY WITH SOMETHING UNEXPECTED. IT IS A CITY TO BE DISCOVERED EACH TIME ANEW. HIGH BUILDINGS RISE UP CEASELESSLY IN EVERY NEIGHBORHOOD AND EVERY STREET. OLD BUILDINGS SUDDENLY DISAPPEAR AND NEW ONES EMERGE/CAFES AND RESTAURANTS/THEATERS AND BARS SPREAD ALL OVER THE CITY/CULTURAL AND LITERARY EVENTS ARE TO BE HELD IN EVERY CORNER.

NEW PHENOMENA ALSO I RECEIVE NEARLY EVERY MONTH INVITATIONS TO ATTEND POETRY READINGS IN ENGLISH BY AMERICAN POETS IN CAFES. CERTAIN DISTRICTS IN BERLIN HAVE ALREADY ACQUIRED A REPUTATION OF BEING DISTRICTS OF ARTISTS/POETS AND WRITERS. IN FACT/BERLIN ATTRACTS NOW MORE AND MORE ARTISTS AND WRITERS FROM EUROPE AND AMERICA TO SETTLE DOWN IN IT.

NO DOUBT THAT THE FALL OF THE WALL IN BERLIN TWENTY YEARS AGO HAS OPENED ALL THE CLOSED DOORS NOT ONLY BETWEEN EAST AND WEST/BUT ALSO AND ABOVE ALL BETWEEN BERLIN AS A CITY AND THE WHOLE WORLD. THE CITY LEARNED FROM ITS OWN EXPERIENCE TO BE CREATIVE YOU NEED TO OPEN YOUR DOORS TO ALL THE WINDS.

ROBERT MUSIL ONCE WROTE CITIES LIKE PEOPLE/CAN BE RECOGNIZED BY THEIR WALK.
IN BERLIN YOU DO NOT NEED EVEN TO WATCH ITS WALK TO KNOW IN WHICH CITY YOU ARE. ITS NEW SPIRIT THAT FLOWS THROUGH ITS VEINS NOW WILL SURELY GUIDE YOU TO ITS OPEN DOOR. NO ONE WILL MISS IT.

FADHIL AL-AZZAWI

Fadhil Al-Azzawi wurde 1940 in Kirkuk im Norden des Irak geboren. Er studierte Anglistik in Bagdad. 1963 wurde er wegen seiner politischen Tätigkeit und seiner literarischen Veröffentlichungen zu drei Jahren Haft verurteilt. Aus dieser Erfahrung entstand später der Roman »al-Qala al-khamisa« (Damaskus 1972; Ü: Die fünfte Festung), der in Syrien verfilmt wurde: »Die elegante Erzählweise überschreitet – ohne je aufdringlich symbolhaft zu wirken – weit den zeithistorischen Rahmen. Im Tonfall oft an Kafka und Kertész erinnernd, entwickelt sich die Geschichte zu einer Allegorie der Gefängniswelt, wenn nicht gar zu einer Allegorie der Welt als Gefängnis.« (Thomas Lehr) 1977 verließ Al-Azzawi den Irak und ging nach Leipzig, wo er Journalistik studierte und promovierte.
Al-Azzawis Name steht vor allem für die Modernisierung der irakischen und arabischen Lyrik. Er gehört zu jener Generation von Schriftstellern und Lyrikern der 1960er Jahre, die sich von den formalen Fesseln früherer Jahrhunderte zu befreien versuchten, in einem Klima relativer Freiheit, bevor die Baath-Diktatur sich des gesamten kulturellen Lebens im Irak bemächtigte. 1969 gründete er die Zeitschrift »Shi'r 69« (Poesie 1969), die zum Sprachrohr der Avantgardelyrik nicht nur im Irak wurde, auf Beschluss des Obersten Revolutionsrates aber eingestellt werden musste. Aus jener Zeit stammt Al-Azzawis experimenteller Text »Die schönen Geschöpfe des Fadhil Al-Azzawi« in einer Mischform aus Prosa und Lyrik, der für viele jüngere arabische Schriftsteller noch heute als Vorbild gilt.
Mit seinem Roman »Akhir al-Mala'ika« (London 1992; Ü: Die letzten Engel) hat er seiner Heimatstadt Kirkuk ein Denkmal gesetzt. Darin schildert er das multikulturelle und multireligiöse Leben in den 1950er und 1960er Jahren der von der Erdölproduktion geprägten Stadt. Seine folgenden Romane »Komidia al-Ashbah« (Köln/Beirut 1996; Ü: Die Geisterkomödie) und »Al-Aslaf« (Köln/Beirut 2001; Ü: Die Ahnen) schließen thematisch an ›Die fünfte Festung‹ an. Darin setzt er sich mit Despotismus und der destruktiven Kraft der Ideologie auseinander. Handlung und Figuren tragen fantastische, surrealistische Züge – Al-Azzawis Versuch, sich mit der Diktatur unter Saddam Hussein auseinanderzusetzen.
Teile seines Werks wurden u.a. ins Englische, Indonesische, Türkische und Kurdische übersetzt. Auf Deutsch liegt ein Lyrikband vor (»Auf einem magischen Fest«, 1998), einzelne Gedichte erschienen in Anthologien arabischer und irakischer Lyrik. Eine deutsche Übersetzung seines Romans ›Die letzten Engel‹ erscheint voraussichtlich 2010. Fadhil Al-Azzawi lebt als freier Schriftsteller in Berlin.

Komidia al-ashbah
Al-Kamel
Köln/Beirut, 1996
Auf einem magischen Fest
Verlag Hans Schiler
Berlin, 1998
[Ü: Fadhil Al-Azzawi und Heribert Becker]
Al-Aslaf
Al-Kamel
Köln/Beirut, 2001
The Last of the Angels
The American University in Cairo Press
London, 2007
[Ü: William M. Hutchins]
Cell Block Five
The American University in Cairo Press
2008
[Ü: William M. Hutchins]

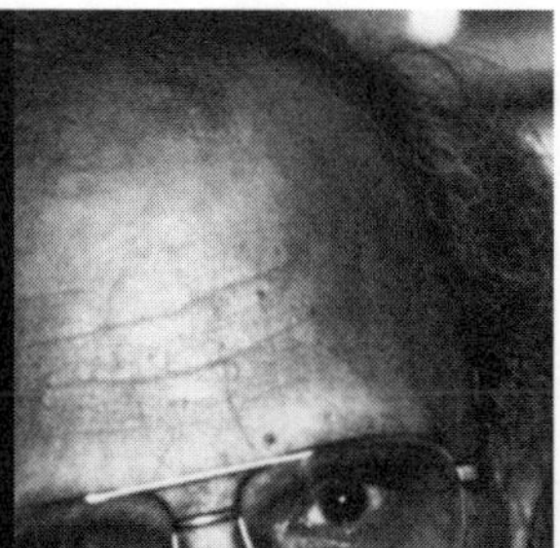

Fadhil Al-Azzawi was born in 1940 in Kirkuk in northern Iraq. He studied English in Baghdad. In 1963 he was sentenced to three years' imprisonment for his political activities and his published writings. This experience inspired the novel »al-Qala al-khamisa« (1972; t: Cell block five), which was adapted as a film in Syria. Thomas Lehr wrote of this novel: »The elegant narrative style crosses – without ever being profoundly symbolic – the borders of contemporary history. The tone recalls Kafka and Kertész, and the story develops into an allegory of the world of prison, if not into an allegory of the world as prison.« Al-Azzawi left Iraq in 1977 and moved to Leipzig, where he studied and graduated in journalism.
Al-Azzawi's name is most often linked to the modernisation of Iraqi and Arabic poetry. He belongs to the generation of writers and poets of the 1960s who, in a climate of relative freedom, attempted to free themselves of the formal restraints of past centuries, before the Ba'ath dictatorship took control of all aspects of cultural life in Iraq. In 1969 he founded the journal »Shi'r 69« (t: Poetry 69), which became the organ of avant-garde poetry in Iraq and beyond its boundaries. The journal had to be closed down on the order of the Highest Revolutionary Council. Al-Azzawi's experimental text »The Beautiful Creations of Fadhil Al-Azzawi« was written at this period in time. This hybrid prose-lyric text continues to this day be a model for many young Arabic-language writers.
His novel »Akhir al-Mala'ika« (1992; t: The last of the angels) is a monument to his home town of Kirkuk. He describes the multi-cultural and multi-confessional life in the city in the 1950s and 60s, when it was dominated by oil production. The novels that followed,»Komidia al-Ashbah« (1996; t: The ghost comedy) and »Al-Aslaf« (2001; t: The ancestors) continue the theme of ›Cell Block Five‹. He tackles the issues of despotism and the destructive power of ideology. The plots and characters of his two latest novels have fantastic, surreal aspects in Al-Azzawi's attempt to come to terms with the decade-long Ba'ath dictatorship under Saddam Hussein.
Extracts from his work have been translated into English, Indonesian, Turkish, and Kurdish. One collection of selected poems has been published in German (»Auf einem magischen Fest«, Berlin 1998). Some of his poems have also been translated into German and included in anthologies of Arab and Iraqi poetry. A German translation of his novel »The Last of the Angels« is planned for publication in 2010. Fadhil Al-Azzawi lives as a freelance writer in Berlin.

Every time I think of Berlin I see in my mind its historical wall still dividing the city into two parts. One is very cultural and the other is highly industrial, one is shiny and made of steel and the other is modest yet full of bronze statues of artists, musicians, and poets which make it passionately real like a living, breathing human being. I guess it would be hard for me now to envision how the two make up the New Berlin. I'm excited to experience the actual city in reality when I visit and walk in its streets.

Every time I think of Berlin I see in my mind its historical wall still dividing the city into two parts. One is very cultural and the other is highly industrial, one is shiny and made of steel and the other is modest yet full of bronze statues of artists, musicians, and poets which make it passionately real like a living, breathing human being. I guess it would be hard for me now to envision how the two make up the New Berlin. I'm excited to experience the actual city in reality when I visit and walk in its streets.

NUJUM AL-GHANEM

Nujum Al-Ghanem wurde 1962 in Dubai geboren. 1996 machte sie ihren Abschluss in Video Production in Ohio, USA, 1999 ihren Master in Media Production an der Griffith University, Australien. Sie war von 1985 bis 1999 verantwortliche Kulturredakteurin der Zeitung »al-Ittihad« in Dubai und arbeitete als Produzentin für emiratische Radio- und Fernsehsender. Bereits sehr früh begann sie zu schreiben. Mittlerweile versteht sie sich primär als Lyrikerin und veröffentlichte sechs Gedichtbände.
Innerhalb der jungen, auch in der arabischen Welt selbst nahezu unbekannten emiratischen Literatur hat sich Al-Ghanem mittlerweile einen festen Platz erobert. Wie viele andere emiratische Dichterinnen und Dichter ihrer und der jüngeren Generation schreibt sie nicht im traditionell in den Golfstaaten vorherrschenden »Nabati«-Stil, der Hochsprache mit Umgangssprache durchsetzt, klassische Topoi mit Alltagsrede und folkloristischen Sprichwörtern kombiniert und aufgrund seiner Verwurzelung in der klassisch arabischen Qasidendichtung durchaus auch politische Töne anschlagen kann, sondern im sogenannten »free verse«. In leicht lesbarem Stil wird eine Vielzahl von Themen umrissen, vor allem Liebe und Sehnsucht, politische Belange werden nahezu ausgeblendet oder nur indirekt angesprochen. Dabei hat die Dichterin einen eigenen Duktus entwickelt: In ihren impressionistisch wirkenden Kurzgedichten verbindet sie flüchtige, beiläufige Beobachtungen aus der alltäglichen Umgebung mit originellen Kehrtwendungen: »Ich beobachte das Licht und mir scheint, es wolle zu mir rüberkommen / um meine Gedanken zu erleuchten / aber es geht aus / und ich merke es noch nicht einmal« (aus: »Atama mukhtalifa«, Ü: Ein anderer später Abend; in ihrem neuesten Diwan »Mala'ikat al-ashwaq al-ba'ida«, Ü: Der Engel der fernen Sehnsüchte, 2008). Das lyrische Ich zieht sich in eine Bilderwelt der Natur zurück, gibt jedoch stets nur Bruchstücke der Realität wieder: »Ich nehme den Teppich der Meditation / und fliehe zum Meer / wo sich die Möwen hinbegeben / um mit mir das Gebet zu teilen / und das morgendliche Mahl« (aus: »Fil-sabah«; Ü: Morgens, ebd.).
2008 wurde sie für ihren Film »al-Murid« (2008; Ü. Der Novize) beim Gulf Film Festival in Dubai und ebenso in Abu Dhabi ausgezeichnet. Im selben Jahr wurde sie beim 5. Dubai International Film Festival als beste weibliche Filmemacherin der Vereinigten Arabischen Emirate gewürdigt. Al-Ghanem lebt als Autorin und Filmproduzentin in Dubai und ist Vorstandsmitglied der Abu Dhabi Authority for Culture and Heritage (ADACH).

Massa Al Janna
Writers & Literature Association
Bahrain, 1989
Al Jarraaer
Writers & Literature Association
Bahrain, 1991
Manasil al-Dschulnar
Mu'assasat al-Intishar al-'Arabi
Beirut, 2000
La wasfa lima ana fiih
al-Mu'assassa al-'Arabiya
Beirut, 2005
Mala'ikat al-ashwaq al-ba'ida
al-Mu'assassa al-'Arabiya
Beirut, 2008

Nujum Al-Ghanem was born in Dubai in 1962. In 1996 she graduated in video production in Ohio, USA, and completed her master's degree in media production at the Griffith University in Australia. From 1985 to 1999 she ran the Cultural Department at »al-Ittihad« newspaper in Dubai and worked as a producer for radio and TV channels in the United Arab Emirates. She began writing at an early age. Nowadays she sees herself primarily as a poet and has published six collections of poems.
Within the young literature of the Emirates – practically unknown even within the Arabic-speaking world – Nujum has a firm position. Unlike the traditionally dominant »Nabati« style of the Gulf States' literature, which intersperses High Arabic with slang, combines classical topoi with everyday language and folkloric proverbs, and due to its strong roots in classical Arabic Qasid poetry can be quite political, she and many other Emirate poets of her own and younger generations work in so-called »free verse«. She covers a wide range of themes and topics in a lucid, readable style, mainly on the themes of love and desire: politics is not touched upon at all, or at most is indirectly sketched. She has developed her own characteristic style in her poetry; in impressionistic short poems – largely written from a first person perspective – she combines fleeting, casual observations from her everyday environment with original twists: »I watched the light and it seemed to me that it wanted to come to me / to illuminate my thoughts / but it is extinguished / and I don't even notice« (from »Atama mukhtalifa«, t: A Different Dark Evening; in her latest collection »Mala'ikat al-ashwaq al-ba'ida«, t: The Angel of Distant Yearnings, 2008). The lyrical »I« retreats to an imagistic world of nature, which can however only provide fragments of reality: »I take the meditation rug / and flee to the ocean / where the gulls gather / to join me in prayer / and the morning meal« (from: »Fil-sabah«, t: Morning, ibid. 2008).
In 2008 she won prizes for her film »al-Murid« (2008, t: The Novice) at the Gulf Film Festival in Dubai and in Abu Dhabi. In the same year she was honoured as the best female filmmaker in the United Arab Emirates at the 5th International Film Festival in Dubai. The poet lives and works as a writer and film producer in Dubai, and is a board member of the Abu Dhabi Authority for Culture and Heritage (ADACH).

KHALED AL-KHAMISSI

Khaled Al-Khamissi wurde 1962 in Kairo, Ägypten, geboren. Er studierte Politikwissenschaften an der Cairo University und an der Sorbonne in Paris. Al-Khamissi arbeitet als Journalist für zahlreiche ägyptische Zeitungen, wo er sich besonders als kritischer Beobachter gesellschaftlicher Verhältnisse profiliert hat. Darüber hinaus war er als Produzent, Regisseur und Drehbuchautor für Spiel- und Dokumentarfilme tätig.
Sein Debütroman »Taksi ... hawadith al-mashawir« (2007; Ü: Taxi ... Geschichten von unterwegs) avancierte in Ägypten und in anderen arabischen Ländern schnell zum Bestseller. Er wurde ins Englische, Italienische, Französische, Griechische und Spanische übersetzt und erscheint in Kürze auf Polnisch. In knapp sechzig Episoden lässt Al-Khamissi als aufmerksamer und mitunter investigativer Zuhörer Taxifahrer aus Kairo zu Wort kommen. Mit mehr als 80.000 Taxis sind die Fahrer überall in der Hauptstadt präsent und kennen wie kaum eine andere Berufsgruppe das ganze Spektrum der ägyptischen Gesellschaft. Sie berichten mal voller Esprit, mal derb, aber immer in ungekünsteltem ägyptischem Dialekt von ihren Ansichten, Sorgen und Hoffnungen. Sie legen ein authentisches Zeugnis von der Stimmung der ›ägyptischen Straße‹ ab, die von der repressiven Politik der Regierung zutiefst enttäuscht ist und sich ihr gegenüber ohnmächtig fühlt. Dabei beweisen die politischen Einsichten der Taxifahrer, so Al-Khamissi im Vorwort, oft mehr Tiefblick als die vieler bekannter Politanalysten. Die Dialoge setzen dort ein, wo das Taxi von einem Fortbewegungsmittel zu einem zensurfreien Kommunikationsraum wird – beeinträchtigt nur durch die gelegentliche explizite Selbstzensur des Autors, der bedauert, die besten Witze oder gewisse Namen nicht wiedergeben zu können, aus Furcht vor Repressalien.
Diese halb dokumentarischen, halb fiktionalen Gespräche, die auf Erfahrungen des Autors basieren, werden pointiert verknappt und durch wenige, aber treffende Beobachtungen oder Kommentare eingerahmt. Daraus entstehen dialogreiche ›Kürzestgeschichten‹ mit einer spannungsgeladenen, oft überraschenden Dramaturgie, die sowohl eigenständig für sich stehen können als auch zusammen ein großes Mosaik der ägyptischen Gesellschaft bilden. Zugleich stellen sie eine Hommage an die oft verschmähte ›Kultur der Straße‹ dar, indem sie Witz, Weisheit und Poesie der Taxifahrer dokumentieren.
Sein zweiter Roman, »Safinat Nuh« (2009; Ü: Die Arche Noah), lässt Ägypter zu Wort kommen, die das Land verlassen, um im Ausland ihr Glück zu suchen. Wieder zeigt sich Khaled Al-Khamissi als unbestechlicher Zeitzeuge und provokanter Literat. Khaled Al-Khamissi lebt und arbeitet in Kairo.

Taksi...hawadith al-mashawir
Dar al-Shuruq
Kairo, 2007
Taxi
Aflame Books,
Laverstock, 2008
[Ü: Jonathan Wright]
Safinat Nuh
Dar al-Shuruq
Kairo, 2009
www.khaledalkhamissi.com

Khaled Al-Khamissi was born in Cairo, Egypt, in 1962. He studied politics at Cairo University and the Sorbonne in Paris. Al-Khamissi worked as a journalist for various Egyptian newspapers where he made a name for himself as a remarkably astute observer of social conditions. He was also active as a producer, director and scriptwriter of documentary and feature films.
His début novel »Taksi ... hawadith al-mashawir« (2007; t: Taxi. Cabbie talk) quickly became a bestseller in Egypt and the Arabic world. It has been translated into English, Italian, Greek, French and Spanish and will shortly be appearing in Polish. In some 60 episodes, Al-Khamissi lends his observant and occasionally investigative ear to Cairo's cab drivers. With more than 80,000 taxis, the drivers are ubiquitous, with a knowledge second to none, of the entire spectrum of Egyptian society. They report in occasionally lively, at times crude Egyptian dialect that is always authentic, expressing their views, hopes and cares; they give an authentic picture of the mood on the ›Egyptian street‹, where there is a deep disappointment resulting from the government's repressive politics that leads people to a sense of powerlessness. Yet, as Al-Khamissi points out in his introduction to the book, the political analyses of the taxi drivers often provide greater insight than those of recognised political analysts. The dialogue begins where the taxi shifts from being a means of transportation to an uncensored space for communication – censored only at times by the author's own occasional explicit self-censorship with his regrets, at not being able to retell the best jokes or mention certain names for fear of reprisals.
These semi-documentary, semi-fictional conversations, based on the author's experience, are skilfully condensed and framed by apposite comments or observations. This leads to the dialogue-rich ›shortest stories‹ with their gripping and often surprising dramaturgy. These can either stand alone or be combined to present a mosaic-like picture of Egyptian society. At the same time they are an homage to the oft-denigrated ›street culture‹, documenting as they do the wit, wisdom and poetry of the cab drivers.
His second novel »Safinat nuh« (2009; t: Noah's Arc) gives a voice to Egyptian émigrés who have left their country to try their luck abroad. As in his first novel, Al-Khamissi shows himself here to be an incorruptible witness and provocative littérateur. Khaled Al-Khamissi lives and works in Cairo.

MALEK ALLOULA

Malek Alloula wurde 1937 in Oran in Algerien geboren. Er ist Absolvent der Ecole Normale Supérieure und studierte Literaturwissenschaft in Algier und an der Pariser Sorbonne, wo er mit einer Arbeit über Diderot promovierte. Er leitet heute die Stiftung zu Ehren seines Bruders Abdelkader Alloula, einem der führenden Intellektuellen des Landes, der 1994 von Islamisten umgebracht wurde. Seit 1967 ist Alloula auch als Verlagslektor in Paris tätig.

Alloula schreibt Lyrik und Prosa sowie poetisch-philosophische Essays auf Französisch. Seine frühen Lyrikbände sind epiphanienhafte Miniaturen, die sich existenziellen Themen widmen. In der kulturkritischen Zeitschrift »Souffles« sprach sich Alloula 1966 gegen die Funktionalisierung von Dichtung im Dienste der algerischen Revolution nach der Unabhängigkeit von Frankreich aus. Auch in seinen Prosatexten ist Alloula Dichter – in »Les Festins de l'Exil« wird das deutlich: Der Geschmack vertrauter Speisen ruft im Pariser Exilanten Erinnerungen an seine Kindheit, an die Familie, an gute Freunde in Algerien wach. Der Autor macht uns hier mit einem bedeutenden Aspekt algerisch-berberischer Kultur bekannt: der Gastfreundschaft. In philosophisch-autobiografischen Essays beantwortet er 33 Fragen rund um den Akt, der uns alle eint: die Nahrungsaufnahme.

Auch in seinem jüngsten Band mit autobiografischen Kurzerzählungen, »Le cri de Tarzan. La nuit, dans un village Oranais« (Ü: Tarzans Schrei. Die Nacht in einem oranischen Dorf), fragt Alloula danach, wie man etwas ausdrücken kann, das vergangen ist – und das mit einer liebevollen Ironie ohne melancholische Nostalgie. Er versammelt Schlüsselszenen aus seiner Kindheit, über seinen Vater, seinen Lehrer, seine Freunde, allesamt Zeugen seiner jugendlich-eulenspiegelhaften Eskapaden.

Das am stärksten rezipierte Buch Alloulas ist »Le harem colonial. Images d'un sous-erotisme« (1980, Neuauflage 2004), das auch ins Englische und Deutsche übersetzt wurde. Hier analysiert Alloula in einem kulturkritischen Essay in seiner poetisch-assoziativen Sprache Fotopostkarten, die in den 1920er Jahren in den kolonialen Fotostudios in Algerien entstanden. Auf diesen Postkarten, die nicht selten als Gruß französischer Soldaten in die »Metropole« gesendet wurden, sind halbnackte Frauen in verführerischen stereotypen Haremsposen zu sehen. »Le Harem colonial« ist ein bis heute klassischer Essay in der orientalismuskritischen Tradition Edward Saids, in dem Alloula die koloniale Geste der Fotografie mit der Theorie Roland Barthes' zur Fotografie beschreibt, mit Bezug auf die psychoanalytische Kategorie des Fantasmas, das – wie der Harem – den europäischen Betrachter anzieht und zugleich abstößt. Der Autor lebt in Paris.

Haremsphantasien. Aus dem Postkartenalbum der Kolonialzeit
Beck & Glückler
Freiburg, 1994
[Ü : Stephan Egghart]
Mes enfances exotiques. Une enfance algérienne
Gallimard
Paris, 1997
Les Festins de l'Exil
Françoise Truffaut
Paris, 2003
Accès au Corps
Bourg-en-Bresse
Horlieu, 2005
Le Cri de Tarzan. La nuit, dans un village Oranais
Barzakh
Alger, 2008
Approchant du seuil ils dirent
Ed. Al Manar
Paris, 2009

Malek Alloula was born in Oran in 1937. He is a graduate of the École Normale Supérieure and studied literature in Algiers and at the Sorbonne in Paris, where he wrote a doctoral thesis on Diderot and the eighteenth century. Today he directs the foundation in honour of his brother, Abdelkader Alloula, one of the leading intellectuals of his country, who was killed by Islamists in 1994. Alloula has been a publisher's editor in Paris since 1967.

Malek Alloula writes poetry and prose as well as essays on poetics and philosophy in French. His early poetry collections contain dense, epiphany-like miniatures, which were concerned with existential themes from the outset. In 1966 in »Souffles«, the journal dedicated to cultural criticism, Malek Alloula spoke out against the appropriation of poetry in the service of the Algerian Revolution following the liberation from France in 1962. Alloula is also poetic in his prose works – which is clear in »Les Festins de l'Exil«: here, in Parisian exile, the taste of familiar food recalls memories of childhood, family, and good friends in Algeria. The author here introduces us to an important aspect of Algerian-Berber culture: festive hospitality. In philosophical and autobiographical essays he answers thirty-three questions about an act that unites us all: eating. He also inquires, in his most recent collection of autobiographical short stories, »Le Cri de Tarzan. La nuit, dans un village Oranais« (t: Tarzan's Cry. Night in an Oranian village), into how the past can be communicated – and he does so through language rich in masterfully loving irony without any melancholy or nostalgia. He collects significant episodes from his childhood, remembering his father, his teachers, and his friends – the witnesses of his youthful, Trickster-style escapades.

Alloula's most well-received book is, without a doubt, »Le harem colonial. Images d'un sous-erotisme« (Paris: Slatkine 1980; reissued Paris: Séguier 2004), which has also been translated into English (»The Colonial Harem«, 1986). In this essay which expresses a cultural critique, Alloula goes beyond the abstractions of cultural studies and, in his peculiarly associative, poetic language, analyses postcards from the colonial photography studios in Algeria in the 1920s. These postcards – often sent as greetings from French soldiers – depicted half-naked women in stereotypical harem poses. »The Colonial Harem« is to this day a classic essay in the critical tradition of orientalism in the school of Edward Said, in which Alloula interprets the colonial phographic gesture in the light of Roland Barthes' theories on photography with reference to the psychoanalytical category of ›Fantasmas‹ which – like the harem itself – at once attracts and repels the European observer. The author lives in Paris.

YOUSEF AL-MOHAIMEED

Yousef Al-Mohaimeed wurde 1964 in Riad geboren. Er studierte Verwaltungswissenschaften an der King Saud University und arbeitete zunächst im Erdölministerium, anschließend war er in verschiedenen Zeitungen und Zeitschriften tätig, u.a. als Leiter des Feuilletons bei der Zeitschrift »al-Yamama«. Ende der 1990er Jahre entschloss er sich, Fotografie am Norwich College in England zu studieren.

Bereits als Student veröffentlichte er erste Kurzgeschichten in saudi-arabischen Tageszeitungen. 1988 erschien seine erste Kurzgeschichtensammlung in Riad, die ein bekannter Religionsgelehrter durch das Informationsministerium verbieten lassen wollte. Um die strenge Zensur zu umgehen, bemühte sich Al-Mohaimeed in den folgenden Jahren, wie die meisten anderen saudi-arabischen Schriftsteller auch, seine Werke außerhalb des Königreichs zu veröffentlichen.

Von Al-Mohaimeed liegen fünf Romane und drei Kurzgeschichtensammlungen vor. Zu seinen bekanntesten Büchern zählt »Fikhakh al-ra'iha« (Beirut 2003; Ü: Die Fallen des Geruchs), das ins Englische und Französische (2007) übersetzt wurde, und »al-Qarura« (Beirut 2004; Ü: Die Flasche).

In »Die Fallen des Geruchs« spannt Yousef Al-Mohaimeed zwischen dem heutigen Leben in der modernen Stadt Riad und der Vergangenheit einen Bogen. Drei Schicksale treffen für kurze Zeit in dem Palast einer wohlhabenden Frau aufeinander: Turad, ein Beduine, der aus der Wüste floh, dann ein Gärtner, der vor vielen Jahren von Sklavenhändlern aus seiner sudanesischen Heimat entführt wurde und – um einen besseren Preis zu erzielen – kastriert wurde, und schließlich ein Findelkind, das für kurze Zeit für die Hausherrin das Wunschkind abgeben muss, bevor es davongejagt wird. In einer einfachen, schnörkellosen Sprache blickt Al-Mohaimeed hinter die Fassaden der Villen und Paläste seiner Heimatstadt und entlarvt die Grausamkeit der saudi-arabischen Gesellschaft. Der Kritiker der »New York Sun«, Benjamin Lytal, bezeichnete »Die Fallen des Geruchs« als »ersten bedeutenden saudi-arabischen Roman«. Auch in dem Folgeroman »Die Flasche« zeichnet er ein kritisches Bild der Gesellschaft zu Beginn der 1990er Jahre, wobei er den religiösen Fanatismus und die Unterdrückung der Frau in den Mittelpunkt stellt. Der syrische Kritiker Yassin Rifaiya schreibt über diesen Roman: »Von der ersten Seite an schlägt die Handlung des Buches den Leser in ihren Bann, wie ein exzellent gemachter Kinofilm, was für die große Erfahrung des Autors spricht.«

Die Verbreitung seines neuesten Romans »Al-Hamam la yatir fi Buraida« (2009; Ü: Es fliegen keine Tauben in Buraida) wurde im Königreich Saudi-Arabien verboten. Yousef Al-Mohaimeed lebt in Riad.

Laghat al-mauta
Al-Kamel
Köln/Beirut, 2003
Al-Qarura
al-Markaz ath-Thaqafi
al-Arabi
Beirut, 2004
Wolves of the crescent moon
AUC
Kairo, 2007
[Ü: Anthony Calderbank]
Al-Hamam la yatir fi Buraida
al-Markaz ath-Thaqafi
al-Arabi
Beirut, 2009
www.al-mohaimeed.net

Yousef Al-Mohaimeed was born in Riyadh in 1964. He studied management at King Saud University and went on to work in the Oil Ministry, before taking up employment for various magazines and newspapers, including a position as director of the cultural section of»al-Yamama«. In the late 1990s he decided to study photography at Norwich College in England.

He published his first short stories in Saudi Arabian newspapers while still a student. In 1988 Al-Mohaimeed's first short story was published in Riyadh, causing a well-known religious scholar to complain. The scholar demanded that the Ministry of Information ban the book.

Subsequently, Al-Mohaimeed, like many of his contemporaries on the Saudi literary scene, began publishing his work abroad in order to avoid the strict censorship. He has published five novels and three collections of short stories. His most well-known books include »Fikhakh al-ra'iha« (2003; Eng. »Wolves of the Crescent Moon« 2007), which has also been translated into French, and »al-Qarura« (2004; t: The Bottle).

In »Wolves of the Crescent Moon« Yousef Al-Mohaimeed attempts to trace an arc from life in modern Riyadh to the past.Three paths converge briefly in a wealthy woman's place: that of Turad, a Bedouin who has fled the desert, of a gardener who was abducted from his home in the Sudan by slave-traders and who has been castrated in order to increase his value as a slave and that of a foundling who, for a short time, takes on the role of plaything for the rich woman before she becomes pregnant and casts »it« out. In simple, unaffected prose, Al-Mohaimeed takes a look behind the façades of the villas and palaces of his home city and reveals the cruelty of Saudi-Arabian society. This novel has been described by the »New York Sun« critic Benjamin Lytal as »The first great saudi novel«. His subsequent novel »The Bottle« also paints a critical portrait of Saudi society in the early 1990s, with an emphasis on religious fanaticism and the oppression of women. The Syrian critic Yassin Rifaiya wrote of the novel: »From the first page the plot grips the reader like a well-made film, which speaks for the author's great experience.«

His new novel »Al-Hamam la yatir fi Buraida« (2009; t: Pigeons Don't Fly in Buraydah) is banned in the Kingdom of Saudi Arabia. Yousef Al-Mohaimeed lives in Riyadh.

ALI AL-MUQRI

Geboren 1966 in Taiz, der liberalsten Stadt im Bergland des konservativen Nordjemen, begann Ali Al-Muqri mit 18 Jahren zu schreiben. Einige Zeitungsartikel sorgten für ein erstes kleines Einkommen, doch schon bald erschienen auch erste avantgardistische Gedichte und Kurzgeschichten. Das Kultusministerium verbot ihm 1987 einen zu erotisch geratenen Gedichtband.
Als die Situation im Land nach der Vereinigung mit dem Südjemen die Gründung unabhängiger Zeitschriften erlaubte, wurde Ali Al-Muqri zu einem gefragten Kulturredakteur in meist progressiven, oppositionellen Organen. Seit 1997 war er Mitherausgeber von »al-Hikma«, der Verbandszeitschrift des Jemenitischen Schriftstellerverbandes. Seit 2007 leitet er die damals neu gegründete Literaturzeitschrift »Ghaiman«.
Ali Al-Muqri fand mit seiner Literatur Anklang in Fachkreisen, wurde im Jemen aber zunächst vor allem dadurch bekannt, dass er Ende der 1990er Jahre in der Presse eine islamwissenschaftliche Untersuchung mit dem Titel »Al-chamr wan-nabidh fi l-islam« (2007 in Buchform erschienen; Ü: Der Alkohol im Islam) veröffentlichte. Nach zwei Folgen musste er zunächst abbrechen – sein Fazit, dass der Islam den Alkohol nicht verbiete, rief die islamistische Szene auf den Plan und brachte dem Autor neben einer zeitweiligen Gefährdung auch einen Ruf ein, der seinem Image durchaus förderlich war. Er untermauerte sein Renommee als Reizfigur der Islamisten in den Folgejahren mit erotischen Gedichten und Abhandlungen gegen religiöse Repression. Al-Muqri zitiert gerne Nietzsches Satz »Alles Verbotene zieht mich an«. Tatsächlich scheint sein Werk dies zu bestätigen.
2008 erschien schließlich sein erster, von der arabischen Kritik hoch gelobter Roman »Ta'm aswad, ra'iha sauda« (Ü: Schwarzer Geschmack, schwarzer Geruch), eine dokumentarische, schonungslos offene Erzählung über die Randgruppe der »Achdam«, die im Jemen eine rassistisch diskriminierte, weitgehend tabuisierte Parallelgesellschaft bilden. Ihnen wurde damit zum ersten Mal ein literarisches Werk gewidmet: Der Ich-Erzähler bricht aus der eigenen »weißen« jemenitischen Gesellschaft aus und wird über die Beziehung zu einer »schwarzen« Achdam-Frau in deren Gemeinschaft aufgenommen. Hier begegnet er einer Vielzahl von Schicksalen, die von Erniedrigung und Benachteiligung, aber auch von Stolz und Lebensfreude künden. In seinem Roman scheint Al-Muqri dem Körperlichen Vorrang zu geben. Die Protagonisten sprechen nicht von Liebe, sondern vom »Geruch des Körpers«, der zu Flucht und Rebellion verleitet.
In seinem aktuellen Roman »Alyahudi alhali« (2009, Ü: Der schöne Jude) wird die Liebesgeschichte zwischen einer Muslimin und einem Juden im Jemen des 17. Jahrhunderts geschildert. Ali Al-Muqri lebt in Sanaa.

Nafidha lil-djasad
Kairo,1987
Tarmimat
Sanaa,1999
The Ministry of Culture
Sanaa, 2004
Yahduthu fi n-nasian
Sanaa,2003
Al-Chamr wan-nabidh fi l-islam
Beirut, 2007
Ta'm aswad, ra'iha sauda
Dar Al Saqi
Beirut, 2008
Alyahudi alhali
Dar Al Saqi
Beirut, 2009

Born in 1966 in Taiz, the most liberal city in the highlands of conservative North Yemen, Ali Al-Muqri began writing at the age of eighteen. He earned a modest income from writing a few newspaper articles, soon followed by his first avant-garde poems and short stories. The Ministry of Culture in what used to be North Yemen banned a collection of his poetry for being too erotic.
As the national climate following reunification with South Yemen became conducive to setting up independent journals, Ali Al-Muqri became much in demand as a cultural editor of mostly progressive, oppositional publications. Since 1997 he has been editor of »al-Hikma«, the organ of the Yemenite Writer's Association. He has directed the young literary journal »Ghaiman« since it was established in 2007.
Ali Al-Muqri's literary endeavours resonated in specialist circles, but he became widely known following the publication at the end of the 1990s of an Islamic, scientific study entitled »Al-chamr wan-nabidh fi l-islam« (t: Alcohol in Islam, published as a book in 2007). He had to cancel the series after two parts when the study came to the conclusion that Islam did not actually forbid alcohol, which provoked instinctive reactions from the Islamist scene – the author found himself gaining a reputation (and at one point was in real danger) which was decidedly beneficial to his carefully groomed image. He subsequently reinforced his reputation as a provocateur of Islamists through erotic poetry and articles against religious repression. Al-Muqri likes to quote from Nietzsche: »Alles Verbotene zieht mich an« (t: I am drawn to what is forbidden). His work does indeed seem to support this claim.
In 2008 his first novel appeared, highly acclaimed by the Arab press: »Ta'm aswad, ra'iha sauda« (t: Black Taste, Black Smell) is a documentary, unsparingly open narrative about a group of »Achdam«, who form a racially discriminated, largely taboo parallel society in Yemen. This is the first time they have been the subject of a literary work. The first-person narrator breaks with his own »white« Yemeni society and, through his relationship with a »black« Achdam woman is accepted into their community. He encounters here a variety of fates which tell of humiliation and prejudice, but also of pride and a love of life. Al-Muqri seems to favour the physical in his novel: the protagonists do not speak of love, but of the »smell of the body« which incites to flight and rebellion.
His last novel, »Alyahudi alhali« (2009; t: The Handsome Jew), is about a love story between a Muslim woman and a Jew, set in troubled times in seventeenth century Yemen. Ali Al-Muqri lives in Sana'a.

TALEB AL-REFAI

Taleb Al-Refai wurde 1958 in Kuwait geboren. Er studierte Ingenieurwissenschaften an der Universität seiner Heimatstadt. Bereits während seiner Studentenzeit Mitte der 1970er Jahre veröffentlichte er erste Kurzgeschichten in kuwaitischen Tageszeitungen. Später erschienen literaturkritische Essays, Kolumnen und Kurzgeschichten in zahlenreichen arabischen Zeitungen und Zeitschriften. Bis Mitte der 1990er Jahre arbeitete Al-Refai hauptberuflich als Ingenieur und wechselte dann zum Nationalen Rat für Kultur, Kunst und Literatur.

Taleb Al-Refai veröffentlichte sechs Kurzgeschichtensammlungen, drei Romane und ein Theaterstück. Einem breiteren arabischen Publikum wurde er mit seinem sozialkritischem Roman »Zill asch-schams« (Kairo 1998; Ü: Der Schatten der Sonne) bekannt. Darin setzt er sich mit einem Thema auseinander, das eher selten in der arabischen Prosa vorkommt – dem Schicksal der Gastarbeiter. Hilmi, ein ägyptischer Lehrer, entflieht wie Tausende seiner Landsleute der Armut in seiner Heimat und folgt dem Traum vom großen Geld in den reichen Golfländern. Schnell erlebt er die bittere Realität in Kuwait: Sein Lohn reicht kaum für den Lebensunterhalt, für die Unterstützung seiner Familie in Ägypten und um seine Schulden für die Reise ins Gelobte Land zu begleichen. Die Angst, vor seiner Frau und seinen Eltern als Versager dazustehen, macht ihm die Rückkehr unmöglich. Hilmi schlägt sich mit Nachhilfeunterricht durch und verliebt sich in eine seiner Schülerinnen, eine junge Kuwaiterin aus reichem Hause. Das Verhältnis fliegt auf, und der ägyptische Lehrer wird wegen angeblicher Vergewaltigung zu 15 Jahren Haft verurteilt.

Taleb Al-Refai bleibt auch in seinen folgenden Romanen der Kritik an der kuwaitischen Gesellschaft treu. In »Ra'ihat al-bahr« (Damaskus 2002; Ü: Geruch des Meeres), für das er den kuwaitischen Staatspreis für Literatur bekam, widmet er sich mehreren heiklen Themen: dem sexuellen Missbrauch in der Familie, der Unterdrückung der Frau und außerehelichen Beziehungen. Im Mittelpunkt stehen Hamad und Sarah, die sich an der Universität kennenlernen und verlieben. Eine Geschichte aus der Vergangenheit belastet diese Beziehung und wird von der Elterngeneration auf die Kinder übertragen. Am Ende kulminiert der Roman in einem Gewaltausbruch: Das Leid scheint sich fortzusetzen. Der Kritiker Rasim Al-Madhun schreibt in der überregionalen arabischen Tageszeitung »ash-Sharq al-Awsat« über »Geruch des Meeres«: »Taleb Al-Refai gelingt es, die Masken vom Gesicht der arabischen Gesellschaft zu reißen und die Tragik aufzuzeigen, die das Schicksal der jungen Generation bestimmt.« Taleb Al-Refai lebt in Kuwait.

Mirat al-ghabash
Dar al-Mada, Damaskus, 1997
Zill asch-schams
Dar Sharqiyat Kairo, 1998
Hakaya ramliya
Dar al-Mada, Damaskus, 1999
Ra'ihat al-bahr
Dar al-Mada Damaskus, 2002

Taleb Al-Refai was born in Kuwait in 1958. He studied engineering science at the university in his home town. He began writing short stories as a student in the 1970s, publishing them in Kuwaiti newspapers. Later, his literary essays, columns and short stories appeared in various Arabic-language magazines and newspapers. Up until the mid-1990s Al-Refai worked mainly as an engineer before moving to the National Council for Culture, Art, and Literature.

Taleb Al-Refai has published six collections of short stories, three novels, one play and several literary studies. Al-Refai became known to a wider Arab readership through his socially-critical novel »Zill asch-schams« (1998; t: The shadow of the sun). In the novel he deals with a theme which is not often dealt with in Arab literature: the fate of immigrant guest workers. Hilmi, an Egyptian teacher, like many of his compatriots flees from the poverty of his homeland in search of riches in the wealthy Gulf States. He is soon confronted by the bitter reality of life in Kuwait. His wages are barely enough to cover his living costs, support his family in Egypt, and pay off his debt for his passage to the promised land. It is impossible for him to return to Egypt, as he is scared of appearing to be a loser to his wife and parents. Hilmi keeps his head above water by giving private lessons and then falls in love with one of his pupils, a young Kuwaiti girl from a wealthy family. The relationship is made public and the Egyptian teacher is accused of rape and sentenced to fifteen years in prison.

In his subsequent novels Taleb Al-Refai remains critical of Kuwaiti society. In »Ra'ihat al-bahr« (2002; t: The Scent of the Sea), for which he won the Kuwaiti State Prize for Literature, he tackles a few thorny issues: sexual abuse in the family, the oppression of women, and extra-marital affairs. Central to the novel are Hamad and Sarah, who meet and fall in love at university. Past events place a burden on their relationship and are passed from the parents' generation to the children. The novel culminates in an explosion of violence. The suffering seems to continue. The critic Rasim al-Madhun wrote of the novel in the interregional Arabic-language newspaper »ash-Sharq al-Awsat«: »Taleb Al-Refai succeeds in tearing the mask from the face of Arab society, revealing the tragedy which dominates the fates of younger generations.« Taleb Al-Refai lives in Kuwait.

MANSOURA EZZ ELDIN

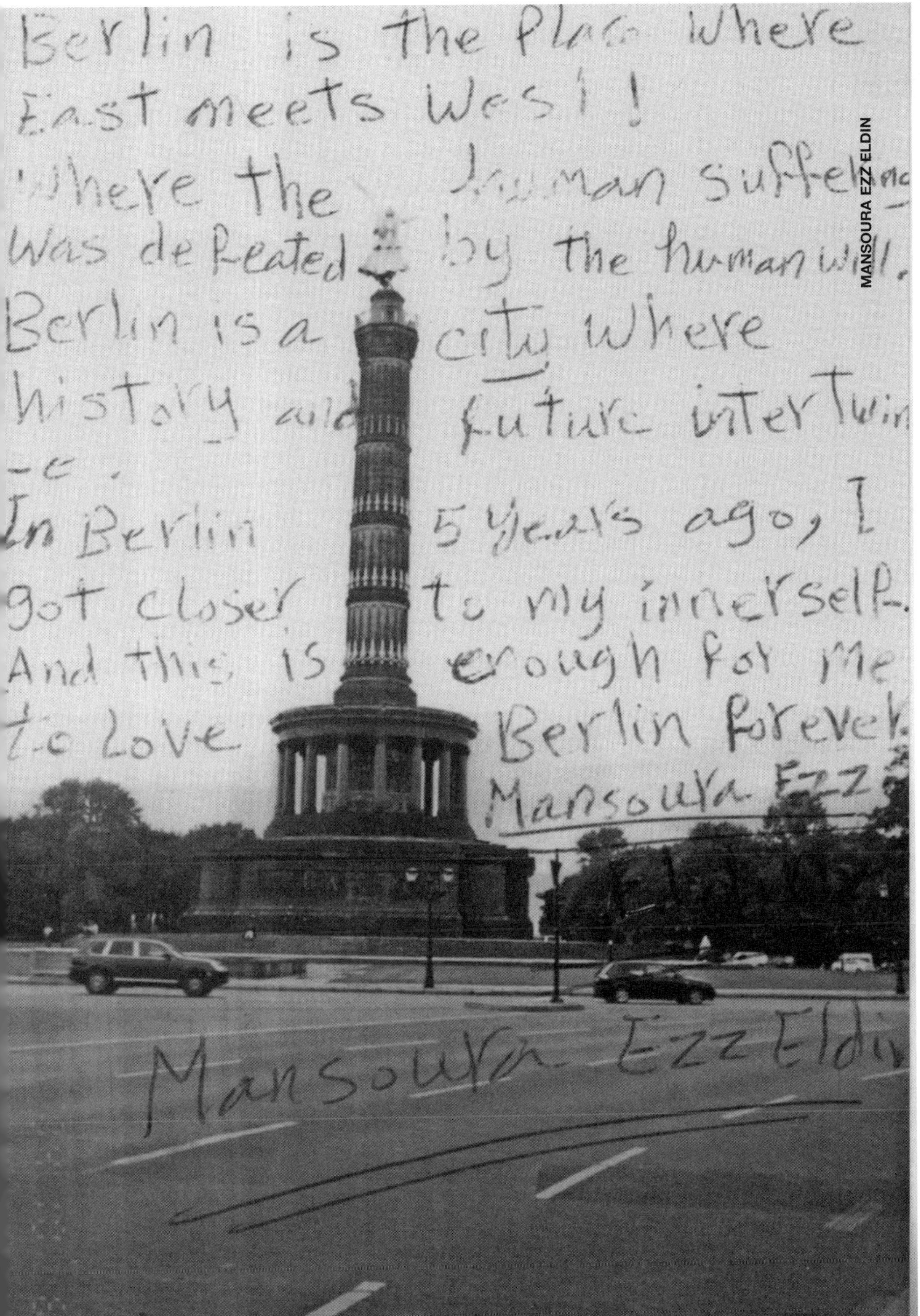

SINAN ANTOON

Sinan Antoon, Dichter, Romanautor und Übersetzer, wurde 1967 in Bagdad als Sohn eines Irakers und einer Amerikanerin geboren. Er studierte englische Literatur an der Universität der irakischen Hauptstadt. Nach dem Golfkrieg 1991 siedelte er in die Vereinigten Staaten über, wo er sein Studium in Georgetown und an der Harvard University fortsetzte. Hier promovierte er 2006 in arabischer Literatur mit einer Arbeit über den Dichter Ibn al-Hajjaj. Gedichte und Artikel Antoons erschienen sowohl auf Arabisch als auch auf Englisch in verschiedenen Zeitschriften und Publikationen in der arabischen Welt, darunter »as-Safir«, »an-Nahar«, »Masharef« sowie »The Nation«, »al-Ahram Weekly«, »Banipal« und »World Literature Today«.
Eine Auswahl seiner Gedichte wurde 2007 vom Arabischen ins Englische übersetzt und erschien unter dem Titel »The Baghdad Blues«.
Sein Debütroman »I'jaam« (Beirut 2003) wurde in mehrere Sprachen übersetzt und erschien 2009 unter dem Titel »Irakische Rhapsodie« auch auf Deutsch. Er beschreibt den Alltag eines irakischen Studenten und seine Versuche, im Irak Saddam Husseins zwischen Liebe, Angst, permanenter Überwachung und Wunschträumen am Leben zu bleiben. Der Roman zeichnet sich durch einen raschen Wechsel zwischen verschiedenen Zeit- und Realitätsebenen, zwischen Gefangenschaft und Freiheit, Gegenwart, Traum und Vergangenheit aus und ist durch eine geschickte Mischung alltäglicher Umgangssprache und ausgefeilter Prosa geprägt.
Die Wunden der irakischen Geschichte stehen auch im Mittelpunkt des Dokumentarfilms »About Baghdad« (2004), bei dem Antoon als Koproduzent und Koregisseur mitwirkte. Er erzählt vom Leben der Iraker in dem von US-Soldaten »befreiten« Irak. Es ist, in den Worten Antoons, »ein einfacher Film, in dem ganz normale Menschen ganz normale Fragen beantwortet haben« und der dem westlichen Publikum die schlichte, meist verborgene Alltäglichkeit des Krieges und seiner Folgen aufzeigen soll.
Antoon übersetzte zahlreiche Gedichte aus dem Arabischen ins Englische. Für seine Koübersetzung von Mahmud Darwischs Gedichten wurde er 2004 für den PEN Translation Prize nominiert. 2003 erhielt er ein Mellon-Forschungsstipendium und nahm eine Tätigkeit als Lehrer am Dartmouth College auf, die er bis 2005 fortsetzte. Er ist als Redakteur des Magazins »Banipal« und Mitglied des Redaktionsausschusses des »Middle East Report« tätig. Derzeit ist er Assistant Professor an der Gallatin School der New York University, Fellow am Hagop Kevorkian Center for Near Eastern Studies und Fellow am Wissenschaftskolleg zu Berlin im Projekt »Europa im Nahen Osten. Der Nahe Osten in Europa«.

Irakische Rhapsodie
Lenos Verlag
Basel. 2009
www.sinaan.com/

Sinan Antoon, poet, novelist and translator, was born in Baghdad in 1967 to an Iraqi father and an American mother. He studied English literature at university in the Iraqi capital. After the 1991 Gulf War he moved to the USA, where he continued his studies at Georgetown and at Harvard, graduating in Arabic literature in 2006 with a dissertation on the poet Ibn al-Hajjaj. His poems and articles have appeared in numerous newspapers and publications in the Arab world, including »as-Safir«, »an-Nahar« and »Masharef«, as well as in »The Nation«, »al-Ahram Weekly«, »Banipal« and »World Literature Today« both in English and in Arabic.
A collection of his poetry was translated from Arabic into English and published in 2007 as »The Baghdad Blues«.
His début novel »I'jaam« (2003; Eng. »I'jaam, An Iraqi Rhapsody«) has been translated into various languages and was also published in Germany, entitled »Irakische Rhapsodie«. It describes the daily life of a young Iraqi student and his efforts to stay alive amid love, fear, permanent surveillance and dreams in Saddam Hussein's Iraq. The narrative fluctuates with swift and skilful shifts between different levels of time and reality, between imprisonment and freedom, present, dream, and past, and is characterised by a careful mix of everyday language and refined prose. The wounds of Iraq's history are at the centre of the documentary film »About Baghdad« (2004), of which Antoon was co-producer and co-director. The film tells the story of Iraqis in an Iraq ›liberated‹ by US troops. It is, in Antoon's words, »a simple film in which perfectly normal people answered perfectly normal questions« with the aim of showing Western audiences simple, mostly covert everyday life during the war and its aftermath.
Antoon has translated many poems from Arabic into English. He was nominated for the 2004 PEN Award for his co-translation of Mahmud Darwish's poetry. In 2003 he was also awarded a Mellon Research Scholarship, and in the same year he commenced his work as a lecturer at Dartmouth College, which continued until 2005. He is an editor for »Banipal« and a member of the editing committee of »Middle East Report«. He is currently Assistant Professor at the Gallatin School of New York University and Fellow of the Hagop Kevorkian Center for Near Eastern Studies. In addition, he is a Fellow at the Wissenschaftskolleg (Institute For Advanced Study) in Berlin, where he is working on the project »Europe in the Middle East, the Middle East in Europe«.

ALI BADER

Ali Bader wurde 1964 in Bagdad geboren. Zur Zeit des Ersten und Zweiten Golfkriegs leistete er seinen Militärdienst ab. Danach erlernte er an der Nationalen Handschriftensammlung in Bagdad Buchwesen und Restaurierung von Handschriften und studierte französische Literatur an der dortigen Universität.
Bader ist ein Chronist der jüngeren Geschichte des Irak und seiner Hauptstadt. In seinen Romanen zeichnet er die kulturellen, politischen und gesellschaftlichen Verhältnisse nach: »Als kenntnisreicher und in der postkolonialen Theorie beschlagener Interpret der Geschichte schlägt Bader darin den Bogen von der Epoche des türkischen Imperialismus bis zum finalen Albtraum der Diktatur Saddam Husseins.« (NZZ) Zwar greift er das Genre des historischen Romans auf, erhebt aber den literarischen Realismus nicht zur Maxime. Vielmehr sind realistische Darstellung und Verfremdung miteinander verflochten.
2001 veröffentlichte Bader in Beirut seinen ersten Roman, »Baba Sartir« (Ü: Papa Sartre), durch den er international Bekanntheit erlangte. Auf satirische Weise rechnet er mit den irakischen Intellektuellen und ihrer hilflosen Imitation des französischen Existenzialismus ab. Nach einem gescheiterten Studium in Frankreich kehrt Abd ar-Rahman in den Irak zurück. Er beabsichtigt, eine existenzialistische Bewegung, ähnlich der seines Helden Jean-Paul Sartre, ins Leben zu rufen. Zu seiner Aufgabe fühlt er sich insbesondere durch seine äußerliche Ähnlichkeit mit diesem und die Heirat mit Germaine, der vermeintlichen Cousine des großen Philosophen, berufen.
2002 erschien sein Roman »Shita' al-'a'ila« (Ü: Der Winter der Familie), der den Niedergang der Bagdader Aristokratie in den Fünfzigern thematisiert. Der Roman »al-Walima al-'ariya« (2004; Ü: Das nackte Gastmahl) schildert den Untergang der ottomanischen Machthaber und die Eroberung Bagdads durch britische Truppen zur Zeit des Ersten Weltkriegs und stellt in bewegender Weise die Folgen von Krieg und Despotie im Nahen Osten dar. In »al-Haris at-tabagh« (2008; Ü: Der Wächter des Tabaks) thematisiert er das kulturelle Leben nach dem Einmarsch der amerikanischen Truppen im Irak. Der Roman stand auf der Longlist für den Arabic Booker Prize 2009. Sein jüngster Roman »Muluk ar-rimal« (2009; Ü: Könige der Wüste) handelt vom Konflikt zwischen der irakischen Armee und den nomadischen Steppenbewohnern.
Ali Bader war zudem als Kriegskorrespondent für den Mittleren Osten und als Redakteur für das Literaturmagazin »Al-Talia« tätig. Er erhielt den Abu-l-Qasim-ash-Shabi-Preis in Tunesien, den Staatlichen Literaturpreis in Bagdad, den Preis der Erzählerischen Kreativität in den Arabischen Emiraten und den Ibn-Battuta-Preis für zeitgenössische Reiseliteratur. Ali Bader lebt in Amman, Jordanien.

Shita' al-'a'ila
al-Mu'assasa al-'arabiya
li-d-dirasat wa-n-nashr
Bagdad, 2002
al-Walima al-'ariya
Manshurat al-Jamal
Köln/Beirut/Bagdad, 2004
al-Haris at-tabagh
al-Mu'assasa al-'arabiya
li-d-dirasat wa-n-nashr
Beirut, 2008
Papa Sartre
American University of
Cairo Press
Kairo/New York, 2009
[Ü: Aida Bamia]

Ali Bader was born in Baghdad in 1964. He did his military service during the first and second Gulf Wars. He subsequently followed a programme in book studies and restoration at the National Manuscript Archive in Baghdad, alongside studies in French literature at Baghdad University.
Bader is a chronicler of the recent history of Iraq and its capital, Baghdad. In his novels he portrays the cultural, political and social conditions in Iraq. »As a knowledgeable interpreter of history, well-versed in post-colonial theory, Bader describes the arc from the era of Turkish imperialism to the final nightmare of Saddam Hussein's era.« (NZZ) Although he adopts the genre of the historical novel, he does not make literary realism his guiding principle. Rather, he interweaves realistic representation with alienation.
In 2001 Bader published his first novel »Baba Sartir« (Eng: »Papa Sartre«, 2009), which brought him international acclaim. In this work, in a satirical manner, he confronts Iraqi intellectuals and their helpless imitations of French existentialism. Following an abortive attempt to study in France, the protagonist of the story, Abd ar-Rahman, returns to Iraq in order to found an existentialist movement, modelled on that of his idol. Convinced of the rightness of his aim of converting his country's intellectuals to Sartre's ideas, he feels especially qualified on account of his physical similarity to the philosopher and his marriage to Germaine, who, he claims, is the great philosopher's cousin.
2002 saw the publication of the novel »Shita' al-'a'ila« (t: The winter of the family) in which he recounts the collapse of the Baghdad aristocracy in the 1950s. The novel »al-Walima al-'ariya« (2004, t: The naked banquet) is about the fall of the Ottoman rulers and the conquest of Baghdad by British troops during the First World War. Bader presents a moving account of the calamitous effects of war and despotism in the Middle East. In »al-Haris at-tabagh« (2008; t: The guardian of tobacco) he deals with cultural life in Iraq after the invasion of the American troops. The novel was included on the long-list for the Arabic Booker Prize in 2009. His most recent novel »Muluk ar-rimal« (t: Kings of the desert) is about the conflict between the Iraqi armed forces and the nomadic steppe-dwellers.
Ali Bader has also been active as a war correspondent in the Middle East, published articles and poems in Iraqi and Arab newspapers, and worked as an editor for the literary journal »Al-Talia«. He received the Abu-l-Qasim ash-Shabi Prize in Tunisia in 2001, the State Literature Prize in Baghdad, the prize for Narrative Creativity in the United Arab Emirates and won the Ibn Battuta Prize for Contemporary Travel Literature. Ali Bader lives in Amman, Jordan.

REHAB BASSAM

Rehab Bassam wurde 1977 in Kairo geboren. Sie studierte Anglistik an der Ain Shams University in Kairo. 2004 begann sie mit dem Bloggen (hadouta.blogspot.com), zunächst auf Englisch, dann auch auf Arabisch. Einem größeren Leserkreis wurde Bassam mit der Veröffentlichung einer Auswahl ihrer Blogeinträge als Buch bekannt. Es trägt den Titel »Orz billaban lishakhsain« (2008; Ü: Milchreis für zwei Personen), erlebte mehrere Auflagen und ist Teil einer neuen Reihe, die der Verlag Dar El Shorouk mit jungen literarischen Bloggern gestartet hat.
Die undatierten Texte unterschiedlicher Länge sind Momentaufnahmen aus dem Leben einer jungen Frau aus der Kairoer Mittelschicht. Sie sind unpolitisch und geben das Lebensgefühl ihrer Autorin wieder, den Alltag zu Hause mit ihrer Mutter, ihrem Bruder und dem Kater, das Verhältnis zur Mutter, den Tod einer geliebten Tante, das Ausgehen mit Freunden oder allgemeine Betrachtungen zum Leben. Ein Beispiel ist die Episode mit dem Titel »Geschwätz«. Darin versucht Rehab Bassam den Grund für ihre Niedergeschlagenheit zu finden und rekapituliert die Ereignisse der letzten Tage: ein gemeinsames Essen mit Arbeitskollegen, eine unangenehme Unterredung mit dem Chef oder einen Kondolenzbesuch und ihre Wut über die Wahl ihrer Kleidung. Am Ende zieht sie sich ins Bett zurück und nimmt sich vor, sehr lange zu schlafen: »Was soll ich mit mir anfangen? Ich bin beleidigt, wütend und traurig. Und alles tut weh... alles.«
Die Bloggerin bezeichnet ihren Blog als »kleine private Schreibwerkstatt« und ihre Einträge als »literarische Texte«. Sie entstehen nicht spontan am Computer, sondern, wie sie in einem Interview sagt, »als Ganzes in meinem Kopf, dann schreibe ich sie beim Autofahren oder Gehen nieder. Beim nochmaligen Durchlesen ändere ich nur sehr wenig.«
Der ägyptische Kritiker und Schriftsteller Ibrahim Farghali schreibt über »Milchreis für zwei Personen«: »Auf den ersten Blick erscheinen der Stil und die Sprache Rehab Bassams einfach, wie bei so vielen anderen Tagebüchern auch. Aber diese Einfachheit ist trügerisch. Schnell entdeckt man, dass die Autorin sehr wohl weiß, was Kunst ist. Sie hat ihre eigene Philosophie über Leben und Literatur und bemüht sich, ihre kleine Handlung wie ein Stück Süßigkeit in buntes Papier zu verpacken. Von der Mühsal des Verpackens erfährt der Leser nicht.«
Rehab Bassam lebt in Kairo und arbeitet als Lektorin für Kinderbücher bei dem Verlag Dar El Shorouk.

Arz billaban lishakhsain
Dar al Shorouk
Kairo, 2008

Rehab Bassam was born in Cairo in 1977. She studied English at the Ain Shams University in Cairo. In 2004 she began blogging, mainly in English, and then in Arabic (hadouta.blogspot.com). She reached a wide audience with the publication of a selection of her blog entries in book, entitled »Orz billaban lishakhsain« (Cairo 2008; t: Rice pudding for two), a book that has been reissued several times and is part of a series devoted to young bloggers iniated by the publishing house Dar El Shorouk.
The undated texts of varying lengths are snapshots from the life of a middle class young woman from Cairo. They are apolitical and portray the author's attitude to life: daily life at home with her mother, brother and cat; the relationship with her mother; the death of a beloved aunt; going out with friends; moods and atmospheres and general observations on life. One example is the episode called »Chatter«, in which the author tries to understand the reasons for her dejection and recalls the events of the previous days: a meal with colleagues, an unpleasant interview with her boss: and a condolence visit and her anger at her own choice of dress. At the end Rehab Bassam retreats into bed and decides to sleep for a long, long time: »What should I do with myself? I'm offended, angry, and sad. And everything hurts... everything.«
The blogger describes her blog entries as »literary texts« and her blog as a »little private writer's workshop«. They are not spontaneously created on the computer, but, as she said in an interview, are »complete in my head, then I write them down while I'm driving my car or walking down the street. I make very few revisions when re-reading them«.
The Egyptian critic and author Ibrahim Farghali wrote of »Rice Pudding For Two«: »At first glance Rehab Bassam's style and language appear simple, as with so many diaries. But this simplicity is deceptive. You soon realise that the author understands very clearly what art is. She has her own philosophy of life and literature and attempts to pack her little plots like sweets in a pretty wrapper. The arduous business of wrapping up is a process the reader doesn't get to see.«
Rehab Bassam lives in Cairo and works for the publishing house Dar El Shorouk as an editor of children's books.

MAHI BINEBINE

Mahi Binebine wurde 1959 in Marrakesch geboren. Ab 1980 studierte er in Paris Mathematik und unterrichtete dort anschließend mehrere Jahre. Von 1994 bis 1999 lebte er in New York. Nach einem neuerlichen Aufenthalt in Paris kehrte er 2002 in seine Geburtsstadt zurück. Binebine ist nicht nur als Autor tätig, sondern auch als erfolgreicher und anerkannter Maler. Einige seiner Werke sind Teil der Sammlung des Guggenheim Museums in New York.
Seine schriftstellerische Karriere begann 1992 mit der Publikation seines Romans »Le sommeil de l'esclave« (1992; dt. »Der Schlaf der Sklavin«, 1994). Er setzt in seinen Romanen häufig marginalisierte Figuren in ausweglosen Situationen in Szene. Oftmals beginnen die Texte mit der Präsentation solcher Figuren an einem bereits prekären Punkt ihres Lebens; im weiteren Verlauf wird die Geschichte der Protagonisten aufgerollt, u.a. durch Binnenerzählungen oder Rückblenden. So erzählt beispielsweise »Pollens« (2001; Ü: Pollen) von einem Franzosen namens Pierrot mit kabylischen Wurzeln, der das Glück in Marokko sucht und allmählich im Drogenrausch in den Wahnsinn abgleitet. In »Cannibales« (1999; dt. »Kannibalen«, 2003) geht es um die tragischen Schicksale und besonders um die Motive zur Emigration von illegalen Flüchtlingen, die heimlich in kleinen Booten die Meerenge von Gibraltar überqueren wollen. »Terre d'ombre brûlée« (2004; Ü: Verbrannte Umbraerde) handelt, inspiriert vom Schicksal des Malers Gharbaoui, von einem marokkanischen Maler, der auf einer Parkbank in Paris erfriert, nachdem seine Karriere gescheitert ist.
Verlusterfahrungen finden sich auch in »Les funérailles du lait« (1994; dt. »Mamayas letzte Reise«, 1997), einem Roman über seine Mutter, in dem das Schicksal seines Bruders, Aziz Binebine, angedeutet wird. Dieser nahm 1971 als junger Offizier ungewollt am gescheiterten Putschversuch von Skhirat teil und war jahrelang im berüchtigtsten Gefängnis Marokkos, Tazmamart, inhaftiert.
»Le griot de Marrakech« (2006; Ü: Der Sänger von Marrakesch), Binebines bislang letzte Buchveröffentlichung, ist ein entschieden weniger düsterer Text. Es ist eine Hommage an Marrakesch in Form von überwiegend autobiografisch geprägten kurzen Texten.
Binebines handlungs- und geschichtenreiche Werke sind zumeist einem realistischen literarästhetischen Paradigma verpflichtet und in einem klaren, konzisen Stil verfasst. Sie wurden in mehrere Sprachen übersetzt, darunter auch ins Deutsche, und mit dem Prix Méditerranée und dem Prix de l'Amitié Franco-Arabe ausgezeichnet. Mahi Binebine lebt als freischaffender Maler und Autor in Marrakesch.

Mamayas letzte Reise
Droemer Knaur
München, 1997
[Ü: Eliane Hagedorn]
Kannibalen
Haymon
Innsbruck, 2003
[Ü: Patricia A. Hladschik]
L'Ombre du poète
Stock
Paris, 1997
Pollens
Fayard
Paris, 2001
Terre d'ombre brûlée
Fayard
Paris, 2003
Le Griot de Marrakech
Ed. de l'Aube
La Tour-d'Aigues, 2006
www.mahibinebine.com

Mahi Binebine was born in Marrakesh in 1959. From 1980 on he studied mathematics in Paris, and later taught the subject for many years in Paris. He lived in New York from 1994 to 1999. Following a short return to Paris, he went back to the city of his birth in 2002. Binebine is not just active as an author, but is also a successful and respected painter. Some of his works are in the collection of the Guggenheim Museum in New York.
His career as a writer began in 1992 with the publication of his novel »Le Sommeil d'esclave« (1992; t: The slave girl's sheep). In his novels Binebine frequently uses marginalised characters in hopeless situations. He often begins with a presentation of these characters at a particularly precarious time in their lives; in the ensuing pages the story of the protagonist's life is unfolded through flashbacks or internal monologues. »Pollen« (2001; t: Pollen) for example is about Pierrot, a Frenchman with Kabyle roots, who is seeking his fortune in Morocco and gradually drifts, in a drugged daze, into madness. »Cannibales« (1999; Eng. »Welcome to Paradise«, 2004) is about the tragic fates – and especially the motivation for emigrating – of illegal refugees who try to secretly pass the Gibraltar Straits in tiny boats. »Terre d'ombre brûlée« (2004; t: Burned umber earth), inspired by the fate of the painter Gharbaoui, is about a Moroccan painter who freezes to death on a park bench in Paris following the failure of his career in the city.
Experiences of loss are also present in »Les Funérailles du lait« (1994; t: Mamaya's last journey), a novel about his mother which touches on the fate of his brother, Aziz Binebine, who was an unwilling participant in the failed coup attempt in Skhirat in 1971 and was then held for years in Morocco's notorious Tazmamart prison. »Le Griot de Marrakech« (2006; t: The singer of Marrakesh), Binebine's most recent publication to date, is much lighter; an homage to Marrakesh presented largely through short autobiographical texts.
Binebine's novels, rich in plot and history, are mostly bound to a realistic literary aesthetic written in a clear, concise voice. They have been translated into various languages, including German and English. He has been awarded the Prix Méditerranée and the Prix de l'Amitié Franco-Arabe for his literary accomplishments. Mahi Binebine lives as an independent painter and writer in Marrakesh.

INAM BIOUD

Inam Bioud wurde 1953 als Tochter einer syrischen Mutter und eines algerischen Vaters in Damaskus geboren, ging 1966 mit der Familie nach Algier, besuchte dort das ägyptische Gymnasium und veröffentlichte erste Gedichte in der algerischen Presse. In Damaskus und Algier studierte sie Architektur und Kunst, absolvierte eine universitäre Dolmetscherausbildung (Englisch, Französisch, Arabisch) und promovierte in Übersetzungswissenschaft. Sie lehrte an den Universitäten von Algier und Oran Translatologie und wurde 2004 zur Gründungsdirektorin des Institut Supérieur Arabe de Traduction, des Übersetzerinstituts der Arabischen Liga in Algier, ernannt. 2002 wurde die kreative Autorin und Künstlerin von der algerischen Zeitschrift »L'Express« unter die 100 dynamischsten Persönlichkeiten ihres Landes gewählt. Durch ihre berufliche Position, aber auch durch eigene Übersetzungen von Kinder- und Kunstbüchern, Lyrik, Romanen und Drehbüchern erfüllt sie eine wichtige Brückenfunktion im von vielerlei Sprachgrenzen durchzogenen Algerien. Sie hat u.a. Yasmina Khadra, Rachid Boudjedra, Nadira Laggoune und Abderrahmane Djelfaoui ins Arabische übersetzt.
Ihr erster eigener, zweisprachig edierter Lyrikband wurde von Samira Negrouche ins Französische übersetzt: »Rasâ'il lam tursal«/»Poste restante« (2003; Ü: Nicht abgeschickte Briefe). Themen und Tonfall der rund dreißig lyrischen »Briefe« sind von ergreifender Eindringlichkeit. In den melancholisch-rebellischen Gedichten geht es um weibliche Revolte in einer maskulinen Welt (»Die Vergangenheit hat sich die Adern aufgeschlitzt / und die Gegenwart gehört mir nicht mehr / kehre zurück / woher du kommst / dein Weg war niemals / mein Weg«), um Solidarität mit Palästina (im »Brief an Jesus« fragt sie sich, »wie er der Liebe im eigenen Land / mit ruhigem Gewissen / zu sterben erlaubt«), aber auch um eine synästhetisch zelebrierte Lebenslust, allem zeitbedingten Pessimismus zum Trotz (»Unser Leben ist keine Strafe / dieser bittersüße Geschmack / von Wolken umhüllt / wird sich aufhellen / und unsere atemlose Suche / dem Wunder auf der Spur / ist nur eine Rückkehr«).
In ihrem ersten Roman »Assamak lâ yubâlî« (2004; Ü: Den Fischen ist es egal), für den sie den Prix Malek Haddad erhielt, verarbeitet Bioud Jugenderinnerungen im gewagteren Stil der neuen arabischen Frauenliteratur, bleibt bei der Schilderung amouröser Erfahrungen jedoch diskret. Eine junge Malerin, die es aus dem toleranten Milieu von Damaskus ihrer Kindheit ins von Terror und Tod überschattete Algier der Neunziger verschlägt, findet Zuflucht in der Liebe und der Kunst.
Ein zweiter Gedichtband erscheint in Kürze: »She is not Blonde but She is Trying« (Ü: Sie ist nicht blond, doch sie versucht es). Die Autorin lebt in Algier.

Rasa'il lam tursal / Poste restante
Barzakh
Algier, 2003
[Ü: Samira Negrouche]
al-Tarjamah al-adabiyah: mashakil wa-hulul
ANEP
Algier
Dar al-Farabi
Beirut, 2003
Assamak la yubali
Al-Ikhtilaf
Algier, 2004
Dar al-Farabi
Beirut, 2005

Inam Bioud was born in Damascus in 1953, the daughter of a Syrian mother and an Algerian father. In 1966 the family moved to Algiers, where Inam attended the Egyptian high school and had her first poems published in the Algerian press. She went on to study architecture and art in Damascus and Algiers, completed her studies as an interpreter (English, French, Arabic) and graduated in translation studies. She taught translation studies at the universities of Algiers and Oran, and in 2004 became the founding director of the Higher Arab Institute for Translation of the Arab League in Algiers. The Algerian newspaper »L'Express« named the creative author and artist one of the one hundred most dynamic national personalities in 2002. Due to her professional status, but also on account of her translations of children's literature, art books, poetry, novels and scripts, she acts as a ›bridge‹ in multi-lingual Algeria. She has translated works by Yasmina Khadra, Rachid Boudjedra, Nadira Laggoune and Abderrahmane Djelfaoui into Arabic.
Her first collection of poetry, in a bilingual edition, was translated into French by Samira Negrouche: »Rasâ'il lam tursal / Poste restante« (2003; t: Unsent letters). The themes and cadences of around thirty poetic »Letters« in the collection are poignant in their force. The melancholy, rebellious poems deal with female insurrection in a male world (»The past has cut its veins/ and the present no longer belongs to me/ go back/ from whence you came/ your path/ was never my path«), solidarity with Palestine (in »A Letter to Jesus« she asks, »How he permits love to die/ in his country/ with a quiet conscience«), and also with a synaesthetic celebration of the love of life in the face of all temporal pessimism: »Our life is no sentence/ this bitter-sweet taste/ embraced by clouds/ will brighten/ and our breathless search/ on the trail of miracles/ is just a return«.
In her first novel »Assamak lâ yubâlî« (2004; t: The fish don't care), which was awarded the Prix Malek Haddad, Bioud deals with her memories of youth in the bolder style of contemporary Arabic-language women's writing, yet maintains discretion when it comes to the intimacy of amorous experiences. A young painter who leaves the tolerant milieu of her childhood world in Damascus for Algeria in the 1990s; this country is fraught with terror and death, but she finds refuge in love and art. A second collection of poetry will be published soon, »She is not Blonde, but She is Trying«. The author lives in Algiers.

RACHID BOUDJEDRA

Rachid Boudjedra wurde 1941 im ostalgerischen Aïn Béïda geboren. Am elitären Lycée Saddiki in Tunis wurde er mit den Grundlagen der arabischen wie auch der westlichen Kultur vertraut gemacht. 1962 nahm er in Algier ein Philosophiestudium auf, das er an der Sorbonne in Paris abschloss. Nachdem er sechs Romane in französischer Sprache veröffentlicht hatte, wechselte er 1981 zunächst zum Arabischen, um Mitte der 1990er Jahre zum Französischen zurückzukehren.
Für seinen ersten Roman »La répudiation« (1969; dt. »Die Verstoßung«, 1991), der in viele Sprachen übersetzt wurde, in Algerien aber bis 1980 verboten war, erhielt er den von Jean Cocteau gestifteten Prix des enfants terribles. Im Zentrum steht die Verstoßung der Mutter, die für den fünfjährigen Sohn zum traumatischen Erlebnis wird. Wenn der Protagonist als Heranwachsender die junge Geliebte des Vaters, seine Stiefmutter, verführt, so ist dies ebenso ein Akt der Rache wie eine Schuldzuweisung an die Vätergeneration, die alle Machtpositionen besetzt hält und der jungen Generation ihre Chancen verweigert.
Für Boudjedra geht es in seinen Werken nach eigenen Worten darum, die offizielle Geschichtsschreibung Algeriens infrage zu stellen und ihre Widersprüche aufzudecken. So entlarvt er in »Les 1001 nuits de la nostalgie« (1979; dt. »Die 1001 Jahre der Sehnsucht«, 1999) den Mythos einer glorreichen Vergangenheit, spricht in »al-Tafakkuk« (1981; dt. »Die Zerfaserung«, 1997) vom Beitrag der Kommunisten am Befreiungskrieg und thematisiert in »La prise de Gibraltar« (1987; dt. »Die Eroberung von Gibraltar«, 1994) die frühe koloniale Vergangenheit der arabischen Kultur, die er an der Eroberung Spaniens demonstriert. Mit »L'escargot entêté« (1977; dt. »Die hartnäckige Schnecke«, 1993), einer Satire auf eine außer Kontrolle geratene Bürokratie, zielt er nicht nur auf das eigene Land ab, sondern erreichte auch in der Sowjetunion ein Millionenpublikum.
Die politische Dimension ist jedoch nur ein Aspekt seines Werks. Ihn treibt auch die Suche nach einer Erneuerung des Romans, nach neuen Möglichkeiten des Erzählens und nach formaler Perfektion an. Als seine literarischen Ahnen nennt er nicht nur die Klassiker der Moderne, Flaubert, Proust, Joyce und Faulkner, sondern auch Günter Grass und vor allem Claude Simon. Am Nouveau roman geschult, entwickelte Boudjedra einen Stil, den frühe Kritiker als »verbalen Exzess« bezeichneten.
In den 1970er Jahren trat Boudjedra auch als Drehbuchautor hervor, u.a. für den Film »Chroniques des années de braise«, der 1975 in Cannes mit der Goldenen Palme ausgezeichnet wurde. Boudjedra lebt heute in Algier und Paris. Sein jüngster Roman »Hôtel Saint Georges« (2007) ist bisher nur in Algerien erschienen.

Die Eroberung von Gibraltar
Kinzelbach
Mainz, 1994
[Ü: Eva Moldenhauer]
Die Auflösung
Kinzelbach
Mainz, 1996
[Ü: Monika Hoffmann und Salah Tamen]
TB Suhrkamp
Frankfurt/Main, 2000
Die Zerfaserung
Kinzelbach
Mainz, 1997
[Ü: Farid Benfeghoul]
Die 1001 Jahre der Sehnsucht
Kinzelbach
Mainz, 1999
[Ü: Nuha Forst und Angelika Rahmer]
TB Suhrkamp,
Frankfurt/Main, 2002
Die hartnäckige Schnecke
Kinzelbach
Mainz, 2002
[Ü: Eva Moldenhauer]
Hôtel Saint Georges
Editions Dar El Gharb
Oran (Algerien), 2007

Rachid Boudjedra was born in Aïn Béïda, in eastern Algeria, in 1941. He went to school in Tunis, where he studied at the élite Lycée Saddiki and became familiar with the basics of both Arab, and western culture. In 1962 he began studying philosophy in Algiers, subject in which he eventually graduated from the Sorbonne in Paris. After having published six novels in French, in 1981 he began to write in Arabic. He resumed writing in French in the mid-1990s.
His first book »La répudation« (1969; t: The Repudiation), which was translated into several languages but banned in Algeria until 1980, won the Prix des enfants terribles, funded by Jean Cocteau. At the heart of »La répudation« is a mother's act of repudiation, which becomes a traumatic event for her five year-old son. When the protagonist later seduces his father's young lover – his stepmother – this becomes an act of revenge and an allegation of guilt directed at his father's generation, who control all positions of power and deny the younger generation its chances.
Boudjedra's goal is also, in his own words, to question the official Algerian interpretation of history and uncover its contradictions. Illustrating this approach, he tore aside the myth of a glorious past in »Les 1001 nuits de la nostalgie« (1979; t: The 1001 Nights of Nostalgia). He speaks in »al-Tafakkuk« (1981; t: The Unweaving) of the Communists' contribution to the war of liberation. His theme in »La prise de Gibraltar« (1987; t: The Taking of Gibraltar) is early colonial history in Arab culture, which he illustrates using the conquest of Spain. In »L'escargot entêté« (1977; t: The Stubborn Snail), a satire on an unrestrained bureaucracy, he was not only targeting his own country, but also won a million-strong readership in the Soviet Union.
However, the political dimension is only one aspect of his work. He is driven above all by the quest to revitalise the novel in terms of new modes of storytelling and formal perfection. He identifies not only modern classics, such as Flaubert, Proust, Joyce and Faulkner, but also Günter Grass and, in particular, Claude Simon as his literary influences. Schooled in the Nouveau roman, he developed a style which early critics termed »verbal excess«.
In the 1970s Boudjedra also became known as a scriptwriter for films, including »Chroniques des années de braise«, which was awarded the Golden Palm in Cannes in 1975. Boudjedra lives today in Algiers and Paris. His most recent novel, »Hôtel Saint Georges« (2007), has only appeared in Algeria to date.

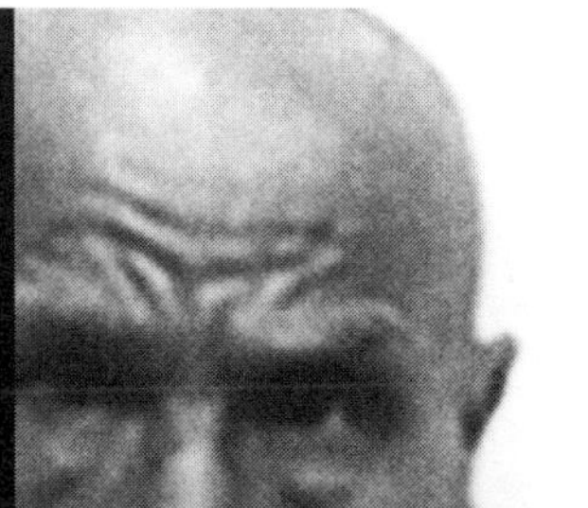

ASSIA DJEBAR

Fantasia
Unionsverlag
Zürich, 1990
[Ü: Inge M. Artl]
Die Frauen von Algier
Unionsverlag
Zürich, 1999
[Ü: Alexandra von Reinhardt]
Durst
Unionsverlag
Zürich, 2001
[Ü: Rudolf Kimmig]
Nächte in Straßburg
Unionsverlag
Zürich, 2002
[Ü: Beate Thill]
Das verlorene Wort
Unionsverlag
Zürich, 2004
[Ü: Beate Thill]
Nirgendwo im Haus meines Vaters
Fischer
Frankfurt/Main, 2009
[Ü: Marlene Frucht]
www.assiadjebar.net

Assia Djebar, die bedeutendste Autorin des Maghreb, wurde 1936 in Cherchell geboren und studierte als erste Algerierin Geschichte an der Ecole Normale Supérieure in Paris. 1957 veröffentlichte sie ihren ersten Roman »La Soif« (dt. »Durst«, 2001), eine psychologische Studie über die Konflikte ihrer Frauengeneration. Während des algerischen Befreiungskriegs arbeitete sie für die Zeitung der antikolonialistischen FLN und an der Universität von Rabat. Danach lehrte sie nordafrikanische Geschichte in Algier und arbeitete für algerische Zeitungen und Radiosender.
Diese Zeit taucht in ihren Romanen immer wieder auf, u.a. in »La femme sans sépulture« (2002; dt. »Frau ohne Begräbnis«, 2003). In drei weiteren Romanen, u.a. in »Les impatients« (1958; dt. »Die Ungeduldigen«, 1959), verknüpfte sie das Ringen der Frauen um Emanzipation mit dem Kampf Algeriens um seine Unabhängigkeit. Auch in den preisgekrönten Filmen »La Nouba des femmes du Mont Chenoua« (1978) und »La zerda ou Les chants de l'oubli« (1982) sind es die weiblichen Stimmen, die das kollektive Gedächtnis Algeriens in ihren Erzählungen überliefern.
1980 zog die Autorin nach Paris, und es erschien der viel beachtete Roman »Femmes d'Alger dans leur appartement« (dt. »Die Frauen von Algier«, 1999), der sich durch eine klangorientierte Sprache und filmische Erzählmodi auszeichnet. Seither erschienen in kurzen Abständen weitere Werke, u.a. »L'amour, la fantasia« (1985; dt. »Fantasia«, 1990), eines ihrer erfolgreichsten Bücher, welches autobiografische Texte mit historischen Berichten der französischen Eroberer Algiers 1830 montiert. Es bildete den Auftakt zu einer Tetralogie, die die algerische Gesellschaft mit ihrer kolonialen Vergangenheit aus der weiblichen Perspektive beleuchtet. »Le Blanc de l'Algérie« (1996; dt. »Weißes Algerien«, 1996) und »Nuits de Strasbourg« (1997; dt. »Nächte in Straßburg«, 1999) kreisen um die aktuellen Auswirkungen des Fundamentalismus in Algerien.
Djebar ist eine frankofone Autorin, die die »stiefmütterliche Sprache« Französisch mit arabischen und berberischen Klängen bereichert – Thema u.a. in »La disparition de la langue française« (2003; dt. »Das verlorene Wort«, 2006). Zuletzt erschien mit »Nulle part dans la maison de mon père« (2007; dt. »Nirgendwo im Haus meines Vaters«, 2009) der wohl am stärksten autobiografisch geprägte Roman.
Djebar wurde mit zahlreichen Literaturpreisen ausgezeichnet, u.a. dem Friedenspreis des Deutschen Buchhandels (2000). Sie erhielt die Ehrendoktorwürden der Concordia University in Montréal sowie der Universität Osnabrück und wurde 2005 als erste Autorin des Maghreb in die Académie française gewählt. Ihre Romane wurden in mehrere Sprachen übersetzt. Von 1997 bis 2001 lehrte sie an der Louisiana State University und seither an der New York University.

**Assia Djebar, the most important female poet of the Maghreb, was born in 1936 in Cherchell and was the first Algerian woman to study history at the »École Normale Supérieure« in Paris. Her first novel »La Soif« (t: Thirst), a psychological study of the conflicts of the women of her generation, was published in 1957. During the Algerian War of Independence she worked for the newspaper of the anti-colonial FLN and at the University of Rabat. Afterwards she taught north African history in Algiers and worked for various Algerian newspapers and radio stations.
This period often appears in her novels, for example in 2002 in »La femme sans sépulture« (t: The Woman Without A Grave). In three further novels, including »Les impatients« (1958; t: The Impatient Ones), she combined the struggles of women for emancipation with the Algerian War of Independence. In the subsequent, prize-winning films »La Nouba des femmes du Mont Chenoua« (1978) and »La zerda ou Les chants de l'oubli« (1982) it is also the female voices which express Algeria's collective memory through polyphonic narratives.
In 1980 – after the author had moved to Paris – her novel »Femmes d'Alger dans leur appartement« (t: Algerian Women in Their Apartment) was published to great acclaim; the book is characterised by sonorous language and cinematic narrative techniques. Further novels have followed at regular intervals: »L'amour, la fantasia« (1985; Eng. »Fantasia: An Algerian Cavalcade«, 1993) was one of her most successful books and, through montage, combines autobiographical texts with historical accounts by the French conquerors of Algiers from 1830. The book was the first in a tetralogy which forms a narrative of Algerian society, with its colonial history, as seen through the eyes of women. In 1996 and 1997 she published »Le Blanc de L'Algérie« (Eng. »Algerian White«, 2002) and »Nuits de Strasbourg« (t: Strasbourg Nights), both of which are concerned with the current effects of fundamentalism in Algeria.
Djebar is a francophone writer who enriches the »step-motherly tongue« French with Arabic and Berber elements, a theme in her 2003 novel »La disparition de la langue française« (t: The Disappearance of the French Language). Most recently she has published »Nulle part dans la maison de mon père« (2007; t: No Part In My Father's House), her most autobiographical novel to date.
Djebar has been awarded numerous prizes, including the German Book Trade's Peace Prize (2000). She has received honorary doctorates both from the Concordia University in Montréal and the University of Osnabrück and in 2005 was the first Maghrebi author to be initiated into the Académie Française. Her novels have appeared in various languages. She taught from 1997 to 2001 at Louisiana State University and has taught since then at New York University.**

FOUAD EL-AUWAD

Fouad EL-Auwad wurde 1965 in Damaskus geboren und lebt seit 1986 in Deutschland. Neben dem Studium der Architektur und der Promotion in Aachen war er als Lyriker, Erzähler und Übersetzer tätig. Schon immer waren Literatur und Musik für ihn miteinander verflochten. 1987 gründete er daher die Gruppe »Kan yama Kan, es war einmal«, die arabische Musik und orientalische Erzählungen verknüpfte. 1994 initiierte er das musikalische Projekt »Al Maya«, das aus der Begegnung von westlichen und orientalischen Instrumenten hervorging und sich vor allem experimenteller und orientalischer Jazzmusik widmete.
Unter dem Pseudonym Fouad Awad erschienen 1991 seine erste Lyriksammlung mit dem Titel »Gesicht der Nacht« sowie zwei weitere Bände: »Am achten Tag« und »Der Namenshändler«. Ab 2000 benutzte der Autor seinen vollen Namen Fouad EL-Auwad, unter dem er mehrere Gedichtsammlungen veröffentlichte: u.a. »Mit den Buchstaben unterwegs« (2003), »Das elfte Gebot« (2004) und »Baum des Regens« (2006). In der Einleitung zu »Das elfte Gebot« preist der syrische Schriftsteller Fuad Rifka den »beeindruckenden inneren Reichtum« der Gedichte EL-Auwads und erwähnt einige der »Quellen« dieses Reichtums, die er ausmachen konnte: das Aufgreifen von »universalen Themen [...], die die gesamte Menschheit auf dieser Erde betreffen«, »die Spontaneität«, mit der diese vorgestellt werden, sowie die Distanz zur traditionellen arabischen Vortragsform. »Das arabische Gedicht«, so Rifka, »ist in seinem Kern ein Vortragsgedicht, d.h. der Wert dieses Gedichtes misst sich an der Art des Vortrags, der Stimme, der Mimik«; EL-Auwads Gedicht hingegen »tendiert dazu, leise gelesen zu werden. Es ist ein Gedicht der Stille [...]. Es lauscht der Sprache der Natur und tritt in einen Dialog mit ihr«.
EL-Auwads Streben nach einem Dialog zwischen verschiedenen Sprachen und Kulturen kam mit der Gründung des Deutsch-arabischen Lyrik-Salons zum Ausdruck, dessen erste Veranstaltung 2005 im Literaturhaus in München stattfand. Ehrengäste waren die Dichter Reiner Kunze und Fuad Rifka. Im darauf folgenden Jahr fand der Lyrik-Salon auf Einladung des Goethe-Instituts und des Kultusministeriums in Damaskus statt. Die Anthologien dazu, »Stein der Oase« (2005) und »Garten der Illusion« (2006), gab EL-Auwad selbst heraus.
Seit 2002 ist er außerdem gelegentlich als Kindergeschichten-Erzähler und Autor für Hörfunksendungen im Bayerischen Rundfunk und als Lehrbeauftragter für Architektur an der FH Neubrandenburg tätig. Fouad EL-Auwad lebt und arbeitet in München.

Der Namenshändler
Brandes & Apsel
Frankfurt/Main, 1994
Mit den Buchstaben unterwegs
Verlag »maison des mosaiques«
Dachau, 2003
Das elfte Gebot
Verlag Hans Schiler
Berlin, 2004
Buch der Momente
Verlag »maison des mosaiques«
Dachau, 2005
Baum des Regens
Verlag Hans Schiler
Berlin, 2006

Fouad EL-Auwad was born in Damascus in 1965 and has lived in Germany since 1986. Alongside his activities as poet, mystic, storyteller and translator, he studied architecture in Aachen, where he also graduated. Poetry and music have always been intertwined for EL-Auwad. In 1987 he founded the group »Kan yama Kan, es war einmal« (t: Once upon a time), which combined Arabic music with oriental storytelling. In 1994 he set up the musical project »Al Maya«, which arose from the convergence of western and oriental instruments, dedicated to experimental and oriental jazz.
His first collection of poetry, »Gesicht der Nacht« (t: The Face of the Night), was published in 1991 under the name Fouad Awad. He published two further volumes under the same name in 1994, »Am achten Tag« (t: On the Eighth Day) and »Der Namenshändler« (t: The Name Trader). The author has used his full name Fouad EL-Auwad since 2000, and has published several collections of poetry under this name, including »Mit den Buchstaben unterwegs« (2003; t: On the Road with Letters), »Das elfte Gebot« (2004; t: The Eleventh Commandment), and »Baum des Regens« (2006; t: Rain Tree). In the introduction to »The Eleventh Commandment«, the Syrian writer Fuad Rifka praises the »impressive inner wealth« that shines through in EL-Auwad's poetry and hazards a guess at the »sources« of this wealth he has identified: the status of »universal themes [...] which affect all people on this earth«, »the spontaneity« with which these are presented, and the »distance to the traditionally Arabic forms of recital«. »The Arabic Poem«, according to Rifka, »is at heart a recital, that is, the value of the poem is judged by the nature of the recital, the voice, the gestures [...]«; EL-Auwad's poetry, however, »is a poetry of silence [...]. It hears the language of nature and enters into a dialogue with it«
EL-Auwad's longing for dialogue between different languages and cultures led in 2004 to the founding of the »German-Arabic Poetry Salon«, whose first event was held at the Literature House in Munich in September 2005. The poets Reiner Kunze and Fuad Rifka were guests of honour. In the following year the Salon took place in Damascus, at the behest of the Goethe Institute and the Ministry for Culture. Alongside his literary and musical work, EL-Auwad is also active as a translator and editor: worthy of mention here are, among others, the German-Arabic Poetry Salon's anthologies »Stein der Oase« (2005, t: Stone of the Oasis) and »Garten der Illusion« (2006; t: Garden of Illusions. Since 2002 he has occasionally broadcast on Bavarian Radio (BR) as a writer and narrator of stories for children. In the same year he was employed as an Assistant Professor of architecture at the FH Neubrandenburg. Fouad EL-Auwad lives and works in Munich.

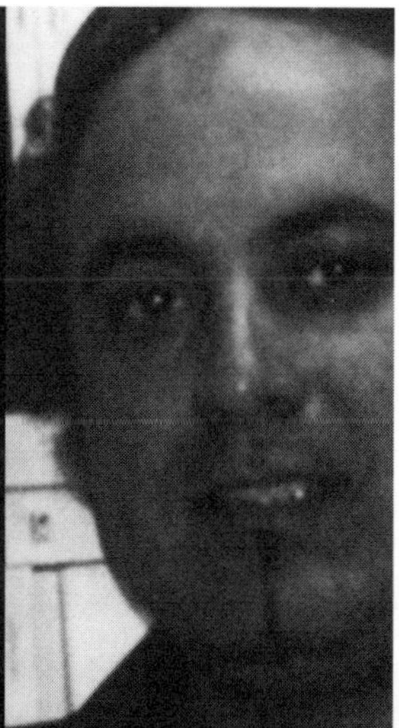

MANSOURA EZZ ELDIN

Mansoura Ezz Eldin wurde 1976 in einem Dorf im Nildelta, Ägypten, geboren. Sie studierte Journalismus und Medienwissenschaften an der Universität Kairo. Währenddessen begann sie Kurzgeschichten zu schreiben, die in den wichtigsten arabischen Zeitschriften erschienen. Seit 1998 ist sie Redakteurin bei der Literaturzeitschrift »Akhbar al-adab«. Aus ihrem Erzählband »Daw' muhtazz« (2001; Ü: Zitterndes Licht) wurden fünf Kurzgeschichten für die Anthologie »Unbuttoning the Violin« ins Englische übersetzt. Schon hier deutet sich der charakteristische Erzählstil von Ezz Eldin an, der zwischen Traum und Realität, Vergangenheit und Gegenwart changiert und die vielfältigen Realitäten des Selbst aufzeichnet.

Mit ihrem ersten Roman »Matahat Maryam« (2004; Ü: Das Labyrinth von Maryam) erzielte sie bei Kritikern wie beim Publikum einen großen Erfolg. Er wurde ins Englische übersetzt und erscheint demnächst auf Indonesisch. Darin erzählt Ezz Eldin die geheimnisvolle Geschichte der jungen Maryam, die eines Tages nach einem Albtraum in einer ihr unbekannten Wohnung aufwacht. Auf der Suche nach ihrer Familie und ihren Freunden verstrickt sie sich in ein Labyrinth aus Traum und Wirklichkeit, Vernunft und Wahnsinn, das sie mit ihrer Vergangenheit und ihrer Identität konfrontiert. In einer präzisen, nuancierten Sprache beschreibt Ezz Eldin die Gefühle der Protagonistin, die den Eindruck hat, »sie treibe nur auf der Oberfläche der Welt, ohne in ihr zu leben, und dass die Welt selbst nur in ihrer Vorstellung existiere«. Diesem Weltverlust geht die Autorin einfühlsam nach und lotet die verborgenen Seiten der menschlichen Psyche aus. Sie erzählt auch die Geschichte der leisen Emanzipation einer Frau, die keinen Platz in der Gesellschaft findet. Dieser Roman, so lobt die ägyptische Dichterin Fatima Naoot, fordere, wie jedes anspruchsvolle Werk, einen »mitwirkenden Leser«, der den offenen Fragen nachgehe und die vielfältigen Zeichen für sich deute.

Ihr zweiter Roman »Wara' al-firdaus« (2009; Ü: Hinter dem Paradies) erzählt von der Protagonistin Selma, die nach einer gescheiterten Ehe zu ihren Eltern zurückkehrt und dort ein Buch über ihre Familie schreibt, um ihre Vergangenheit zu verstehen und zu akzeptieren. Auch hier steht der Traum im Zentrum des künstlerischen Interesses, er verliert allerdings seinen albtraumhaften Charakter und rückt in die Nähe eines traditionell arabisch-islamischen Traumverständnisses.

Mansoura Ezz Eldin gehört zu einer Generation von jungen ägyptischen Schriftstellern, die sich nicht mehr für ein groß angelegtes Gesellschaftspanorama interessieren, sondern den Einzelnen und seine individuelle Wahrnehmung in den Vordergrund stellen. Sie lebt und arbeitet in Kairo.

Daw' muhtazz
Dar Mirit
Kairo, 2001
Maryam's Maze
The American University
in Cairo Press
Kairo/New York, 2004
[Ü: Paul Starkey]
Unbuttoning the Violin
Mansoura Ezz Eldin,
Joumana Haddad, Ala Hlehel
und Abed Ismael
Banipal Books
London, 2006
[Ü: Paul Starkey]
Wara' al-firdaus
Dar al-'Ayn li-n-Nashr
Kairo, 2009

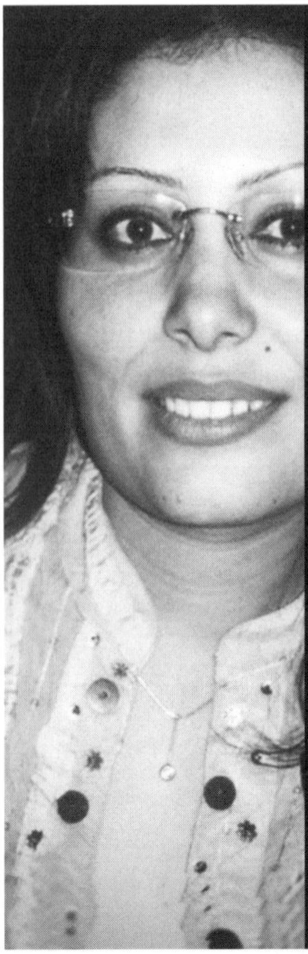

Mansoura Ezz Eldin was born in 1976 in a small village in the Nile Delta in Egypt. She studied journalism and media studies at Cairo University. While still a student she began writing short stories which were published in the major Arabic cultural publications. She has been working as an editor for the literary journal »Akhbar al-adab« since 1998 and has been the editor of book reviews for the same journal since 2003. Five stories from her collection »Daw'muhtazz« (2001; t: Trembling Light) were translated into English and included in the anthology »Unbuttoning the Violin«. These prose pieces reveal Ezz Eldin's characteristic style, which shifts between dream and reality, past and present, uncovering the manifold realities of the self.

Her first novel »Matahat Maryam« (2004; Eng. »Maryam's Maze«, 2007) met with great acclaim on the part of critics and readers alike. In this novel Ezz Eldin recounts the mysterious story of a young woman called Maryam, who awakes one morning from a nightmare to find herself in a strange flat. While searching for her family and friends she becomes lost in a labyrinth of dream and reality, reason and madness, in which she is confronted with questions concerning her past and her identity, leading her to a surprising final discovery. In very precise and finely nuanced prose she describes the feelings and thoughts of her protagonist, who has the impression that »she just drifts on the surface of the world, not living in it, and that the world itself exists only in her mind«. This loss of the world occupies the narrator and she pursues it, uncovering as she does so hidden aspects of the human psyche. She also tells the story of the quiet emancipation of a woman who is not able to find a place in society and nearly loses herself in her fantasy worlds. The reader is drawn into a dream labyrinth and is confronted with similar questions. This novel, praised the Egyptian poet Fatima Naoot, calls for an »active reader«, as is the case with any challenging work of art, a reader who is ready to pursue unanswered questions and decipher the myriad of signs for him or herself.

Ezz Eldin's second novel »Wara' al-firdaus« (2009; t: Behind Paradise) is about Selma, who returns to her family after the failure of her marriage, and writes a book about her family in order to understand and come to terms with the past. In this latest novel, dreams continue to be a main focus of artistic interest. However, dreams here lose some of their nightmarish quality and become associated with the more traditional Arabic-Islamic idea of dreams.

Mansoura Ezz Eldin belongs to a new generation of young Egyptian writers who are no longer interested in broad social panoramas, but focus instead on the individual and his or her individual perceptions. She lives and works in Cairo.

JOUMANA HADDAD

Joumana Haddad wurde 1970 in Beirut geboren. Die multilinguale Dichterin, Journalistin und Übersetzerin ist auch als Performerin und bildende Künstlerin tätig. 1997 begann sie für die bedeutende libanesische Tageszeitung »An-Nahar« zu arbeiten, deren Feuilleton sie als verantwortliche Redakteurin betreut. Zwei Jahre zuvor hatte sie ihren ersten Gedichtband veröffentlicht, dem bislang vier weitere Bände folgten. Haddads Werke wurden in mehrere Sprachen übersetzt, darunter ins Englische, Französische, Spanische, Italienische und Polnische. Auf Deutsch liegen die Sammlungen »Damit ich abreisen kann« (2006) und »Liliths Wiederkehr« (2008) vor.
Die Sprache Haddads bewegt sich in der Tradition der modernen arabischen Lyrik. Mitunter experimentell in der Wahl der Mittel, thematisieren die Gedichte weibliches Begehren, das sich in vielen Fällen kämpferisch auflehnt, lustvoll provoziert und unbeirrbar einen Zustand der Freiheit verfolgt. Nie formen sich die Verse zum triumphierenden Gestus eines Programms. Es ist eher Trotz, was aus Worten wie »Ich sündige nicht genug« klingt, manchmal auch Trauer. Die letzten Zeilen des Gedichts »Ich bin eine Frau« lauten: »Der Schlüssel zum Gefängnis mag ihre Sprache sein, / aber ihre Sprache ist um die Finger meines Begehrens gewickelt, / und mein Begehren werden sie nie kommandieren. // Ich bin eine Frau. / Sie meinen, / sie besitzen meine Freiheit, / und so lasse ich sie meinen, / und ich geschehe.« In der Erzählung »Living it up (and down) in Beirut« drängt sich die von Kriegen geprägte Wirklichkeit der libanesischen Hauptstadt zunächst in Fußnoten in den Text und erstickt schließlich mehrere Romanzen im Ansatz, was verschiedene Anmerkungen beinahe ärgerlich kommentieren: »Achtung: Noch mal, dies ist keine Liebesgeschichte. Sie mag manchmal wie eine aussehen, aber sie ist keine.« Die auf Englisch verfasste Erzählung ist Haddads eigener Beitrag zu der von ihr herausgegebenen Anthologie »Madinah« (2008), die zeitgenössische Stadtgeschichten verschiedener Autoren aus dem Mittleren Osten vereint.
2006 veröffentlichte die Autorin einen Interviewband, für den sie mit prominenten Schriftstellerinnen und Schriftstellern wie Umberto Eco, Paul Auster, José Saramago, Peter Handke, Elfriede Jelinek, Paulo Coelho, Wole Soyinka und Nadine Gordimer sprach. Für ihr Interview mit Mario Vargas Llosa wurde sie in Dubai mit dem Arabischen Pressepreis ausgezeichnet. 2008 lief ihr kontroverses Publikationsprojekt »Jasad« an – ein vierteljährliches Magazin, das sich dem Körper widmet. Als Chefredakteurin versucht sie damit auch eine Wiederbelebung der Tradition erotischer Literatur in den arabischen Ländern zu initiieren.
Haddad übertrug zahlreiche Werke der internationalen Literatur ins Arabische und übersetzte arabische Lyrik in romanische Sprachen, darunter eine Sammlung moderner libanesischer Gedichte, die in Spanien erschien. Sie ist auch für den arabischen Literaturpreis IPAF tätig, der in Anlehnung an den Booker Prize gegründet wurde und in Abu Dhabi verliehen wird. Haddad lebt in Beirut.

Da'wa ila, asha sirri
Dar al-Nahar
Beirut, 1998
Yadan ila hawiya
Dar al-Nahar
Beirut, 2000
Damit ich abreisen kann
Lisan
Basel, 2006
[Ü: Suleman Taufiq]
Liliths Wiederkehr
Verlag Hans Schiler
Berlin, 2008
[Ü: Heribert Becker]
www.joumanahaddad.com

Joumana Haddad was born in Beirut in 1970. The multi-lingual poet, journalist and translator also works as a performer and visual artist. In 1997, she began to work for the prestigious Lebanese newspaper »An-Nahar« where she is currently head of the culture section. She had published her first collection of poems two years earlier and has since brought out four further collections. Haddad's works have been translated into many languages including English, French, Spanish, Italian and Polish. Two collections are available in German: »Damit ich abreisen kann« (2006; t: So that I Can Depart) and »Liliths Wiederkehr« (2008; t: Lilith's Return). Her first collection in English, »Invitation to a Secret Feast« was published in 2008.
Haddad's language belongs to the tradition of modern Arabic poetry. At times experimental in their choice of poetic techniques, the poems deal with female desire, which in many cases expresses a strong sense of rebellion, takes a delight in being provocative and invariably pursues freedom. However, her poems never turn into the truimphant gesture of a manifesto. There is, rather, a sense of defiance, at times sadness, heard in phrases such as »I did not sin enough«. The final lines of the poem »I am a woman« read: »The key to the prison may be their tongue, / But their tongue is twisted around my desire's fingers, / And my desire they can never command. / I am a woman. / They think they own my freedom. / I let them think so, / And I happen«. In the short story »Living it up (and down) in Beirut« (2008), the war-torn reality of the Lebanese capital forces its way into the text through long footnotes, eventually nipping several romances in the bud. This is commented on in several footnotes almost with a sense of annoyance; one reads: »A word of warning: once again, this is not a love story. It might, at times, look like one, but it's not.« The story – written in English – is Haddad's contribution to »Madinah« (2008), an anthology she edited that is made up of ten contemporary stories on cities written by different authors from the Middle-East.
In 2006, Haddad published a collection of interviews containing conversations with well-known writers such as Umberto Eco, Paul Auster, José Saramago, Peter Handke, Elfriede Jelinek, Paulo Coelho, Wole Soyinka and Nadine Gordimer. She was awarded the Arab Press Prize in Dubai for her interview with Mario Vargas Llosa. In 2008, she launched the controversial quarterly magazine »Yasad« (Body) which specialises in the body. As editor-in-chief, she seeks to initiate a revival of the tradition of erotic literature in Arab countries.
Haddad has translated many works of international literature into Arabic and Arabic-language poetry into the romance languages, including an anthology of modern Lebanese poems that was published in Spain. She is the administrator of the International Prize for Arabic Fiction, which was inspired by the Booker Prize and is awarded in Abu Dhabi. Haddad lives in Beirut.

521 - Beyrouth - Rue

ALA HLEHEL

Ala Hlehel (Alaa Hulaihil) wurde 1974 in Jesh in Galiläa geboren. Der palästinensische Israeli studierte Szenisches Schreiben in Tel Aviv und Kommunikationswissenschaft sowie Bildende Kunst an der Universität von Haifa. Anschließend war er für die palästinensischen Nichtregierungsorganisationen »Mossawa« und »I'LAM« tätig, arbeitete als Moderator eines Radiosenders in Haifa, schrieb u.a. für die Zeitung »Al-Ittihad« und war Chefredakteur von »Al-Madina«. Neben mehreren Theaterstücken, Drehbüchern für Film und Fernsehen sowie einem Roman verfasste er zahlreiche Kurzgeschichten, die in Zeitschriften, Anthologien und im Internet veröffentlicht wurden. Sie erschienen teilweise jedoch nur in englischer Übersetzung.
Hlehels realistische, humorvolle Erzählungen bewegen sich in der Tradition der palästinensischen Literatur von Emil Habibi und Ghassan Kanafani. Von gewöhnlichen Situationen im Alltagsleben ausgehend, entwickeln sie oft einen parabelhaften oder surrealen Charakter und zeigen Scheinheiligkeit und Ungerechtigkeit sowie Absurdität, Kontingenz, Vergänglichkeit auf. Die Geschichte »My Husband is a Busdriver« (Ü: Mein Mann ist Busfahrer), die in der Zeitschrift »Banipal 23« und in der Anthologie »Unbuttoning the Violin« (2006; Ü: Die Violine aufknöpfen) erschien, schildert die zunehmende Enttäuschung einer Frau von ihrer Ehe, von der sie sich einst eine aufregende Zukunft versprach. Die Ich-Erzählung »The Passport« (Ü: Der Pass; aus der Anthologie »Madinah«, 2008) zeigt, wie die kriegerischen Auseinandersetzungen zwischen Israel und dem Libanon den Alltag der Zivilbevölkerung bestimmen und jede Normalität verhindern. Hlehel schildert die albtraumhaften wie auch komischen Umstände bei der vergeblichen Bemühung des Erzählers, seinen Pass verlängern zu lassen, um nach Großbritannien zu einer Lesereise aufbrechen zu können. Das von Misstrauen geprägte Verhältnis zwischen jüdischen und palästinensischen Israelis ist das Thema der Geschichte »The Bearded Man« (Ü: Der Bartträger), die in »World Literature Today« erschien. Der Bart des Ich-Erzählers, den er sich ohne jeden besonderen Grund einfach wachsen ließ, führt zu einem wilden Ereignisstrom aus ständiger Verdächtigung, Live-Berichterstattung eines Attentats und paranoider Schuldfantasie.
Für seinen Roman »Al-Sirk« (2002; Ü: Der Zirkus) wurde Hlehel im Jahr 2000 mit dem Preis der Qattan-Stiftung ausgezeichnet, einer palästinensischen Organisation mit Sitz in London und Ramallah, die den Autor 2003 auch für seine Kurzgeschichtensammlung »Qissas li-awq t al-h a« (2003; Ü: Geschichten für Zeiten des Bedarfs) auszeichnete. Im gleichen Jahr war Hlehel Stipendiat am Royal Court Theatre in London. Drei Jahre später führte ihn eine Lesereise durch ganz England. 2008 wurde an der Berliner Schaubühne am Lehniner Platz die szenische Lesung seines Textes »Ein ganz, ganz treuer Soldat« aufgeführt. Der Autor lebt in Akkon im Norden Israels.

Al-Sirk
Kattan Foundation
Ramallah, 2002
Qisas li auqat al-haja
Dar al-Adab/Kattan Foundation
Beirut, 2003
My Husband is a Bus Driver
Banipal 23
London, 2005
Unbuttoning the Violin
[Mansoura Ezz Eldin, Joumana Haddad, Ala Hlehel, Abed Ismael]
Banipal
London, 2006
[Ü: Issa J Boullata, Anthony Calderbank, Nada Elzeer, Marilyn Hacker, Paul Starkey]
al-Abb wal-ibn wal ruh al-ta«iha
Dar al-Ain
Kairo, 2008
www.hlehel.blogspot.com

Ala Hlehel (Alaa Hulaihil) was born in Jesh, Galilee in 1974. The Palestinian Israeli studied scriptwriting in Tel Aviv and communications as well as fine arts at the University of Haifa. Subsequently, he worked for the non-governmental organisations »Mossawa« and »I'LAM,« was a presenter for a radio station in Haifa, wrote for several newspapers including »Al-Ittihad,« and was editor-in-chief of »Al-Madina.« In addition to theatre plays, film and television scripts, and a novel, he has written several short stories published in magazines, anthologies and on the Internet – many of which have only been published in English translation.
Hlehel's realistic, humourous narratives operate within the tradition of Palestinian literature as found in the works of Emile Habibi and Ghassan Kanafani. Emerging from familiar, everyday situations, his texts often develop a parabolic or surreal character, revealing hypocrisy and injustice alongside absurdity, contingency and transience. The story »My Husband is a Bus Driver,« published in the magazine »Banipal 23« and in the anthology »Unbuttoning the Violin« (2006), is an account of a wife's ever-increasing disappointment with her marriage, which once held the promise of excitement. The first-person narrative »The Passport« (from the anthology »Madinah«, 2008) shows how the military hostilities between Israel and Lebanon determine everyday reality for civilians and make normality almost impossible. Hlehel portrays the nightmarish but also comic circumstances of the narrator's vain attempts to extend his passport, which he needs in order to go on a book tour in the UK. The lack of trust between Jews and Palestinians in Israel is the theme of the story »The Bearded Man,« published in »World Literature Today«. The narrator's beard, grown with nothing specific in mind, sets in motion a rapid stream of experience based on continual suspicion, live news reports of an attack and paranoid fantasies that he will receive the blame for it.
For his novel »Al-Sirk« (2002; t: The Circus), Hlehel was awarded first prize by the Qattan Foundation in 2002, a Palestinian organisation based both in London and Ramallah. In 2003, the foundation also honoured his short story collection »Qissas li-awq t al-h a« (2003; t: Stories in Time of Need). That same year, Hlehel took part in the annual international playwrights' residency at the Royal Court Theatre in London. Three years later, he went on book tour through England. In 2008, a dramatic reading of his text »Ein ganz ganz treuer Soldat« (t: A Truly Truly Loyal Soldier) was performed at the Schaubühne am Lehniner Platz, Berlin. The author lives in Akkon in northern Israel.

JABBAR YASSIN HUSSEIN

Un Ciel assombri d'étoiles
Atelier du Gué
Villelongue d'Aude, 1996
Adieu l'enfant
Atelier du Gue
Villelongue d'Aude, 1996
Yémen-Détours
L'Esprit des Peninsules
Paris, 2000
Le Lecteur de Bagdad. Contes et nouvelles
Atelier du Gué
Villelongue d'Aude, 2000
Histoires de jour. Contes de nuit
Atelier du Gué
Villelongue d'Aude, 2002
Paroles d'argile. Un Irakien en exile
Atelier du Gué
Villelongue d'Aude, 2003
[Ü: Elizabeth Chehata]

Jabbar Yassin Hussein wurde 1954 in Bagdad, Irak, geboren. Nachdem die Ba'ath-Partei 1968 erneut die Macht übernommen hatte, schloss er sich im Alter von 14 Jahren der Kommunistischen Partei an. Wegen seiner politischen Aktivitäten, u.a. als Vorstand der Kommunistischen Jugend Bagdads, wurde er bereits in seiner Schulzeit mehrmals inhaftiert und gefoltert. Als 1973 die Kommunistische Partei von der Ba'ath-Partei in der »Patriotischen Nationalen Progressiven Front« vereinnahmt wurde, gab er seine Mitgliedschaft auf. Seither stand er unter ständiger Beobachtung durch das Regime.
Er war an der Universität in Bagdad eingeschrieben und kurze Zeit als Journalist tätig, durfte jedoch weder sein Studium noch seine Arbeit fortsetzen. Stattdessen schrieb er Romane, Erzählungen, Gedichte und Märchen für Kinder. 1976 drohte ihm eine erneute Inhaftierung, weshalb er das Land überstürzt verlassen musste. Er floh nach Frankreich und gründete dort mit befreundeten Exilanten die Zeitschrift »Aswat«, die eine kritische Haltung zu Saddam Hussein einnahm.
Jabbar Yassin Hussein schreibt neben Romanen, Kurzgeschichten und Erzählungen auch Artikel für arabische und europäische Zeitungen und Magazine und übersetzt Lyrik aus dem Arabischen ins Französische. In seinen Texten behandelt er vorrangig die traumatische Erfahrung des Exils, den Verlust von Heimat und Identität. Sowohl Heimat als auch Exil werden entzaubert – und doch kann der Autor, wie er selbst sagt, die Sehnsucht und die ihm durch die Exil-Erfahrung anhaftende Fremdheit bis heute nicht überwinden. Seit Anfang der 1990er Jahre wurden seine Bücher in Übersetzung in Frankreich veröffentlicht, darunter »Adieu, l'enfant« (1996; Ü: Auf Wiedersehen, Kinder), eine sehr persönliche Annäherung an die Geschichten und Ereignisse seiner Kindheit. Erzählungen wie »Le lecteur de Bagdad« (2000; Ü: Der Leser von Bagdad) und »Histoires de jour, contes de nuit« (2002; Ü: Geschichte des Tages, Märchen der Nacht) erinnern ebenfalls an sein Leben in der Heimat. 2003 erschien »Paroles d'argiles. Un Irakien en exile« (Ü: Worte. Ein Iraker im Exil), eine Sammlung von Artikeln, Kommentaren und Reden zur aktuellen Situation im Irak, die in der arabischen Presse veröffentlicht wurden.
Husseins Werke wurden in acht europäische Sprachen übersetzt. 2004 erhielt er den Preis »Autor zwischen Grenzen« der Stadt Triest. Hussein lebt seit 1992 in der Nähe von La Rochelle in Frankreich.

Jabbar Yassin Hussein was born in Baghdad, Iraq, in 1954. After the Ba'ath party seized power again in 1968, he joined the Communist party at the age of fourteen. He was repeatedly arrested and tortured on account of his political activities, even while he was still at school. (He was, among other things, chairman of the Communist Youth of Baghdad). When the Communist party was assimilated into the Ba'ath party to form the »Patriotic National Progressive Front« he resigned.
From that time onwards he was placed under constant surveillance by the régime. He enrolled at Baghdad University and worked as a journalist for a short time, but was forbidden to continue either to study or work. Instead, he wrote novels, stories, poems, and fairy tales for children. In 1976 he was arrested again, having to leave the country at short notice. He fled to France, where, alongside other exiles, he co-founded the journal »Aswat«, which was critical of Saddam Hussein.
Apart from novels and stories Jabbar Yassin Hussein writes articles for Arab and European newspapers and magazines, and translates poetry from Arabic into French. His texts mostly deal with the trauma of exile, loss of home and identity. Both home and exile are stripped of any mystique – and yet the author, by his own admission, can still not overcome either the sense of nostalgia or otherness he feels as a result of his experiences of exile.
From the early 1990s his books have been translated into French, including »Adieu, l'enfant« (1996), a deeply personal encounter with the stories and events of his childhood. Stories like »Le lecteur de Bagdad. Contes et nouvelles« (2000) and »Histoires de jour, contes de nuit« (2002) also recall his life in his home country. Also published in 2003, »Paroles d'argiles. Un Irakien en exile« is a collection of articles, commentaries and speeches on the current situation in Iraq that have been published in the Arab press.
Hussein's texts have been translated into eight European languages. In 2004 he was awarded the prize »Autor zwischen Grenzen« by the city of Trieste. Since 1992 Hussein has been living near La Rochelle in France.

TALEB AL-REFAI

Wie jede bunte Stadt
hat Berlin eine eigene Grimasse
und Höhlen für ihre Geheimnisse.
Mein Gedächtnis bewahrt Bilder von Berlin:
Museen und Theater,
Massen von Menschen,
deren Blicke vom Ernst gezeichnet sind.
Ich komme nach Berlin,
diesmal trage ich meine Geschichten und
meine Bücher bei mir,
ich träume davon, Freunde zu treffen,
die ich kenne und die ich nicht kenne.
Wir werden die Nächte zusammen verbringen,
Geschichten erzählen,
wir werden lachen
und die Nächte werden vielleicht lang.

Kuwait, 11. Juli 2009
Aus dem Arabischen von Suleman Taufiq

كأي مدينة لاهية، لبرلين تكشيرة وجه تخصها، ولها
كهوف أسرارها، تحفظ ذاكرتي صوراً لبرلين: متاحف
ومسارح وجموع أناس سائرة يرسم الجِدّ نظرات عيونهم
أجيء إلى برلين، هذه المرة، حاملاً قصصي
وكتبي، حالماً بلقاء أصدقاء أعرفهم ولا أعرفهم،
سنسهر معاً، نقول حكايا، وسنضحك، وقد يمتد
بنا السهر طويلاً.

طالب الرفاعي

الكويت ١١/٧/٢٠٠٩

ABED ISMAEL

Berlin is an enigma
for me which I seek
to comprehend not
solve It may know
how to hide its se-
crets away from
me and prove to be
unreadable Yet like
a mystical Rilke
poem it must be ir-
resistibly attractive

ABED ISMAEL

Abed Ismael wurde 1963 in Latakia geboren, einer Hafenstadt an der syrischen Mittelmeerküste, wo er seine Kindheit und Jugend verbrachte, ehe er die gymnasiale Oberstufe in Damaskus abschloss. An der Universität Damaskus studierte er Englische Sprache und Literatur. 1990 ging er in die USA, um sein Studium im Rahmen eines Fulbright-Stipendiums an der New York University (NYU) fortzusetzen. Auf den Master-Abschluss (1991) mit einer Arbeit über das dramatische Werk Ibsens folgte drei Jahre später die Promotion über Wallace Stevens. 1996 kehrte er nach Syrien zurück, wo er seither als Assistant Professor für moderne amerikanische Poesie an der Universität Damaskus lehrt. Daneben arbeitet er als Redakteur und Moderator für das englischsprachige Programm des syrischen Fernsehens. Er übersetzte zahlreiche Bücher aus dem Englischen, darunter Noam Chomsky, Harold Bloom und V. S. Naipaul. Als einer der anerkanntesten jungen Literaturkritiker schreibt er regelmäßig für arabische Literaturzeitschriften und Tageszeitungen wie »al-Hayat« (London) und »al-Safir« (Beirut) sowie für die englischsprachige Zeitschrift für arabische Literatur »Banipal« (London).

Abed Ismael gehört zu den wichtigsten Stimmen der syrischen Prosadichtung der 1990er Jahre. Diese Generation junger Dichter im Umkreis der syrischen Literaturzeitschrift »Alif«, deren Korrespondent Ismael in seiner New Yorker Zeit war, suchte neue, experimentelle Wege des Schreibens und entwickelte insbesondere aus der Lektüre außerarabischer Dichtung und Theorieansätze neue Anstöße für einen Blick auf die eigene Literaturtradition.

Seit 1998 hat Ismael fünf Gedichtbände publiziert. Das Gedicht erscheint als Ort des Traums, und seine zwischen dem Ich und dem Anderen changierenden Stimmen vermitteln die tiefe Einsamkeit des Individuums, das sich aus Gründen des Selbstschutzes aus der Gesellschaft zurückzieht, um nicht zu allzu großen Zugeständnissen gezwungen zu sein. In seinem jüngsten Gedichtband »Lam'u sarab« (2006; Ü: Schimmer eines Trugbilds) mit 82 kurzen, mit »Stimmen« überschriebenen Gedichten, versucht Abed Ismael nach eigener Aussage »die Illusion zu rehabilitieren [...], das Trugbild als eine der Formen der Freiheit zu glorifizieren«.

Eine Reihe seiner Gedichte liegen in englischer und französischer Übersetzung vor. 2006 wurde er eingeladen, seine Dichtung im Rahmen des Educational Partnership Program der Ohio State University (USA) sowie der Banipal Live Tour in England und Schottland zu präsentieren. Abed Ismael lebt in Damaskus.

Tawaf al-Afil
Dar al-Kunuz al-Adabiyya
Beirut, 1998
Bi-ittijahi matahin akhar
Dar al-Kunuz al-Adabiyya
Beirut, 1999
Lan ukallima al-'asifa
Dar al-Kunuz al-Adabiyya
Beirut, 2000
Sa'atu raml
Dar al-Kunuz al-Adabiyya /
al-Yanabi'
Beirut/Damaskus, 2003
Lam'u sarab
Dar al-Takwin
Beirut/Damaskus, 2006
Unbuttoning the Violin (poems and short stories, with Mansoura Ezz Eldin, Joumana Haddad, Ala Hlehel)
Banipal Press
London, 2006
[Ü.: Issa J Boullata, Anthony Calderbank, Nada Elzeer, Marilyn Hacker, Paul Starkey]

Abed Ismael was born in 1963 in Latakia, a port on the Syrian Mediterranean coast where he spent his childhood and youth, before completing his high school education in Damascus. He studied English language and literature at the university in Damascus. In 1990 he went to the USA to continue his studies on a Fulbright scholarship at New York University. Following his master's degree (in 1991, with a paper on Ibsen's drama), he obtained his doctorate three years later with a thesis on Wallace Stevens. In 1996 he returned to Syria, and since then he has worked as an assistant professor for modern American poetry at Damascus University. Alongside this, he also works as editor and presenter of the English-language programme on Syrian television. He has translated several books from English, including works by Noam Chomsky, Harold Bloom and V.S. Naipaul. For years now he has been recognised as a leading literary critic. He writes regularly for various Arabic-language literary journals and newspapers such as »al-Hayat« (London) and »al-Safir« (Beirut), as well as for »Banipal« (London), the English-language magazine for Arab literature.

Abed Ismael was among the most important voices in Syrian prose poetry in the 1990s. This generation of young poets around the literary journal »Alif«, for which Abed Ismael was a correspondent in his New York years, was in search of new and experimental paths in writing, and developed new impulses for a fresh perspective on their own literary tradition under the influence of poetry and theoretical approaches to literature from outside the Arab world.

Abed Ismael has published five collections of poetry since 1998. The poem appears as a place of dreams, and his voice, shifting between the first person and other narrative perspectives, conveys a sense of the profound isolation of an individual who retreats from society for self protection and to avoid the enormous demands placed on him. His latest collection of poems, »Lam'u sarab« (2006, t: Mirage glimmering), consists of eighty-two short verses, entitled ›Voices‹. Abed Ismael tries, in his own words, »to rehabilitate the illusion [...] to glorify the chimaera as one of the forms of freedom«.

A series of his poems is available in French and English translation. In 2006 he was invited to present his poetry as part of the Educational Partnership programme of Ohio State University (USA) as well as during the »Banipal« Live Tour in England and Scotland. Abed Ismael lives in Damascus.

RANDA JARRAR

Randa Jarrar wurde 1978 in Kuwait als Tochter eines palästinensischen Vaters und einer griechisch-ägyptischen Mutter geboren. Nach dem ersten Golfkrieg zog die Familie in die USA, wo Randa Jarrar Orientalistik und Literaturwissenschaften studierte. Heute unterrichtet sie Creative Writing an der University of Michigan und schreibt eine Kolumne für das feministische Magazin »make/shift«.
Sie veröffentlichte zahlreiche Kurzgeschichten und Übersetzungen aus dem Arabischen in diversen Magazinen und Anthologien. 2004 erhielt sie den Million Writers Award für ihre Kurzgeschichte »You Are a Fourteen-Year-Old Arab Chick Who Just Moved To Texas« (Ü: Du bist ein 14jähriges Mädel und gerade nach Texas gezogen).
In »A Map Of Home« (2009, dt.: »Weiße Lügen«), das im September 2009 auf Deutsch erscheint, gibt der Name der Protagonistin Ausblick auf den Inhalt: »Nidali« ist die feminisierte Form des arabischen Wortes für »Krieg« oder »Konflikt«. Nidali findet als Kind zwischen der arabischen Welt und westlichen Einflüssen in beiden sowohl Zuflucht als auch Enttäuschung. Jarrar erzeugt diese Ambivalenz sprachlich durch arabische Begriffe und popkulturelle Versatzstücke. Als die Achtjährige eines nachts von einem Albtraum erwacht, muss sie feststellen, dass ihre »Mama« und ihr »Baba« nicht zu Hause sind und allein ihre »Wonder Woman«-Sticker ihr die Angst vor dem erneuten Einschlafen nehmen können.
Die politischen Ereignisse, die immer auch auf das Persönliche bezogen sind, werden ohne Pathos, aber dennoch ergreifend dargestellt – und teilweise urkomisch: zum Beispiel als Nidalis Familie vor den irakischen Truppen aus Kuwait fliehen muss und sie auf der Flucht einen verzweifelten Brief an Saddam Hussein verfasst, in welchem sie ihn ihrer geraubten Heimat, Zeit und Liebe anklagt und ihm zum Abschied eine Rektaldehnung durch Flugkörperbeschuss aus nächster Nähe wünscht. Auch durch solche Aussagen wird deutlich, dass es sich hier nicht um einen genuin politischen Roman handelt. Das Heranwachsen Nidalis steht im Mittelpunkt, und Jarrar gelingt es, die Heranwachsenden ihrer Erzählungen authentisch wirken zu lassen. Sie sind neugierig, aber nicht übertrieben naiv, sie sind frech und zornig, aber nicht aufgesetzt vulgär, sie kämpfen mit ihrem Schicksal, versinken dabei aber nicht in Selbstmitleid. »Nidali ist eine Außenseiterin, die elende Zeiten erlebt, aber Jarrar weiß, dass alle Heranwachsenden sich wie Außenseiter fühlen, die elende Zeiten erleben.« (»Kirkus Reviews«)
Für »A Map Of Home« bekam Jarrar 2009 den Arab American Book Award. Sie arbeitet gerade an neuen Kurzgeschichten und einem Roman, in dem es um eine alleinerziehende Mutter und ihren magischen Sohn gehen soll. Randa Jarrar lebt in Ann Arbor, Michigan.

Weiße Lügen
Hoffmann und Campe
Hamburg, 2009
[Ü: Martin Ruben Becker]
www.randajarrar.com

Randa Jarrar, the daughter of a Palestinian father and a Greek-Egyptian mother, was born in Kuwait in 1978. After the first Gulf War the family moved to the USA where Randa studied Oriental Studies and literature. Today she teaches creative writing at the University of Michigan and is a columnist for the feminist magazine »make/shift«.
She has published several short stories and translations from the Arabic in various magazines and anthologies. In 2004 she won the »Million Writers Award« for her short story »You Are a Fourteen-Year-Old Arab Chick Who Just Moved To Texas«.
In »A Map Of Home«, to be published in Germany in autumn 2009, the protagonist's name gives a clue to the content – »Nidali« is the feminised form of the Arabic word for »war« or »conflict«. Nidali, a child caught between the Arab world and western influences, finds refuge and disappointment in both. Jarrar accomplished this ambivalence through language which incorporates Arabic terms and snippets from pop culture. When the eight-year-old awakes one night from a nightmare she learns that neither her »Mama« nor her »Baba« are at home, and that only her »Wonder Woman stickers« can quieten her fears of falling asleep again.
The political events, always related to the personal, are gripping, free of pathos – and at times extremely funny, for example when Nidali's family are forced to flee Kuwait when the Iraqi troops march in and, while on the run, write a desperate letter to Saddam Hussein in which they accuse him of the loss of their home, time, and love, and as a farewell wish him a close-contact rectal examination by means of projectile weaponry. These and similar passages make it clear that this is not a genuinely political novel. Nidali's youth is at the centre of the story, and Jarrar succeeds admirably in authentically portraying young adults in her stories. They are curious, but not exaggeratedly naïve, they are cheeky and angry without being vulgar, they struggle with their destinies, but avoid falling into self-pity. »Nidali is an outsider who experiences terrible times, but Jarrar knows that all youths feel like outsiders who are experiencing terrible times« (»Kirkus Reviews«).
Jarrar won the Arab American Book Award in 2009 for »A Map Of Home«. She is currently working on new short stories and a novel about a single mother and her magical son. Randa Jarrar lives in Ann Arbor, Michigan.

كلمة عن برلين

ABDUH KHAL

أخرجي عشيقتي يابرلين .

لم استنشق هواء برلين قط،ومع ذلك أعرفها جيدا كمدينة أضعت بها عشيقتي .
فمن ينسى عشيقته.؟
في (ليلة لشبونة) مع أريش ماريا ريمارك تسللت لألمانيا،بقيت ليلة
واحدة،وكان الحريق يضرم في كل مفاصل الحياة،وكان الهواء فاسدا لدرجة
الاختناق،هربت ليلتها. لأعود مرة أخرى– مع (الرفاق الثلاثة) و(في الميدان
الغربي) اكتشفت أن احتراق ألمانيا لم يكن سوى شواء لتطهير التربة وبذر
حياة جديدة .
والآن،أتحرك لبرلين من أجل رؤية عيني عشيقتي من غير دموع .
كم عشيقة أضعنا في ألمانيا،ياترى.؟
وكم من حلم سوف نبذره الآن في حدقة معشوقات كثر خرجن لملاقاة أحبة ضاعوا
عبر السنين.
فهل أجد بينهن حبيبتي الضائعة .؟

Aus dem Arabischen von Suleman Taufiq

Einige Worte über Berlin

Lass meine Geliebte herauskommen, o Berlin

Ich habe noch nie die Berliner Luft eingeatmet,
aber ich kenne die Stadt dennoch sehr gut,
als einen Ort, wo ich meine Geliebte verloren habe.
Wer vergisst schon seine Geliebte?
In einer Lissabonner Nacht mit Erich Maria Remarque
schlich ich mich nach Deutschland.
Ich blieb dort nur eine einzige Nacht.
Das Feuer breitete sich in allen Lebensbereichen aus.
Die Luft war zum Ersticken.
In dieser Nacht floh ich.
Ich kehrte zurück mit »drei Kameraden«,
und im »Westen« entdeckte ich,
dass das Feuer in Deutschland nicht anders ist.
Es ist nur dazu da,
die Erde zu reinigen und neues Leben zu säen.
Und jetzt gehe ich durch Berlin,
m die Augen meiner Geliebten ohne Tränen zu sehen.
Wie viele Geliebte haben wir in Deutschland verloren?
Und wie viele Träume werden wir jetzt säen
in den Pupillen so vieler Geliebter, die hinausgingen,
um Liebende, die in all diesen Jahren verloren gingen,
zu treffen?
Werde ich unter ihnen meine verlorene Geliebte finden?

ABDUH KHAL

Abduh Khal wurde 1962 in Jizan im Südwesten Saudi-Arabiens geboren. Er studierte Politikwissenschaften an der University of King Abdulaziz in Jeddah. Seit Beginn der 1980er Jahre arbeitet Khal für verschiedene saudi-arabische Zeitungen. Zurzeit leitet er das Feuilleton der Tageszeitung »Ukaz« und ist Mitherausgeber der Zeitschrift »Ar Rawi«.
In seinen Erzählungen und Romanen wagt sich Khal in Tabus des Sozialen der saudischen Gesellschaft vor. Er schildert in aller Offenheit die Veränderungen der zwischenmenschlichen Beziehungen infolge der Gründung des Königreichs, der rasanten Modernisierung, des wirtschaftlichen Aufschwungs und der aufgezwungenen wahhabitischen Richtung des Islam.
In einem Interview betont der Schriftsteller die zentrale Rolle, die der Ort der Erzählung für ihn spielt: »Der Ort ist eine lebendige Person, die den Aufbau und den Stil vorgibt.« Für Khal ist es besonders die Umgebung von Jizan, die Alltagskultur dort und die Volksliteratur der Region – beispielsweise in dem Roman »Mudun ta'kulu ushb« (1998; Ü: Städte essen Gras). Im Zentrum der Handlung steht Yahia. Der junge Mann muss sein Heimatstädtchen verlassen, um nach dem Tod seines Vaters den Lebensunterhalt zu verdienen. Er geht nach Jeddah, wo er die Schattenseiten des Lebens in dieser sich rasch wandelnden Großstadt erlebt. Nach politischen Spannungen im Süden des Landes kehrt er voller Sorge um seine dort verbliebene Familie in die Heimat zurück und muss feststellen, dass niemand auf ihn wartet.
In den folgenden Werken behält Abduh Khal die beiden Pole Jizan und Jeddah bei. Er setzt sich intensiv mit dem städtischen und dörflichen Leben in Saudi-Arabien auseinander. Themen, die saudische Autoren häufig behandeln, wie z.B. das Dasein als Beduine oder das Erdöl, kommen bei ihm nicht vor.
In seinem jüngsten Roman »Tarmi bi shararin« (2009; Ü: Sie sprüht Funken) stellt Khal die Entwicklung der Stadt Jeddah und ihre Bewohner in den Mittelpunkt. Er schildert ohne Rücksicht auf Tabus die Veränderungen, angefangen beim kleinen Fischer bis hin zum einflussreichen Politiker.
Abduh Khal lebt in Jeddah.

Laisa huna ma yubhij
Dar al-Hadara
Kairo, 1993
Al-Maut yamurru min huna
al-Muassasa al-Arabiya lildirasat wa an-Nashr
Beirut, 1995
Mudun ta«kulu ushb
Saqi
Beirut, 1998
Nubah
Al-Kamel
Köln/Beirut, 2004
Tarmi bi shararin
Al-Kamel
Beirut, 2009

Abduh Khal was born in 1962 in Jizan, in south-western Saudi Arabia. He studied political science at the university of King Abdul Aziz in Jeddah. From the early 1980s he worked for various Saudi Arabian newspapers. He currently edits the cultural section of the newspaper »Ukaz« and is a co-editor of »Ar Rawi« magazine.
In his stories and novels, Khal ventures into the social wilderness of Saudi society. He remorselessly portrays the changes in interpersonal relationships following the founding of the Kingdom, hectic modernisation, the economic boom and the enforced Wahhabi branch of Islam.
In an interview the author emphasises the central role which the setting plays for him in his works: »The location is a living person which provides the structure and the style«. For Khal this is the area around Jizan, the everyday life there, and the region's traditional literature. An example of this is the novel »Mudun ta'kulu ushb« (1998; t: Cities Eat Grass). Yahia is the central figure in the story. The young man has to leave his home town in order to earn a living after the death of his father. He travels to Jeddah, where he soon comes face to face with the dark side of life in this rapidly changing city. After political tensions arise in the south, he returns home, anxious for his remaining family, only to find that no one is there awaiting him.
In subsequent works Abduh Khal retains these polar settings of Jeddah and Jizan. He probes urban and village life in Saudi Arabia with some intensity. Themes which occur frequently in other Saudi authors' books, such as the presence of the Bedouin or the oil fields, have no place in his work.
In his latest novel, »Tarmi bi shararin« (2009; t: She Sparks), Abduh Khal places the development of the city of Jeddah and its inhabitants in the centre of the story. He describes, with no concern for taboos, the changes, ranging from a humble fisherman to a powerful political figure.
Abduh Khal lives in Jeddah.

KHALED KHALIFA

Khaled Khalifa wurde 1964 in Aleppo, Syrien, geboren. Er studierte Jura an der Universität Aleppo und war Mitbegründer und Mitherausgeber der Literaturzeitschrift »Alif«, einem kritischen Forum für experimentelles Schreiben. Zu Beginn der 1980er Jahre war er Mitglied des »Literarischen Forums« an der Universität Aleppo, aus dem eine Reihe wichtiger Dichter hervorging. Ende der 1980er Jahre wandte er sich von der Poesie ab und begann Romane zu schreiben. Außerdem verfasste er zahlreiche Drehbücher für Kinofilme und Fernsehserien, die von renommierten syrischen Regisseuren realisiert wurden.

Seinen ersten Roman »Haris al-khadi'a« (1993; Ü: Der Wächter des Betrugs) bezeichnete Khalifa selbst als Akt der Befreiung von den Vätern des arabischen Romans. Der Bruch mit überkommenen Vorstellungen von Ort und Zeit, die Suche nach einer eigenen Sprache und Tabubrüche – sowohl auf inhaltlicher wie auf stilistischer Ebene – zeichnen alle seine Romane aus.

In »Dafatir al-qurbat« (2000; Ü: Die Hefte der Zigeuner) entwirft Khalifa in einem eleganten Stil, der über realistisches Schreiben hinausgeht und den Dialog umgeht, eine Welt, die zugleich legendenhaft und real ist. Der dritte Roman, »Madih al-karahiya« (2006; Lob des Hasses), war auf der Shortlist des International Prize for Arabic Fiction. In der Beurteilung der Jury heißt es, es sei »die Narration der Erfahrung einer doppelten Repression im Schatten der fundamentalistischen Organisationen innerhalb einer Gesellschaft, in der keine Demokratie herrscht, mittels einer vielschichtigen Sprache und von Figuren, die zerrissen vor den Fragen der Zukunft stehen«. Die Handlung dreht sich um eine Aleppiner Familie der Mittelschicht, die im Teppichhandel tätig ist, in den frühen 1980er Jahren, einer Zeit der heftigen Konfrontation zwischen den syrischen Muslimbrüdern und der Regierung. Die Enkeltochter erzählt von der Geschichte ihrer Familie, von ihrem Wandel von einer gemäßigten hin zu einer extremistischen Haltung in einer Stadt, in der das Zusammenleben verschiedener Konfessionen und Nationalitäten stets existenziell war. Die von dieser neuen fundamentalistischen Haltung geprägte Erzählerin trifft im Gefängnis auf Angehörige anderer religiöser wie auch politischer Gruppen und erfährt dadurch eine Öffnung gegenüber dem bisher als Feind vorgestellten Anderen.

Khaled Khalifas Drehbücher wurden mit zahlreichen Preisen ausgezeichnet. 2007 war er Gast des renommierten International Writing Program an der University of Iowa. Derzeit arbeitet er an einem neuen Roman mit dem Titel »Hayat muwaziya« (Ü: Ein Parallelleben). Khaled Khalifa lebt in Damaskus.

Haris al-khadi'a
Dar Alif
Beirut, 1993
2. Ausgabe: Dar Amisa,
Damaskus, 2006
Dafatir al-qurbat
Dar Ward
Damaskus, 2000
2. Ausgabe: Dar Amisa
Damaskus, 2006
Madih al-karahiya
Amisa
Damaskus/Beirut, 2006
2. Ausgabe: Dar al-Adab
Beirut, 2008

Khaled Khalifa was born in Aleppo, Syria, in 1964. He studied law at Aleppo University and was co-founder and co-editor of the literary journal »Alif«, a critical forum for experimental writing. In the early 1980s he was a member of the »Literary Forum« at Aleppo University, a group from which many major poets emerged. At the end of the 80s he abandoned poetry in favour of writing novels. Since the publication of his first novel in 1993 he has written two further novels, and numerous scripts for films and television series which have been adapted by renowned Syrian directors.

His first novel »Haris al-khadi'a« (1993; t: Guardians of Corruption) was described by the author as an act of emancipation from the founding fathers of the Arabic novel. The first experience planted the seed for the break with all forms of the Arabic novel including typical elements like the poetic use of language and antiquated concepts of place and time. This break, and the search for an individual voice, are characteristics of all of his novels.

His second novel »Dafatir al-gurbat« (2000; t: The Books of the Gypsies) draws the reader into a world that is both mythical and real by means of the author's elegant style, which goes beyond realism, and his narration, which evades dialogue. The third novel »Madih al-karahiya« (2006; t: In Praise Of Hatred) was on the short-list for the International Prize for Arabic Fiction. In the jury's estimation, the novel was »the story of the experience of twin repression under the shadow of fundamentalist organisations within a society in which there is no democracy, told through multifaceted language and characters which stand torn before the questions the future holds«. The plot, which revolves around a middle-class family in the carpet business in Aleppo, is set in the early 1980s, a time of serious conflict between the Syrian Muslim Brotherhood and the government. The granddaughter tells her family's history and the transformation of their views from moderate to fundamentalist in a city in which the cohabitation of different confessions and nationalities was always a fact of existence. The girl, influenced by these new fundamentalist attitudes, encounters members of other confessions and political convictions in prison, and learns at once to become more open to those she had previously considered enemies and to overcome confessional oppositions.

Khaled Khalifa's scripts have been awarded many prizes. In 2007 he was a guest on the renowned International Writing Program at the University of Iowa. He is currently working on his next novel, »Hayat muwaziya« (t: Parallel Life). Khaled Khalifa lives in Damascus.

Ein gewöhnlicher Tag in Berlin
Aus dem Arabischen von Suleman Taufiq

8. Oktober 2004

AMJAD NASSER

Berlin erschien mir nicht wie eine Stadt, die solche wichtigen Ereignisse feierte: den 14. Jahrestag der Wiedervereinigung, als Hauptstadt Deutschlands. Nach vier Jahrzehnten Trennung entwickelten sich im harten Schatten der Mauer zweimal Berlin und zweimal Deutschland.

Die Stadt war in der Nacht zum dritten Oktober ruhig. Nichts ähnelte dem Lärm beim Fall der Mauer.

Die Mauer war nicht mehr da und dieser Jahrestag war nur noch eine gewöhnliche Erinnerung.

In der Stadt bewegte sich alles wie in allen anderen westlichen Städten am Sonntag: Man besuchte die Theater, die Kinos, die Restaurants und die Nachtlokale. In den Nachrichten nichts Besonderes.

Es gab eine bescheidene offizielle Feier für Gäste aus der Dritten Welt. Die Menschen auf der Straße wussten nicht viel von ihnen und vielleicht hatten ihre Namen keine Bedeutung für sie. Es war der Jahrestag der Wiedervereinigung.

Aber es gab keine großen Feierlichkeiten, wie sie Berlin am Abend des Mauerfalls erlebte. Keine Demonstrationen für die, die sich als Sieger oder als Verlierer begriffen. Die Menschen hatten kaum Interesse an diesen Ereignissen,die Deutschland ökonomisch und der Einwohnerzahl nach wieder zum größten Land in Westeuropa machten.

Es gab kaum Neugier für Neues, im Gegenteil, manche sahen in der Wiedervereinigung der beiden deutschen Staaten eine neue Last für die Westdeutschen oder eine Ungerechtigkeit den Ostdeutschen gegenüber. Es gibt in der Tat einen vereinigten deutschen Staat, aber gibt es ein vereinigtes deutsches Volk? Es ist wohl so, dass die Mauer, als sie buchstäblich zwischen den beiden Teilen der Stadt fiel dass diese hässliche Mauer das Land zwar geografisch vereinigte, nicht aber im Zusammenleben und in der Ökonomie. Und das Wichtigste, das Land wurde psychologisch nicht vereinigt. Es gibt eine geheime Wunde, eine versteckte Wunde, deren Ursache ich nicht kenne. Das ist nur eine Beobachtung von einem flüchtigen Besucher der Stadt, die voller Symbole und Hinweise für viele Menschen in Europa und vielleicht sogar in der ganzen Welt steckt.

Berlin ist kein neutraler Ort im europäischen Gedächtnis. Es ist auch kein neutraler Ort für uns in der arabischen Welt.

Es gab Menschen, die auf die Panzer des Führers warteten. Jene, die darin den einzigen Weg sahen, den englischen Besatzer loszuwerden. Aber manche sahen in dem Führer , den man bei uns manchmal Abu Ali Hitler nannte, überhaupt keine Lösung. In diesem Moment erinnerte ich mich an das berühmte Gedicht von Konstantinos Kavafis Warten auf die Barbaren , die im Gegensatz zu dem, was die Athener erwartet hatten, keine Lösung brachten. Alle, die wie ich Berlin nicht gut kennen, können heute einfach von West nach Ost gehen, nicht indem man den Checkpoint Charly passiert (der heute eine wichtige touristische Attraktion darstellt), sondern wegen der Unterschiede zwischen den Vierteln, Märkten, und Straßen der beiden Teile Berlins. Der westliche Teil zeigt in allen Bereichen eine blühende Stadt, eine majestätische Stadt. Im östlichen Teil sieht man eine bescheidene Architektur und mehr Armut. Es scheint, dass Ostberlin nach der Wiedervereinigung zum Hinterhof der deutschen Hauptstadt geworden ist, in dem die alten Kommunisten und die neuen Nazis aktiv sind. Die beiden gegnerischen Parteien organisieren Demonstrationen und Aktionen gegen die Bundesregierung von Gerhard Schröder.

Natürlich bin ich nicht nach Berlin gekommen, um den Jahrestag der Wiedervereinigung zu feiern, obwohl das Wort Vereinigung bei den Arabern einen besonderen Klang hat. Sondern ich kam, um am Ulysses Award für literarische Reportage, der von der Zeitschrift Lettre vergeben wird, als Jurymitglied teilzunehmen. Am Abend der Preisverleihung hatte Frank Berberich, der Chefredakteur dieser Zeitschrift, schlechte Nachrichten für uns. Er meinte, dass neben unserem Zelt ein Festakt zum Jahrestag der Wiedervereinigung veranstaltet werde. Er bat die sieben Nominierten für die drei Preise um Nachsicht, wenn laute Musik ihre Lesungen übertönen sollte. Denn Berberich vermutete, dass das Fest unserer Nachbarn sehr laut würde. Aber dies war nicht der Fall. Es kamen mehr Besucher zur Preisverleihung des Ulysses Award als zum Fest des 14. Jahrestags der Wiedervereinigung. Mehr als 500 Intellektuelle, Künstler, Journalisten und Verleger nahmen in dem großen Zelt Platz. Die Araber waren dort besonders stark vertreten. Die Eröffnungsrede hielt der tunesische Schriftsteller Abdelwahab Meddeb auf Französisch. Man verteilte seine Rede in englischer und deutscher Sprache an das Publikum. Die musikalische Darbietung während des Abendessens stammte von einem Ensemble aus Ägypten. Während der Rede von Meddeb, die wie eine literarisch-philosophische Reise zwischen Ost und West gestaltet war, zeigte sich das Publikum aufmerksam und interessiert. Die Musik der großen modernen Klassiker wie Sunmbati, Baligh Hamdi und Al Tawil klang fremd, ja sie bildete auf dem rhythmischen Hintergrund von Messern und Gabeln beinahe einen Missklang. Kein arabischer Schriftsteller bekam einen Preis. Es gab nur ein einziges arabisches unter den 17 Büchern, die sich um den Preis beworben hatten. Die zeitgenössischen arabischen Autoren benutzen dieses literarische Genre kaum. Das war wahrscheinlich auch der Grund dafür, dass die Eröffnungsrede, ursprünglich auf Arabisch geplant, auf Französisch gehalten wurde. Es schien mir auch deshalb, dass die Araber in diesen Tagen mehr Glück (was die Anzahl der Besucher betrifft) hatten als diejenigen, die die Wiedervereinigung feierten, weil nur etwa sechs Stunden Zugfahrt entfernt von Berlin die arabische Kultur zu Gast auf der Frankfurter Buchmesse war.

Werden die Deutschen einen Neuen literarischen Kontinent entdecken, wie ein eifriger Übersetzer meinte, oder wird die Anwesenheit der Araber und ihre Wirkung das gleiche Schicksal ereilen wie das ägyptische Ensemble im großen Ulysses-Zelt?

MONCEF MEZGHANNI

Moncef Mezghanni wurde 1954 in der Küstenstadt Sfax, südlich der tunesischen Hauptstadt Tunis, in einer wohlhabenden bäuerlichen Familie geboren. In jungen Jahren besuchte er die Koranschule am Ort, dann studierte er in seiner Heimatstadt an der pädagogischen Hochschule. Anschließend arbeitete er viele Jahre als Lehrer sowie im Bildungs- und Informationsministerium.
Moncef Mezghanni veröffentlichte zahlreiche Gedichtbände und Theaterstücke für Kinder und gehört zu den bekanntesten tunesischen Lyrikern. Er zeichnet sich durch seinen individuellen Stil aus, der nicht in der Tradition der Pioniere der tunesischen Lyrik steht wie etwa Abulqasim ash-Shabbi. Seine Gedichte sind knapp und sparsam in der Sprache. Durch zynische Anspielungen äußert er sich darin auch politisch und sozialkritisch. Vor allem in seinen Anfängen hat sich dieses politische Engagement, das in Opposition zum damaligen langjährigen Präsidenten Bourguiba stand, in seiner Dichtung niedergeschlagen. Er verstand sich in den 1970er und achtziger Jahren als engagierter linker Poet, obwohl er in keiner politischen Partei aktiv war. In einem Interview schaute er Mitte der 1990er kritisch auf diese frühe Phase zurück: »Wie viele andere Dichter auch habe ich in dieser Zeit meine Gefühle unterdrückt. Die herrschenden Meinungen damals machten es dem Lyriker unmöglich, ein Liebesgedicht zu schreiben.«
Heute bezieht Mezghanni seine Popularität vor allem aus seiner Kunst des Vortrags. Seine Werke sind auch auf Kassetten und CDs verbreitet. In einem Interview mit dem tunesischen Kritiker Mohammed Salih Ben Omar definierte er sich durchaus als Entertainer und seine Gedichte als Ware, die den Regeln von Angebot und Nachfrage unterliege: »Ich treibe Handel mit meinen Gedichten. Ich bin ein Handwerker, der auf seine unmittelbare Umgebung reagiert, die ein Verlangen hat nach Lyrik. Ich schreibe Lyrik für Kinder, Lieder und Ratespiele. Das alles sind Formen von Kunst, die fälschlicherweise als einfach betrachtet werden.«
Moncef Mezghanni erhielt für sein literarisches Schaffen zahlreiche Preise, u.a. die tunesische Verdienstmedaille für Kultur. Seit 1995 leitet er das vom tunesischen Staat geförderte Haus der Lyrik in Tunis.

Anaqid al-farah al-khawi
Tunis, 1981
Qaus ar-riyah
Tunis, 1989
Mahabbat
Tunis, 2003

Moncef Mezghanni was born into a wealthy farming family in the coastal town Sfax, south of the Tunisian capital Tunis in 1954. As a child he visited the local Koran school before going on to study at the teacher training college in his home town. He subsequently worked for many years as a teacher as well as in the Education and Information Ministry.
Moncef Mezghanni has published many collections of poetry and plays for children and is one of the most famous Tunisian poets. His poetry is characterised by an individual style which is not in the tradition of the pioneers of Tunisian poetry, like for example Abulqasim ash-Shabbi. His poems are short, written in sparse language. He comments, through cynical allusions, on political and social issues. This political commitment – in opposition to former President Bourguiba – was especially apparent in his early poetry. In the 1970s and 80s he saw himself as a committed poet of the left, despite not being active in any political party. In an interview given in the mid-1990s he looked back critically on this early phase: »Like many other poets at the time, I also suppressed my feelings. The prevailing opinions of the time made it impossible for a poet to write a love poem.«
Mezghanni's popularity today is largely based on his manner of reciting his work, which has been made available on CD and cassette. In an interview with the Tunisian critic Mohammed Salih Ben Omar, he clearly defined himself as an entertainer and his poems as products that obey the laws of supply and demand. »I am trading with my poems. I am a craftsman who reacts to his immediate environment, which has a yearning for poetry. I write poetry for children, songs and riddles. These are all forms of art which are mistakenly seen as being simple.«
Moncef Mezghanni has won many prizes for his work, including the Tunisian Order of Cultural Merit. He has been the director the Tunisian state-sponsored House of Poetry in Tunis since 1995.

HALA MOHAMMAD

Hala Mohammad wurde in der syrischen Hafenstadt Latakia geboren. Sie wuchs in einem liberalen Elternhaus auf, studierte Film an der Université Paris VIII und war danach als Kostümdesignerin in drei syrischen Spielfilmen (»Die Nacht«, »Der Guckkasten«, »Unter dem Dach«), als Drehbuchautorin und Regieassistentin tätig. Bei mehreren Dokumentarfilmen führte sie Regie (u.a. »Wenn Qasiyun müde wird«, 2006).
1994 wandte sich Hala Mohammad auch der Dichtung zu. Bislang sind fünf Gedichtbände erschienen: »Die Seele hat kein Gedächtnis« (1994), »Über jenes milde Weiß« (1998), »Ein wenig Leben« (2001), »Diese Angst« (2004) und »Als klopfte ich an meine Tür« (2008). Sie gehört damit zu einer Generation moderner arabischer Dichterinnen, die ihre individuellen Erfahrungen als Frauen und Intellektuelle in der arabischen Welt zum Ausdruck bringen. Was der Dichtung Hala Mohammads ihren besonderen Charakter verleiht, ist ihre Spontaneität. An die Stelle komplexer Reflexionen treten Einfälle und Ideen, die kurz aufleuchten: Farben, Sinneseindrücke, Gerüche und Bewegungen werden evoziert und mit den Themen verbunden, die Mohammads Dichtung wie ein roter Faden durchziehen. Dazu gehören das Erinnern, das auch in ihrem filmischen Werk eine besondere Position einnimmt, Emotionen wie Angst, Entfremdung und Einsamkeit sowie ein tief empfundenes Gefühl des Verlorenseins und der Trauer: »An diesem Morgen / brach das Licht gnadenlos aus / mit klaren Augen / sah ich / meine Einsamkeit« (aus: »Die Seele hat kein Gedächtnis«). Die Präsenz eines auch in seiner Abwesenheit als anwesend empfundenen Anderen, dem das lyrische Ich in Liebe verbunden ist, bleibt stets spürbar. Mohammad verzichtet auf eine komplexe Syntax und bedient sich einer schlichten Ausdrucksweise. Ein modernes Arabisch dominiert, das jedoch frei von dialektalen Elementen ist. Tragen in Mohammads Erstlingswerk noch alle Gedichte einen Titel, so nummeriert die Dichterin sie später durch, um sie als voneinander abhängige Teile eines facettenreichen Ganzen zu markieren. Ihre atmosphärisch dichte Lyrik lebt von Bildersequenzen, die durch ein kontinuierliches Schwanken zwischen Realität und Metapher gekennzeichnet sind. Die Interpunktion verstärkt den elliptischen Charakter einzelner Sequenzen.
Übersetzungen ausgewählter Gedichte Mohammads sind bereits in verschiedenen Zeitschriften (»Banipal«) und Anthologien (»Dinge, die andere nicht sehen«, Lisan 2006) erschienen. Als Journalistin schreibt sie zudem seit vielen Jahren für verschiedene arabische Zeitungen. Sie ist mit dem syrischen Regisseur Haitham Hakki verheiratet und lebt in Damaskus.

Laisa li-r-ruh dhakira
Manschurat wizarat ath-thaqafa
Damaskus, 1994
Ala dhalika l-bayad al-khafit
Al-mu'assasa al-arabiyya li-d-dirasat
Amman, 1998
Qalil min al-hayat
Riad El-Rayyes Books
Beirut, 2001
Hadha l-khauf
Al-mu'assasa al-arabiyya li-d-dirasat
Beirut, 2004
Ka-annani… aduqqu babi
Riad El-Rayyes Books
Beirut, 2008

Hala Mohammad was born in the Syrian port of Latakia. She grew up in a liberal household, studied film in France at the University of Paris VIII and went on to work as a costume designer in three Syrian films (t: »The Night«, »The Zograscope«, »Under the Roof«). She also wrote scripts and worked as assistant director. She directed several documentaries (including »When Qasiyun Grows Tired«, 2006).
Since 1994 Hala Mohammad has been active as a poet. Five collections of her poetry have been published to date: »The Soul Has No Memory« (1994), »Over That Mild White« (1998), »A Little Life« (2001), »This Fear« (2004) and »As If I Knocked On My Door« (2008). The prose poet belongs to a new generation of modern Arabic women poets, who express their individual experiences as women and intellectuals in the Arab world. What gives Hala Mohammad's poetry its unique character is its spontaneity. Instead of complex reflections there are ideas which flicker momentarily into life: colours, sense impressions, smells and movements are evoked and connected to the manifold and recurring themes which flow through Mohammad's poetry like leitmotifs. These include memory, which also plays an important role in her filmic work, emotions like fear, alienation and loneliness, as well as a profound sense of grief and having lost one's way: »On this morning / light broke without mercy / with clear eyes / I saw / my solitude« (from: »The Soul Has No Memory«). The presence of the »other«, manifest even in his absence, bound to the narrator in love, can always be felt. In her poetry Mohammad rejects complex syntax, relying instead on simple expressions. Modern Arabic dominates, but is free of dialect.
In her first work every piece had a title, but later works are numbered instead, identifying them as mutually dependent elements of a greater, many-faceted whole. Her atmospheric poems derive their power from sequences of images characterised by continual shifts between reality and metaphor. The punctuation at times reinforces the elliptical nature of individual sequences.
Translations of some of Mohammad's poems have appeared in various publications (»Banipal«) and anthologies (Basel 2006; t: Things Which Other People Do Not See). As a journalist she has been writing for different Arabic newspapers for many years. She is married to the Syrian director, Haitham Hakki, and lives in Damascus.

Berlin View I never went to Berlin, therefore I never had to think of it as a place.
I have watched German Cinema, read German poetry, philosophy, followed many artists from Berlin.
People also told me a lot about this city.
My husband, about the Berliner Ensemble, the Berlin film festival and the Marxist philosophy which marked the world.
My son, about Zidane's headbutt and the cartoon which won the golden bear.
Yet, in my mind all these events, artists works and even places belonged to Mankind, never to Berlin.

If I must link time and space, an emotional quake has to happen, the fall of the Berlin Wall was that quake.
I thought: "It fell in Berlin, the place!"
I wasn't even thinking how this event was an example of forgiveness and the kind of freedom that suits the world, when another wall towered in Palestine.
What a paradox!
Must all things, in this world, be replaced?

Just a piece of
the imaginary wall

* * *

I've never been to Berlin
before. Though I've visited many
places in Europe: France,
Scotland, Holand, Swisserland,
and even went through Latin
America and USA.
In one of my colomns in
press I wrote about Berlin's
wall, saying that from each
country I visit, I'm always
eager to bring a stone or
some sand to feel that the
earth of this land is with me
ever. Still my dream, is to
have a piece of Berlin Wall
And I resembed the issue with
2 halves of a apple came back togeth

F. Naoot

FATIMA NAOOT

Fatima Naoot ist eine ägyptische Dichterin, Übersetzerin und Architektin. Sie wurde 1964 in Kairo geboren, wo sie an der Ain Shams University Architektur studierte. Nach ihrem Examen 1987 war sie zehn Jahre lang als Architektin für Sabbour Consultants tätig. Dann gab sie ihre Architektenkarriere auf, um sich ihren Traum zu erfüllen und Lyrikerin zu werden. Seither hat sie all ihre Zeit der Literatur gewidmet.
Naoot hat inzwischen zwölf Bücher veröffentlicht, darunter sieben Gedichtbände, wie »Naqrat isba'« (2002; Ü: Fingerschnippen), »'ala bu'd sintimitir wahid min al-ard« (2003; Ü: Ein Zentimeter über dem Boden), »Fawqa kaff imra'a« (2004; Ü: In der Hand einer Frau), »Haykal az-zahr« (2007; Ü: Würfelgestalt) und »Ismi laysa sa'ban« (2009; Ü: Mein Name ist nicht schwierig). Des Weiteren hat sie vier Anthologien aus dem Englischen übersetzt und zwei literaturwissenschaftliche Bücher sowie eine Sammlung ihrer ägyptischen Zeitungskolumnen veröffentlicht.
»Wie ein vor Staunen gebanntes Kind wandelt die ägyptische Dichterin Fatima Naoot durch ihren Text und erkundet ihn dabei Hand in Hand mit dem Leser. So vermittelt sie die Frische des ersten Eindrucks von der Welt, indem sie die ersten Fragen stellt, welche letztlich die wesentlichen existenziellen Fragen sind.« Und der libanesische Autor Zainab Assaf setzt seine Charakterisierung der Gedichte von Naoot fort: »Fatima Naoot verbirgt ihre Träume gern unter alten Brettern. Von Zeit zu Zeit hält sie inne, um sicherzustellen, dass ihre Träume noch da sind. Es sind die Träume der Unschuld, die Träume der Kindheit, die nie enden sollen, weil sie die letzte Insel sind, wo noch Raum für Lyrik ist. Für Naoot sind Gedichte ein Kampf gegen das Schicksal, ein Kampf, den es fortzusetzen gilt auch nach dem Tod der Dichter... In Ihren Gedichten sehe ich keinen Unterschied zwischen dem Ich und dem anderen. Denn sie taucht in ihren Gedichten mit dem Anderen in gemeinsame Sorgen ein, ohne dabei ihre eigene Individualität zu verlieren – was der Markstein jeglicher poetischer Erfahrung ist. In diesem Sinne ist diese Dichterin in einer existenziellen Gemeinschaft mit dem Anderen verbunden, und dies verweist wiederum auf ihre Toleranz sich selbst gegenüber.«
2006 gewann Naoot mit dem Manuskript ihres fünften Gedichtbandes »Qarurat samgh« den Arabic Poetry Prize der Website Arabic Nadwah in Hongkong. Diese Gedichte wurden inzwischen ins Chinesische und ins Englische übersetzt (2007, »A Bottle of Glue«, Ü: Eine Flasche Klebstoff).
Die Autorin hat an zahlreichen internationalen Literatur- und Lyrikfestivals teilgenommen, so zum Beispiel am Edinburgh International Book Festival, am Internationalen Poesiefestival al-Mutanabbi in Zürich sowie 2007 am Poetry International Festival in Rotterdam. Fatima Naoot lebt in Kairo.

'ala bu'd sintimitir wahid min al-ard
Kaf noun publishing house
Kairo, 2003
Qita' tuli fi - adh - dhakira
The Egyptian general organization for books
Kairo, 2003
Fawqa kaff imra'a
Ministry of education in Yemen, and The Egyptian general organization of books
Kairo, 2004
Haykal az-zahr
Alnahda Alarabia Publishing house
Beirut, 2007
A bottle of glue
Dar Nadwa Press
Hong Kong, 2007
Ismi laysa sa'ban
Aldar publishing house
Kairo, 2009

Fatima Naoot is an Egyptian poet, translator and architect. Born in Cairo in 1964, she studied architecture at the Faculty of Engineering, Ain Shams University. Following her graduation in 1987, she worked as an architect for Sabbour Consultants for ten years. Then she decided to abandon her career as an architect to fulfill her dream of becoming a poet, devoting herself to literature full time.
Naoot has published twelve books to date, seven of which are collections of poems, including »Naqrat isba'« (2002; t: Finger's Pat), »'ala bu'd sintimitir wahid min al-ard« (2003; t: A Centimeter Far from the Ground), »Fawqa kaff imra'a« (2004; t: Upon a Woman's Palm), »Haykal az-zahr« (2007; t: Frame of Dice), and »Ismi laysa sa'ban« (2009; t: My Name is Not Difficult). She has also published four anthologies of poetry translated from English, two books of criticism, and a collection of her articles from Egyptian newspapers.
»More like a child struck by amazement, the Egyptian poet Fatima Naoot creeps inside her text, discovering it hand in hand with the reader and bringing back the freshness of first instances to the world around her by asking those first questions that are, ultimately, the major existential questions«. The Lebanese poet Zainab Assaf comments on her poetry: »Fatima Naoot likes to conceal her dreams beneath old platforms. From time to time, she falls back to make sure that her dreams are still there. They are the dreams of innocence, of childhood that she does not want to end as the last remaining island where poetry has its place. Naoot sees in poetry the fight against destiny, a fight that must continue even after poets pass away«. Assaf continues: »I cannot find a difference between the ego and the other in her poems, as she immerses herself in her poems with the other in common concerns, without losing her individuality which is the cornerstone of any poetic experience. In such meaning, this poet has an existential brotherhood with the other, which is her tolerance of herself«.
In 2006, with the manuscript of her fifth collection of poems »Qarurat samgh« Naoot won the Arabic Poetry Prize in Hong Kong, organized by Arabic Nadwa website in Hong Kong. The collection has subsequently been translated both into Chinese and English (Eng. »A bottle of glue«, 2007).
Naoot has appeared at many international literary and poetry festivals, such as the Edinburgh Book Festival, the Moutanabbi International Poetry Festival in Zurich, and the Rotterdam International Poetry Festival in 2007. Fatima Naoot lives in Cairo.

AMJAD NASSER

Amjad Nasser wurde 1955 in al-Turra, Jordanien, geboren. Schon mit Anfang zwanzig wurden erste Gedichte von ihm in Zeitungen abgedruckt. 1976 arbeitete er für zwei Jahre als Journalist für Fernsehanstalten und Zeitungen, zog daraufhin erst nach Beirut, wo er den Kulturteil der Wochenzeitung »Al Hadaf« mit betreute, später weiter nach Zypern, wo er als künstlerischer Leiter des Magazins »Al-Ufq« arbeitete, und 1987 nach London, wo er 1989 die Zeitung »al-Quds al-Arabi« mitbegründete, deren Feuilleton er heute leitet.

Nassers Prosagedichte kreisen um einprägsame Situationen und persönliche Erfahrungen, aber auch um die Geschichte der arabischen Welt und die Befremdlichkeit, die der Gegensatz zwischen Moderne und Tradition schafft – so zum Beispiel in dem Text »Tontafeln«, in welchem der Ich-Erzähler im modernen Amman auf Tontafeln stößt, deren »schlammiger Geruch« in seinem Kopf die Geschichte Babylons aufblitzen lässt, so intensiv und mächtig, dass er sie von sich weisen muss: »Eine Hand, die dereinst von Würmern zerfressen wird, kann die Last der Ewigkeit nicht tragen.« In »Eine Ähnlichkeit« lauscht der Erzähler in einer Bar anfangs zufällig, dann aber immer konzentrierter dem Monolog eines anderen Gastes, der einen bitteren Schluss aus seinen Erfahrungen mit der Liebe zieht, und bemerkt erst am Ende mit Schrecken, dass seine Stimme genauso wie die des Gastes klingt, dass eigentlich er selbst die verzweifelte Anklage erhebt. In »Annäherung an Marcus Antonius« benutzt Nasser die Beziehung zwischen Kleopatra und Marcus Antonius als Metapher, um die Entstehung einer modernen Romanze zu beschreiben. Nassers Sprache ist in dieser Erzählung von Kriegsmetaphern durchzogen, beispielsweise wenn er die Arme der Angebeteten mit »polierten Speeren« oder den verwirrten Geist des frisch Verliebten mit einer »desolaten Kommandozentrale« vergleicht. Der Autor versteht es, mit einfachen Worten große Zusammenhänge zu beschreiben, egal ob es um die Entfremdung der eigenen Kultur, das Erkennen seiner selbst in fremden Menschen oder die Beschreibung gefährlicher Liebschaften geht.

Nasser veröffentlichte bisher neun Gedichtsammlungen und zwei Reiseromane. Neben einem jüngst in englischer Übersetzung publizierten Lyrikband erschienen seine Gedichte in Anthologien auf Französisch, Italienisch, Spanisch und Deutsch. 2006 erhielt er den Mohammed-Al-Maghout-Preis für Dichtkunst in Syrien. Amjad Nasser lebt in London.

Ru'at Aluzlà
Dar Manarat
Amman, 1986
Murtaqa Alanfas
Beirut, 1997
Hayat kassard mutaqattè
Beirut, 2004
Wahid kadhi' b Al Farazdaq
Damaskus, 2008
Shepherd of Solitude
Banipal Books
London, 2009
[Ü: Khaled Mattawa]

Amjad Nasser was born in 1955 in al-Turra in Jordan. He had his first poems published in Jordanian newspapers at the age of twenty. From 1976 he worked for two years as a press and television journalist in Jordan before moving to Beirut, where he helped to run the cultural section of the weekly newspaper »Al Hadaf«. He later moved to Cyprus, where he worked as art director of the »Al-Ufq« magazine and, in 1987, to London, where he co-founded the journal »al-Quds al-Arabi«, for which he currently edits the cultural section, in 1989.

The themes in Nasser's prose poetry cover formative situations and personal experiences, but also the history of the Arab world and the alienation caused by the divide between the modern and the traditional. This can be seen in the text »Clay Tablets«, in which the first-person narrator in modern Amman comes across clay tablets whose »muddy smell« triggers flashes of Babylon's history so intense and powerful that, as an individual, he must reject them: »A hand which will one day be devoured by worms cannot carry the burden of eternity«. In »A Similarity« the narrator sits in a bar and listens – at first by chance and then with greater concentration – to the monologue of another guest, from which he draws bitter lessons from his experiences of love. It is only at the end that he realizes with horror that the other guest's voice sounds exactly like his own and that he himself is reciting the litany of despair. In »Approaching Marcus Antonius« he makes use of the historical relationship between Cleopatra and Marcus Antonius as a metaphor to describe the origins of the modern romance. Nasser's language is full of military metaphors here, for instance describing the arms of the beloved as »polished spears« or comparing the mental confusion of a newly-infatuated person to a »desolate command post«. Nasser knows how to use simple words to express large ideas: whether alienation from one's own culture, recognition of self in strangers or those suffering from alienation or the description of dangerous love.

He has published nine collections of poetry and two travel novels to date. Apart from a collection of poetry recently published in English translation, his poems have appeared in anthologies in French, Italian, Spanish, and German. In 2006 he was awarded the Mohammed Al-Maghout Prize for Poetry in Syria. Amjad Nasser lives in London.

JOSÉ F. A. OLIVER

José Francisco Agüera Oliver, Schriftsteller und Lyriker, wurde als Kind andalusischer Gastarbeiter 1961 in Hausach im Kinzigtal geboren. Er studierte Romanistik, Germanistik und Philosophie an der Albert-Ludwigs-Universität Freiburg. 1987 veröffentlichte er seine erste Lyriksammlung unter dem Titel »Auf-Bruch«. In derselben Zeit kehrte er wieder nach Hausach zurück, das er, von zahlreichen Auslandsaufenthalten abgesehen, seither nicht mehr verlassen hat.
Das Aufeinandertreffen seiner spanischen Herkunft mit der Schwarzwälder Wahlheimat hat Oliver, der sich selbst mehr als »Schwarzwälder Andalusier« denn als »Spanischer Hausacher« sieht, in seinen Stil maßgeblich geprägt, und seine seltene Vertrautheit mit der Musikalität der Sprache der Eltern sowie mit dem alemannischen Dialekt des Kinzigtals spiegelt sich in seinem innovativen und unkonventionellen Umgang mit der deutsche Sprache wider. Klar zu erkennen ist dabei das Bedürfnis, semantische und räumliche Grenzzonen zu erforschen, Wörter ihrer gewöhnlichen Benutzung zu entreißen, um ihnen eine neue, sentimental-instinktive Bedeutung zuzuordnen – ein Wunsch der in der Oliverschen Schreibung »w:orte« zum Ausdruck kommt. Diese persönliche Suche nach einer intimen, innovativen und zugleich antiken Sprache, die Olivers Stil kennzeichnet, scheint der Sehnsucht nach Identität zu entspringen, die eine doppelte kulturelle Prägung oft mit sich bringt. Er wurde bereits als »Interpret zweier Welten« (»El Mercurio«) gewürdigt, als »ein Dichter, im Spannungsfeld zwischen Deutschland und Spanien« (»La Jornada«). Oliver begleitet seine Lesungen gern mit Gitarre oder Gesang, und die Kunst des Cante Jondo ist ihm nicht fremd. »Hier, wo Bedeutung, Musik und Bild in einer Form zusammenkommen, die in der Stimme, im Körper der Stimme, verankert ist, verspricht das Gedicht Überwindung und Dauer«, so ein Fazit von Joachim Sartorius (»Welt«).
Oliver hat in Hausach ein Literaturfestival gegründet, den Hausacher LeseLenz, der in diesem Jahr zum zwölften Mal stattgefunden hat. 1996 wurde er mit dem Adelbert-von-Chamisso-Preis ausgezeichnet, 2007 mit dem Kulturpreis des Landes Baden-Württemberg, 2009 mit dem Thaddäus-Troll-Preis. 2006 erschien sein jüngster Gedichtband mit dem Titel »unterschlupf«, 2007 sein Essayband »Mein andalusisches Schwarzwalddorf«.

Auf-Bruch
Das Arabische Buch
Berlin, 1987
Vater unser in Lima
Heliopolis-Verlag
Tübingen, 1991
Austernfischer Marinero Vogelfrau
Das Arabische Buch
Berlin, 1997
Finnischer Wintervorrat
Suhrkamp
Frankfurt/Main, 2005
unterschlupf
Suhrkamp
Frankfurt/Main, 2006
Mein andalusisches Schwarzwalddorf
Suhrkamp
Frankfurt/Main, 2007

José Francisco Agüera Oliver, writer and poet, was born as a child of Andalusian guest workers in Hausach im Kinzigtal in 1961. He studied Romance languages, German and philosophy at the Albert-Ludwigs-University in Freiburg. In 1987 he published his first collection of poetry, »Auf-Bruch« (t: Break Up / Departure). In the same period he returned to Hausach, where he has remained to this day, apart from periods of time living abroad.
The convergence of his Spanish heritage with his Black Forest home has had a significant influence on Oliver's style, who sees himself as a »Black Forest Andalusian« rather than a »Spanish Hausacher«. His rare command of the musicality of his mother tongue combined with the Alemannic dialect of Kinzigtal is present in the author's innovative and unconventional approach to the German language. Clearly evident in his work is the need to investigate semantic and spatial boundaries, to wrench words from their typical usages, to assign them fresh affective and instinctive meanings, a need that is apparent in his word-coingaes »w:orte« (»worte« t: words, »orte« tr: places). This personal search for an intimate, innovative and yet ancient language which characterizes Oliver's style seems to arise from the desire for identity. This very often accompanies dual cultural backgrounds. He has already been hailed as an »interpreter of two worlds« (»El Mercurio«) and as »a poet adrift between Germany and Spain« (»La Jornada«). Oliver likes to accompany reading with guitar and singing, and masters the art of the »cante jondo«. »Here where meaning, music and image meet in one form, which is anchored in the voice, in the voice's body, the poem promises to overcome and to last« was Joachim Sartorious' opinion (»Welt«).
Oliver set up a literary festival in Hausach, »Hausacher LeseLenz«, which took place for the twelfth time this year. In 1996 he was awarded the Adelbert-von-Chamisso Prize, in 2007 the Culture Prize of the state of Baden Württemberg, and in 2009 the Thaddäus-Troll Prize. In 2006 his most recent collection of poems, »unterschlupf« (t: sanctuary) was published and in 2007 his essay collection »Mein andalusisches Schwarzwalddorf« (My Andalusian Black Forest Village).

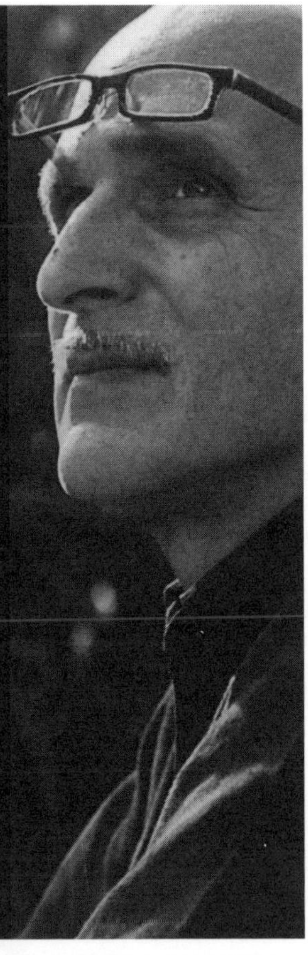

MEKKAWI SAID

برلين ليست مجرد جدار
إنما جسر تتواصل به الثقافات
مكاوي سعيد

BERLIN IS MORE THAN THAT FAMOUS WALL. IT IS A BRIDGE WHICH WORLD CULTURES COME ACROSS

Arwa Abduh Othman wurde 1965 in einem Dorf nahe Taiz im Jemen geboren. Über ihren literarischen Hintergrund schreibt sie: »Mein Zugang zur Literatur waren die Erzählungen meiner Großmutter – rätselhafte, oft unheimliche und gruselige Geschichten mit Hexen und Feen, in denen herrschsüchtige Männer die Heldinnen bedrängen. Diese jemenitischen Sagen passten nur zu gut zur Szenerie unseres Dorfes im Bergland von Taiz, wo Marktfrauen ihre Waren per Kamel transportierten und wo Märchen an Markttagen auch auf der Straße vorgetragen wurden. Geschichten von brennender Liebe und grausigem Tod waren es, die mich prägten und aus deren Stoff ich noch heute schöpfe.« Dazu kamen während ihrer Schulzeit die Geschichten von Tschechow, Turgenjew, Tolstoi, Nagib Machfus, Hermann Hesse und vielen anderen, die Arwa Othman neue Welten eröffneten.
In der Hauptstadt Sanaa studierte sie Philosophie und begann zu schreiben: als Erzählerin, Journalistin und Forscherin. In vielerlei Weise beschäftigte sie sich dabei immer wieder mit dem femininen Element in jemenitischen Traditionen. Seit einigen Jahren leitet sie ein von ihr selbst gegründetes Folkloremuseum in Sanaa und gibt Dokumentationen zum bedrohten Erbe vieler Regionen des Jemen heraus. Sie beklagt: »An die Stelle der Volksmärchen sind im Jemen heute Märchen der Politik und der Religiosität getreten […]. In vielen meiner Geschichten greife ich diese Spaltung, die der arabisch-islamischen Welt insgesamt eigen ist, auf. Es liegt an uns, durch das Erzählen dem Nihilismus der Gesellschaft zu widerstehen und eine menschlichere Welt wiederzuerschaffen. Vor allem wir Frauen müssen versuchen, der Enge und Begrenztheit unseres Landes zu entfliehen.« Sie empfindet ihre Kindheit und den in ihrer Familie damals üblichen Umgang mit Mädchen und Frauen noch heute als bedrückend.

ARWA ABDUH OTHMAN

Tanka bilad an-namis
Ubadi
Sanaa, 2001
Al-Ghuba
Sanaa, 2009

Arwa Abduh Othman was born in 1965 in a village near Taiz in Yemen. She describes her literary background: »My way into literature came for me through the stories my grandmother used to tell me – puzzling, often eerie and spooky stories with witches and fairies, in which tyrannical men terrorise the heroines. These Yemeni sagas were all too applicable to the life in our village in the Taiz highlands, where the market women bring their goods by camel and fairy tales are told on the streets on market days. Stories of burning love and terrible death which made a big impression on me and from which I still draw inspiration.« During Arwa Othman's schooling, there were other influences, including Chekhov, Turgenev, Tolstoy, Nagib Mahfuz and Hermann Hesse, all of whom opened up new worlds for her.
She studied philosophy in the capital, Sana'a, and began writing as an author, journalist and researcher. In her writing she in many ways remains concerned with the feminine elements of Yemeni tradition. She set up and, for many years now, has run a folklore museum in Sana'a and publishes reports on the threatened heritage of many regions in Yemen.
She protests: »In many ways Yemeni folk tales are being replaced by fairy tales on politics and religiosity... I confront this division, which is peculiar to the Arabic-Islamic world, in many of my stories. It's up to us to challenge society's nihilism by telling stories and helping to create a more humane world. We women above all must try to escape the constriction and narrowness of our country.« She still feels the repression of her childhood and the typical treatment of girls and women within the family.

MEKKAWI SAID

Mekkawi Said wurde 1955 in Kairo geboren und studierte an der dortigen Universität Rechnungswesen. Er ist Drehbuchautor, Schriftsteller und betreibt einen eigenen Verlag, ad-Dar, der sich mit einem kleinen, ausgewählten belletristischen Programm in sorgfältiger Aufmachung einen Namen gemacht hat. Said gewann einige Literaturpreise, u.a. den Soad-El-Sabbah-Preis für arabische Fiktion. Seine Drehbücher wurden beim ägyptischen Radio- und Fernsehfestival ebenfalls prämiert. Said veröffentlichte fünf Kurzgeschichtensammlungen und zwei Romane.
»Taghridat al-baja« (2007, Ü: Der Schwanengesang) wurde 2008 für die Shortlist des Arabic Booker Prize nominiert, mit dem ägyptischen Staatspreis für Literatur ausgezeichnet und wird im Herbst 2009 in englischer Übersetzung erscheinen. Dieser Roman machte Mekkawi Said in der ganzen arabischen Welt bekannt. Anhand des Protagonisten Mustafa und seiner Freunde schildert der Autor das Schick sal einer ganzen Generation im Ägypten der späten 1970er Jahre, die als junge Menschen in linken Parteien und Organisationen aktiv sind und von einer besseren Zukunft träumen. Mustafa ist der klas sische Antiheld, der sowohl in seinem beruflichen Leben als auch in seinen Beziehungen zu Freunden und zu Frauen stets auf der Verliererseite steht.
Eine weitere Hauptperson des Buches ist der Ort des Geschehens: »Wust el-Balad«, das Viertel rund um den Talat-Harb-Platz im Herzen Kairos. Es trägt den Stempel der Europäisierungspolitik des Khediven Ismail in der zweiten Hälfte des 19. Jahrhunderts. Allerdings liegt die Blütezeit dieses Stadt teils schon einige Jahrzehnte zurück. Der Verfall ist unübersehbar. Said vergleicht »Wust el-Balad« mit dem kosmopolitischen Alexandria in den 1920er Jahren. In einem Interview sagte er: »Viel ist über dieses Viertel geschrieben worden, aber meistens mit den Augen von Touristen. Ich bin hier ge boren und weiß genau, wie sich die Gegend verändert hat und wie wichtig sie für Ägypten ist. Indem ich darüber schreibe, versuche ich sie zu bewahren.«
Mekkawi Said steht in der Tradition arabischer Prosaautoren wie etwa Mohamed Choukri oder Samuel Shimon, die in ihren Werken, ausgehend von ihrer Biografie, ihre eigene Lebensrealität reflektieren. Said lebt in Kairo.

Firan as-safina
Kairo, 1991
Taghridat al-baja
ad-Dar
Kairo, 2007
Sari as-saghir
ad-Dar
Kairo, 2008

Mekkawi Said was born in Cairo in 1955 and studied accounting at Cairo University. He is a script writer and author, and runs the publishing house »ad-Dar« in Cairo, which has made a reputation based on a small, select fiction programme brought out in fine editions. He has won literary prizes, including one awarded by the Egyptian Radio and Television Festival for his film scripts. In 1991, he won the Soad El-Sabbah Prize for Arabic fiction. Said has published five short story collections and two novels. »Taghridat al-baja« (Cairo, 2007) was short-listed for the Arabic Booker Prize, won the Egyptian State Prize for Literature and the English translation is to be published in the autumn of 2009 (»Cairo Swan Song«). This novel made Mekkawi Said famous across the Arab world. It is about the transitions of late 1970s generation. The author uses the protagonists, Mustafa and his friends, to illustrate the fate of an entire generation of Egyptians who were active in left-wing parties and organisations and who dreamed of a better future. Mustafa is a classic anti-hero, who is always on the losing side, whether at work or in his private life, in relationships with friends and with women.
The other main character in the novel is its setting: »Wust el-Balad«. This is the Talat-Harb square district in central Cairo. Named after a famous Egyptian economist of the early twentieth century, the district bears the stamp of the Euro-centric policies of the nineteenth century Khedive Ismail. Yet the district's best days are long gone; a sense of decay is unevitable. Mekkawi Said compares »Wust el-Balad« to the cosmopolitan atmosphere in Alexandria in the 1920s. In a recent interview he said: »A lot has been written about this district, but mostly through tourists' eyes. I was born here and I know exactly how the area has changed and how important it is for Egypt. I write about it, I can try to preserve it.«
This Egyptian author works in the tradition of Arabic prose writers, such as Mohamed Choukri or Samuel Shimon, who use autobiographical material to reflect unflinchingly on their life situations. Mekkawi Said lives in Cairo.

GIRGIS SHOUKRY

Girgis Shoukry wurde 1967 in Sohaq, Ägypten, als Sohn einer koptischen Familie geboren. Nach seinem Handelsstudium legte er das Kritikerdiplom der Nationalen Kunstakademie ab. Seinen Lebensunterhalt verdient der Dichter sich als Kunst- und Theaterkritiker für ein Radio- und Fernsehmagazin, zugleich ist er Mitherausgeber der Zeitschrift »Aswat adabiyya«.
Bislang veröffentlichte Shoukry vier Gedichtbände, darunter »Darurat al-kalb fi-l-masrahiyya« (2000; Ü: Über die Notwendigkeit des Hundes im Theaterstück) und zuletzt »Wa-l-aydi 'utla rasmiyya« (2004), der von den Dichtern José F. A. Oliver und Raphael Urweider »poetisch eingeschmuggelt« und von Leila Chammaa ins Deutsche übersetzt wurde (»Und die Hände auf Urlaub«, 2008). Auf Deutsch liegt außerdem eine Auswahl aus den ersten drei Bänden vor (»Was von uns übrig bleibt, interessiert niemanden«, 2004).
Girgis Shoukry nahm an mehreren internationalen Lyrikfestivals und Künstleraustauschprojekten teil und ist über Ägypten hinaus bekannt. »Meine Gedichte sollen aussehen wie die Menschen auf der Straße«, sagt Shoukry über sein Schreiben. »Ich möchte die ›großen Fragen‹ der Philosophie dekonstruieren und sie im alltäglichen Leben der Menschen, über die ich schreibe, arbeiten sehen.« In einer klaren und schlichten Sprache, die einen poetischen Rhythmus entfaltet, setzt er oft Alltagsgegenstände als Wesen mit Seele in Szene, zum Beispiel eine »Jacke«: »Ich und meine Jacke machen im Winter Spaziergänge. / […] Wenn die Welt zu ersticken droht, trage ich sie auf dem Arm; / manchmal springt sie über meine Schultern wie / eine Katze. / Wenn sie von Sehnsucht überwältigt wird / beißt sie in meine Taschen. / Ich lächle beruhigt« (in: Über die Notwendigkeit des Hundes im Theaterstück). Dadurch entstehen ausdrucksstarke Bilderwelten, die gerade die verschwiegenen Gefühle, Fragen und Hoffnungen der Menschen sichtbar werden lassen, wie in seinem Gedicht »Komplizenschaft«: »Ich lüge / und der Stuhl, auf dem ich sitze, / vergibt mir. // Du lügst, / aber der Stuhl, auf dem du sitzt, / vergibt dir. // Der Tisch schaut zu / und lässt es wohlwollend geschehen« (in: »Hände auf Urlaub«).
Shoukry möchte die Lyrik aus dem Elfenbeinturm befreien und dem Leser neue Perspektiven auf die Welt eröffnen. Wie viele andere ägyptische Schriftsteller seiner Generation interessiert er sich als Lyriker weniger für das große Ganze als vielmehr für den Einzelnen. Seine teils melancholische, teils lakonische Dichtung schärft den Blick für die Risse in der Normalität und deckt die Einsamkeit des Menschen in seinem Leben auf. Girgis Shoukry lebt und arbeitet in Kairo.

Bi-la muqabil asqutu asfal hidha'i
Hay'at Qusur al-Thaqafa
Kairo, 1996
Rajul tayyib yukallim nafsahu
Dar al-Sharqiyyat
Kairo, 1998
Darurat al-kalb fi-l-masrahiyya
Dar al-Sharqiyyat
Kairo, 2000
Was von uns übrig bleibt, interessiert niemanden
Sabon Verlag
St. Gallen, 2004
[Ü: Suleman Taufiq]
Und die Hände auf Urlaub
Verlag Hans Schiler
Berlin, 2008
[Ü: Leila Chammaa]

Girgis Shoukry was born to a Coptic family in Sohaq, Egypt, in 1967. After studying commerce he graduated as a critic from the National Arts Academy. The poet makes his living as an art and drama critic for a radio and television magazine and is also co-editor of the newspaper »Aswat adabiyya«.
Shoukry has published four collections of poetry to date, including »Darurat al-kalb fi-l-masrahiyya« (2000; t: On the Need for Dogs in the Play) and his latest collection, »Wa-l-aydi 'utla rasmiyya« (2004; t: And the Hands on Holiday), the result of a collaboration by the poets José F.A. Oliver and Raphael Urweider, »poetic smuggling«, which was translated into German by Leila Chammaa and published in 2008. A selection from the first three books was translated into German and published as an anthology (2004; t: What Remains of us Interests Nobody). Girgis Shoukry has taken part in many poetry festivals and artists' exchange projects and is well-known as a poet outside Egypt. Shoukry said of his writing: »My poems should look like people on the street... I want to deconstruct the ›big questions‹ of philosophy and see them at work in the daily lives of the people I write about«. In a clear and simple tone which makes use of a rhythm that is highly poetic he deals with everyday objects as if they were beings with souls, for example in a »Coat«: »My coat and I take walks in the winter / […] When the world is about to choke, I carry her over my arm / sometimes she springs onto my shoulder / like a cat. / Possessed by desire / she bites my pocket / I smile, reassured« (in: On the Need for Dogs in the Play). This results in powerful imagery which allows people's innermost feelings, questions and hopes to become visible, as in the poem »Complicity«: »I lie / and the chair on which I sit / forgives me // You lie / but the chair on which you sit / forgives you // The table watches / benevolently inactive« (in: And the Hands on Holiday).
Shoukry would like to rescue poetry from its ivory tower and present his readers new perspectives on the world around them. Like many other Egyptian poets of his generation, Shoukry is, as a poet, less interested in the big picture than in the individual. His poetry, occasionally melancholy, occasionally laconic, trains the eye to spot the cracks in normality and often finds the solitude at the heart of people's lives. Girgis Shoukry lives and works in Cairo.

MAHMOUD SHUKAIR

Mahmoud Shukair wurde 1941 in Jerusalem geboren. Er studierte Philosophie und Soziologie in Damaskus. 1974 wurde er von den israelischen Behörden verhaftet und nach einigen Monaten Gefängnis in den Libanon abgeschoben. Anschließend ging er nach Amman. Erst nach dem Oslo-Abkommen 1993 konnte er in seine Heimatstadt zurückkehren. Von 1988 bis 1998 war Shukair Mitglied im Palästinensischen Nationalrat. Außerdem war als Redakteur bei verschiedenen palästinensischen Zeitungen und Zeitschriften tätig, u.a. bei »Dafatir Thaqafiya«, die vom Palästinensischen Kulturministerium herausgegeben wurde.
Mahmoud Shukair schreibt Drehbücher, Theaterstücke, Kinderbücher und Kurzgeschichten. Außerdem liegen von ihm zahlreiche autobiografische Bücher vor, die ein wichtiges Dokument der neueren palästinensischen Geschichte darstellen. Ein Beispiel hierfür ist »Maraya al-ghiyab: Yaumiyat al-huzn wa s-siyasa« (2007; Ü: Die Spiegel der Abwesenheit: Tagebücher der Traurigkeit und Politik), in dem er vor allem seine Erfahrungen in der Palästinensischen KP schildert.
Bekannt wurde Shukair vor allem für seine Kurzgeschichten, die in Zeitschriften und Anthologien u.a. auch auf Englisch, Koreanisch und Chinesisch vorliegen. Auf Französisch erschien eine Auswahl unter dem Titel »Ma cousine Condoleeza« (2008, Meine Cousine Condoleeza). Der palästinensische Kritiker und Schriftsteller Hassan Khider charakterisiert Shukairs Prosa folgendermaßen: »Es gibt ein ige Ähnlichkeiten zwischen Mahmud Shukairs Stil und der Erzählweise des italienischen Schriftstellers Alessandro Baricco. Beide schreiben kurze Texte, die einer chinesischen Tuschzeichnung ähnlicher sind als einem Ölgemälde. Die Zeichnungen sind geheimnisvoll, transparent, scheinen wie amputiert, aber sie regen die Fantasie des Lesers an und bekommen dort ihre endgültige Form. Die Sprache ist äußerst sparsam, aber sehr poetisch.«
Seit Beginn seiner schriftstellerischen Tätigkeit zu Beginn der 1960er Jahre setzt sich Shukair in seinem Werk mit der palästinensischen Tragödie auseinander: Exil, israelische Besatzung, Selbstbildnisse und zwischenmenschliche Beziehungen. In seinen späten Arbeiten kommt ein Hang zur Ironie zum Vorschein, zum Beispiel in dem Band »Surat Shakira« (2003; Ü: Shakiras Bild). Mahmoud Shukair lebt in Jerusalem.

Surat Shakira
al-Muassasa al-Arabiya lildirasat wa an-Nashr
Beirut, 2003
Maraya al-ghiyab: Yaumiyat al-huzn wa s-siyasa
al-Muassasa al-Arabiya lildirasat wa an-Nashr
Beirut, 2007
Mordechai's Moustache And His Wife's Cat
Banipal Books
2007
[Ü: Issa J Boullata, Elizabeth Whitehouse, Liz Winslow and Mahmoud Shukair]
Ma cousine Condoleeza
Actes Sud
Paris, 2008
[Ü: Stéphanie Dujols]
www.mahmoudshukair.com

Mahmoud Shukair was born in Jerusalem in 1941. He studied philosophy and sociology in Damascus. He was arrested by the Israeli authorities in 1974 and, after several months in prison, deported to Lebanon. He later went to Amman. He was only able to return to his home city following the Oslo Agreement of 1993. Shukair was a member of the Palestinian National Council from 1988 to 1998. He worked as an editor for various Palestinian newspapers and journals, including »Dafatir Thaqafiya«, which was published by the Palestinian Ministry of Culture.
Mahmoud Shukair writes scripts, stage plays, children's books and short stories. He has also written several autobiographical works, which form an important document on recent Palestinian history. An example of this is »Maraya al-ghiyab: Yaumiyat al-huzn wa s-siyasa« (2007; t: The Mirror of Absence: Diaries of Sadness and Politics), which is mainly concerned with his experiences in the Palestinian Communist Party.
Shukair became well-known for his short stories, which have been published in journals and anthologies in translated versions, including English, Korean, and Chinese. A selection appeared in France, entitled »Ma cousine Condoleeza« (2008; t: My Cousin Condoleeza). The Palestinian critic and writer Hassan Khider characterised Shukair's prose thus: »There are similarities between Mahmoud Shukair's style and the narratives of the Italian writer, Alessandro Baricco. Both write short texts which recall Chinese ink drawings rather than oil paintings. The drawings are mysterious, transparent, they appear to be amputated, but they inspire the reader's imagination and there achieve their ultimate form. The language used is extremely sparse, but very poetic.«
Since setting out as a writer in the early 1960s, Shukair has confronted the Palestinian tragedy in his writing: exile, Israeli occupation, self-image and interpersonal relationships. In his later works a trace of irony shimmers through. The clearest example of this is in »Surat Shakira« (Beirut 2003; t: Shakira's Picture). Mahmoud Shukair lives in Jerusalem.

DALIA TAHA

برلين

لماذا أرى
برلين دائماً
في الشتاء؟
كأن الشتاء معطفها
الذي تلقيه
على خطانا
حين ننسى أننا
قربها.

لماذا أرى برلين
دائماً
في الشتاء؟
مصابيح زرقاء أو
صفراء
تسيل على أرصفة
من ضباب ومظلات.
أنت وأنا
خارجين
من سور بيتنا.

Berlin

Aus dem Arabischen von Suleman Taufiq

Warum sehe ich
Berlin immer
im Winter?
Als sei der Winter der
Mantel der Stadt,
den sie über
unsere Schritte legt,
wenn wir vergessen,
dass wir in ihrer Nähe sind.

Warum sehe ich
Berlin immer
im Winter?
Blaue oder gelbe
Laternen
fließen über den Bürgersteig
aus Nebel und Schirmen.
Und du und ich
verlassen gerade
die Mauern unseres Hauses.

ALAWIYYA SOBH

Berlin is the strongest manifestations of the adventure of the mind, science, creativity and technology; the Phoenix bird and the symbol of life, freedom, and will in all dimensions.

It's the city of light, beauty, and giving for the world of human creation and culture.
The city of wonderful heritage and modernism, systems and experiments, intelligence and activity, and also the strong talent which is a need for all the world, human beings everywhere and global culture.

Berlin is the wonderful city which always amazes me and evokes magic feelings

ALAWIYYA SOBH

Alawiyya Sobh wurde Mitte der 1950er Jahre in Beirut geboren. Sie studierte arabische und englische Literatur an der Libanesischen Universität in Beirut. Seit Anfang der 1980er Jahre veröffentlicht sie kulturelle Beiträge in diversen libanesischen Zeitungen. 1986 wurde sie Chefredakteurin der meistgelesenen arabischen Frauenzeitschrift »al-Hasna'«, 1990 gründete sie das Frauen- und Familienmagazin »Snob«, deren Chefredakteurin sie bis heute ist.
Debütiert hat sie 1986 mit dem Roman »Naum al-ayyâm« (Ü: Schlummer der Tage), seither sind drei weitere Romane erschienen. Mit »Marjam al-hakâyâ« (Ü: Marjam der Geschichten«), ihrem bisher be kanntesten Roman, hat sie ein Werk von epischer Dimension geschaffen, das sich einem literarisch noch unberührten Thema widmet: den Lebenswelten der ländlichen Bevölkerung im Südlibanon. Aus der weiblichen Perspektive, mit detaillierten Milieubeschreibungen sowie umgangssprachlichen Redewendungen und Dialogen erzählt der Roman von den Schicksalen dreier Generationen von Frauen von der französischen Mandatszeit bis in die Gegenwart. Während die erste Generation noch einer ungebrochenen patriarchalischen Herrschaft unterworfen war, sind die Frauen von heute dem Traum von Unabhängigkeit und Freiheit schon weitaus näher gerückt, scheitern letztlich aber doch oft an der Realität. Der Roman hat bei seinem Erscheinen in der gesamten arabischen Welt großes Aufsehen erregt, da er sozialpolitisch hochbrisante Themen beleuchtet und Tabus wie innerfamiliäre Strukturen, Sexualität, Gewalt, Religiosität, Unwissenheit und Aberglauben schonungslos aufdeckt.
Thematisch und stlistisch lassen sich in Sobhs Œuvre gewisse Gemeinsamkeiten feststellen. Auch wenn die Romane, in denen Frauen und ihr Alltag im Mittelpunkt stehen, die Multikonfessionalität der libanesischen Gesellschaft wiedergeben, entstammen die Hauptfiguren doch hauptsächlich dem schiitischen Milieu. Jeder ihrer Romane entrollt sich als Flickenteppich unzähliger ineinander verwobener Schicksale, die von einer Rahmenhandlung zusammengehalten werden. In »Marjam der Geschichten« ist es eine Autorin, die sich die Lebensgeschichten ihrer Mitmenschen als Stoff für ihren geplanten Roman erschleicht, in »Dunja« (2006) eine Frau, die ihren schwerkranken Mann pflegt, und in »Ismuhu al-qharâm« (Ü: Es nennt sich Leidenschaft) eine Frau, die mit Mitte fünfzig ihren Körper und ihre Sexualität neu entdeckt. Dank dieser besonderen Erzähltechnik vermag die Autorin ein facettenreiches und differenziertes Bild der libanesischen Gesellschaft zu zeichnen.
2006 wurde Alawiyya Sobh für »Marjam der Geschichten« mit dem Sultan-Qabûs-Preis ausgezeichnet. Bereits in etliche Sprachen übersetzt, erscheint der Roman im Frühjahr 2010 im Suhrkamp Verlag auf Deutsch. Die Autorin lebt in Beirut.

Naum al-ayyâm
mu'assasat al-abhath
al-'arabiyya
Beirut, 1987
Marjam al-hakâyâ
dar al-adab
Beirut, 2002
Marjam der Geschichten
(Arbeitstitel deutsche
Übersetzung)
Suhrkamp
Frankfurt/Main, 2010
[Ü: Leila Chammaa]
Dunja
dar al-adab
Beirut, 2006
Ismuhu al-qharâm
dar al-adab
Beirut, 2009

Alawiyya Sobh was born in Beirut in the mid 1950s. She studied Arabic and English literature at the Lebanese University in Beirut. Since the early 1980s she has published articles on culture in numerous Lebanese papers. In 1986 she became chief editor of the most widely-read Arabic wom en's magazine, »al-Hasna'«. In 1990 she founded the women's and family magazine »Snob«, of which she is still chief editor.
Her début as a novelist came with »Naum al-ayyâm« (t: Slumbering Days), and she has since pub lished three further novels. In »Marjam al-hakâyâ« (t: Maryam of the Stories), her most famous novel to date, she has created a work of epic dimensions which deals with a topic previously untouched by literature: the lives of the rural population of South Lebanon. The novel tells, from a woman's inner perspective, the stories of three generations of women in the context of social, political and economic conditions, from the French colonial era to the present day. Detailed de scriptions of the milieus, as well as slang terms and casual dialogues, help draw a realistic portrait of everyday life during times of change. While the first generation was dominated by an unbroken patriarchal rule, today's women are much closer to the dream of independence and freedom, but still lose out in the conflict with reality. When it was published, the novel caused a great stir in the Arabic world, as it sheds light on highly-charged socio-political themes and pitilessly examines taboos such as inner family structures, sexuality, violence, religiosity, ignorance and superstition.
Certain issues recur in Sobh's works. Even when the novels highlight the multi-confessional nature of Lebanese society, they are all predominantly set in the Shiite milieu, or the major characters come from this background. Women and their daily realities are at the centre of all her works. The author's unique voice is evident in the stylistic structures she deploys. Each of her novels unfurls like a patchwork of uncountable, intertwined destinies, held together by a framing plot. In »Maryam of the Stories« the framing plot is about a novelist who voyeuristically makes use of the lives of people around her as material for a planned novel. In »Dunja« (2006) there is a woman who cares for her seriously ill husband, and in »Ismuhu al-qharâm« (t: It Calls Itself Passion) there is a woman who, in her fifties, rediscovers her body and her sexuality. This specific narrative tech nique allows the author to unfold a multifaceted and differentiated portrayal of Lebanese society.
In 2006 Alawiyya Sobh was awarded the Sultan Qabûs Prize for »Maryam of the Stories«. The novel has already been translated into many languages and will be published in German in Spring 2010. The author lives in Beirut.

DALIA TAHA

Dalia Taha wurde 1986 in Berlin geboren, wuchs aber in Ramallah (Westbank) auf und studierte Architektur an der Birzeit University in Ramallah. Sie begann sehr früh und mit aktiver Unterstützung ihrer Eltern zu schreiben. Lange Jahre war sie Redaktionsmitglied der Zeitschrift »Yaraat«, die sich der jungen Dichter- und Autorengeneration Palästinas widmet. Mittlerweile veröffentlicht Dalia regelmäßig Gedichte und Artikel in Literaturzeitschriften der Westbank, in denen sie sich vor allem mit Raumkonzeptionen unter kolonialen Bedingungen auseinandersetzt.

In ihrem ersten Roman »'Arrafu l-Sawad« (2007; Ü: Die Wahrsager des Schwarzen) überschreitet sie die Grenzen zwischen den literarischen Genres und spricht mit einer dunkel-poetischen Stimme und lotet das Innere der namenlos bleibenden Charaktere aus, die inmitten einer Welt der Besatzung und Bedrohung sich immer mehr aufzulösen scheinen. Die Erzählperspektiven wechseln, die dingliche Welt rund herum entschwindet immer mehr und entzieht sich dem Leser. Dialoge, die nebeneinandergestellt sind, ohne dass sich die Erzählerstimme einmischt, wechseln sich ab mit Pas sagen von lyrischer Schönheit und reflexiver meditativer Prägnanz.

Es ist jedoch vor allem ihre Lyrik, die Dalia Taha auszeichnet. Ihre Gedichte erschienen in verschiedenen Anthologien und Zeitschriften und in einem Gedichtband unter dem Titel ihres ersten Gedichts »Shurfa wa-la ahad« (2009; Ü: Ein Balkon und niemand da). Sie sprechen in feiner metaphorischer Sprache von Liebe und Gleichgültigkeit, Tod und Trennung. Laut eigener Aussage verfolgt sie kein politisches Ziel mit ihrem Schaffen, sondern will eine neue Beziehung zwischen den Dingen her stellen. Dalia arbeitet einerseits mit sorgfältig komponiertem Material, indem sie fein austarierte Beobachtungsfragmente mit überraschenden Momenten kontrastiert: »Ich steige aus unserem Foto aus / wie wir da sitzen vor dem weiten Horizont, der sich nicht / verfärbt, um uns im Weg zu uns hin / irrezuführen. Ich laufe / zu mir / und von mir weg, neben / einer Gartenmauer / laufe ich, und in mir fallen / die Blüten, die / auf deinem Grab / wuchsen.« Oft reiht sie andererseits aber auch Satzfragmente kommentarlos aneinander und erzeugt so einen Staccato-Rhythmus, der durch die manchmal nur ein Wort umfassenden Kurzzeilen noch zusätzlich betont wird.

Im nächsten Jahr will Dalia zunächst praktische Erfahrungen im zivilgesellschaftlichen Bereich sammeln. Danach plant sie eine Doktorarbeit in den Vereinigten Staaten zu einer postkolonial-theoretischen Thematik. Momentan lebt die Autorin in Ramallah, Westbank.

'Arrafu l-Sawad
Ogarit Verlag
Ramallah, 2007
Shurfa wa-la ahad
Dar Azminah
Ramallah, 2009

Dalia Taha was born in Berlin in 1986, but grew up in Ramallah (West bank). She studied architecture at the Birzeit University in Ramallah. She began writing very early with the active support of her parents. For years she was an editor of the magazine »Yaraat«, which was dedicated to the young poets and authors of Palestine. She now writes regular contributions for literary journals in the West Bank, in which she publishes poetry and articles that deal mostly with the concepts of space in colonial conditions.

In her first novel, »'Arrafu l-Sawad« (2007; t: Seers Of Blackness) she straddles the boundaries of literary genres and speaks in a dark poetic voice, unearthing the inner life of nameless characters whose identities are increasingly fragmented in a world of occupation and menace. Narrative per spectives shift, the real world diminishes and slips from the reader's grasp; dialogues, juxtaposed without any narrative intercession, are interspersed with passages of lyrical beauty and reflective meditative precision.

Above all it is Taha's poetry that distinguishes her work. Her poetry has been published in many anthologies and journals and a collection appeared under the title of the first poem, »Shurfa wa-la ahad« (2009; t: A Balcony With No One There). The poems speak of love, indifference, death and separation in a fine, metaphor-rich voice. She claims not to follow any political agenda in her work, seeking instead to establish new relationships between things. Dalia works on the one hand with carefully composed material in which she contrasts finely-balanced fragments of observation with moments of surprise: »I climb out of our photograph / in which we sit in front of the far horizon, which does not / fade, to mislead us on our way to us / I run / to myself / and away from my self, next / to a garden wall / I run, and inside me / the blossoms fall, which / grew on your grave« (from: »Shurfa wa-la ahad«). What is more, she often places uncommented fragments into sequen ces, creating staccato rhythms that are further heightened by the occasional use of a one-word line.

Next year Dalia is to gain practical experience in the field of civil service, following which she plans to do a doctorate in post-colonial theory in the United States.The author currently lives in Ramallah on the West Bank.

MAHMOUD SHUKAIR

Von Jerusalem nach Berlin

1975 besuchte ich Berlin zum ersten Mal. Ich war gerade aus dem israelischen Gefängnis entlassen worden. Ich war in Haft, weil ich politisch gegen die Besatzung aktiv gewesen war. Um genau zu sein, wurde ich aus meiner Heimat verbannt. Denn die Besatzungsmacht hatte entschieden, dass ich nicht mehr nach Jerusalem zurückkehren konnte. 1967 wurde der Ostteil von Jerusalem von der israelischen Armee besetzt. Wochen danach beschloss die israelische Regierung, Jerusalem zu vereinigen. Acht Jahre später hatte ich aufgrund eines ungerechten Beschlusses keinen Platz mehr in der Stadt. Die Vereinigung, die die Besatzung zur Folge hatte, brachte weder für mich noch für mein Volk etwas Gutes.

Damals, als ich Berlin besuchte, war die Stadt noch geteilt. Ich wohnte in Ostberlin bei einem palästinensischen Freund, der dort lebte. Jeden Tag musste ich die Grenze in Berlin überqueren, damit ich an einem internationalen Theaterfestival teilnehmen konnte. Die Behörden in Ostberlin gaben mir immer nur ein Visum für 24 Stunden, das heißt, ich war gezwungen, jeden Abend nach Ostberlin zurückzukehren, um dort mein Visum zu verlängern, damit ich am nächsten Tag die Grenze überqueren, nach Westberlin gelangen, am Festival teilnehmen und dann am Abend wieder nach Ostberlin fahren konnte. Die Formalitäten an der Grenze zwischen den beiden Teilen der Stadt erschienen mir damals als anormal.

Trotzdem genoss ich es, durch die beiden Teile zu schlendern, die entstanden waren durch die komplizierten politischen Verhältnisse nach dem Zweiten Weltkrieg und später dann im Kalten Krieg zwischen Ost und West. Als ich in Berlin war, erzählte ich arabischen und deutschen Freunden, die ich dort kennengelernt hatte, von Jerusalem, der Stadt, in der ich geboren wurde und in der ich nun nicht mehr leben durfte. Die geteilte Stadt Berlin bedeutete damals für viele Deutsche auf beiden Seiten der Mauer Trauer und Leid. Und die vereinigte Stadt Jerusalem verursachte mir und meinem Volk und auch vielen Millionen Arabern, Muslimen und Christen in der ganzen Welt Leid, das noch immer präsent ist.

Im September 2008 war ich zu einem Kulturfestival in der norwegischen Stadt Stavanger eingeladen. Thema waren nicht nur die Mauern, die Länder und Städte teilen und Menschen voneinander trennen, sondern auch die, die in den Köpfen wachsen. An einer Veranstaltung zum Thema ‚Mauern' nahm ich zusammen mit dem deutschen Schriftsteller Thomas Brussig, der über die Mauer von Berlin geschrieben hatte, und mit dem irischen Schriftsteller Glenn Patterson teil, der sich mit der Mauer von Belfast literarisch befasst hatte. Wir diskutierten über die Mauern von Berlin, Belfast und Jerusalem, über den Schaden, der dadurch entstanden war, und über die Mentalität, die sich entwickelt hatte, um die Situation als normal oder sogar als natürlich anzusehen, obwohl sie gegen die Vernunft und normale Beziehungen zwischen den Menschen gerichtet war. Die Mauern sind ein Angriff auf die Städte und ihre schöne Architektur, auf den Fluss des Lebens dort und auf die Logik des Zusammenlebens, da sie alles hassen, was Bewegung, Kooperation und Harmonie bedeutet.

Tatsächlich sprach ich eigentlich über zwei Mauern in Jerusalem. Die erste ist die historische Mauer, die vor Tausenden von Jahren um die Altstadt errichtet und vor 500 Jahren von den Osmanen restauriert wurde. Diese Mauer gehörte zur natürlichen Erweiterung der Stadt, und heute ist sie ein historisches Monument. In der Vergangenheit diente sie als Schutzmauer gegen ausländische Eroberer. Die zweite Mauer wurde vor ein paar Jahren von der israelischen Regierung errichtet, und zwar um Ostjerusalem und entlang der Westbank. Sie ist 700 Kilometer lang und dient dem Zweck, viel Land der palästinensischen Gebiete in der Westbank an Israel anzugliedern und Ostjerusalem von den palästinensischen Gebieten zu trennen und zu einem Teil Israels werden zu lassen, sodass es zu einer jüdischen Stadt erklärt werden kann. Dies ignoriert die Tatsache, dass Jerusalem auch einen arabisch-islamischen und christlichen Charakter besitzt. Es ignoriert weiterhin die Tatsache, dass es die meisten Länder ablehnen, Ostjerusalem als jüdisch anzuerkennen und Israel anzugliedern.

Ich schreibe jetzt über Berlin und sehne mich danach, während des Literaturfestivals durch seine Straßen und über seine Plätze zu schlendern, damit ich mich an meinen ersten Besuch erinnern kann und damit ich seiner Kultur, die von Liebe, Toleranz, Solidarität unter den Menschen und gegenseitigem Respekt geprägt ist, nahe sein kann. Wenn ich in Berlin bin, werde ich mich daran erinnern, dass die Palästinenser auf die Behauptung Israels, Jerusalem sei eine jüdische, vereinigte, ewige Hauptstadt von Israel, mit der modernen Forderung reagierten, dass Jerusalem eine vereinigte Hauptstadt für zwei benachbarte Staaten, Israel und Palästina, sei.

Für Berlin, das mich immer an Jerusalem erinnert, meine Liebe.

Aus dem Arabischen von Suleman Taufiq

SAMAR YAZBEK

Samar Yazbek wurde 1970 in Jebleh, einer kleinen Stadt an der syrischen Mittelmeerküste, geboren. Sie studierte arabische Literatur in Lattakia und arbeitet heute als Redakteurin für »Nisa' Suriya« (www.nesasy.org), eine Website, die sich für Menschenrechte, insbesondere für die Freiheit und Rechte von Frauen einsetzt. Zudem ist sie Redakteurin und Moderatorin einer Kultursendung im syrischen Fernsehen, Drehbuchautorin und schreibt regelmäßig für verschiedene arabische Zeitungen, u.a. »al-Hayat«.
Ihre ersten beiden Bände mit Kurzgeschichten, »Baqat kharif« (1999; Ü: Herbststrauß) und »Mufradat imra'a« (2008, Ü: Wörter einer Frau), können als Versuche der Selbstbehauptung gelesen werden. Mit ihrem ersten Roman, »Tiflat as-sama'« (2002; Ü: Himmelsmädchen), begann sie gegen verschiedene Tabus der syrischen Gesellschaft anzugehen – dies kennzeichnet auch alle ihre späteren Werke. In diesem Roman legt sie repressive gesellschaftliche Institutionen wie die der Familie und der religiösen Konfession bloß, während sie im zweiten Roman, »Salsal« (2005; Ü: Lehm), den Blick auf das Verhältnis von Gesellschaft und Politik und auf die Macht des Militärs richtet.
In ihrem dritten Roman, »Ra'ihat al-qurfa« (2008; Ü: Zimtduft), erzählt sie die Geschichte des Scheiterns einer Liebesbeziehung zwischen einer Hausherrin und ihrem Dienstmädchen. Sie beschreibt die Unmöglichkeit der Liebe in einer Gesellschaft, in der nicht dieselben Maßstäbe für alle Menschen gelten.
Ihr jüngstes literarisches Werk, »Jabal az-zanabiq« (2008; Ü: Der Berg der Lilien), trägt keine Gattungsbezeichnung. Es besteht aus 77 Träumen, erzählt von einer Frau, die sich in Anlehnung an »Alice im Wunderland« frei assoziierend durch die Welt bewegt. Mit diesen Texten, die Surreales und Alptraumhaftes verbinden, beweist die Autorin ihre Fähigkeit, Techniken und Stilelemente aus verschiedenen Gattungen – Legende, Volkserzählung, Naturbetrachtung, Lyrik, Kinderliteratur und Film – zusammenzuführen.
Samar Yazbek wurde mit dem ersten Preis der UNO für das Drehbuch zu einem Fernsehfilm über die Problematik früher Eheschließungen von Frauen ausgezeichnet. Sie lebt in Damaskus.

Baqat kharif
Dar al-Jundi
Damaskus, 1999
Mufradat imra'a
Dar al-Kunuz al-Adabiyya
Beirut o.J.
Dar Nainaua
Damaskus, 2008
Tiflat as-sama'
Dar al-Kunuz al-Adabiyya
Beirut, 2002
Dar Nainaua
Damaskus, 2007
Salsal
Dar al-Kunuz al-Adabiyya
Beirut, 2005
Dar al-Arabiyya li-l-'Ulum
Beirut, 2008
Ra'ihat al-qurfa
Dar al-Adab
Beirut, 2008
Jabal az-zanabiq
Dar al-Mada
Damaskus, 2008

Samar Yazbek was born in 1970 in Jableh, a small town on Syria's Mediterranean shore. She studied Arabic literature in Lattakia and today works as an editor for »Nisa' Suriya« (www.nesasy.org). This website is dedicated to human rights, especially the rights and freedoms of women. She is also an editor and presenter of a cultural programme on Syrian television, a scriptwriter, and she writes regularly for various Arabic newspapers, including »al-Hayat«.
Her first two short story collections, »Baqat kharif« (1999; t: Autumn Bouquet) and »Mufradat imra'a« (t: A Woman's Words) can be seen as attempts at self-assertion. She began to question various taboos in Syrian society in her first novel, »Tiflat as-sama'« (2002; t: Heavenly Girl), which became typical of all her ensuing novels. In her début she exposes repressive social institutions, such as the family and religion, while her second novel »Salsal« (2005; t: Clay) concentrates on the relationship between society and politics and the power of the military.
In her third novel »Ra'ihat al-qurfa« (2008; t: The Scent of Cinnamon) the author uses the doomed love affair between a lady and her maidservant to illustrate the impossibility of love in an unequal society in which people are not judged by the same standards. Her most recent work »Jabal az-zanabiq« (2008; t: The Mountain of Lilies) defies categorisation. It consists of seventy-seven dreams and is narrated by a woman who, inspired by »Alice in Wonderland«, moves, through a kind of free association, around the world. These texts, which combine surreal and nightmarish elements, display the author's skill in bringing together techniques and stylistic aspects drawn from different genres – legends, folk tales, natural history, poetry, children's literature, and film.
Samar Yazbek was awarded first prize by the UN for a television script concerning the issue of child brides. She lives in Damascus.

GHASSAN ZAQTAN

Ghassan Zaqtan wurde 1954 in Beit Jala bei Bethlehem geboren. Weil sein Vater Khalil, Dichter der Generation von 1948, nach der palästinensischen Vertreibung für die UNRWA tätig war, verbrachte Zaqtan seine Kindheit und Jugend in Flüchtlingslagern, bevor sich seine Familie in der Nähe von Amman niederließ. Von 1978 bis zum israelischen Libanonfeldzug 1982 lebte Zaqtan dann in Beirut. In jene Zeit fällt die Publikation seiner ersten Gedichtbände. In Damaskus, wo er nach 1982 Asyl bekam, übernahm er die Redaktion der Literaturseiten von »al-Hurriya«, dem Presseorgan der moderaten »Demokratischen Front zur Befreiung Palästinas«. Es folgten Aufenthalte auf Zypern, erneut in Jordanien, im Jemen und in Tunesien, wo er bis Mitte der 1990er Jahre gemeinsam mit Ahmad Dahbur die PLO-Literaturzeitschrift »Bayadir« herausgab. 1994 kehrte er in sein bisher »letztes Exil Ramallah« zurück.
Bis dahin waren drei weitere Gedichtbände, verschiedene Prosatexte, der Kurzroman »Wasf al-madi« (1995; Ü: Beschreibung der Vergangenheit) sowie einige Theaterstücke und Drehbücher für Dokumentarfilme und Fernsehproduktionen erschienen. Den Höhepunkt seines Schaffens aber bilden die drei zuletzt veröffentlichten Gedichtbände »Istidraj al-jabal« (1999; Ü: Verlockung des Berges), »Sira bi al-fahm« (2003; Ü: Biografie in Kohle) und »Ka-tayrin min al-qashsh yatba' uni« (2008; Ü: Wie ein Vogel aus Stroh, der mir folgt). In dieser Erinnerungslyrik, in der Orte, Gegenstände, Personen und Architektur als Hauptakteure auftreten, wird die in der Gegenwart fortlebende Vergangenheit jenseits von Ideologie und kollektiv überformtem Gedächtnis behutsam zu neuem Leben erweckt. Ausgelöst durch die Erfahrung der Rückkehr in die »Heimat«, werden die eigene Exilvergangenheit und die Spuren der von Besatzung und gewaltsamen Vertreibungen gezeichneten Geschichte Palästinas hinterfragt. Wie verblasste Fotografien lässt der Dichter Bild auf Bild folgen, um aus einem sehr intimen Blickwinkel und in einer einfühlsamen Sprache eine von Politik und Religion beherrschte Geschichte und eine umkämpfte Gegenwart in ein neues, »wahres« Licht zu rücken. Bisweilen sind seine zwischen Versmaß und offener Form oszillierenden Texte aber auch Zwiegespräche mit Dichtern wie Mahmud Darwisch, Konstantinos Kavafis oder Klassikern der arabischen Lyriktradition wie Abu Firas al-Hamdani oder Malik ibn ar-Rayb.
Ghassan Zaqtan gründete 1998 in Ramallah/Al-Bireh mit anderen palästinensischen Dichtern das »Haus der Dichtung«, ein bis heute wichtiger Ort dichterischen und kulturellen Austauschs in der Westbank. Er ist heute als Leiter der Literatur- und Publikationsabteilung des Kultusministeriums in Ramallah tätig und gibt zudem die Literaturbeilage der palästinensischen Tageszeitung »al-Ayyam« heraus. Er gilt als einer der bedeutendsten und innovativsten Lyriker Palästinas.

Laisa min ajli
Dar al-multaqa
Limasol, 1992
Sama khafifa
Al-Ahali
Damascus, 1993
Wasf al-madi
Azminah
Amman, 1995
Istidraj al-jabal
Al-Muassasa al-arabiya
Beirut, 1999
Sira bi al-fahm
Riad El Rayyes
London/Beirut, 2003
Ka-tayrin min al-qashsh yatba'uni
Riad El Rayyes
London/Beirut, 2008

Ghassan Zaqtan was born in Beit Jala, near Bethlehem, in 1954. His father Khalil was a poet of the generation of 1948 and worked for the UNRWA following the expulsion of Palestinians. For that reason Zaqtan spent his childhood and youth in refugee camps before his family moved near Amman. From 1978 to the time of the Israeli-Lebanese War (1982), Zaqtan lived in Beirut. During this time he published his first collections of poetry. In Damascus, where he was granted asylum after 1982, he became editor of the literature section of »al-Hurriya«, the organ of the moderate »Democratic Front for the Liberation of Palestine«. Following his years of exile in Damascus he spent time in Cyprus, Jordan again, Yemen, and Tunisia, where he published the PLO literary journal »Bayadir«, with Ahmad Dahbur. In 1994 Zaqtan returned to his »last exile Ramallah«.
Up to that time he had published three further collections of poetry, various prose anthologies, the novella »Wasf al-madi« (1995; t: Description of the Past), as well as various plays and scripts for documentary films and television. The pinnacle of his work was achieved in the three most recently published collections, »Istidraj al-jabal« (1999; t: Call of the Mountain), »Sira bi al-fahm« (2003; t: Biography In Charcoal) and »Ka-tayrin min al-qashsh yatba' uni« (2008; t: Like A Bird Of Straw, Following Me). In this poetry of memory, in which places, objects, people and architecture are present as characters, there is a cautious revival of a historical legacy which lives on in the present and has grown beyond ideology and transformation in the collective memory. Inspired by the experience of returning »home«, the poet's own history in exile is examined, as are the traces of occupation and violent expulsion which mark the history of Palestine. Image follows image, like faded photographs; the poet's intimate perspective and empathetic language allow a new, »truer« light to be cast on a history dominated by politics and religion and a conflict-torn present. At times Zaqtan's texts, which vary traditional and free verse forms, can be understood as dialogues with poets like Mahmud Darwisch, Konstantinos Kavafis or classics in the Arabic poetic tradition such as Abu Firas al-Hamdani or Malik ibn ar-Rayb.
In 1998 he co-founded, alongside other Palestinian poets, the »House of Poetry« in Ramallah, which remains to this day an important location for cultural and poetic exchanges on the West Bank. Today he works as director of the literature and publishing department of the Ministry for Culture in Ramallah and also edits the literature supplement of the Palestinian daily newspaper »al-Ayyam«. He is one of the most significant and innovative Palestinian poets.

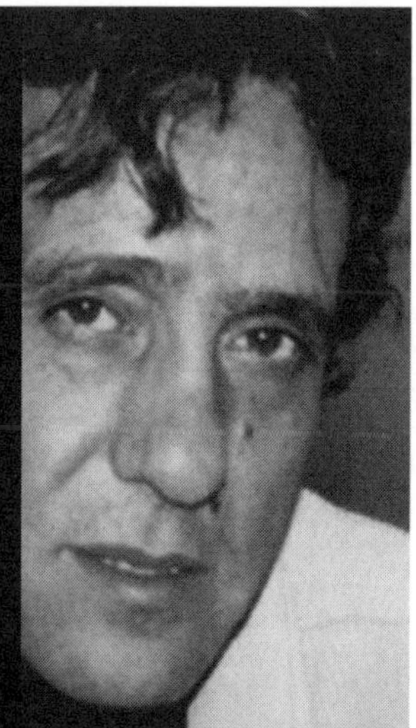

YOUSSEF ZIEDAN

Die Philosophie- und Religionsgeschichte ist das Reich Youssef Ziedans, beruflich und literarisch. Geboren in Oberägypten im Jahre 1958, wuchs Youssef Ziedan in Alexandria bei seinem Großvater auf. Dort studierte er Philosophie und befasste sich – auch in seiner Doktorarbeit von 1989 – mit dem Sufismus. Besonderes Interesse hegt er für Hayy Ibn Jaqzân, jene mehrfach in der islamischen Philosophie behandelte Figur, die, allein auf einer Insel und genährt von einer Gazelle, nach und nach geistige Reife und Intelligenz entwickelt, die großen philosophischen und religiösen Probleme erfasst und also allein durch seine Reflexion zu den Einsichten gelangt, die anderen durch die Offenbarung zuteilwerden. Ziedan ist heute Direktor der Abteilung für Manuskripte an der Bibliotheca Alexandrina in Alexandria. Seine Publikationen sind wissenschaftlich archivalischer Natur, einmal abgesehen von »Iltiqâ' al-Bahrain« (Ü: Die Begegnung der beiden Meere), einer Sammlung von Artikeln, in denen er sich intensiv mit der arabisch-islamischen kulturellen Tradition auseinandersetzt.
In den letzten Jahren hat Youssef Ziedan seine Aufmerksamkeit und seine Kreativität vermehrt in Richtung Literatur gelenkt. 2006 erschien sein erster Roman, »Zill al-Af'â« (Ü: Der Schatten der Schlange). Es ist der Versuch, auf 130 Seiten und im Rahmen des Ausschnitts einer ehelichen Beziehung während einer Nacht die Geschichte der Frau in den letzten 3.000 Jahren abzuhandeln. Mithilfe zahlreicher mythischer Frauenfiguren und der Briefe einer Anthropologin wird die Verwandlung der Schlange von einem positiven zu einem durchweg negativen Symbol geschildert.
Seinen literarischen Durchbruch verdankt Youssef Ziedan dem umfangreichen Roman »Azâzîl« (2008; Ü: Beelzebub), und zwar nicht nur, weil er einen Skandal auslöste, sondern vielmehr, weil er im März 2009 mit dem Intenational Prize for Arabic Fiction, dem arabischen Booker Prize, ausgezeichnet wurde. »Azâzîl«, die fiktive Autobiografie eines koptischen Mönchs aus der ersten Hälfte des 5. Jahrhunderts, stellt den persönlichen Kampf eines jungen Mannes um seinen Gott bzw. gegen den Beelzebub dar und zugleich den Kampf einer entstehenden Kirche oder Religionsgemeinschaft um ihre Ordnungsmacht. Nicht einfach um einen historischen Roman handelt es sich, sondern um einen Roman über »den« Menschen angesichts des Religiösen als Institution und Numinosum. Ziedan lebt in Alexandria.

Zill al-Af'a
Mu'assasat Dar al-Hilal
Kairo, 2006
Âzazîl
Dar al-Schuruk
Kairo, 2008

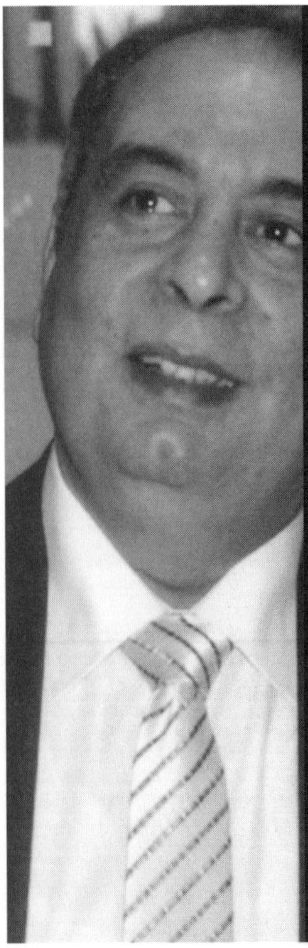

History of philosophy and religion happen to be Youssef Ziedan's fields both in work and literature. Born in Upper Egypt in 1958, Yossef Ziedan grew up with his grandfather in Alexandria. He studied philosophy in the city and became interested in Sufism, which became the subject of his doctorate in 1989. He has for a long time been especially interested in Hayy Ibn Jaqzân, a figure who has been repeatedly examined in Islamic philosophy: living alone on an island, fed by a gazelle, he gradually develops spiritual maturity and intelligence, tackles the big philosophical and religious issues and thus arrives solely through his intelligence and reflections at the insights which others are granted by means of revelations.
Currently, Youssef Ziedan is the director of the Manuscript Centre and Museum at the Bibliotheca Alexandrina. The majority of Ziedan's published works are scientific and archival. Exceptions include the book »Iltiqâ' al-Bahrain« (t: The Meeting of the Seas), a collection of articles that deal intensively with Arab and Islamic cultural tradition.
Recently, Ziedan has turned his attention to literary endeavours. In 2006 his first novel was published, »Zill al-Af'â« (The Shadow of the Serpent). It is an attempt, in one hundred and thirty pages and a one night's slice of married life, to examine the position of women over the past three thousand years. By introducing numerous mythical women as well as the letters of a female anthropologist, he describes the transformation of the serpent from a positive to a thoroughly negative symbol.
Ziedan made his real literary breakthrough in 2008 with the publication of the novel »Azâzîl« (t: Satan), not due to the scandal which some people claimed to find in the book, but thanks to the »Arabic Booker Prize« which the novel won in March 2009. »Azâzîl« is structured as the autobiography of a Coptic monk in the first half of the fifth century, and portrays the monk's internal and external religious life. It describes the monk's battle for God and against evil, and recounts the struggle of an emerging church or religious community for its authority. This is not merely an historical novel, but a novel about people in light of religion as an institution and ›numinosum‹. Ziedan lives in Alexandria.

BERLIN, STADT DER GETROCKNETEN TRÄNEN

SAMAR YAZBEK

ICH HABE BERLIN VORHER NOCH NIE BESUCHT
UND ICH WEIß NICHTS ÜBER DIE STADT.
ABER ICH KANN SIE MIR VORSTELLEN.
MANCHE STÄDTE HABEN LANGE ARME,
DIE SICH NACH WEIT ENTFERNTEN GEGENDEN AUSSTRECKEN.
DIE ANDEREN SEHEN SIE, OHNE DORT GEWESEN ZU SEIN.
ZUM BEISPIEL DIE STADT NEW YORK,
DEREN ARME SICH MIT FAST-FOOD-LÄDEN UND SOFTDRINKS AUS-
STRECKEN.
DOCH DIESER VERGLEICH IST VERKÜRZT UND OBERFLÄCHLICH.
MANCHMAL GLAUBEN WIR NICHT,
DASS ES IN AMERIKA SCHRIFTSTELLER ODER KÜNSTLER GIBT,
WEIL DIE AUSGESTRECKTEN AMERIKANISCHEN ARME
IN FRIEDENSZEITEN FÜR DEN KONSUM
UND IN KRIEGSZEITEN FÜR DEN TOD STEHEN.
DIE STADT BERLIN IST ANDERS ALS DIESE STÄDTE,
DIE IHRE ARME NACH AUßEN AUSSTRECKEN.
SIE HAT GELERNT, IHRE GEHEIMNISSE ZU BEWAHREN.
ES IST EINE STADT, DER EINE GROßE WUNDE ZUGEFÜGT WURDE,
DIE SICH AUFSPALTETE ODER GEZWUNGEN WAR, SICH ZU TEILEN.
DIE EINE HÄLFTE SEHNTE SICH NACH DER ANDEREN HÄLFTE
UND FÜRCHTETE SICH ZUGLEICH DAVOR.
DIESE SEHNSUCHT UND FURCHT VOR SICH SELBST
LIEß BERLIN DIE ARME UM SICH SELBST SCHLINGEN.
WIR KENNEN VON DER STADT NUR DAS,
WAS UNS DIE LITERATUR VERMITTELT UND WAS UNS DAS KINO
GEZEIGT HAT.
BEIDE KÜNSTE LIEBEN TRAURIGE ERINNERUNGEN.
TRAUER VERMITTELT ERFAHRUNG UND LEHRT UNS MEHR ALS
FREUDE.
DIE MENSCHEN, DIE VON EINEM EINGESTÜRZTEN GEBÄUDE ZU
EINEM ANDEREN ZU FLIEHEN VERSUCHTEN,
ESSENSMARKEN, DIE HALFEN, AM LEBEN ZU BLEIBEN,
ALL DIE SCHMERZEN, DIE DIE TRÄNEN IN DEN AUGEN TROCKNETEN
UND GÜNTER GRASS DAZU BEWOGEN, EINEN »ZWIEBELKELLER« ZU
ERRICHTEN, DIE KNEIPE, DIE VOLL WAR MIT GÄSTEN, DIE
ZWIEBELN SCHÄLTEN, UM FESTZUSTELLEN, DASS IHRE AUGEN
NOCH IMMER IN DER LAGE WAREN ZU WEINEN!
ALL DIES STAMMT AUS VERGANGENEN ZEITEN.
WIR UND BERLIN BETRETEN EIN NEUES JAHRHUNDERT,
ABER STÄDTE KÖNNEN NICHT VON EINEM JAHRHUNDERT IN EIN
ANDERES WECHSELN UND IHR GEDÄCHTNIS HINTER SICH LASSEN.
DESHALB STELLE ICH MIR BERLIN ALS EINE ZURÜCKHALTENDE
STADT VOR,
IN DER WÄRME UND KÄLTE SICH DIE WAAGE HALTEN,
DIE ERINNERUNG ZIEHT SIE AUF DIE EINE SEITE
UND DAS BEDÜRFNIS ZU VERGESSEN AUF DIE ANDERE SEITE.
EINE STADT, DIE ANGST VOR FEHLERN HAT
UND SIE SICH ZUGLEICH WÜNSCHT.
WER VON UNS KANN OHNE FEHLER LEBEN?

AUS DEM ARABISCHEN VON SULEMAN TAUFIQ

azouz begag
larissa bender
raffaele cantone
hartmut fähndrich
alma guillermoprieto
hassan hammad
sonja hegasy
rolf hosfeld
adel karasholi
necla kelek
hassan khader
abbas khider
ingo metzmacher
margaret obank
günther orth
andreas pflitsch
jürgen roth
alice schwarzer
samuel shimon
marie-claude souaid-hesse
susanne stemmler
suleman taufiq
angela tschorsnig
gerald uhlig-romero
najem wali
stefan weidner
françois zabbal

born near Lyon in 1957, graduated in economics and now works as a sociologist. Alongside his academic studies he has written well-received novels for adults and young adults. In 1986 Begag became the most famous practitioner of the ›littérature beure‹ - the literature of North African immigrants in France – with his award-winning novel for young adults, »Le gône du chaâba«. He was also Delegate Minister for Equal Opportunities from 2005 to 2007. The author lives in Paris.

azouz begag

geboren 1957 bei Lyon, promovierte in Wirtschaftswissenschaften und arbeitet heute als Soziologe. Neben wissenschaftlichen Studien hat er viel beachtete Romane für Jugendliche und Erwachsene veröffentlicht. 1986 avancierte Begag mit seinem preisgekrönten Jugendroman »Le gône du chaâba« (dt. »Azouz, der Junge vom Stadtrand«, 2001) zum bekanntesten Vertreter der »littérature beure«, der Literatur der nordafrikanischen Immigranten in Frankreich. Der Autor war zudem von 2005 bis 2007 beigeordneter Minister für die Förderung von Chancengleichheit. Er lebt in Paris.

born in Cologne in 1958, studied ethnology, art history, sociology and Islamic studies in Cologne and Berlin. Prolonged stays in Syria. From November 2002 to December 2007, she was deputy editor-in-chief for the internet portal Qantara.de. Larissa Bender is a freelance translator of Arabic, journalist, reviewer for Arabic literature, and member of the academic staff at the State Language Institute of Ruhr University in Bochum.

larissa bender

1958 in Köln geboren, studierte Islamwissenschaft, Ethnologie, Kunstgeschichte und Soziologie in Köln und Berlin. Langjährige Aufenthalte in Syrien. Von November 2002 bis Dezember 2007 war sie stellvertretende Redaktionsleiterin beim Internetportal »Qantara.de«. Larissa Bender ist freiberufliche Übersetzerin aus dem Arabischen, Journalistin, Gutachterin für arabische Literatur und wissenschaftliche Mitarbeiterin am Landesspracheninstitut der Ruhr-Universität Bochum.

azouz begag

larissa bender

raffaele cantone

hartmut fähndrich

was born in Naples in 1963 and grew up in Giugliano, a small village that was under the influence of the criminal organisation known as Camorra. Endowed with a strong »love of the law« (Roberto Saviana, LA REPUBBLICA), he studied law and eventually became the leading state attorney for the Anti-Mafia agency, a position he held from 1999 to 2007. The state attorney wrote an autobiographical book about his time leading the fight against the Camorra. »Solo per giustizia«, (2008; dt. »Allein für die Gerechtigkeit«, 2009; t: For justice only) which became a best-seller in Italy. Cantone lives in Naples.

raffaele cantone

Allein für die Gerechtigkeit
Kunstmann
München, 2009
[Ü: Friederike Haussmann und Rita Seuss]

wurde 1963 in Neapel geboren und wuchs in dem kleinen Örtchen Giugliano auf, das geprägt ist vom Einfluss der Camorra. Mit einer starken »Liebe zum Recht« ausgestattet (Roberto Saviana, »La Repubblica«), studierte er Jura und war schließlich 1999 bis 2007 leitender Staatsanwalt der Antimafia-Behörde. Über diese Zeit als Ermittler gegen die Camorra verfasste er das autobiografische Buch »Solo per giustizia« (2008; dt. »Allein für die Gerechtigkeit«, 2009), das in Italien zum Bestseller avancierte. Cantone lebt in Neapel.

was born in Tübingen in 1944 and studied Semitic and Islamic studies and comparative literature. Since 1984 he has been editor of the Arabic literature list for the Swiss publisher Lenos. Fähndrich is one of the most important translators working from Arabic into German. He has been awarded many prizes for his translations, including the Arabic League's Prize For Translation (2004). In 2008 he won the international translation prize awarded by the guardian of the two Holy Places, King Abdallah Ibn Abdalsîs (Saudi-Arabia).

hartmut fähndrich

www.hartmutfaehndrich.ch

geboren 1944 in Tübingen, studierte Semitistik, Islamwissenschaft und Vergleichende Literaturwissenschaft. Seit 1984 ist er Herausgeber der Reihe »Arabische Literatur« beim Schweizer Lenos Verlag. Fähndrich zählt zu den bedeutendsten Übersetzern aus dem Arabischen. Für seine Tätigkeit erhielt er zahlreiche Preise, u.a. 2004 den Übersetzerpreis der Arabischen Liga. 2008 wurde er ausgezeichnet mit dem internationalen Übersetzerpreis des Hüters der beiden Heiligtümer, König Abdallah Ibn Abdalsîs (Saudi-Arabien).

born in Mexico in 1949, studied modern dance in New York. She has reported on Latin America for periodicals (»New Yorker«, »New York Review of Books«). She has long been considered an authority on political journalism. In 1991 she published »Samba«, a book about Brazil and its folk music tradition. »La Havanna en un Espejo« (2005; Eng. »Dancing with Cuba: A Memoir of the Revolution«, 2005) is the first of her works to be translated in German, entitled »Havanna im Spiegel. Eine Erinnerung an die Revolution« (2009). She lives in Mexico City and Chicago.

alma guillermoprieto

geboren 1949 in Mexiko, ging als Jugendliche nach New York, wo sie Modernen Tanz studierte. Seit über zwanzig Jahren berichtet sie u.a. für den »New Yorker« und die »New York Review of Books« aus Lateinamerika. Sie gilt längst als eine Autorität auf dem Gebiet der politischen Reportage. 1991 erschien »Samba«, ein Buch über Brasilien und seine musikalische Volkskultur. »Havanna im Spiegel. Eine Erinnerung an die Revolution« ist ihr erstes Buch auf Deutsch. Die Autorin lebt in Mexiko Stadt und Chicago, wo sie am Zentrum für lateinamerikanische Studien unterrichtet.

was born in Cairo in 1961 and studied Arabic language and literature. In 2002 he graduated with a dissertation on the use of irony in Nagib Machfuz's stories. Hammad has been living in Switzerland since 1999, where he founded the Lisan publishing house in 2004 and, two years later, the magazine of the same name. Lisan is committed to the translation and dissemination of modern Arabic literature, and especially the work of young Arabic-language authors. Hammad is chief editor at Lisan, both the publishing house and the magazine.

hassan hammad

1961 in Kairo geboren, studierte arabische Sprache und Literatur. 2002 promovierte er über die Ironie in den Erzähltexten von Nagib Machfus. Seit 1999 lebt Hammad in der Schweiz. Dort gründete er 2004 den Lisan Verlag und zwei Jahre später die gleichnamige Zeitschrift. »Lisan« widmet sich der Vermittlung und Übersetzung moderner arabischer Literatur, besonders junge arabische Autoren sollen hier unterstützt werden. Hammad ist Chefredakteur des Verlags und der Zeitschrift.

www.lisan.ch

alma guillermoprieto

hassan hammad

sonja hegasy

rolf hosfeld

was born in Leverkusen in 1967. She studied Islamic Studies in Cairo, Bochum, New York, and at the University of Witten/Herdecke. She finished her Ph.D. in 1996 at the Institute of Political Science at FU Berlin. Until 1998 she was a junior expert with the Friedrich-Ebert-Stiftung in Cairo. Since then she has worked as a researcher at the Zentrum Moderner Orient in Berlin; as of 2008 as one of the Institute's vice-directors. She is also chairperson of the council »Science und Current Affairs« at the Goethe Institute in Munich.

sonja hegasy

wurde 1967 in Leverkusen geboren. Sie studierte Islamwissenschaft in Kairo, Bochum, New York und an der Universität Witten/Herdecke.1996 promovierte sie am Fachbereich Politikwissenschaft der FU Berlin. Bis 1998 war sie Juniorexpertin bei der Friedrich-Ebert-Stiftung in Kairo. Danach wurde sie wissenschaftliche Mitarbeiterin am Zentrum Moderner Orient in Berlin und ab 2008 dessen Vizedirektorin sowie Vorsitzende des Beirats »Wissenschaft und Zeitgeschehen« des Goethe-Instituts München.

Changing Values among Youth. Examples from the Arab World and Germany
[Hrsg. mit Elke Kaschl]
Verlag Hans Schiler
Berlin, 2007

studied German language and literature, political science and philosophy in Frankfurt/Main and Berlin. He has worked as editor at a publishing house, edited the magazine »Merian« and was cultural editor at the weekly newspaper »Die Woche«. His work encompasses numerous books and articles as well as films and TV series. He most recently published the four-volume, multimedia history »Die Deutschen von 1815 bis heute«, as well as the monograph »Was war die DDR?«.

rolf hosfeld

studierte Germanistik, Politikwissenschaft und Philosophie in Frankfurt/Main und Berlin. Er war Verlagslektor, Redakteur der Zeitschrift »Merian« und Kulturchef der Wochenzeitung »Die Woche«. Seine Arbeit umfasst zahlreiche Veröffentlichungen und Bücher sowie Filme und TV-Serien. Zuletzt veröffentlichte er die vierbändige, multimediale Geschichte »Die Deutschen von 1815 bis heute« sowie die Monografie »Was war die DDR?«.

Das vierbändige Werk »die Deutschen 1815 bis heute«
Piper, 2006/2007
Was war die DDR? Die Geschichte eines anderen Deutschlands
Kiepenheuer & Witsch
Köln, 2008

was born in 1936 in Damascus, Syria. The youngest member of the Arab Writers Union, he left his home country when the organisation was banned in 1959. In 1961 he came to Leipzig, studied at the Institute of Literature and at the Drama College and graduated on the subject of Bertolt Brecht's theatre. As a bilingual poet and essayist, his texts often deal with the idea of home. He translates prose texts, poetry, and drama from both languages. He has recently translated Mahmoud Darwish's poetry in the collection »Der Würfelspieler«, (2009; t: The Dice Player). Adel Karasholi lives in Leipzig.

adel karasholi

wurde 1936 in Damaskus, Syrien, geboren. Als jüngstes Mitglied des Arabischen Schriftstellerverbandes verließ er nach dessen Verbot 1959 seine Heimat. 1961 gelangte er nach Leipzig, studierte am Literaturinstitut und an der Theaterhochschule und promovierte über das Theater Bertolt Brechts. Als zweisprachiger Lyriker und Essayist kreist er in seinen Texten vielfach um das Thema Heimat. Er übersetzt Prosatexte, Gedichte und Dramen aus beiden Sprachen. Von Mahmud Darwisch übersetzte er zuletzt die Gedichtsammlung »Der Würfelspieler« (München 2009). Adel Karasholi lebt in Leipzig.

Wenn Damaskus nicht wäre
A1 Verlag
München, 1992
Also sprach Abdulla
A1 Verlag
München, 1995
Der Würfelspieler
von: Mahmoud Darwish
[Ü: Adel Karasholi]
München, 2009
A1 Verlag
www.karasholi.com

was born in Istanbul in 1957 and came to Germany with her family ten years later. In 2005 she was awarded the Geschwister-Scholl Prize, and in 2006 she won the Corine Non-Fiction Award for »Die verlorene Söhne« (t: The Lost Sons). This year, she was awarded the Hildegard-von-Bingen Prize for Journalism. She actively contributed to the debates within the Islamic Conference.

necla kelek

wurde 1957 in Istanbul geboren und kam als zehnjährige mit ihrer Familie nach Deutschland. Ihr Buch »Die verlorenen Söhne« wurde 2006 mit dem Corine-Sachbuchpreis ausgezeichnet, dieses Jahr wurde ihr der Hildegard-von-Bingen Preis für Publizistik verliehen. Sie aktiv zu den Debatten der von der Bundesregierung berufenen Deutschen Islamkonferenz bei.

Die verlorenen Söhne. Plädoyer für die Befreiung des türkisch-muslimischen Mannes
Kiepenheuer & Witsch
Köln, 2006
Bittersüße Heimat. Bericht aus dem Inneren der Türkei
Kiepenheuer & Witsch
Köln, 2008

adel karasholi

necla kelek

hassan khader

abbas khider

born in Gaza in 1953, is a Palestinian writer and literary critic and is chief editor of the literary journal »Al-Karmel«, which is published in Ramallah. His most well-known works include »ard alghazallah« (2003; t: Land of the Deer) and »Hawyat al akhar« (1997; t: Identity of the Other). He studied English Literature and translated many books into Arabic. In 1997 he was awarded the Palestinian Prize for Literature and Art. He currently lives in Berlin.

hassan khader

geboren 1953 in Gaza, ist ein palästinensischer Schriftsteller und Literaturkritiker, der als Chefredakteur für die in Ramallah erscheinende Literaturzeitschrift »Al-Karmel« arbeitet. Zu seinen bekanntesten Publikationen zählen »ard alghazallah« (2003; Ü: Land des Hirsches) und »Hawyat al akhar« (1997; Ü: Identität des Anderen). Er studierte Englische Literatur und übersetzte mehrere Bücher ins Arabische. 1997 gewann er den Palästinensischen Preis für Literatur und Künste. Zurzeit lebt er in Berlin.

was born in Baghdad in Iraq, in 1973. He was arrested at age nineteen for political reasons and, after his release, he fled Iraq. Since 2000 he has been living in Germany and studying literature and philosophy in Munich. Khider has published two collections of poetry and one volume of essays in Arabic. His first novel was written and published in German: »Der falsche Inder« (2008; The Fake Indian). In 2009 he was awarded the Alfred-Döblin Scholarship of the Academy of Arts Berlin. He currently lives in Berlin and Beirut.

abbas khider

wurde 1973 in Bagdad geboren. Er wurde schon mit 19 Jahren wegen seiner politischen Aktivitäten verhaftet und floh nach seiner Entlassung aus dem Irak. Seit 2000 lebt er in Deutschland und studierte Literatur und Philosophie in München. Khider veröffentlichte zwei Gedichtbände und einen Essayband in arabischer Sprache. Auf Deutsch verfasste und veröffentlichte er seinen ersten Roman, »Der falsche Inder« (Edition Nautilus, Hamburg 2008). 2009 erhielt er das Alfred-Döblin-Stipendium der Akademie der Künste Berlin. Zurzeit lebt er in Berlin und Beirut.

www.abbaskhider.com

was born in Hannover in 1957. He made his breakthrough as a musical conductor with Franz Schreker's »Der ferne Klang« (The Distant Sound) at the Brussels Opera in 1988. From 1997 to 2005, he was director of the Hamburg State Opera. Afterward, he was chief conductor in Amsterdam and, since 2007, he has been principal conductor for the German Symphony Orchestra in Berlin. His first book, »Keine Angst vor neuen Tönen« (t: No fear of new notes), was published in 2005. In 2009, he published »Vorhang auf!« (t: Raise the curtain), a guide to opera. Metzmacher lives in Berlin.

ingo metzmacher

wurde 1957 in Hannover geboren. Seinen Durchbruch als Dirigent hatte er 1988 mit Franz Schrekers »Der ferne Klang« an der Brüsseler Oper. Seither dirigierte er an vielen bedeutenden Opernhäusern. 1997 bis 2005 leitete er die Hamburgische Staatsoper. Danach war er Chefdirigent in Amsterdam, und seit 2007 leitet er das Deutsche Symphonie Orchester Berlin. Sein erstes Buch »Keine Angst vor neuen Tönen« veröffentlichte er 2005. Seine Opern-Einführung »Vorhang auf!«, erscheint 2009. Metzmacher lebt in Berlin.

www.
ingometzmacher.com

born in Leeds, UK, has a first degree in philosophy and English literature from Leeds University and a master's degree in applied linguistics from Birkbeck College, University of London. With the Iraqi author Samuel Shimon, she co-founded the English-language magazine of modern Arab literature »Banipal« in 1998, with the aim of making the most recent currents in Arabic-language literature available to Western readers. Obank is publisher and editor-in-chief of »Banipal« magazine and a publisher for »Banipal Books«.

margaret obank

geboren in Leeds, Großbritannien, studierte Philosophie und englische Literatur an der Leeds University und machte ihren Master in Angewandter Linguistik am Birkbeck College. Sie war lange als Sprachlehrerin tätig, den größten Teil ihrer Karriere hat sie jedoch dem Verlagswesen gewidmet: 1998 gründete sie zusammen mit dem irakischen Schriftsteller Samuel Shimon die englischsprachige Zeitschrift »Banipal«. Obank ist Herausgeberin und Chefredakteurin dieser Zeitschrift.

ingo metzmacher

margaret obank

günther orth

andreas pflitsch

was born in Ansbach in 1963 and is a translator and interpreter of Arabic. He studied Islamic studies, geography, and sociology in Erlangen. During lengthy periods of time spent in Cairo, Damascus and Yemen he researched modern Arabic literature. With a doctorate in Arabic, he has been a member of the State Examination Commission for Translators in Berlin since 1999. Alongside his work as a conference interpreter and translator he also teaches Arabic, translation, and German as a Foreign Language at various universities.

günther orth

geboren 1963 in Ansbach, studierte Islamwissenschaft, Geografie und Soziologie in Erlangen. Während zum Teil langjähriger Aufenthalte in Kairo, Damaskus und im Jemen setzte er seine Studien fort. Seit 1999 ist der promovierte Arabist Mitglied der Staatlichen Prüfungskommission für Übersetzer Berlin. Neben seiner Tätigkeit als Konferenzdolmetscher und Übersetzer aus dem Arabischen arbeitete er an verschiedenen Universitäten als Dozent für Übersetzung und Deutsch als Fremdsprache.

works as a scholar of Islam and Arab culture at the Berlin Centre for Research in Literature and Culture, and teaches Modern Arabic Literature at the FU in Berlin. He worked temporarily as a professor of Arabic at the University in Bamberg in the winter semester 2008/09 and summer semester in 2009. He writes regularly in daily newspapers, including »Tagesspiegel«, »Tageszeitung«, »Literaturen« and the weekly newspaper »Die Zeit«. He is also a consultant in Modern Arabic Literature for »Kindlers Literatur Lexikon« (published in 2009).

andreas pflitsch

arbeitet als Islamwissenschaftler und Arabist am Berliner Zentrum für Literatur- und Kulturforschung und unterrichtet moderne arabische Literatur an der Freien Universität Berlin. Im Wintersemester 2008/09 und im Sommersemester 2009 vertrat er die Professur für Arabistik an der Universität Bamberg. Er schreibt regelmäßig, u.a. für den »Tagesspiegel«, die »taz«, »Literaturen« und die Wochenzeitung »Die Zeit«, und ist Fachberater für den Bereich moderne arabische Literatur von »Kindlers Literatur Lexikon« (3. Aufl. 2009).

Mythos Orient.
Eine Entdeckungsreise
Herder
Freiburg, 2003
Arabische Literatur, postmodern
Hrsg.: Angelika Neuwirth, Andreas Pflitsch und Barbara Winckler
Edition Text und Kritik
München, 2004

was born in Frankfurt am Main in 1945. Since the 1970s, he has made a name for himself as an investigative journalist and produced numerous television documentaries and books on the subject of organized crime. His work has focused on Eastern Europe, Germany and international terrorism in particular. In 2009, he published the highly informative, outspoken book »Mafialand Deutschland« (t: Germany: Mafia Country). The author lives in Frankfurt am Main.

jürgen roth

www.juergen-roth.com

wurde 1945 in Frankfurt am Main geboren. Er hat sich seit den 1970er Jahren einen Namen als investigativer Journalist gemacht und als solcher zahlreiche Fernsehdokumentationen und Bücher über die organisierte Kriminalität veröffentlicht. Schwerpunktthemen seiner Werke sind Osteuropa, Deutschland und der internationale Terrorismus. 2009 erschien der faktenreiche Band »Mafialand Deutschland«. Der Autor lebt in Frankfurt am Main.

was born in Wuppertal in 1942. Following an apprenticeship and employment in business she studied languages, worked as an editor, and from 1970 worked as a freelance correspondent in Paris. After returning to Germany, she published her book »Der kleine Unterschied und seine großen Folgen« (1975; t: The Little Difference and its Big Consequences), which made her the country's most famous feminist. 1977 saw the publication of the first issue of »Emma«, the magazine she helped to found and continues to publish. She has published over twenty-six books as an author and has been the editor of seventeen. Schwarzer lives in Cologne.

alice schwarzer

Der kleine Unterschied und seine großen Folgen
S. Fischer
Frankfurt/Main, 1975
Die Antwort
Kiepenheuer & Witsch
Köln, 2007
www.aliceschwarzer.de

wurde 1942 in Wuppertal geboren. Nach einer kaufmännischen Lehre und Anstellung studierte sie Sprachen, arbeitete als Redakteurin und ab 1970 als freie Korrespondentin in Paris. Nach Deutschland zurückgekehrt, publizierte sie 1975 ihr Buch »Der kleine Unterschied und seine großen Folgen«, das sie zur bekanntesten deutschen Feministin machte. 1977 erschien die erste Ausgabe der von Schwarzer begründeten und seither geleiteten Zeitschrift »Emma«. Insgesamt veröffentlichte sie bisher 26 Bücher als Autorin und 17 als Herausgeberin. Schwarzer lebt in Köln.

jürgen roth

alice schwarzer

samuel shimon

was born in 1956 in Al-Habbaniyah in Iraq. In 1979 he left Iraq, then lived in Beirut and Paris, before moving to London in 1996, where he co-founded »Banipal« – the English-language journal for Arabic literature. In 2003 he founded the online journal for Arab culture »Kikah« (www.kikah.com). Samuel Shimon's short stories and poems have been published in various Arabic-language newspapers. His first novel »An Iraqi in Paris« was published in 2005 by Banipal books for the English version and the Arabic by Al-Kamel Verlag in Cologne.

samuel shimon

www.kikah.com
www.banipal.co.uk

wurde 1956 in Al-Habbaniya im Irak geboren. 1979 verließ er den Irak, lebte zunächst in Beirut und Paris, siedelte 1996 nach London über und war Mitbegründer der englischsprachigen Zeitschrift für arabische Literatur »Banipal«. 2003 gründete er außerdem das arabische Online-Kulturjournal »Kikah« (www.kikah.com). Samuel Shimons Kurzgeschichten und Gedichte wurden in verschiedenen arabischen Zeitungen veröffentlicht. Sein erster Roman »An Iraqi in Paris« (Ü: Ein Iraker in Paris) erschien 2005 bei Banipal books in englischer Übersetzung und im Al-Kamel Verlag auf Arabisch.

samuel shimon

I have loved, I do love, and I will continue to love
Berlin, the city I have visited maybe ten times by car,
train and aeroplane.
In Berlin, I wrote the last pages of my novel An Iraqi
in Paris in the flat of my Berliner friends Volker
Kaminsky and Martina Kirchhof.
In Berlin I kissed the cold forehead of my dearest
friend, the great poet
Sargon Boulus, who died on 22 October 2007 in the
city he loved the most.

born in 1954 in Beirut, the sociologist and anthropologist, Marie-Claude Souaid-Hesse, has dual French and Lebanese citizenship. After graduating in 1978 with a BA in sociology from the Université Lyon II in France, she taught at the Boukhlafa University in Algeria. Back to Lebanon, in 1980 she embarked on a career as a teacher and researcher. In 2004 she was one of the main organizers of the Arab World Conference for the German Bundestag. Since 2005, Souaid-Hesse has been working as a consultant in Berlin.

marie-claude souaid-hesse

wurde 1954 in Beirut geboren und ist eine französisch-libanesische Soziologin und Anthropologin. Nach dem Soziologiestudium an der Université Lyon II in Frankreich unterrichtete sie zunächst an der Universität Boukhlafa in Algerien. Nach ihrer Rückkehr 1980 in den Libanon war Souaid-Hesse als Lehrerin und Wissenschaftlerin tätig. 2004 organisierte sie die Konferenz »Tage der Arabischen Welt« für den deutschen Bundestag. Seit 2005 ist Souaid-Hesse als Beraterin in Berlin tätig

born in 1968, is a specialist in Romance studies and is director of the departments of literature, science, and society at the Haus der Kulturen der Welt (HKW) in Berlin. She graduated with a study of the European perspective on the Arab world (t: The Topography of Vision. A phenomenology of Literary Orientalism in Nineteenth Century France). She teaches French literature at Düsseldorf University, was a post-doctoral fellow at the Centre for Metropolitan Studies in Berlin and other places, including Columbia University in New York.

susanne stemmler

geboren 1968, ist Romanistin und leitet den Bereich Literatur, Wissenschaft und Gesellschaft am Haus der Kulturen der Welt in Berlin. Ihre Promotion schrieb sie über den europäischen Blick auf die arabische Welt (»Topografien des Blicks. Eine Phänomenologie literarischer Orientalismen des 19. Jahrhunderts in Frankreich«, 2004). Sie lehrte französische Literaturwissenschaft an der Universität Düsseldorf und war Postdoctoral Fellow u.a. am Center for Metropolitan Studies in Berlin und an der Columbia University in New York.

marie-claude souaid-hesse

susanne stemmler

suleman taufiq

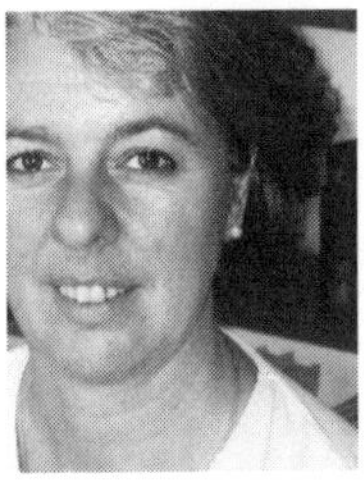

angela tschorsnig

was born in Beirut in 1953 and grew up in Damascus. He came to Germany in 1971, where he studied philosophy and comparative literature. He published his first collection of poetry in 1978 in German. He has published stories and essays as well as poetry and children's books and has translated many Arabic works into German and German poets into Arabic. Since 1986 he has been living in Aachen as a freelance writer and journalist.

suleman taufiq

1953 in Beirut geboren und in Damaskus aufgewachsen, kam Taufiq 1971 nach Deutschland, wo er Philosophie und Komparatistik studierte. 1978 veröffentlichte er seinen ersten Gedichtband in deutscher Sprache. Neben Erzählungen und Essays hat er Gedichte und Kinderbücher veröffentlicht und viele arabische Werke ins Deutsche sowie zahlreiche deutsche Dichter ins Arabische übersetzt. Er lebt seit 1986 als freier Schriftsteller und Publizist in Aachen.

was born in Karlsruhe in 1960 and graduated in Germersheim as an accredited translator for Arabic and French. She spent time abroad in Toulouse, Cairo, and Southeast Anatolia. Tschorsnig translates from French and works with Kamal Hayek on translations from Arabic and with Kourosh Betsarkis on translations from Persian. Authors whose works she has translated include Driss Chraïbi, Hanna Mina, Hanan al-Scheich, and Akram Musallam. Angela Tschorsnig lives and works as a freelance translator in Karlsruhe.

angela tschorsnig

1960 in Karlsruhe geboren, machte sie ihren Abschluss als Diplom-Übersetzerin in Germersheim. Auslandsaufenthalte in Toulouse, Kairo und Südostanatolien folgten. Sie übersetzt aus dem Französischen, im Tandem mit Kamal Hayek aus dem Arabischen und mit Kourosh Betsarkis aus dem Persischen. Zu den übersetzten Autorinnen und Autoren gehören u.a. Driss Chraïbi, Hanna Mina, Hanan al-Scheich und Akram Musallam. Angela Tschorsnig lebt als freie Übersetzerin in Karlsruhe.

was born in Heidelberg in 1953. He studied acting and directing at the Max Reinhardt Seminar in Vienna. He now works as an actor, director, author and visual artist. In 1986, he founded Café Einstein Unter den Linden as well as the gallery next door. He has suffered from a rare illness, Farby's disease, for his entire life. In his book »Und trotzdem lebe ich« (2009; t: And in spite of it, I'm living), he writes about the ›crimes‹ of his body, his bizarrely comic family, and the woman who saved his life. Gerald Uhlig-Romero lives in Berlin.

gerald uhlig-romero

wurde 1953 in Heidelberg geboren. Er studierte am Max Reinhardt Seminar in Wien Schauspiel und Regie und arbeitet heute als Schauspieler, Regisseur, Autor und bildender Künstler. 1996 gründete er das »Café Einstein Unter den Linden« samt der dazugehörigen Galerie. Zeitlebens leidet er an der seltenen Krankheit Morbus Fabry. Von diesem Körperkrimi, seiner skurril-komischen Familie und seiner Lebensretterin erzählt sein Buch »Und trotzdem lebe ich« (2009). Gerald Uhlig-Romero lebt in Berlin.

Das Café Einstein Unter den Linden
Nicolai
Berlin, 2001
Und trotzdem lebe ich: mein Kampf mit einer rätselhaften Krankheit
DVA
München, 2009
www.uhlig.einsteinudl.com

was born in the Iraqi city of Basra in 1956. He studied German literature at the University of Baghdad. In 1980, when the Iran-Iraq War broke out, he chose exile. Wali studied German at Hamburg University and Spanish literature at the University Complutense of Madrid. The author and journalist worked in Hamburg, where his jobs included working as a correspondent for the Arabic-language daily newspaper »Al-Hayat«. Many of his novels and short stories have been translated into foreign languages. Najem Wali lives and works as freelance author in Berlin.

najem wali

wurde 1956 in der irakischen Stadt Basra geboren. Er studierte Deutsche Literatur an der Universität von Bagdad. 1980, bei Ausbruch des Iran-Irak-Kriegs, ging er ins Exil. Wali studierte Germanistik in Hamburg und spanische Literatur an der Universidad Complutense de Madrid. Er arbeitete in Hamburg u.a. als Korrespondent für die arabische Tageszeitung »Al-Hayat«. Seine Romane und Kurzgeschichten wurden in mehrere Sprachen übersetzt. Wali lebt und arbeitet heute als freier Schriftsteller in Berlin.

Reise in das Herz des Feindes
Hanser
München, 2009
[Ü: Imke Ahlf-Wien]
Joseph's picture
PGW
San Francisco, Denver, 2009

gerald uhlig-romero

najem wali

stefan weidner

françois zabbal

born in Cologne in 1967, studied Islamic studies, German and philosophy in Göttingen, Damascus, Berkeley, and Bonn. Since then he has been active as a writer, journalist and translator. Since 2001 he has been chief editor of the journal »Fikrun wa Fann«, published by the Goethe Institute, which sees its purpose as mediating between Western and Islamic worlds. In 2007 Weidner was awarded the Johann-Heinrich-Voß Prize for his translations of Arabic poetry, including works by Adonis and Mahmoud Darwish.

stefan weidner

geboren 1967 in Köln, studierte Islamwissenschaften, Germanistik und Philosophie in Göttingen, Damaskus, Berkeley und Bonn und ist seither als Schriftsteller, Journalist und Übersetzer tätig. Seit 2001 arbeitet er als Chefredakteur für die vom Goethe-Institut herausgegebene Zeitschrift »Fikrun wa Fann«, die sich als Vermittlerin zwischen westlicher und islamischer Welt versteht. 2007 erhielt Weidner für seine Übersetzungen arabischer Gedichte, darunter auch Werke von Adonis und Mahmud Darwisch, den Johann-Heinrich-Voß-Preis

www.der-w.de

born in Lebanon, is a writer, philosopher and translator. Zabbal was at one time a professor at the University in Beirut, but in 1984 had to go into exile in France. Since 1996 he has been chief editor of the cultural journal »Qantara«, published by the Paris Institut du Monde Arabe. Among other things, he is concerned with the relationship between the Western world and Islamic countries, and is, together with Robert Bistolfi, the publisher of the anthology »Islams d'Europe – integration ou insertion communautaire?«. He lives in Paris.

françois zabbal

im Libanon geboren, ist Schriftsteller, Philosoph und Übersetzer. Er war ursprünglich als Professor an der Universität Beirut tätig, musste jedoch 1984 ins Exil nach Frankreich gehen. Seit 1996 ist er Chefredakteur der vom Pariser Institut du Monde Arabe herausgegebenen Kulturzeitschrift »Qantara« Er setzt sich u.a. mit der Beziehung zwischen westlicher Welt und islamisch geprägten Ländern auseinander und gab gemeinsam mit Robert Bistolfi den Sammelband »Islams d'Europe: integration ou insertion communautaire?« heraus. Er lebt in Paris

Islams D'Europe: Integration ou Insertion Communautaire
Editions de l'Aube
Paris, 1995
Récits en noir et blanc
Paris Mediterranée
Paris, 2001

GERALD UHLIG-ROMERO

Beginn eines Berlin-Romans

Ich, dessen Vergangenheit heute mein Heimweh ist, so wie damals die Sehnsucht meine Zukunft war, stehe mit Lichtkörpern in Händen vor meinem Kaffeehaus Unter den Linden. Den Touristen aus aller Welt singe ich zu: „Freunde, auch eine stehende Uhr kann zweimal am Tag die Zeit anzeigen, es kommt nur darauf an, dass ihr im richtigen Augenblick auf eure Uhren schaut. So versuche ich im Kaffeehaus, dem Ort der Dichter, stündlich die irrsinnige Dramaturgie „Leben" in den Griff zu bekommen. Die Welt ist ein Klassenzimmer, singe ich weiter und lerne aus meinen Niederlagen. Angenommen, schreiender, tanzender Poet, man wird nicht mit einem berühmten Namen als Marke in die Welt hinein geboren, wie soll man da heute überleben? Ich der Tänzer und du der Schreibende, uns wird wohl nichts anderes übrig bleiben, als zur richtigen Zeit am richtigen Ort zu sein. Vielleicht die Dame Berlin? Ich kenne die Personen genau, die sich immer geärgert haben, dass die „zufällig Begabten" die schönsten Plätze an der Sonne ergattern konnten, während sie mit ihren Fleißkärtchen nur in der Provinz herrschen durften. Bei den „zufällig Begabten" sieht alles nach Lehrplan aus, aber in Wirklichkeit improvisieren sie von Augenblick zu Augenblick. Meine Symphatie gehört dieser stillen Blume, die irgendwann gepflückt werden will, aber für das heutige Berlin braucht sie zu lange, um entdeckt zu werden, und dann ist sie schon verblüht. Ich halte die Stunden zwischen Abenddämmerung und Morgengrauen für farbiger als den Tag in dieser Stadt und deshalb bin ich ein Jäger mit feinster Witterung für erstklassige Beute geworden. Aber ob nun zu kurz gekommen oder durch den Zufall verwöhnt, alle sind wir nur ein Haufen Müll, durch den wir laufen, bis wir sterben. Nichts bedeutet etwas. Das Leben ist eine Reise vom Nichts ins Nichts zum Nichts. Ich werde diese Verzweiflung aushalten bis zum Schluss. Auf diesem Tanzboden Berlin will ich sterben, denn hier findet mich immer wieder das kleine, feine Lachen, auch im tiefsten Unglück. Als dieser Graf, der von sich sagt, er sei eine sinnlose Explosion von Farbe und Erscheinungen in einer sinnlosen und farblosen Welt mich letzten Freitag mit meinen Lichtkörpern in Händen in Berlin vor meinem Kaffeehaus Unter den Linden aufsuchte, bat er mich mehrfach um Wiedergutmachung für seine angebrannte Spaghettisauce. Trage ich denn für eure gesamten Missgeschicke die Schuld? Viele um mich herum haben Tumore und liegen in meinem Alter bereits mausetot am Schreibtisch.
Alles auf der Welt scheint nur noch zu existieren, um fotografiert zu werden. Da unsere Körper flüchtige Wunden der Schöpfung sind und jeder Körper Trauer trägt, weil er zu 8o Prozent aus Wasser und zu 1oo Prozent aus Zeit besteht, fotografieren wir mit unseren Digitalkameras gegen die Endlichkeit an, um unser flüchtiges Dasein festzuhalten, obwohl das gerade entstandene Foto bereits unsere unwiederbringliche Vergangenheit zeigt. Diese Lebenssucht nach Bestätigung für unser Dasein lässt uns alles tun, in der Hoffnung, dass man uns streichelt. Wie durstige Hunde hecheln wir ständig nach Liebe, nach Anerkennung, nach Ruhm. Dieser Ruhm war auch die beständige Hoffnung in den langen Nächten unsere Jugend. Was unternehmen wir nicht alles, um unserer Zeit im Licht zu verlängern. Alle haben deshalb begonnen schnell zu laufen, auf dem Ku'damm, im Tiergarten, auf ihren Jakobswegen rund um den Wannsee. Schnell und immer schneller, und wir denken, schnell laufen sei das Gegenteil von Tod. Dabei ist es ja so: Je mehr lebt, umso mehr wird der Tod angelockt. Trotzdem: Keiner will mehr sterben. Auf ewige Jugend, ewige Gesundheit, ewiges Leben hoffen wir in den Wartezimmern unserer Ärzte. Johanna, das dürre Model vom Bebelplatz schreitet auf den Laufstegen von Paris, Moskau und Berlin. Schnell. Alles ist Laufsteg, Literatur, aufgespritzte Brüste, jeder will der Star sein. Johanna mit dem durchsichtig-zerbrechlichen Blick flüstert mir nach der Show in mein Ohr, dass es ihr so schwer falle, zu dem Fluss zurückzufinden, der sie wirklich trägt. Das ist die Geburtsstunde der flüssigen Ängste. Immer mehr Laufstege, mehr Digitalfotos, mehr Sucht nach Liebe, mehr Sucht nach Berlin. Dem Chefbuchhalter der Poesie gehen die Geschichten vom menschlichen Wahn nie aus. Gestern, 2o.3o Uhr, Wissenschaftsakademie Berlin: Der Affe Rotpeter berichtet bei seinem Vortrag, dass er nur zwei Auswege hatte, als man ihn im Tropendschungel einfing: das Varieté oder den zoologischen Garten. Der Affe Rotpeter und ich haben uns fürs Varieté entschieden. Wenn mein Vorhang fällt, dann wird die Bühne brennen, wird das Feuer mich verzehren, und aus meinem Rest, dem Kohlenstoff, wird ein Diamant entstehen, den Rotpeter, der Affe, bei seinen Auftritten im Varieté am linken Finger trägt. Von der Bühne ruft Rotpeter seinem Berliner Publikum zu: „Wofür du dich auch immer in deinem Leben entscheidest, die Verantwortung für das, was du nicht geworden bist, trägst alleine du selbst."

SPECIALS **208**.209
specials

new german voices

dorothee elmiger
kristof magnusson
judith schalansky
nadja wünsche

new german poetry

nico bleutge
daniela danz
christoph leisten
volker sielaff

scritture giovani

paul brodowsky
gabriele dadati
owen martell
céline robinet

oulipo

marcel bénabou
frédéric forte
ian monk
jaques roubaud
olivier salon
hervé le tellier

slam!revue

najiba abdellaoui
stefan abermann
grzegorz bruszewsky
anke fuchs
gary glazner
queen ka
k.u.k.
nicolette kretz
lauréline kuntz
ivo lotion
masha
josep pedrals
stefano raspini
paula varjack
laura wihlborg

and:

nora amin
yangzom brauen
rita dahl
gesine danckwart
kornélia deres
veit heinichen
susanne heinrich
hip-hop-musical
peter kammerer
michael krüger
lidi kupcsik
giwi margwelaschwili
nikita milivocević
wilfried n'sondé
richard david precht
bachar zarkan und ensemble

was born in Wetzikon in 1985 and grew up in Appenzell, Switzerland. Since 2006, she has been a student at the Swiss Literature Institute in Biel and a visiting student in Leipzig. In 2008, she took part in Prosanova, the Festival for Young Literature in Hildesheim and is currently a fellow of the 13th Literature Course in Klagenfurt. Elmiger is one of the publishers of the "DORF" (t: village) anthology. She lives and works in Leipzig.

dorothee elmiger

1985 geboren in Wetzikon (Schweiz), wuchs in Appenzell auf. Sie studiert seit 2006 am Schweizerischen Literaturinstitut in Biel und als Gaststudentin auch in Leipzig. Sie nahm am Festival für junge Literatur »Prosanova« (Hildesheim 2008) teil und ist in diesem Jahr Stipendiatin des 13. Literaturkurses in Klagenfurt. Elmiger ist Mitherausgeberin der Anthologie ›DORF‹. Sie lebt und arbeitet in Leipzig.

was born in Hamburg in 1976. Today he lives and works as a playwright and novelist in Berlin. After training as a church musician, he studied at the German Literature Institute in Leipzig and at the University of Reykjavik. He also works as an Icelandic translator. His theatrical comedy »Männerhort« (2002; t: Mangarten) had its première in Bonn in 2003 and has been translated into several languages. He was awarded the Hamburg Literature Sponsorship Prize and the Rauris Literature Prize for his début novel, »Zuhause« (2005; t: Home).

kristof magnusson

www.
kristofmagnusson.de

1976 in Hamburg geboren, studierte nach einer Ausbildung zum Kirchenmusiker am Deutschen Literaturinstitut Leipzig und an der Universität in Reykjavík. Er lebt heute als Theater- und Romanautor in Berlin und ist außerdem als Übersetzer aus dem Isländischen tätig. Seine Theaterkomödie »Männerhort« (2002) wurde 2003 in Bonn uraufgeführt und in mehrere Sprachen übersetzt. Für sein Romandebüt »Zuhause« (2005) erhielt er den Hamburger Literaturförderpreis und den Rauriser Literaturpreis.

dorothee elmiger

kristof magnusson

judith schalansky

nadja wünsche

was born in Greifswald in 1980. She studied art history and communications design in Berlin and Potsdam, where she now works as a freelance writer and designer. In 2006, she published her typographical work »Fraktur Mon Amour« (t: Gothic print, my love), for which she received several design prizes. Last year, she published her first novel »Blau steht dir nicht« (t: Blue doesn't suit you). In the autumn of 2009, »Atlas der abgelegenen Inseln« (t: Atlas of the remote islands) will be published. She is due to become an artist-in-residence at Villa Aurora in Los Angeles at the end of the year.

judith schalansky

wurde 1980 in Greifswald geboren. Sie studierte Kunstgeschichte und Kommunikationsdesign in Berlin und Potsdam, wo sie heute als freie Autorin und Gestalterin lebt und arbeitet. 2006 erschien ihr typografisches Werk »Fraktur Mon Amour«, für das sie mehrere Designpreise erhielt. Im vergangenen Jahr veröffentlichte sie ihr Romandebüt »Blau steht dir nicht«, im Herbst erscheint »Atlas der abgelegenen Inseln«. Ende 2009 ist sie Stipendiatin der Villa Aurora in Los Angeles.

was born in Munich in 1985 and studied German, philosophy and psychology in Heidelberg and creative writing and cultural journalism in Hildesheim. She was a finalist in the fifteenth Open Mike, shortlisted for the 2009 Leonce and Lena Prize and was awarded a fellowship by the Munich Poetry Cabinet. Her poems have been published in various anthologies and magazines including »BELLA triste« and the »Frankfurter Allgemeine Zeitung«.

nadja wünsche

wurde 1985 in München geboren und studiert Germanistik, Philosophie und Psychologie in Heidelberg und Kreatives Schreiben und Kulturjournalismus in Hildesheim. Sie war Finalistin beim 15. open mike und beim Leonce-und-Lena-Preis 2009 sowie Stipendiatin am Münchner Lyrik Kabinett. Ihre Gedichte erschienen in verschiedenen Anthologien und Zeitschriften, u.a. in »BELLA triste« und der »FAZ«.

VOLKER SIELAFF

GRAND HOTEL TAZI فندق التازي الكبير

Angle Avenue El-Mouahidine
et Rue Bab Agnaou
MARRAKECH

FACTURE

Appartement N° 263

Tél. : (04) 44-21-82 et 44-27-87
Télex : 740-21

N° : berlin, marrakesch

M

Mois d'
Location
Petit Déjeuner
Restaurant
Divers
T. R. T.
T. C.
Téléphone
Blanchissage
Total du Jour

so viele sprachen. sind nicht alle städte
nur versuche des nomadentums
sesshaft zu werden für einen moment, eine ausrede
zu finden in den hotels? a wall
came down, sagt mein marokkanischer freund,
like in my mothers house. aber alle
vergleiche hinken. die städte nennen uns
beim vornamen, spielen mit unserer vorstellung
von grand hotels: an ihren kreuzungspunkten
flirren die farben groß wie sprachen, dass die augen
rasten, bis sich die zungen noch im fremdesten begegnen.

26. VII. 09

born in 1972, received the first prize in the literary competition »Open Mike« in 2001. »klare konturen« (t: vivid outlines) was published in 2006. The poems in Bleutge's second collection »Fallstreifen« (2008; t: Stripes of Rain) evoke bygone times and show the ephemeral process of memory in its development rather than its outcome. Bleutge regularly contributes literary reviews to newspapers, including the »Süddeutsche Zeitung« and the »Neue Zürcher Zeitung«. Currently he is working on his first novel. He lives in Berlin.

nico bleutge

geboren 1972, gewann 2001 den Literaturwettbewerb Open Mike. 2006 erschien »klare konturen«. Die Gedichte im zweiten Gedichtband »fallstreifen« (2008) evozieren mit Sprachsequenzen von Gryphius, Brockes oder H. C. Artmann vergangene Epochen und zeigen Erinnerungsarbeit in ihrem flüchtigen Prozess, nicht etwa ihr Ergebnis. Bleutge schreibt Literaturkritiken, u.a. für die »Süddeutsche Zeitung« und die »Neue Zürcher Zeitung«. Der Autor arbeitet an seinem ersten Roman. Er lebt in Berlin.

Klare Konturen. Gedichte
C. H. Beck
München, 2006
Fallstreifen. Gedichte
C. H. Beck
München, 2008

nico bleutge

daniela danz

was born in Eisenach in 1976. She studied art history and German studies in Tübingen, Prague, Berlin and Halle an der Saale. She has been a free-lance writer and art historian since 2002. She was awarded the Hesse-Thuringian Prize for Literature and in 2006 received a prestigious Hermann-Lenz scholarship. Her most recent work, the collection of poems »Pontus« (2009) met with very positive critical acclaim. In »Die Zeit« Florian Illies wrote enthusiastically of the »outright and disturbing awareness of form and flowing beauty« in her poems. The author lives in Halle.

daniela danz

wurde 1976 in Eisenach geboren. Sie studierte Kunstgeschichte und Germanistik in Tübingen, Prag, Berlin und Halle an der Saale. Seit 2002 arbeitet sie als freie Autorin und Kunsthistorikerin. Sie wurde mit dem Hessisch-Thüringischen Literaturpreis geehrt und erhielt 2006 das renommierte Hermann-Lenz-Stipendium. Ihr jüngstes Werk, der Gedichtband »Pontus« (2009), wurde von der Kritik sehr positiv aufgenommen, Florian Illies sprach in »Die Zeit« begeistert von »geradezu verstörendem Formbewusstsein und fließender Schönheit« in ihren Gedichten. Die Autorin lebt in Halle.

Türmer. Roman
Wallstein
Göttingen, 2006
Pontus. Gedichte
Wallstein
Göttingen, 2009
www.chiragon.de

was born in Geilenkirchen in 1960. He studied German and philosophy in Bonn. He made his literary début with the collection of poems »entfernte nähe« (2001, t: distant closeness). Since its publication, he has published his work in magazines and anthologies and has produced two new collections, the most recent of which is »der mond vergebens« (2006, t: The moon for nothing), as well as a collection of prose pieces »Marrakesch, Djemaa el Fna« (2005, t: Marrakesh, Djemaa el Fna), which has been translated in Arabic. He is one of the editors of the Frankfurt Literary Magazine »Zeichen & Wunder« (Characters & Miracles). Leisten works as a high school teacher and author. He lives in Würselen, near Aachen.

christoph leisten

wurde 1960 in Geilenkirchen geboren. Er studierte Germanistik und Philosophie in Bonn. Sein Debüt als Schriftsteller gab er mit dem Gedichtband »entfernte nähe« (2001). Neben lyrischen Werken verfasst er auch Prosa, Essays und Rezensionen, die er in Zeitungen, Zeitschriften und Anthologien veröffentlicht. Er ist Mitherausgeber der in Frankfurt erscheinenden Literaturzeitschrift »Zeichen & Wunder«. Leisten arbeitet als Gymnasiallehrer und Autor. Er lebt in Würselen bei Aachen.

entfernte nähe
Calatra Press
Lahnstein, 2001
der mond vergebens.
Gedichte aus zehn Jahren
Rimbaud
Aachen, 2006
www.christoph-leisten.de

christoph leisten

volker sielaff

was born in Großröhrsdorf (Lausitz) in 1966. He has been publishing poems, essays and literary criticism in literary magazines, anthologies and newspapers since 1990. His poems have been translated into English, French, Czech, Polish, Arabic and other languages. In 2003, he published the collection of poems »Postkarte für Nofretete« (t: Postcards for Nefertiti) and, in 2007, was awarded a Lessing Sponsorship Prize. Sielaff lives and works as a cultural journalist and poet in Dresden.

volker sielaff

wurde 1966 in Großröhrsdorf (Lausitz) geboren. Seit 1990 veröffentlicht er lyrische Werke, Essays und Kritiken in Literaturzeitschriften, Anthologien und Tageszeitungen. Gedichte des Autors wurden ins Englische, Französische, Tschechische, Polnische und Arabische übertragen. 2003 erschien sein Lyrikband »Postkarte für Nofretete«, 2007 wurde ihm der Lessing-Förderpreis verliehen. Sielaff lebt als Kulturjournalist und Dichter in Dresden.

Postkarte für Nofretete
zu Klampen
Springe, 2003
www.volker-sielaff.de

was born in Kiel in 1980 and now lives in Berlin. He studied Creative Writing and Cultural Journalism at the University of Hildesheim and was the co-founder and, up to 2004, editor of the literary journal »BELLA triste«. Co-founder of the literature festival »PROSANOVA«. His first book, »Milch Holz Katzen«, a collection of prosa miniatures, came out in 2002; this was followed in the spring of 2007 by a volume of short stories entitled »Die blinde Fotografin« (both published by Suhrkamp Verlag, Frankfurt am Main). Since 2007 he has been teaching literature and literary writing at the University of Hildesheim. He is also a playwright: his third play »Regen in Neukölln« has been performed at numerous theatre festivals and his translation/adaption of Shakespeare's »Troilus and Cressida« is currently running at the Münchner Kammerspiele. His radio plays »Stadt, Land, Fisch« and »Endstation Wüste« have been produced by the Westdeutsche Rundfunk. He has received grants to study in New York and Los Angeles, and has also won numerous awards and prizes, including the Nicolas Born Prize for the promotion of young writers and the Frankfurt Authors' Foundation prize.

paul brodowsky

Milch Holz Katzen
Suhrkamp
Frankfurt/Main, 2002
Die blinde Fotografin
Suhrkamp
Frankfurt/Main, 2007
www.paulbrodowsky.de

geboren 1980 in Kiel, lebt zurzeit in Berlin. Er studierte »Kreatives Schreiben und Kulturjournalismus« an der Universität Hildesheim und war Mitbegründer und bis 2004 Herausgeber der Literaturzeitschrift »BELLA triste«. Mitbegründer des Literaturfestivals »PROSANOVA«. 2002 erschien sein Debüt »Milch Holz Katzen«, ein Band mit Prosaminiaturen; im Frühjahr 2007 folgte ein Erzählungsband mit dem Titel »Die blinde Fotografin«. Seit 2007 unterrichtet er Literaturwissenschaft und Literarisches Schreiben an der Uni Hildesheim. Neben Prosa schreibt er auch dramatische Texte; sein drittes Stück »Regen in Neukölln« wurde zu mehreren Theaterfestivals eingeladen; an den Münchner Kammerspielen läuft derzeit seine Übersetzung/Bearbeitung von Shakespeares »Troilus und Cressida«. Der Westdeutsche Rundfunk produzierte die Hörspiele »Stadt, Land, Fisch« und »Endstation Wüste«. Stipendienaufenthalte in New York und Los Angeles, zahlreiche Auszeichnungen und Preise, u.a. Förderpreis zum Nicolas-Born-Preis und Preis der Frankfurter Autorenstiftung.

paul brodowsky

gabriele dadati

born in Piacenza on 3 August 1982, he graduated from the University of Pavia with a degree in Modern Literature. His book of short stories »Sorvegliato dai fantasmi« (peQuod, 2006; new edition published by Barbera Editore in 2008) won the Dante Graziosi Prize and was one of the finalists for the Book of the Year Award given by the Radio 3 Rai programme, Fahrenheit. He writes a column on page three of the daily newspaper »Libertà«, edits the literary and art magazine »Ore piccole« with Stefano Fugazza and, alone, edits the Italian narrative series »Armi da taglio« for Barbera Editore. He is interested in art and has been involved in several exhibitions that he felt were important: the most recent include »Da Corot a Picasso, da Fattori a De Pisis« (Perugia, Palazzo Baldeschi al Corso, 2008-2009) and »Canova: l'ideale classico tra scultura e pittura« (Forlì, Musei di San Domenico, 2009). He works with Booksweb.tv, an online TV channel dedicated solely to books. He has recently finished a novel called »Il libro nero del mondo« which might be in the bookshops as you read. The author hopes so.

gabriele dadati

Sorvegliato dai fantasmi
peQuod
Ancona, 2006
Il libro nero del mondo
Gaffi Editore
Rom, 2009

wurde am 3. August 1982 in Piacenza geboren. Nach Abschluss seines Studiums der neueren italienischen Literaturwissenschaft an der Universität Pavia veröffentlichte er den Erzählband »Sorvegliato dai fantasmi« (Ü: Überwacht von Gespenstern), für den er den Dante-Graziosi-Preis erhielt und der in der Sendung »Fahrenheit« auf Radio 3 Rai in die Endausscheidung als Buch des Jahres gelangte. Er schreibt für das Feuilleton der Tageszeitung »Libertà«, leitet zusammen mit Stefano Fugazza die Zeitschrift für Literatur und Kunst »Ore piccole« und gibt für den Verlag Barbera Editore die Reihe italienischer Prosatexte »Armi da taglio« (Ü: Schnittwaffen) heraus. Er beschäftigt sich mit Kunst und hat an einigen wichtigen Ausstellungen mitgearbeitet, darunter zuletzt »Von Corot bis Picasso, von Fattori bis De Pisis« (Perugia, Palazzo Baldeschi al Corso, 2008-2009) und »Canova: das klassische Ideal in Bildhauerei und Malerei« (Forlì, Musei di San Domenico, 2009). Er ist Mitarbeiter des Online-Fernsehsenders Booksweb.tv, der sich ausschließlich Büchern widmet. Soeben hat er die Arbeit an einem Roman mit dem Titel »Il libro nero del mondo« (Ü: Das Schwarzbuch von der Welt) abgeschlossen: Während Ihr diese Notiz lest, könnte er schon in den Buchhandlungen sein. Der Autor hofft es.

owen martell

was born in Exeter in 1976. After studying at Aberystwyth and Oxford Universities, he spent some time working as a reporter with the BBC. His first novel, »Cadw dy ffydd, brawd«, was Welsh Book of the Year in 2001. His second, »Dyn yr Eiliad«, was short-listed for the same prize in 2004. His latest book is »Dolenni Hud«, a collection of stories published alongside photographs by Simon Proffitt.

wurde 1976 in Exeter geboren. Nach dem Studium an den Universitäten in Aberystwyth und Oxford arbeitete er einige Zeit als Reporter für die BBC. Sein erster Roman »Cadw dy ffydd, brawd« wurde 2001 in Wales zum Buch des Jahres gekürt. Sein zweites Buch »Dyn yr Eiliad« (Ü: Der andere Mann) wurde 2004 für denselben Preis nominiert. Zuletzt erschien der Kurzgeschichten-Band »Dolenni Hud« mit Fotografien von Simon Proffitt.

Cadw Dy Ffydd, Brawd
Gomer Press
Llandysul, 2000
Dyn Yr Eiliad
Gomer Press
Llandysul, 2003
Dolenni Hud
Gomer Press
Llandysul, 2008
www.thisisom.com

owen martell

céline robinet

céline robinet

was born in France in 1977. She has published two collections of short stories and among the many collective volumes featuring her work is an anthology of slam poetry in France. A writer, journalist, translator and spoken word performer, Céline Robinet struggles to give each word the right nuance with intelligence and humor, as if her soul's salvation were at stake. Embracing formal virtuosity, stylistic boldness and wordplay, her writing is by turns poetic, serious, absurdly funny and unashamedly trash. Céline Robinet lives and works in Berlin.

ist 1977 in Frankreich geboren. Sie hat zwei Erzählungsbände veröffentlicht und ist in vielen Sammelpublikationen vertreten, namentlich in einer Anthologie der Slam Poetry in Frankreich. Als Schriftstellerin, Journalistin, Übersetzerin und Spoken-Word-Performerin ringt Céline Robinet mit Intelligenz und Humor um jedes Wort, als ginge es um ihr Seelenheil. Ihre Texte, die formale Virtuosität, stilistische Kühnheit und Sprachspiele in sich vereinen, sind abwechselnd poetisch, ernst, absurd komisch und entschieden trashig. Céline Robinet lebt und arbeitet in Berlin.

Vous avez le droit d'être de mauvaise humeur, mais prévenez les autres!
Editions Au Diable Vauvert,
Vauvert, 2005
Faut-il croire les mimes sur parole?
Editions Au Diable Vauvert
Vauvert, 2007
Blah! Anthologie du slam
Florent Massot
Paris, 2007
www.celinerobinet.com

born in Meknès (Morocco) in 1939, has been a member of the Oulipo group since 1969. His works are mainly concerned with the themes of reading and writing. In his Oulipotic works, he searches for »pre-emptive plagiarism« in classical Greece and Rome. Since Paul Fournel was elected president of Oulipo, he has taken on the role of the ›definitive provisional secretary‹ alongside that of ›provisionally definitive secretary‹. He has been living in Paris since 1956.

marcel bénabou

geboren 1939 in Meknès (Marokko), seit 1969 Mitglied der Gruppe Oulipo, beschäftigt sich in seinen Texten mit den Themen Lesen und Schreiben. In seinen oulipotischen Werken sucht er etwa nach »Plagiatoren durch Vorwegnahme« im griechischen und römischen Altertum. Seit Paul Fournel zum Oulipo-Präsidenten gewählt wurde, hat er sowohl die Funktion des »endgültigen vorläufigen Sekretärs« als auch die des »vorläufigen endgültigen Sekretärs« inne. Er lebt seit 1956 in Paris.

was born in Toulouse in 1973 and is a poet and has been a member of the Oulipo group since 2005. He has published »Opéras-minute« (2005; t: One Minute Operas), »Une collecte« (2009; t: A Collection) and a translation of Oskar Pastior's »21 poèmes-anagrammes d'après Hebel« (2008, t: 21 Anagram Poems By Lever) with Théâtre Typographique. The publisher L'Attente has published »Discographie« (2002; t: Discography), »Bankuze« (2002), »N/S« (2004, in co-authorship with Ian Monk) and »Comment(s)« (2006; t: How). Forte lives in Paris.

frédéric forte

1973 in Toulouse geboren, ist Dichter und seit 2005 Mitglied der Gruppe Oulipo. Beim Théâtre Typographique veröffentlichte er »Opéras-minute«(2005; Ü: Minuten-Opern), »Une collecte« (2009; Ü: Eine Sammlung) und eine Übersetzung Oskar Pastiors, »21 poèmes-anagrammes d'après Hebel« (2008; Ü: 21 Anagrammgedichte von Hebel). Bei Éditions de l'Attente erschienen »Discographie« (2002), »Bankuze« (2002), »N/S« zusammen mit Koautor Ian Monk (2004) und »Comment(s)« (2006). Er lebt in Paris.

marcel bénabou

frédéric forte

ian monk

born in London in 1960, is a poet and translator. He has been a member of the Oulipo group since 1998. His translation of George Perec's »What A Man« into English is a tour de force. His most recent publications are »Family Archaeology« and »N/S« (co-authored with Fédéric Forte). The author lives in Lille.

ian monk

geboren 1960 in London, ist Dichter und Übersetzer. Seit 1998 ist er Mitglied der Gruppe Oulipo. Seine Übersetzung von Georges Perecs »What a Man« ins Englische ist eine Meisterleistung. Zuletzt erschienen »Family Archeology« (Ü: Familienforschung) und »N/S«, gemeinsam mit Frédéric Forte verfasst. Der Autor lebt in Lille.

a retired mathematician, poet and translator, was born in Caluire (Rhône) in 1932. Roubaud cofounded the magazine »Change« with Jean-Pierre Faye and was a member of the group associated with the magazine, »action poétique.« On Raymond Queneau's advice, he joined the Oulipo group in 1966. He is the originator of many of Ouilpo's »contraintes«, for example the »baobab« (t: Baobab, a.k.a monkey bread tree) and the »Haiku oulipien généralisé« (t: Generalised Oulipotic Haikus). The author lives in Paris.

jaques roubaud

pensionierter Mathematiker, Dichter und Übersetzer, wurde 1932 in Caluire (Rhône) geboren. Er gründete gemeinsam mit Jean-Pierre Faye die Zeitschrift »Change« und war Mitglied der Gruppe um die Zeitschrift »action poétique«. Auf Empfehlung von Raymond Queneau trat er 1966 der Gruppe Oulipo bei. Er ist Erfinder mehrerer »contraintes«, Formzwänge, wie z.B. des »Baobab« (Affenbrotbaum) und des »Haiku oulipien généralisé« (Allgemeiner oulipotischer Haiku). Der Autor lebt in Paris.

B, du deutsche Frau

ABBAS KHIDER

Während meiner ersten Zeit in Berlin habe ich fast jeden Morgen nach dem Aufstehen einige Zeilen des alten Lieds von Wolf Biermann vor mich hin geträllert:
„Berlin, du deutsche, deutsche Frau
Ach, deine Hüften sind so schmal wie deine breiten Straßen.
Ach, deine Küsse sind so schal,
ich kann Dich nimmer lassen
Berlin, du blonde, blonde Frau..."

Berlin, die blonde Frau mit ihren alten Häusern, den faltigen Gesichtern und Säulen, breiten Straßen und schmutzigen Gassen, unzähligen Künstlern und Heimatlosen. Mit seiner unglaublichen Vielfalt an unterschiedlichen Menschen und Kulturen. Kristallisationspunkt und Schmelztiegel.
In den Straßen von Berlin, in den alten Vierteln hat mich stets das Gefühl beschlichen, jeden Moment den Geistern und Gespenstern der Geschichte zu begegnen. Emporgestiegen aus den alten Mauern mit tiefen, traurigen Augen mir zugewandt. Ich bin felsenfest davon überzeugt, manchmal Stimmen an der Spree gehört zu haben, die Stimmen der Flüchtlinge, die über den Fluss zur anderen Seite wollten, es aber nicht geschafft haben. Frauen und Kinder auf der Flucht vor dem Sturm des Krieges. Männer und Jungen, ertrunken in Strömen von Blut. Mädchen und Frauen, deren Schreie bei der Vergewaltigung den Turm von Berlin umarmten. Verlorene Menschen tauchten auf und begleiteten mich in den grauen Himmel über Berlin. Entsprungen der unsäglichen alten Grausamkeit. All dies um mich herum wie Relikte vergangener Zeiten. Manchmal, in der Nacht, wenn ich allein und betrunken nach Hause zurückkehrte, rannte ich so schnell ich nur konnte, gejagt von Uniformierten mit Hakenkreuz, ihre Waffen auf mich gerichtet.
Berlin, eine Stadt, die im traurigen Buch der Geschichte blättert. Ein besonderer Reiz. Natürlich nicht die traurige Geschichte an sich, sondern vielmehr der Mut dieser Stadt, nach all den schrecklichen Ereignissen noch tanzen und Menschen wie mich umarmen zu können. Klingt das, was ich hier erwähne, melancholisch? Ich weiß es nicht. Möglicherweise kann das nur jemand verstehen, der aus einer ähnlichen, aber schwarzhaarigen Stadt kommt: aus Bagdad. Jedes Mal, wenn ich daran denke, dass meine Heimatstadt (B)agdad und meine Wahlheimat (B)erlin mit dem gleichen Buchstaben (B) beginnen, frage ich mich, ob es wirklich nur ein Zufall ist, dass mein Name A(b)(b)as ist!

SUSANNE HEINRICH

olivier salon

born in 1955, teaches mathematics to the would-be pupils of élitist schools. In 2000 he joined the group, Oulipo, and in 2008 he published »Les gens de légende« (t: The Legendary People), a collection of Oulipotic fairytales from Little Red Riding Hood to Tintin. He has been performing as an actor since 2005 in the dramatic production of »Pièce détachée« (t: Spare parts), based on texts by Oulipo authors.

geboren 1955, unterrichtet Mathematik für angehende Elitehochschüler. 2000 wurde er Mitglied der Gruppe Oulipo, 2008 veröffentlichte er »Les gens de légende« (Ü: Die legendären Leute), eine Sammlung von oulipotischen Märchen von »Rotkäppchen« bis zu »Tim und Struppi«. Als Schauspieler steht er seit 2005 in der Theaterproduktion »Pièce détachée« (Ü: Ersatzteil) auf der Bühne, die auf Texten von Oulipo-Autoren basiert.

hervé le tellier

was born in 1957 in Paris and has been a member of the Oulipo group since 1992. His new novel »Assez parlé d'amour« is to be published shortly. His Oulipotic works are primarily short texts, fragments even, constructed around a »contrainte«, for example »La chapelle Sextine« (2005, Eng. »The Sistine Chapel«, to be published in 2010), which consists of seventy-eight short, erotic texts in the rhythm of the traditional poetic form, the sestina. The author teaches journalism at Paris universities.

geboren 1957 in Paris, ist seit 1992 Mitglied der Gruppe Oulipo. In Kürze erscheint sein neuer Roman »Assez parlé d'amour« (Ü: Genug von Liebe erzählt), der davon handelt, was der Titel bereits vermuten lässt. Seine oulipotischen Werke sind zumeist sehr kurze Texte, sogar Fragmente, die rund um eine »contrainte«, einen Formzwang, aufgebaut sind, so z.B. »La chapelle Sextine« (Ü: Sextinische Kapelle), 78 kurze Texte erotischen Inhalts im Rhythmus der Sestine, der traditionellen Gedichtform. Der Autor lebt in Paris und unterrichtet Journalistik an dortigen Universitäten.

olivier salon

hervé le tellier

was born 1981 in the Netherlands and raised partly in Morocco. She won the El Hizjra literature prize and the Kunstbende prize for her poems, spoken word pieces and short stories. Najiba studied International Business and is currently a management trainee. In 2008 she published the children's book »Nasim en Natalie« (with Pieter Feller), performed with the collective Poetry Circle and won the Dutch National Poetry Slam Championship.

najiba abdellaoui

1981 in den Niederlanden geboren, wuchs teilweise in Marokko auf. Für ihre Gedichte, Slam-Texte und Kurzgeschichten bekam sie den El Hizjra und den Kunstbende Preis. Najiba hat International Business studiert und macht derzeit eine Management-Ausbildung. 2008 veröffentlichte sie das Kinderbuch »Nasim en Natalie« (mit Pieter Feller), wirkte im Kollektiv Poetry Circle mit – und gewann die niederländische Slam-Meisterschaft.

was born in 1983, lives in Innsbruck. Writes short stories and prose as well as slam poetry and art reviews. His texts have been published in several literary journals (e.g. DUM, Kolik, Lichtungen, The Gap). He won the Austrian National Poetry Slam (Ö-Slam) in 2008 and is one of the founders of »Text ohne Reiter«, Innsbruck's first reading stage.

stefan abermann

geboren 1983, lebt in Innsbruck. Verfasst neben Kurzgeschichten und anderer Prosa auch Poetry-Slam-Texte und Kritiken. Veröffentlichte in diversen Literaturzeitschriften (u.a. DUM, Kolik, Lichtungen, The Gap). Ö-Slam-Sieger 2008 und Gründer von »Text ohne Reiter«, der ersten Innsbrucker Lesebühne.

www. stefanabermann.org

najiba abdellaoui

stefan abermann

grzegorz bruszewsky

anke fuchs

aka Estragon, was born in 1981, is organizer of the regular monthly poetry slam in Warsaw, the oldest and the biggest poetry slam event in Poland. He has performed on many stages in Poland and elsewhere (UK, Czech Republic, Germany) and has won several slams. He facilitates performance poetry workshops in schools and youth centres.

grzegorz bruszewsky

aka Estragon, geboren 1981, ist Organisator des monatlichen Poetry-Slams in Warschau, der ältesten und größten Slam-Poetry-Veranstaltung Polens. Er trat auf vielen Bühnen in Polen und außerhalb der polnischen Grenzen auf (UK, Tschechien, Deutschland) und gewann öfter. Er unterstützt Workshops in Schulen und Jugendzentren.

was born 1973 in Wuppertal, lives in Cologne. As well as writing for Poetry-Slams and readings she is writing a novel. Someday it will be finished. In 2006 and 2007 she competed at the German International Poetry Slam (GIPS) and was part of Sarah Kuttner's TV Show Slam Tour on Sat 1 Comedy. In 2008 she reached the semi-finale of the GIPS. She is host of the Slam Show „Poetry-Bites« in Cologne's south district.

anke fuchs

geboren 1973 in Wuppertal, lebt in Köln und schreibt für Slams, Lesebühnen und an einem Roman. Irgendwann wird er fertig sein. 2006 und 2007 war sie bei den deutschsprachigen Poetry Slam–Meisterschaften und der »Slam Tour mit Kuttner« für Sat 1 Comedy dabei, 2008 in Zürich erreichte sie das Halbfinale. Sie organisiert und moderiert »PoetryBites – Voll das Lesen« in der Kölner Südstadt.

was the host of the first US National Slam in 1990, he is the founder and director of the Alzheimer's Poetry Project, listed by the National Endowment as a »best practice«. NBC's »Today« show, NPR's »All Things Considered« and Voice of America have featured Glazner's work. Harper Collins, W.W. Norton and Salon.com have published his work. He is the author of »How to Make a Living as a Poet« is currently Managing Director of Bowery Poetry in New York City.

gary glazner

war Organisator des ersten US National Slam der USA 1990 und ist Gründer und Leiter des Alzheimer's Poetry Project, das das National Endowment als »best practice« bewertete. Die Today Show auf NBC, NPR's All Things Considered und Voice of America haben Glazners Arbeiten gesendet. Seine Texte erschienen bei Harper Collins, W.W. Norton und Salon.com. Er schrieb »How to Make a Living as a Poet« und ist derzeit Direktor von Bowery Poetry in New York.

is a spoken word artist with a background in theatre. She has been involved in the slam poetry scene in Montreal since the beginning and – in 2008 – was a guest artist at the Montreal show of Grand Corps Malade. For the last few years she's been working on a spoken word piece with music with a theatrical bent.

queen ka

ist eine Bühnenpoetin mit Theatererfahrung. Von Anfang an war sie in der Slam-Szene von Montreal aktiv. 2008 war sie die Gast-Performerin bei Grand Corps Malades Slam Show. Im letzten Jahr arbeitete sie mit einem Musiker an einem spoken word-Stück mit eher theatralischem Charakter.

gary glazner

queen ka

k.u.k.

nicolette kretz

is the stage name of the duo Wehwalt Koslovsky and Frank Klötgen. The two old masters and professional slammers from Berlin produce a breathtaking spoken word storm that always hits the beat. From nasty ballads to Dada alliteration, from bizarres odes to chiselled love poetry, the duo peddle their Performance Poetry, their skills sharpened by the 2000-odd gigs they have performed throughout Europe and the USA.

k.u.k.

das sind Wehwalt Koslovsky und Frank Klötgen im Doppel auf der Bühne. Die zwei Altmeister und Profi-Slammer aus Berlin produzieren einen atemberaubenden Spoken Word-Sturm auf Versmaß. Von bitterbösen Balladen bis zum Dada-Stabreim, von skurrilen Oden bis zu kantiger Liebeslyrik. Performance-Poetry, die rund 2.000 Auftritte in ganz Europa und den USA geschultert hat.

www.hirnpoma.de
www.wwalt.de

was born 1977 in Bern, studied performance studies and works as dramatic advisor, author and performance poet. She has been competing in poetry slams from Bern to Copenhagen and from Berlin to New York since 2001. Her texts can be found in German, Swiss German and English. In 2008 the Canton of Bern awarded her a literary grant in New York.

nicolette kretz

geboren 1977 in Bern, studierte Theater- und Schauspiel und arbeitet als Dramaturgin, Autorin und Performance-Poetin. Sie trat ab 2001 bei Poetry-Slams von Bern bis Kopenhagen und vom Berlin bis New York auf mit Texten in Deutsch, Schwitzerdütsch und Englisch. 2008 verlieh ihr der Berner Kanton ein Literaturstipendium in New York.

was born 1982 in Strasbourg, studied theatre studies in Paris. During her studies she explored the theatre studios of the French capital as a performer. In 2007 she discovered her passion for slam poetry and that same year won the national poetry slam. Since then she has taken part in several slam poetry and poetry festivals. Her one-woman-show DIXLESIC was staged at the Festival Off in Avignon.

lauréline kuntz

geboren 1982 in Straßburg, studierte in Paris Theaterwissenschaften, erkundete bereits während des Studiums als Performerin die Theaterateliers der französischen Hauptstadt. 2007 entdeckte sie ihre Passion für den Slam und gewann sogleich den nationalen Slam-Wettbewerb. Sie nahm an zahlreichen Slam- und Poesiefestivals teil. Sie führte u.a. ihre one-woman-show DIXLESIC auf dem Festival Off von Avignon auf.

aka Ivo Smolak is the notorious host of the notorious poetry-music-Revue Lokalrunde at Berlin's Admiralspalast. He has also appeared on several Berlin reading stages where he performs his own texts and songs. The Mariachis are the show band of his poetry Revue. Together they are also well-known as the fierce background band of the TV Shows WDR Poetry Slam and Slam Palast.

ivo lotion

www.
mariachis-ivolotion.de

aka Ivo Smolak ist der berüchtigte Moderator der berühmten Poetry-Musik-Revue-Lokalrunde im Berliner Admiralspalast. Er tritt zudem regelmäßig als Künstler auf Berliner Lesebühnen auf und bringt dort eigene Texte und Songs zum Vortrag. Die Mariachis sind die Showband seiner Poetry-Revue. Zusammen mit Ivo Lotion sind sie auch als wilde Begleit-Combo der TV-Sendungen WDR Poetry Slam und Slam Palast bekannt.

lauréline kuntz

ivo lotion

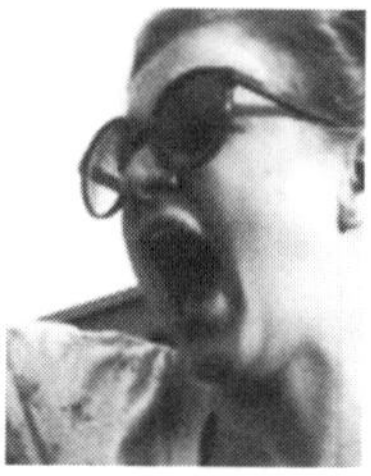
masha

josep pedrals

is a Czech village girl, born in 80s in Czech Republic. (Studied stage design.) Slightly depressed by the grubby nasty dirty filthy outdated world, she found a rhythm by walking the empty streets of a sleepy town. Searching for the door of a beater, twin pug mill, where she could be totally pressed into the sound of the howling of all that fat flesh which her paralysed brain jammed together into a robotic funky metal mentalmental happy end enviromental...all.

masha

ist ein tschechisches Landmädchen, geboren in den Achtzigern in Tschechien. (Studierte Bühnenbild.) Leicht deprimiert von der schmuddeligen, dreckigen, ollen Welt fand sie einen Rhythmus beim Gang durch die leeren Straßen einer dösenden Kleinstadt. Sie suchte nach der Tür einer Papiermühle, die sie vollkommen in das Heulen all des fetten Fleisches pressen konnte, welches ihr gelähmtes Hirn zusammenmanschte in ein robotisches, funky-metallisches mentalementares Happyend enviromentall...alles.

was born 1979 Barcelona, has performed poetry on stage since 1997. Worked for radio and TV and presented various plays as in 2005 the Wamba va! Show the Mercat de les Flors Theatre. Author of several collections of poetry. His latest book and disc »En/doll«, was created in collaboration with rapper Guillamino (2007). Singer in the band Els Nens Eutròfics. Has coordinated, since 2001, the poetry recital season held in the bar Horiginal in Barcelona by the association HORINAL (Recital Workshop and New Literary Attitudes).

josep pedrals

geboren 1979 in Barcelona, verschrieb er sich ab 1997 der gesprochenen Poesie. Arbeitete für Radio- und TV, realisierte diverse Theaterstücke wie die Cross-over-Show Wamba va! 2005 im Mercat de les Flors Theatre. Autor diverser Gedichtbände. Sein aktuelles Buch mit CD, »En/doll«, hat er mit Rapper Guillamino (2007) produziert. Sänger der Band Els Nens Eutròfics, organisiert seit 2001 die Rezitations-Events der Gruppe HORINAL in der Bar Horiginal in Barcelona.

stefano raspini

was born in 1960 in Reggio Emilia to destroy those in power. As an anarchic individualist he recognizes the "papi" popes Silvio, Joseph and Karol as the targets of his pyrotechnical existence. For many years he has been shouting his text »Silvio!!!« in order to destroy Berlusconi. But the money of the hoary premier will not stop the hunter from Reggio Emilia, in the end Raspini will win and drag the corpse of Adolf Silvio finally through the Brandenburg gate…

wurde 1960 in Reggio Emilia geboren, um die Mächtigen zu zerstören. Der anarchistische Individualist erachtet die Päpste „Papi" Silvio, Joseph und Karol als Ziele seiner pyrotechnischen Existenz. Seit Jahren tourt er mit dem Text „Silvio!!!", um Berlusconi zu zerstören. Letztlich wird das Geld des ergrauten Premiers den Jäger aus Reggio Emilia nicht aufhalten, Raspini wird gewinnen und die Leiche Adolf Silvios bis durchs Brandenburger Tor schleifen…

paula varjack

ran away from her TV production career in London, was nominated for »Best Performance« in the Farrago London Slam awards 2008. In 2009 first solo show »Kiss and Tell in Berlin«. Her desire to connect the German and English spoken word scene led her to create a bilingual event The Anti-Slam (where the worst poet wins). Her poems explore unspoken dialogues of romantic and sexual relationships, stories from the edges of club culture, and the politics of being a cosmopolitan woman of colour.

gab ihrer Karriere als TV-Produzentin auf, 2008 als »beste Performance« bei den Farrago London Slam-Preisen nominiert. 2009 Solo-Show »Kiss and Tell in Berlin«. Um die deutsche und englische Szene zu verbinden, erfand sie den zweisprachigen Anti-Slam (der schlechteste Slammer gewinnt). Ihre Gedichte erforschen unausgesprochene Zwiegespräche zwischen romantischen und sexuellen Beziehungen, Geschichten von den Rändern der Clubkultur und die politischen Aspekte des Daseins als farbige Kosmopolitin.

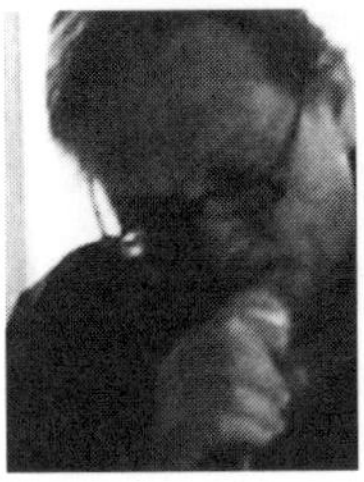
stefano raspini

paula varjack

laura wihlborg

laura wihlborg

22 years old, studies literature in Stockholm, won the Swedish National Poetry Slam in 2008. Performed her poetry at several festivals and poetry readings all around Sweden as well holding workshops in creative writing. This year she participated in the World Cup of Poetry in Paris. Besides poetry, Laura will study playwriting at an art school in Stockholm this fall. Her poems are about everyday situations, worries and thoughts – always with a dark and comical twist.

22, studiert Literatur in Stockholm und gewann letztes Jahr den schwedischen Nationalen Slam. Sie brachte ihre Poesie auf die Bühnen von Festivals und Lesungen in ganz Schweden und gab Schreibkurse. Dieses Jahr nahm sie an den Weltmeisterschaften des Poetry Slams in Paris teil. Laura wird ab Herbst dramatisches Schreiben an einer Stockholmer Kunstschule studieren. Ihre Gedichte handeln von Alltagssituationen, Sorgen und Zweifeln – immer mit einem dunklen und witzigen Dreh.

was born in Cairo in 1970. Following her studies in French and comparative literature, she worked for nine years as an assistant at the Cairo Academy of the Arts. During this period she earned a reputation as a writer, dancer and director. She founded the performance group »La Musica« and a theatre festival and is a founding member of the Cairo Opera's Modern Dance Company. She has written plays, choreographies, short stories, and several novels. Amin lives in Cairo.

nora amin

wurde 1970 in Kairo geboren. Nach ihrem Französisch- und Komparatistik-Studium war sie neun Jahre lang Assistentin an der Kairoer Akademie der Künste. Daneben erarbeitete sie sich einen Ruf als Literatin, aber auch als Tänzerin und Regisseurin. Sie gründete die Performance-Gruppe »La Musica«, initiierte ein Theaterfestival und ist Gründungsmitglied der Modern Dance Company an der Oper Kairo. Sie verfasste Dramen, Kurzgeschichten und mehrere Romane. Amin lebt in Kairo.

was born to a Swiss father and Tibetan mother in Bern in 1980. After studying at drama school there, she appeared in various roles in the theatre and television before making her Hollywood début in 2005. She is very involved in the movement to free Tibet. In her first work, »Eisenvogel« (2009; t: Ironbird), she tells the story of her family from the time when her grandmother fled Tibet to that of her own life in Switzerland, Berlin and Los Angeles. Brauen lives in Los Angeles and Berlin.

yangzom brauen

Eisenvogel
Heyne
München, 2009
www.
yangzombrauen.com

wurde 1980 als Tochter eines Schweizer Ethnologen und einer Tibetischen Künstlerin in der Schweiz geboren. Nach einer Ausbildung an der Berner Schauspielschule war sie in verschiedenen Rollen am Theater und im Fernsehen zu sehen, bevor sie 2005 ihr Hollywood-Debüt gab. Sie engagiert sich sehr für die Befreiung Tibets. In ihrem Erstlingswerk »Eisenvogel« (2009) erzählt sie die Geschichte ihrer Familie von der Flucht der Großmutter aus Tibet bis zu ihrem Leben in der Schweiz, Berlin und Los Angeles. Brauen lebt heute in L. A. und Berlin.

yangzom brauen

rita dahl

born in Finland in 1971, is a writer and freelance journalist. She studied politics and comparative literature and worked as an editor for several well-known literary magazines. Her first collection of poems, »Kun luulet olevasi yksin«, was published in 2004, followed by two further collections. In 2007 she published a travelogue about Portugal and edited an anthology of work by women writers from central Asia. She calls herself an »activist for the freedom of speech«. Dahl is vice-chairman of the Finnish branch of PEN. Some of her poems were first translated into German for the festival.

rita dahl

Kun luulet olevasi yksin
Loki-Kirjat
Helsinki, 2004
Aforismien aika(PoEsia)
Kirja kerrallaan
Helsinki, 2007
Tuhansien Portaiden lumo – kulttuurikierroksia Portugalissa
Avain
Helsinki, 2007

geboren 1971 in Finnland, lebt als Autorin und Journalistin bei Helsinki. Sie studierte Politik und Vergleichende Literaturwissenschaft und arbeitete als Redakteurin führender Literaturmagazine. Ihr Lyrikdebüt »Kun luulet olevasi yksin« erschien 2004, es folgten zwei weitere Gedichtbände. 2007 veröffentlichte sie ein Reisebuch über Portugal und gab eine Anthologie zentralasiatischer Schriftstellerinnen heraus. Sie selbst bezeichnet sich als »Aktivistin für die Redefreiheit«. Dahl ist Vize-Präsidentin des finnischen PEN. Für das Festival wurden erstmals einige Gedichte ins Deutsche übersetzt und teilweise auch vertont.

was born in Elmsholm in 1969. She grew up near Lübeck, studied drama in Berlin and while a student set up a free theatrical venue in Moabit. She later worked in theatres in Vienna, Mülheim, and Berlin. Her definitive breakthrough as a figure in German theatre came with »Girlsnightout« in 1999. Her most recent play, »Auto« (t: Car), had its première at the HAU in Berlin. She co-edited the book »Chinaland«, which is to be published in the autumn of 2009. Danckwart lives in Berlin.

gesine danckwart

wurde 1969 in Elmshorn geboren. Sie wuchs bei Lübeck auf, studierte Theaterwissenschaft in Berlin und gründete während des Studiums in Moabit eine freie Spielstätte. Später arbeitete sie an Bühnen in Wien, Mülheim und Berlin. Mit ihrem Stück »Girlsnightout« gelang ihr 1999 endgültig der Durchbruch als Theatermacherin. Zuletzt wurde im Januar ihr neues Stück »Auto« im Berliner HAU uraufgeführt. Im Herbst erscheint das von ihr mit herausgegebene Buch »Chinaland« (2009). Danckwart lebt in Berlin.

nora amin & gesine danckwart

was born in Miskolc, a city in north-eastern Hungary, in 1987. Since 2003, her poems have frequently appeared in such publications as »Telep-Anthologie«. The author is also an active critic – particularly of theatre. She is one of the founders and publishers of »Puskin Utca«, a magazine launched in 2007. She is also a member of the »József Attila Kör« writers' association. She is currently studying Hungarian and English.

kornélia deres

wurde 1987 in Miskolc im Nordosten Ungarns geboren. Bereits seit 2003 hat sie immer wieder Gedichte veröffentlicht, u.a. in der Anthologie »Telep«. Auch als Kritikerin, insbesondere im Theaterbereich, ist Kornélia Deres aktiv. Sie ist Mitbegründerin und Herausgeberin der seit 2007 erscheinenden Zeitschrift »Puskin Utca« und Mitglied der Autorenvereinigung »József Attila Kör«. Gegenwärtig studiert sie Hungarologie und Anglistik.

born in 1957, completed a degree in business, and, after a short period of employment in the car industry, worked in the book trade. This led him to the field of publishing, where he was employed by various highly regarded firms both in Germany and abroad. In 1994 Heinichen, Elisabeth Ruge and Arnulf Conradi founded the Berlin Verlag and he was head of the company until 1999. He visited Trieste for the first time in 1980, where he now lives as a freelance writer. His detective novels about Inspector Proteo Laurenti have been translated into many languages and adapted for film.

veit heinichen

Totentanz
Zsolnay
München, 2007
Die Ruhe des Stärkeren
Zsolnay
München, 2009
www.veit-heinichen.de

geboren 1957, wechselte nach dem Betriebswirtschaftsstudium von der Automobilindustrie in den Buchhandel und anschließend ins Verlagswesen, wo er für verschiedene namhafte Häuser im In- und Ausland tätig war. 1994 war er zusammen mit Elisabeth Ruge und Arnulf Conradi Mitbegründer des Berlin Verlags und dessen Geschäftsführer bis 1999. Nach Triest, wo Heinichen heute als freier Schriftsteller lebt, kam er erstmals 1980. Seine Kriminalromane um den Protagonisten Proteo Laurenti wurden in viele Sprachen übersetzt und verfilmt.

kornélia deres

veit heinichen

susanne heinrich

was born in Leipzig in 1985. Since 2002 she has performed in bands, theater and takes part in literature projects. She has received many fellowships and awards, e.g. a grant form the Federal Academy of cultural education, Wolfenbuettel, 2002 and an invitation to the Ingeborg Bachmann competition, 2005. She recently published her third book, the novel »So, jetzt sind wir alle mal glücklich« (2009; t: So, now we're all happy for once). She lives in Berlin as a freelance author and also sings in her band »watching me fall«.

susanne heinrich

In den Farben der Nacht
DuMont
Köln, 2005
Die Andere
DuMont
Köln, 2007
So, jetzt sind wir alle mal glücklich
DuMont
Köln, 2009
www. susanneheinrich.com

wurde 1985 in Leipzig geboren. Seit 2002 nimmt sie an Band-, Theater- und Literaturprojekten teil, erhielt diverse Literaturstipendien und -preise, u.a. ein Stipendium der Bundesakademie für kulturelle Bildung Wolfenbüttel 2002, und die Teilnahme am Wettbewerb um den Ingeborg-Bachmann-Preis 2005. Dieses Jahr erschien ihr jüngster Roman »So, jetzt sind wir alle mal glücklich«. Heinrich lebt und arbeitet als freie Schriftstellerin und Sängerin der Band »watching me fall« in Berlin.

The Forgotten Liberators (À nos morts)
Hiphop-Musical in rememberance of the French colonial soldiers

German premiere

With Yan Gilg, Farba MBaye, Maeva Heitz, Sovannak Nam, Ibrahima MBodji, Christophe Roser, Yassine Allouache, Mickaël Stoll

Presented by AfricAvenir International e.V.

Die vergessenen Befreier (À nos morts)
Hiphop-Musical in Erinnerung an die französischen Kolonialsoldaten

Deutschlandpremiere
Mit Yan Gilg, Farba MBaye, Maeva Heitz, Sovannak Nam, Ibrahima MBodji, Christophe Roser, Yassine Allouache, Mickaël Stoll

Präsentiert von AfricAvenir International e.V.

was born in Offenburg in 1936. He lives in Urbino, where he works at the university as a professor for sociology. Kammerer also works as an author, essayist, and translator. He has written on subjects including Pier Paolo Pasolini and Francesco d'Assisi, and has translated Franz Xaver Kroetz and Heiner Müller (together with Graziella Galvani) into Italian, and Pasolini into German.

peter kammerer

geboren 1936 in Offenburg. Lebt in Urbino, wo er als Professor für Soziologie an der Universität arbeitete. Autor, Essayist, Übersetzer. Kammerer arbeitete als Autor u.a. über Pier Paolo Pasolini und Francesco d'Assisi, übersetzte Franz Xaver Kroetz und Heiner Müller (gemeinsam mit Graziella Galvani) ins Italienische, Pasolini ins Deutsche.

peter kammerer

michael krüger

was born in 1943 in Wittgendorf, in Saxony. He subsequently studied Philosophy and Literature. In 1968 he became chief reader with the publisher Carl Hansen Verlag, where he has also been director of the fiction department since 1986. In addition to his work in publishing, he has written numerous poems, novels, and stories. His most recently published work is the poetry collection »Schritte, Schatten, Tage, Grenzen« (2008; t: Steps, Shadows, Days, Borders). The author and publisher lives in Munich.

michael krüger

wurde 1943 im sächsischen Wittgendorf geboren. Nach dem Abitur in Berlin machte er eine Lehre als Verlagsbuchhändler und Buchdrucker. Anschließend studierte er Philosophie und Literatur. 1968 wurde er Verlagslektor beim Carl Hanser Verlag, 1986 dessen literarischer Leiter und 1995 geschäftsführender Gesellschafter. Daneben verfasste er diverse Gedichte, Romane und Erzählungen. Zuletzt erschien der Gedichtband »Schritte, Schatten, Tage, Grenzen« (2008). Der Autor und Verleger lebt in München.

Reginapoly
Heyne
München, 1980
Aus dem Leben eines Erfolgsschriftstellers
Sanssouci
Zürich, 1998
Schritte, Schatten, Tage, Grenzen
Fischer
Frankfurt/Main, 2008

was born in Miskolc, Hungary's third largest city, in 1981. In 2006, she successfully completed a master's degree in Hungarian studies. In spite of her claim, »I write hard and little«, she has already published poetry and prose in a number of anthologies. The author's collection of poems »a.k.a.« was published in 2008.

lidi kupcsik

wurde 1981 in Miskolc, der drittgrößten Stadt Ungarns, geboren. 2006 beendete sie erfolgreich ihr Studium der Hungarologie. Obschon sie von sich selbst behauptet, »ich schreibe schwer und wenig«, hat sie bereits lyrische Werke und Prosa in verschiedenen Anthologien veröffentlicht. 2008 erschien der Gedichtband »a.k.a.«.

lidi kupcsik

giwi margwelaschwili

was born in 1927 in Berlin as the son of Georgian émigrés. After the war he was arrested in 1946 by the Soviet secret service and later deported to Georgia. He studied German language and literature in Tbilissi. In the sixties he started writing and became a friend of Heinrich Böll and Wolf Biermann. 1994 he got German citizenship, became a professor of poetics in Bamberg and got several distinctions. The majority of his writings is still not published but his novels are edited now in Berlin where he lives again today.

giwi margwelaschwili

wurde 1927 als Sohn georgischer Emigranten in Berlin geboren. Nach Verschleppung durch den sowjetischen Geheimdienst ins Speziallager Sachsenhausen und Rückkehrverbot nach Berlin studierte er in Tiflis Germanistik. In den sechziger Jahren begann er zu schreiben. 1994 erhielt er die deutsche Staatsbürgerschaft, wurde Poetikprofessor in Bamberg und erhielt zahlreiche Ehrungen. Ein Großteil seiner Werke blieb unveröffentlicht, doch mittlerweile erscheinen seine Romane in Berlin, wo er heute wieder lebt.

Die große Korrektur
Rütten & Loening
Berlin, 1991
Kapitän Wakusch, Bd. 1&2
Südverlag
Konstanz, 1992
Der Kantakt. Aus den Lese-Lebenserfahrungen eines Stadtschreibers
Verbrecher Verlag
Berlin, 2008
www.giwi-margwelaschwili.de

born in In ija (Vojvodina province) in 1961, is one of the most prominent theatre directors in Serbia. In the 1990s, his theatre productions had a lasting impact in his home country and his bold, innovative interpretations of works of classical drama helped carry him into the new millenium. Milivojevćwho directed the renowned BITEF Theatre festival in Belgrade from 2005 to 2009, has won all of the important drama awards in his country. As a director, he has also worked in Sweden, Slovenia, Macedonia, Greece, Turkey and the USA. His major successes include productions of »Ivanov« and »Crime and Punishment« at the Amore Theatre in Athens. He was named best director of the 2004/05 season for »Three Sisters« which was staged at the Katia Dandoulaki Theatre in Athens. Nikita Milivojević is a professor of directing and acting at the Art Academy in Novi Sad.

nikita milivocević

geboren 1961 in In ija (Provinz Vojvodina), gilt heute als einer der bedeutendsten Theaterregisseure Serbiens. In den 1990er Jahren prägten seine engagierten Inszenierungen das Theater seines Heimatlandes nachhaltig, durch seine mutigen, ungewöhnlichen Klassiker-Interpretationen gelang ihm der Schritt ins neue Jahrtausend.

Milivojevi , der von 2005 bis 2009 auch das renommierte internationale Theaterfestival Bitef in Belgrad leitete, erhielt alle wichtigen Theaterpreise seines Landes. Als Regisseur arbeitete er auch in Schweden, Slowenien, Makedonien, Griechenland, der Türkei und in den USA. So waren u. a. seine Inszenierungen von »Iwanow« und »Verbrechen und Strafe« in Athen große Erfolge (Amore-Theater); für seine »Drei Schwestern«, ebenfalls in Athen (Katia-Dandoulaki-Theater), wurde er als bester Regisseur der Spielzeit 2004/05 in Griechenland ausgezeichnet. Nikita Milivojevi unterrichtet als Professor für Regie und Schauspiel an der Kunstakademie in Novi Sad.

wilfried n'sondé

born in 1968 in Brazzaville, in the Congo, was brought up near Paris. He has written poems and short prose about the struggles of life in the suburbs. After studying politics in Paris he moved to Berlin. At first he played in an Afro-Punk band and then went on to work with teenagers as a street worker. In 2007 he was awarded the Prix Senghor de la Création Littéraire and the Prix des cinq continents de la francophonie in 2007 for his first novel »Das Herz der Leopardenkinder« (t: The Heart of the Leopard Children).

wilfried n'sondé

Das Herz der Leopardenkinder
Kunstmann
M,nchen, 2008
[: Brigitte Grofle]

geboren 1968 in Brazzaville (Kongo), aufgewachsen bei Paris, verarbeitete die widrigen Lebensumstände der Banlieue in Gedichten und Kurzprosa. Nach einem Studium der Politologie in Paris ließ er sich in Berlin nieder. Hier spielte er zunächst in einer Afro-Punk Band und begann als Streetworker Jugendliche zu betreuen. Für sein Romandebüt »Das Herz der Leopardenkinder« wurde er u.a. mit dem Prix Senghor de la Création Littéraire und dem Prix des cinq continents de la francophonie ausgezeichnet.

was born in Solingen in 1964. He studied philosophy, German studies and art history in Cologne and graduated in 1994 with a study of Robert Musil's »The Man Without Qualities«. He worked for German magazines, newspapers and radio. His greatest success as an author has been the 2008 »Who Am I, And If Yes, Then How Many?«, one of the year's best-selling non-fiction books in Germany. In his new book »Liebe. Ein unordentliches Gefühl« (2009; t: Love: An Untidy Feeling) he looks at the subject from the perspectives of different scientific disciplines. He divided his time between in Cologne and Luxembourg.

richard david precht

wurde 1964 in Solingen geboren. Er studierte in Köln Philosophie, Germanistik und Kunstgeschichte und schloss 1994 dort seine Promotion über Robert Musils »Der Mann ohne Eigenschaften« ab. Er arbeitete für deutsche Zeitschriften und Zeitungen wie auch für den Rundfunk. Seinen bislang größten Erfolg als Autor hatte Precht mit »Wer bin ich – und wenn ja, wie viele?«, das 2008 zu den erfolgreichsten deutschen Sachbüchern zählte. In seinem neuen Werk »Liebe. Ein unordentliches Gefühl« (2009) beleuchtet er das Phänomen Liebe aus den Blickwinkeln verschiedener Wissenschaftsdisziplinen. Er lebt in Köln und Luxembourg.

Lenin kam nur bis Lüdenscheid. Meine kleine deutsche Revolution
List
Berlin, 2007
Wer bin ich – und wenn ja, wie viele? Eine philosophische Reise
Goldmann
München, 2007
Liebe. Ein unordentliches Gefühl
Goldmann
München, 2009

richard david precht

bachar zarkan und ensemble

Syrian composer and singer, performs his compositions based on Sufi and modern poetical texts. His musical approach, intimately rooted in Arabic musical tradition, is consciously and overtly modern. He has been on many tours in France, Germany, Britain, the USA and most Arab countries. He has worked as an actor in the theatre and on television. Zarkan lives in Damascus and Beirut.

bachar zarkan und ensemble

ist ein syrischer Komponist und Sänger. Seine Kompositionen basieren auf Sufi-Dichtung und modernen poetischen Texten. Sein musikalischer Ansatz ist mit der arabischen Musiktradition aufs Engste verbunden und zugleich bewusst modern. Zahlreiche Konzerttourneen führten ihn nach Frankreich, Deutschland, England, in die USA und die meisten arabischen Länder. Er arbeitete außerdem als Schauspieler für Theater und Fernsehen. Zarkan lebt in Damaskus und Beirut.

Das internationale literaturfestival berlin ist eine Veranstaltung der Peter-Weiss-Stiftung für Kunst und Politik e.V. und der Berliner Festspiele unter der Schirmherrschaft der Deutschen UNESCO-Kommission. Es wird ermöglicht aus Mitteln des Hauptstadtkulturfonds.

Unterstützer Allianz, berlin illustrated, Beyerdynamic, Big Image, Bionade, Blumenbutler, Comunicada, Veruschka Götz, gtz, Hayn / Willemeit, Hertling, illy, Klingenberg Berlin, Konica Minolta, Krusovice, Literaturhaus Berlin, Maxim Gorki Theater, Primeline, St. Leonhardsquelle, Tausche, Thalia, Voland & Quist, Zelte-Berlin

Medienpartner Berliner Literaturkritik, Exberliner, Le Monde Diplomatique, Lisan, Literaturen, Literaturport, perlentaucher.de, radioeins, signandsight.com, The Times Literary Supplement, taz, zitty

Botschaften, Kulturinstitute und Stiftungen Botschaft der Republik Jemen, Botschaft des Staates Israel, Botschaft der Vereinigten Staaten von Amerika, Botschaft von Spanien, Botschaft von Uruguay, Collegium Hungaricum Berlin, Culture Ireland, Deutsch-Magrebinische Gesellschaft, Finnland Institut in Deutschland, Fonds Soziokultur, Französische Botschaft in Deutschland, Friedrich Naumann Stiftung, Heinrich Böll Stiftung, Ibero-Amerikanisches Institut, Institut Francais, Institut Ramon Llull, Instituto Cervantes, Italienisches Kulturinstitut, Kulturamt Mitte, Nordische Botschaften, Norwegische Botschaft, Niederländischer Literaturfonds Norla, Polnisches Institut Berlin, Pro Helvetia, Schwedische Botschaft, Schwedischer Kulturrat, Stiftung Brandenburger Tor, Stiftung Genshagen, Stiftung Lelbach, Tschechisches Zentrum Berlin, Vertretung Quebec

Hotels Bax Pax Downtown Hotel Hostel, Bleibtreu Berlin, Ellington Hotel Berlin, Hecker's Hotel, Helter Skelter Hostel & Heart of Gold, Hotel Bogota, Hotel Brandenburger Hof, Hotel Concorde Berlin, Metropolitan Hansa Hotel, NH Hotels, ABION Spreebogen Waterside Hotel, Hotel Villa Kastania

Restaurants Brel, Florian, Osteria No. 1, Paris Bar, San Nicci, Trattoria a'Muntagnola

Kooperationspartner AfricAvenir, Agentur Charade, American Academy, Berenberg Verlag, Berlin Verlag, Berliner Literarische Aktion e.V., Bezirkzentralbibliothek Marzahn-Hellersdorf »Mark Twain«, DAAD Deutscher Akademischer Austauschdienst, DDR Museum, Deutsche Oper, DuMont Bücherverlag, Dussmann, Festsaal Kreuzberg, Fischer Verlag, Freunde des Ibero-Amerikanischen Instituts Preußischer Kulturbesitz zu Berlin e.V., Gesellschaft für bedrohte Völker, Haus der Kulturen der Welt, Hoffmann und Campe, Humboldt Forum, Jüdisches Museum, JVA Moabit, JVA Tegel, JSA Berlin, Kino Babylon, Kohlhaas & Co, Kunstmann Verlag, La Rayuela, Lettrétage, Literaturhaus Berlin, Literaturladen Wist, Litprom, Luchterhand Verlag, Maison Victor, Rowohlt Verlag, P.E.N. Zentrum Deutschland, Piranha, Slammin Poetry, Sprachgebunden, Stadtbibliothek Neukölln »Helene-Nathan«, Stadtbibliothek Steglitz-Zehlendorf, StasiMuseum Berlin, Suhrkamp Verlag, Trattoria a'Muntagnola, URBN interaction design studio, Verbrecher Verlag

Anne Frank Zentrum e.V., Arbeitskreis für Jugendliteratur e.V., BAOBAB Kinderbuchfonds, Berliner Leseratten e.V., Berliner Literaturinitiative, Die gelbe Villa – Kreativ- und Bildungszentrum für Kinder und Jugendliche, Berliner öffentliche Bibliotheken/Facharbeitskreis Kinder- und Jugendbibliotheken, city-bibliothek, Deutsches Historisches Museum, Druckerei Conrad, Fliegendes Theater, Finnland Institut, Friedrich-Bödecker-Preis in Brandenburg e.V., Gartenarbeitsschule Ilse Demme" Charlottenburg-Wilmersdorf, Grips Theater, iBbY international board on books for young people, JugendKulturService, JugendKulturZentrum PUMPE, Kiekmal Die Berliner Kinderzeitung, Kleisthaus, Kulturamt Mitte, Labyrinth Kindermuseum Berlin, Land Brandenburg/Ministerium für Bildung, Jugend und Sport, Le Matou / Internationale Kinderbuchhandlung, LesArt – Berliner Zentrum für Kinder- und Jugendliteratur, Museum für Kommunikation, Schaubude Berlin, Senatsverwaltung für Bildung, Wissenschaft und Forschung, Staatliche Museen Berlin / BesucherDienste, Theater an der Parkaue – Junges Staatstheater Berlin, unesco-projekt-schulen, Weinmeisterhaus

Kooperationspartner International Centre for Creative Arts, Festivaletteratura Mantova, FLIP - Festa Literária Internacional de Parati, The Guardian Hay Festival, Le Marathon des Mots

BIOGRAFIEN

Alja Awan
Samuel Shimon

Katja Baigger
Aris Fioretos

Ina-Marie Bargmann
Graham Gardner, Klaus Kordon

Christine Belakhdar
Maïssa Bey

Larissa Bender
Larissa Bender

Christopher Braun
Ali Bader, Hartmut Fähndrich, François Zabbal

Vanessa Briese
Kristof Magnusson, Judith Schalansky

Paul Brodowsky
Paul Brodowsky

Audrey Coucoureux
Mathias Enard

Gabriele Dadati
Gabriele Dadati

Peter Deisinger
Kjell Askildsen, John Banville, Sebastian Barry, Yangzom Brauen, Raffaele Cantone, Vincenzo Consolo, Gesine Danckwart, Daniela Danz, Kornélia Deres, Philippe Djian, Paolo Giordano, Veit Heinichen, Susanne Heinrich, Alban Nikolai Herbst, Thomas Hettche, Necla Kelek, Michael Krüger, Lidi Kupcsik, Luis Leante, Christoph Leisten, Siegfried Lenz, Robert Littell, Monika Maron, Ingo Metzmacher, Richard David Precht, Jürgen Roth, Erasmus Schöfer, Alice Schwarzer, Kamila Shamsie, Volker Sielaff, Gerald Uhlig-Romero, John Wray, David Wroblewski

Hanno Depner
Monica Ali, Wolf Biermann, Nico Bleutge, Coral Bracho, Hans Christoph Buch, Amir Hassan Cheheltan, Otto de Kat, Gerhard Falkner, Robert Gray, Michael Greenberg, Andrew Sean Greer, Norbert Gstrein, Katharina Hacker, Joumana Haddad, Aleksandar Hemon, Judith Hermann, Ala Hlehel, Rolf Hosfeld, Susan Howe, Nora Iuga, Jonas Hassen Khemiri, Helmut Krausser, Wojciech Kuczok, Dorota Maslowska, Colum McCann, Pankaj Mishra, Christine Montalbetti, Wilfried N'Sondé, Emmanuelle Pagano, Tim Parks, Atiq Rahimi, Pablo Ramos, Göran Sonnevi, Edward St. Aubyn, George Szirtes, Colm Tóibín, Binyavanga Wainaina, Eliot Weinberger, Feridun Zaimoglu

Lena Dircks
Azouz Begag, Hassan Hammad, Günther Orth

Peter Dové
Nora Amin, Mahi Binebine, Youssouf Amine Elalamy

Wibke Eden
Yvon Le Men, Péter Nádas

Dorothee Elmiger
Dorothee Elmiger

Hartmut Fähndrich
Youssef Ziedan

Beatrice Faßbender
Alma Guillermoprieto
Sarah Fortmann-Hijazi
Adel Karasholi, Abbas Khider

Anja Franke
Marie Darrieussecq, Joy Harjo

Nadine Gordimer
Nadine Gordimer

Katrin Hesse
Martin Baltscheit, Jutta Bauer, Jeanne Birdsall, Émile Bravo, Wally de Doncker, Lennart Eng, Rosana Faría, Svjetlan Junaković, Petra Kasch, Suzy Lee, Marjaleena Lembcke, Maritgen Matter, Octavia Monaco, Naomi Shihab Nye, Timo Parvela, Nadine Touma, Valérie Zenatti

Martin Jankowski
Najiba Abdellaoui, Stefan Abermann, Grzegorz Bruszewsky, Rita Dahl, Eduard Escoffet, Anke Fuchs, Gary Glazner, k.u.k., Ivo Lotion und die Mariachis, Queen KA, Nicolette Kretz, Lauréline Kuntz, Masha, Laura Wihlborg, Josep Pedrals, Stefano Raspini, Paula Varjack

Christian Junge
Khaled Al-Khamissi, Mansoura Ezz Eldin, Girgis Shoukry

Mansoura Ezz Eldin
Fatima Naoot

Alexandra Keilhues
Ilma Rakusa

Regina Keil-Sagawe
Inam Bioud, Leila Sebbar

Khalid al-Maaly
Fadhil Al-Azzawi, Raja Alem, Yousef Al-Mohaimeed, Taleb Al-Refai, Rehab Bassam, Abduh Khal, Moncef Mezghanni, Mekkawi Said, Mahmoud Shukair

Ekkehard Maaß
Giwi Margwelaschwili

Owen Martell
Owen Martell

Stephan Milich
Jabbar Yassin Hussein, Ghassan Zaqtan

Dirk Naguschewski
Hanif Kureishi

Noël David Nicolaus
Sinan Antoon, Fouad EL-Auwad, Margaret Obank, José F. A. Oliver, Marie-Claude Souaid-Hesse, Suleman Taufiq, Najem Wali

Ajda Omrani
Hassan Khader, Stefan Weidner

Günther Orth
Ali Al-Muqri, Arwa Abduh Othman

www.oulipo.net, Übersetzung:
Sara Jakob, Frédérique Moullet
Marcel Bénabou, Frédéric Forte, Ian Monk, Jacques Roubaud, Olivier Salon, Hervé Le Tellier

Andreas Pflitsch
Yussef Bazzi, Andreas Pflitsch

Gregor Pohl
Sonja Hegasy, Randa Jarrar, Amjad Nasser, Bachar Zarkan

Douraid Rahhal
Yassin Adnan, Abed Ismael, Khaled Khalifa, Samar Yazbek

Redaktion spielzeit'europa
Nikita Milivocević

Céline Robinet
Céline Robinet

Doris Ruhe
Rachid Boudjedra

Nora K. Schmidt
Hala Mohammad

Leila Shamaa
Alawiyya Sobh

Susanne Stemmler
Malek Alloula, Assia Djebar, Susanne Stemmler

Christian Szyska
Sayed Kashua

Leslie Tramontini
Nujum Al-Ghanem, Dalia Taha

Angela Tschorsnig
Angela Tschorsnig

Christina Wegener
Andrés Neuman, Isaac Rosa, Arundhati Roy

Nadja Wünsche
Nadja Wünsche

FOTOGRAFEN

Paul Abdoo | S. 25
Nadem Ado | S. 175
Aflame Books | S. 150
Fatima Albudoor | S. 149
Thomas Andenmatten | S. 68
Sivine Ariss | S. 139
Hélène Bamberger | S. 90, 93
banipal | S. 154, 164, 178, 188, 195, 196, 203, 204
Douglas Banville | S. 40
Maayan Ben Gal | S. 133
Bering Photography | S. 172
Berlin Verlag | S. 72
Biblioteca Reggio Emilia | S. 223
Mathias Bothor | S. 203
Velibor Bozodic | S. 26
Katharina Bührer | S. 201
Eric Cadav | S. 215
Basso Cannarsa | S. 91
Karin Capuano | S. 223
Mahmoud Dabdoub | S. 202
Thomas Dashuber | S. 210
Petronella Deres | S. 226
Henry Dombey | S. 60
Editions Nautilus | S. 202
Nils Christian Engel | S. 212
Marion Ettlinger | S. 59, 108
Finn Stale Felberg | S. 39
Arnaud Fevrier | S. 27
Bettina Flitner | S. 204
John Foley | S. 29
Quinsy Gario | S. 220
Giramondo Publishing | S. 57
Maham Hamdy | S. 158
B. Hartung | S. 205
Peter-Andreas Hassiepen | S. 61, 226
Fabian Heinrich | S. 226
Catherine Hélie | S. 49
Juliane Henrich | S. 214
James Higgins | S. 85
Andreas Hofweber | S. 224
Crispin Hughes | S. 44
The Irish Times | S. 41
Frank Juery | S. 140
Hayat Karanouh | S. 165
Dirk Kinzelbach, Donata Verlag | S. 22
Hartwig Klappert | S. 200
Klett-Cotta | S. 70
Björn Kommerell | S. 206
Petra Koßmann | S. 210
Pradip Krishen | S. 86
Ingrid von Kruse | S. 80
Mariusz Kubik | S. 83
Ha Lam | S. 137
Mrianne Lange | S. 205
Lebeck | S. 202
V. Lejeune | S. 151
Alejandra López | S. 96
M. López | S. 79
Sara Mac Key | S. 35
Renate von Mangoldt | S. 67
Dolores Marat | S. 21
Pepe Marin | S. 30
Noel Tovia Matoff | S. 62
Robin Matthews | S. 38
Mgieuka (Wikipedia) | S. 76
Pankaj Mishra | S. 10
Simone Mottura | S. 55
Nagel & Kimche | S. 130
Gianfranco Negri | S. 214
Yves Noir | S. 183
Isolde Ohlbaum | S. 56, 95
Günther Orth | S. 153, 185
Sven Paustian | S. 52
Peter Peitsch | S. 89
Dominique Pignon | S. 33
Doris Poklekowski | S. 109, 228
Privat | S. 11, 17, 18, 31, 46, 50, 51, 64, 99, 105, 112, 114, 115, 129, 134, 144, 147, 157, 160, 161, 162, 163, 167, 168, 171, 174, 177, 181, 182, 186, 191, 192, 194, 200, 201, 202, 203, 205, 206, 210, 213, 216, 219, 220, 224, 225, 227, 229, 230, 231
Promo | S. 220, 221, 222, 223
Jim Rakete | S. 205
Román Rangel | S. 120
Marja Rantala-Eng | S. 119
Jennifer Ridha | S. 156
Asim Saban | S. 14
Sophie Samson | S. 221
Sarah Sarchin | S. 107
Enrica Scalfari | S. 200
Silke Schilling | S. 127
Wolfgang Schmidt | S. 123
Hagen Schnauss | S. 75
Hartmuth Schröder | S. 204
Ekko von Schwichow | S. 212
Augusto Sciacca | S. 48
Ute Karen Seggelke | S. 113
Beowulf Sheehan | S. 152
Simon and Schuster | S. 104
Christiane Sleven | S. 213
sprachsalz f. Schneider | S. 73
Jörg Steinmetz | S. 78
Nina Subin | S. 69, 106
Jochen Thiele, Beltz | S. 128
Xavier Thomas | S. 81
Kristijan Topolovec | S. 124
Davidsfond Uitgevererij | S. 116
Unionsverlag | S. 159
Clarissa Upchurch | S. 103
Marta Valesco | S. 98
Matthias Veit | S. 187
Gerd Vennemann | S. 45
Verbrecher Verlag | S. 229
Arti Viikar | S. 138
Ellen Warner | S. 100
Hans Weingartz | S. 43
Catrin Wright | S. 215
Heike Zappe | S. 82
Zschernitz / Norstedts Förlag | S. 74

Wir haben bei der Rechteermittlung der Fotos größtmögliche Sorgfalt walten lassen. Sollten dennoch Fehler aufgetreten sein, bitten wir dies zu entschuldigen. Die Rechteinhaber werden gebeten, sich zu melden.

internationales
literaturfestival
berlin

15.09-25.09.2010
fokus osteuropa